復旦大學
古代文學研究書系

陳尚君　主編

查屏球　編

梯航集

日藏漢籍中日學術對話錄

2018年上海文教结合"支持高校服务国家重大战略出版工程"资助项目

前　言

查屏球

　　近年來，隨着對外交往的便利，海外所藏漢籍日漸受到學界關注。與20世紀初學人的研究不同，今人對這一領域的研究，不僅僅是爲了收集稀見孤本殘篇以補本土的不足，更主要是想藉漢籍在異國流傳之事考察中土文化輸出的歷史以及中外文化交流的特點。與其他地區相比，日藏漢籍是一個極有特色的領域。首先，不同於英美各大圖書館只是在近代才進行大規模收藏，漢籍在日本已有較長的流傳歷史，很多經典在日本有自己獨特的傳承史。同時，長期以來，漢籍已成爲日本文化的組成部分，是一直被使用的求知讀物，而不僅僅是作爲收藏品爲少數人所用。這兩個因素決定了日本漢籍在以下幾點上有比較明顯的特色：一是日藏漢籍多存古本，中國本土古籍在流傳過程多有以新替舊的傾向，印本替代抄本，新出版本替代舊版，如《文選》六臣注流行，獨立的五臣注與李善注則不存，《史記》三家注本替代了原有的"集解本"，多是如此。日本對中土文化的接受有時間上的差異，後出新版與原版在時間上常有上百年的差異，因此，一種漢籍傳入後，往往因其古老性而獲得正宗地位，始終能以原貌流傳，不易被後出本所替代，如金澤文庫本《白氏文集》抄卷，原初就是慧萼在會昌四年抄回到日本，其後雖有各類明刊本、朝鮮刊本傳入，但是，并未動搖本書在學府的權威地位，它也因此而得保存唐卷原貌。其次，文化環境不同，觀念不同，我棄他取，一些俗世文獻得到了較好的保存。如唐代張鷟《遊仙窟》，自開元年間傳入到日本後就一直流傳下來了，但在中土却因其内容低俗，爲士大夫所不齒，各類官私書志不記，失傳多年。其他還有很多小説、戲曲、禪家文獻的原始版本，也多存於日本，也是因爲這類書籍長期不爲中土士大夫關注。再次，文化的擴散與傳承有其偶然性，此亡彼存，此輕彼重，在在皆是。長期以來，漢籍在日本具有特殊的文化地位，很多在本土已稀見的書却在日本成爲通行讀物，如裴庚增注《三體唐詩》一書，自元之後很少被人提及，但在日本却成爲習詩者通行的教材。由這些因素看，日藏漢籍應是中土古典文獻學不可缺少的部分。所以，近代自楊守敬以來，日藏漢籍多爲中土學者所重，形成了一個學術熱點。現在看來，經過前輩學者近一個世紀的淘掘，大規模的發現絶本與孤本之事可能已經不多了，但是，借他山之石攻我之玉的事，仍是需要不斷地做下去的，尤其是古代日本學人關於漢籍的著録、節録、引用、改用諸事尤其值得關注，這對於我們進一步了解古代東亞文化體的建構，意義更大。有鑒於此，復旦大學中國古代文學研究中心於 2016 年 12 月召開了日藏漢籍中日學術研討會，從各個層面展示了這一學術領域有待拓展的學術空間，並推動中日學者進行了較有成效的交流。現將會議論文結集出版，以饗同好。

目 录

前言 　　　　　　　　　　　　　　　　　　　　　　　查屏球　　1

臺灣中研院傅斯年圖書館所藏稿本《錢注杜詩》考
　　——李爽氏《"錢牧齋杜注寫本"考》補遺　　芳村弘道　　1
王梵志詩集在日本
　　——兼論山上憶良與杜甫詩的關係　　　　　　静永健　　21
日本五山版《春秋經傳集解》考論　　　　　　　　傅　剛　　37
爲流播東瀛的每一部漢籍書寫學術史
　　——孫猛《日本國見在書目録詳考》序　　　　陳尚君　　55
日本近世詩僧文之玄昌所用詩學參考漢籍小考　　　大渕貴之　68
白居易研究在東瀛
　　——以《琵琶行》爲中心　　　　　　　　　　陳才智　　79
域外漢籍與施顧《注東坡先生詩》之研究　　　　　卞東波　　97
五代禪僧明招德謙相關史料及偈頌輯考　　　　　　金程宇　　118
關於日本所藏《名公妙選陸放翁詩集》　　　　　　甲斐雄一　134
王勃《滕王閣序》異文考疏　　　　　　　胡可先　胡凌燕　145
日本京都大學圖書館藏明黄用中注《駱丞集》十卷本考　杜曉勤　166
正倉院古文書所見漢籍書録及唐逸詩彙考　　　　　陳　翀　　171
白居易園林文學對日本平安朝漢文學的影響
　　——以兼明親王爲中心　　　　　　　　　　　高兵兵　　199
日傳《白氏文集》古抄卷六十五卷考異　　　　　　查屏球　　220
日藏朝鮮刊五卷本《歐蘇手簡》考　　　　　　　　汪　超　　249

日藏吴正子箋注劉辰翁評點《李長吉歌詩》簡論	奧野新太郎	266
新發現的幾種《文鏡秘府論》傳本	盧盛江	289
京都大學附屬圖書館藏寫本《七經孟子考文》發微	顧永新	305
《群書治要》所載《慎子》研究	潘銘基	320
正倉院文書所見日本入唐蒐書資料		
——以第十二次遣唐使爲例	王勇	350
論葉煒與日本文人的交流及其著述	黃仁生	366
明代復古派作品在日本的傳播		
——以泊園書院爲主	長谷部剛	374
朱舜水"筆談"資料芻議	朱子昊	382
日本内閣文庫藏《重刻元本題評音釋西廂記》考	黃冬柏	393
學者入谷仙介與他的藏書		
——以唐代詩人資料爲例	高倩藝	439

臺灣中研院傅斯年圖書館所藏稿本《錢注杜詩》考
——李爽氏《"錢牧齋杜注寫本"考》補遺

芳村弘道（立命館大學）

翻譯：富嘉吟（立命館大學）

一、過去的著錄

這裏所介紹的稿本《錢注杜詩》，即臺灣中研院歷史語言研究所傅斯年圖書館所藏《杜工部集》二十卷附錄一卷六册。《傅斯年圖書館善本古籍題跋輯錄》（中研院歷史語言研究所，2008年8月）對此本著錄如下：

> D006　杜工部集二十卷附錄一卷六册　（唐）杜甫　明鈔本　清道光三十年陸僎手跋　鈐柳隱如是、季滄葦藏書印、陸沆字氷簹、陸僎字樹蘭、吴門陸僎一字樹蘭之印、名佘曰僎、陸樹蘭印記（陸僎手跋錄文省略）。

據此可以認爲，此本是杜甫集的無注白文本。然而查閱原書，發現此本却是一個有注本。并且可以判明，是由清人錢謙益（明萬曆十年〈1582〉—清康熙三年〈1664〉）所做箋注。筆者分別於2015年4月、2016年4月兩度閱覽、調查此本。其後方才得知，李爽氏在《杜甫研究學刊》2013年第一期（總第一一五期）發表《"錢牧齋杜注寫本"考》一文，已對此本做了介紹。今年九月，李氏《〈錢注杜詩〉研究》經由上海古籍出版社出版,將此文作爲第一章《〈錢注杜詩〉版本研究》第二節《"錢牧齋杜注寫本"考》的"一、'錢牧齋杜注寫本'版本價值初探"部分。然而,李氏的論文僅僅利用了原書一部分的複寫,筆者的調查則對其中的缺漏有所補充。以下,主要選取本人調查的內容,試對此本的價值做一番闡述。

上述《傅斯年圖書館善本古籍題跋輯錄》著錄中有關舊藏者鈐印的部分,僅僅列舉柳如是、季振宜、陸沆、陸僎若干人。除此以外,還有"東方文化/事業總/委員會所/藏圖書印"朱文、白文方印兩枚。"東方文化事業總委員會"成立於1925年(大正十四年、民國十四年),是以庚子賠款爲運營基金,以推進日中共同文化事業發展爲宗旨的組織機構。1927年(昭和二年、民國十六年),委員會下屬又設立了北京人文科學研究所。該研究所爲籌備圖書館的創立,設置"東方文化圖書籌備處",昭和九年(1934)二月改稱圖書部,圖書購入"由圖書籌備委員狩野直喜博士及圖書籌備評議員李盛鐸、傅增湘兩氏評議決定"(今村與志雄編《橋川時雄的詩文與追憶》所收錄《東方文化事業總委員會并北京人文科學研究所便覽》,汲古書院,2006年6月,185頁)。根據此本有"東方文化/事業總/委員會所/藏圖書印"的鈐印這一事實,可知其曾爲北京人文科學研究所藏。

檢《北京人文科學研究所藏書簡目》(臺北,進學書局出版,古亭書屋經售,1984年影印民國二十七年排印本,改題《北京人文科學研究所藏書目錄》),"集部·別集類"著錄有"杜工部詩集二十卷　唐杜甫撰　清錢謙益注　舊鈔本　二〔函〕六〔册〕五八七三〔號〕"。由此明確可知,此鈔本並非無注本,而是錢謙益的注本。所以著錄爲"杜工部詩集",大概是依照卷一首行的書名而來。然而,此後卷題均作"杜工部集",就內容來看也並非"杜工部詩集"。此本至卷十八止所收爲詩,卷十九、卷二十所收則爲文。因此,《傅斯年圖書館善本古籍題跋輯錄》"杜工部集"這樣的著錄,是較爲合適的。拙文稱之爲"稿本《錢注杜詩》",完全是出於便宜。

又,傅增湘《藏園羣書經眼錄》卷一二(中華書局,1983年,第1035頁)著錄此本如下:

杜工部詩集二十卷　唐杜甫撰　清錢謙益箋註。

清寫本，十行二十字。異字注本文下，注文在每首詩後。蓋錢牧齋杜注寫本也。

收藏有"柳隱如是"朱白文、"陸沉字冰筌"、"陸僎字樹蘭"各印。

後有陸僎手跋（錄文略。後文引錄）。（庚午）

傅氏《藏園訂補郘亭知見傳本書目》（中華書局，1993年）卷一二上、第92頁，也可見如下的記載：

杜工部詩集二十卷　（以下小字雙行）唐杜甫撰、清錢謙益箋註。○清寫本，十行二十字。異字在本文下，注文在每首之後。鈐柳隱如是、陸沉、陸僎印。有道光三十年陸僎手跋，言據其高祖點勘樓書目，此書爲康熙四十六年得之太倉王氏。

《藏園羣書經眼錄》文末提及的"庚午"，是編纂者傅熹年氏推測傅增湘觀書的時間而添加的。這裏的"庚午"，可以視爲民國十九年（1930）。傅增湘曾擔任北京人文科學研究所圖書籌備評議員，應當是在北京人文科學研究所閱覽此本。

《傅斯年圖書館善本古籍題跋輯錄》定此本爲"明鈔本"，大概是依據陸僎手跋（參見後文引錄）"右杜工部集一部，爲明人鈔本"而來的。然而，當以傅增湘"清寫本"的判斷爲是。錢謙益於明崇禎六年（1633）所著《讀杜小箋》及次年所著《讀杜二箋》，是對杜詩的部分箋注。與之相對，此稿本抄錄作品全文並對其進行箋注，其內容與錢謙益歿後三年、即清康熙六年（1677）刊行的所謂《錢注杜詩》大致相近。由此可知，此稿本是入清以後完成的。此外，此稿本中可見錢謙益的愛妾柳如是（萬曆四十六年〈1618〉—康熙三年〈1664〉）的印記。若此印記爲柳氏所鈐，則此本可以被視爲在柳氏辭世的康熙三年（1664）六月二十八日（顧苓《河東君小傳》）以前抄錄的。根據季振宜（崇禎三年〈1630〉—康熙十三年〈1674〉）在《錢注杜詩》刊行之際所附《序》中"極年八十，書始成"的記載，《錢注杜詩》的脱稿時間應當是在錢謙益年届八十之際，即順治十八年（1661）[1]。由此可見，此本是在脱稿後的三年間抄録完成的。

二、概　要

有關稿本《錢注杜詩》的形態、内容構成及遞藏的情況，約略記述如下。

此本形態如下。書封爲淡黄褐色，高 25.8 釐米、寬 16.8 釐米。無題簽及署題，書根處有墨書"杜工部集"。爲同一人所完成的精鈔本。所用紙張多見拼綴痕跡。全幅高 20.4 釐米，寬 13.2 釐米，無界綫，正文十行行二十字，注文小字雙行行十九字。中心記頁數，不記書名、卷次。首册正文之前有襯裝（第二册以下無襯裝）、護葉兩頁。不附序跋及目録。正文首行作"杜工部詩集卷第一"（卷一尾題及卷二以下，首尾題均作"杜工部集卷第幾"），次行低一格作"古詩五十二首天寶末亂時并陷賊中作"，第三行低兩格作詩題"奉贈韋左丞丈二十二韻"，第四行以下頂格作詩作正文。正文後低一格附雙行小注（詞條單獨成行）。一般情況下，首行書名之後，次行應記有編撰者（原編撰者）姓名或注者姓名，此本却全無此類記述。而季振宜静思堂刊本《錢注杜詩》（内封面題"錢牧齋先生箋注杜工部集"，以下稱"刊本"，以臺灣大通書局《杜詩叢刊》影印本爲底本），首行題"杜工部集卷之一"，次行即低七格題"虞山蒙叟錢　謙益箋注"。

如上文所述，此稿本共六册，各册所收卷次如下：

首册　卷一——卷四　　　第二册　卷五—卷七
第三册　卷八—卷十　　　第四册　卷十一——卷十四
第五册　卷十五—卷十八　第六册　卷十九·卷二十·附録

---

[1] 據葛萬里《清錢牧齋先生謙益年譜》（《新編中國名人年譜集成》第一三輯，臺灣商務印書館，1981 年所收《國粹學報》第六五期）。又，金鶴翀《錢牧齋先生年譜》（《清代民國藏書家年譜》，北京圖書館出版社，2004 年，影印民國二十一年鉛印本）亦作順治十八年。

其編次方式，卷十八以前爲詩、卷七以前爲"古詩"、卷八以後爲"近體詩"，在分體編次的基礎上，再依據杜甫行年事跡的先後編次。卷十八尾題後有"杜工部集卷第十八附"一行，次行以下有"他集互見四首""吳若本逸詩七篇""草堂詩箋逸詩拾遺"。刊本卷十八末改行低一格題"附錄"，次行以下有"他集互見四首"等同樣的內容。卷十九爲"表賦記説讚述十二首"，卷二十爲"策問文狀表碑誌十七首"。卷二十尾題"杜工部集卷第二十"後，空一行、低一格題"附錄"。"附錄"起始收錄《誌傳集序》（編次順序與刊本不同，末尾可見刊未收資料二種），其後列"新書藝文志别集類""晁公武讀書志"所著錄《杜甫集》及"黄長睿校定杜工部集二十二卷"三則、"校讎杜集諸本"（校本五種的解題）。這些杜集解題，均未爲刊本所收錄。另外，還有《少陵先生年譜》（首附"世系"）、《附宋高宗授杜甫裔孫杜邦傑承節郎敕》（刊本未收）、"唱酬題詠"①、"諸家詩話"、"注杜詩略例"。"附錄"內容多見與刊本不同之處，且有不少珍貴的資料，詳見下文敘述。此外，此稿本中作爲"附錄"收錄的內容，刊本中除了附在《少陵先生年譜》末尾的部分之外，均置於錢謙益、季振宜二人的序與《杜工部集目録》之間，順序爲"諸家詩話""注杜詩畧例""唱酬題詠附錄""杜工部集附錄"。

卷二十末葉有低五格墨書題識一行，作"道光庚戌重裝并繫以跋"，右側有"蘇臺/陸僎"白文方印，綴葉部分貼有長片白紙，上有"季滄葦/藏書印"的朱文長方印。後加護葉，上有陸僎手跋。根據原文行格抄錄如下②：

　　右杜工部集一部爲明人鈔本惜無款識查高大父
　　點勘樓書目康熙丁亥秋仲於太倉王氏得明鈔
　　杜集六册卷端有柳如是圖記即是集也爰付重裝
　　并志數語于卷末旹道光庚戌三月十三日吳邑

---

① 自高適《登慈恩寺塔》至韓愈《調張籍》詩，共收錄十四篇。刊本題作"唱酬題詠附錄"，又據《耒陽祠志》錄《裴説一首》《孟賓於一首》附於十四篇後。
② 上述《傅斯年圖書館善本古籍題跋輯錄》、傅增湘《藏園群書經眼錄》亦錄陸僎手跋。

陸僎記於洗馬里之東皋草堂　"名余/曰僎""陸/樹蘭"（均爲白文方印）

其後有"東方文化/事業總/委員會所/臧圖書印"白文方印、"史語所收臧/珍本圖書記"朱文長方印。其他印記如下：

第一册首葉有"柳隱/如是"陰陽文方印、"陸僎字/樹蘭"朱文方印、"陸沆字/冰篁"白文方印、"東方文化/事業總/委員會所/臧圖書印"朱文方印、"傅斯季/圖書館"朱文長方印、"史語所收臧/珍本圖書記"朱文長方印，末葉有"東方文化/事業總/委員會所/臧圖書印"朱文方印（與首葉鈐印不同）、"史語所收臧/珍本圖書記"朱文長方印（各册末葉同）。第二册以下首葉有"吳門陸/僎字尌/蘭之印"白文方印、"東方文化/事業總/委員會所/臧圖書印"朱文方印、"傅斯季/圖書館"朱文長方印。

根據這些印記、識語及跋文，可知此本在入藏傅斯年圖書館以前，爲明末清初時人錢謙益的愛妾柳如是所藏，後轉入季振宜手中。至清代後期，又爲蘇州藏書家陸沆、陸僎兄弟所有。道光三十年（庚戌，1850）經陸僎重裝，其後入藏東方文化事業總委員會北京人文科學研究所。此外，根據陸僎手跋，此本最初爲康熙四十六年（丁亥，1701）其高大父自太倉王氏手中獲得。其遞藏過程可簡單歸納如下：

錢謙益→柳如是→季振宜→太倉王氏→陸沆、陸僎高大父陸氏→陸沆、陸僎→東方文化事業總委員會北京人文科學研究所→臺灣中研院歷史語言研究所傅斯年圖書館①

此外，此本雖曾爲季振宜所藏，但其内容與刊本存在差異，並非刊刻時所采用的底本。

---

① 李爽氏《〈錢注杜詩〉研究》第二節《"錢牧齋杜注寫本"考》"二、'錢牧齋杜注寫本'遞藏源流考"部分，詳細論述了此本的傳來過程。

三、"附録"中的刊本未收資料

上文提到,此稿本"附録"中存在刊本未收的資料。以下,僅列出其中重要的内容。

1. 吴若本的列銜

錢謙益在《注杜詩略例》中,認爲"杜集之傳于世者,惟吴若本最爲近古,他本不及也",並在此基礎上,以家藏的吴若本作爲箋注的底本。吴若本是杜甫集的重要版本之一,然而遺憾的是,順治七年(1650)毁於錢謙益藏書樓(即絳雲樓)的火災中。錢曾《述古堂藏書目》(粤雅堂叢書本)卷二著録有"杜工部集吴若本",今已不存於世,只能通過《錢注杜詩》間接了解其狀況。僅此一點,便可以認爲《錢注杜詩》有着極高的學術價值。這已爲諸家研究多所論述,這裏不再贅言。

此稿本"附録"的"誌傳集序"中,録有吴若的跋文。刊本題此跋文爲《杜工部集後記》,以"右杜集建康府學所刻板也"始,以"紹興三年六月荆溪吴若季海書"終。刊本僅僅收録了《後記》正文,此稿本則在正文後另有"建康府府學／今剏行雕造唐工部集一部凡二十卷"兩行("唐"字當作"杜",或下缺"杜"字)。其中提到吴若本爲二十卷,正與錢曾《述古堂藏書目》卷二"杜工部集吴若本二十卷,四本,宋本影抄"的記載相同。兩行後空三行,裏葉列銜七行如下:

左從事郎建康府觀察推官　　　　　王　誾
右承直郎建康軍節度推官　　　　　章　識
左迪功郎建康府府學教授　　　　　錢壽朋
右朝散大夫簽書建康軍節度判官廳公事　趙士鵬
左承奉郎添差通判建康軍府事　　　吴　若
左奉議郎通判建康軍府事　　　　　吴公才
降授右朝請郎充徽猷閣待制知建康軍府事兼江南東路安撫使　歐陽懋

這些列銜詳細記述了南宋初年的紹興三年（1133），建康府學刊行吳若本《杜甫集》時與事的官人名録。吳公才、王闓、錢壽朋的名字已見於《後記》正文之中，歐陽懋、趙士鵬、章識則未爲《後記》所提及。即使名字見於《後記》之中，包括吳若在内諸人的官銜也無從得知。有關吳若的仕履，周采泉《杜集書録》（上海古籍出版社，1986，38 頁）及孫微、王新芳《吳若本〈杜工部集〉研究》（《圖書、文獻與交流》2010 年第三期，總第一三五），都依據《宋史》卷三七〇《吕祉傳》考訂其爲建康府通判府事。上文的列銜證明了這一結論的正確，同時還表明了其寄禄階爲左承奉郎。末尾所附建康府知府歐陽懋，其任命一事見於南宋張綱《華陽集》卷一《歐陽懋除徽猷閣待制知建康府》。

洪業氏在《杜詩引得序》（哈佛燕京學社，1940。Taipei, Chinese Materials and Research Aids Service Center, 1966 影印）中，曾列舉十條疑點，論證吳若本爲錢謙益所造僞書。然而，洪氏其後所作《再説杜甫》（《清華學報》新一〇卷第二期，1974。後收入《洪業論學集》，中華書局，1981）中，引用了張元濟的一段跋文。跋文是商務印書館影印上海圖書館現藏《宋本杜工部集》爲《續古逸叢書》第四十七時所作，考證此本爲王琪本、吳若本的配本。洪氏接受了張元濟的這一結論，並明言前説有誤。如果洪氏有機會得見此稿本"附録"中吳若本的列銜，恐怕從一開始就不會疑心錢謙益僞造了吧。

2.《唐授左拾遺誥》

此爲上述列銜次頁所録刊本未收資料。李爽氏直接依據稿本，介紹"附録"中《少陵先生年譜》末尾的"附宋高宗授杜甫裔孫杜邦傑承節郎敕"。但他並未見到《唐授左拾遺誥》一文，僅僅轉引了刊本《錢注杜詩》卷二《述懷一首》注中的引文。李爽氏還引用了乾隆《平江縣志》卷二二《古跡志》中的"杜氏遺敕"及卷二三《藝文志》中明人陳塏的《跋杜氏誥敕》，對唐宋時期兩種敕書的形態等作了介紹。又利用了明代方志中所記載的與錢謙益有關的新資料，對其注釋杜詩的學術意義有所言及。此外，有關湖南省岳陽市平江縣杜甫墓的資料，備見於清末李宗蓮所編《湖南平江縣重修唐杜左拾遺工部員外郎墓并建祠請祀集刊》（光緒十年）。其中雖錄有題名爲《附子美公誥敕》的唐敕，却對原文的書寫格式做了顯著的改變。此稿本中所錄《唐授左拾遺誥》如下（原文行二十字），文本内容與《述懷一首》的對應注文相同（以下所引稿本文字，所附句讀爲筆者所加）：

唐授左拾遺誥
　　襄陽杜甫，尔之才德，朕深知之。今特命爲宣義郎，行在左拾遺。授職之後，宜勤是職，毋怠命。
　　中書侍郎張鎬齎符告諭
　　至德二載五月十六日行
　　右敕用黄紙，高廣皆可四尺，字大二寸許。年月有御寶，寶方五寸許。今藏湖廣岳州府平江縣裔孫杜富家。

乾隆《平江縣志》卷二二《古跡志》所收《誥》文，"中書侍郎張鎬云云"一行作"中書侍郎平章事張鎬齎符告諭故敕"，次行的年月日末尾無"行"字。所謂"右敕云云"，則是對明代本省參政陳塏《跋杜氏誥敕》中以下内容的摘錄。

　　嘉靖壬寅（二十一年、1542）二月，予駐嶽陽之平江閲縣志，載有子美爲左拾遺敕及其裔孫杜邦傑爲承節郎敕，云尚存於縣市民杜富家。亟命求其家得之。子美敕爲唐至德二載所授，邦傑敕爲宋紹興三十二年所授。文皆簡古，真敕語也。唐敕用黄紙，高廣皆可四尺，厚如錢，故久存。字大二寸許，倔而勁。年月有御寶，方五寸許，色轉沈，中有碎裂，而全者皆爲蛇文矣。

編纂於同治八年（1869）至光緒元年（1875）的同治《平江縣志》卷八"冢墓"中，引錄了清代鄉人李元度的《杜墓考》。文中提到了唐宋時期《杜氏誥敕》的存在及陳塏的跋文，並有"錢氏謙益亦謂，今岳州平江縣民杜富家猶藏拾遺"的記載。考慮到平江人李元度不可能見到稿本《錢注杜詩》,"錢氏謙益亦謂"以下的部分大概是根據刊本的注釋而來的。乾隆三十四年(1769),《錢注杜詩》與《初學集》《有學集》等一同被列入禁燬書中。官修同治《平江縣志》中出現錢謙益的名字並引用其論説,表明清末禁燬令的逐漸弛緩。根據李爽氏《〈錢注杜詩〉決定性突破清廷禁毁令考述》(《杜甫研究學刊》,2009年第四期,總一〇二期),這一現象的出現,與太平天國運動及湘軍(即漢人)力量在滿清政權內部崛起這一歷史背景有關。

3. 杜集著録解題三則

上述2、《唐授左拾遺誥》後記載有關於《杜甫集》的三則文字,同樣不見於刊本《錢注杜詩》。其一引用《新唐書·藝文志》著録如下:

> 新書藝文志別集類
> 杜甫集六十卷　　小集六卷
> 潤州刺史樊晃集　通志略同(此行小字)

其二引用《郡齋讀書志》著録如下:

> 晁公武讀書志
> 杜甫集二十卷,集外詩一卷,注杜詩二十卷,蔡興宗編杜詩二十卷,趙次公注杜詩五十九卷。
> 晁氏曰:宋朝自王原叔以後,學者喜觀杜詩(筆者按:衢本《郡齋讀書志》《文獻通考》卷二三二作《喜觀甫詩》、袁本作《喜杜詩》)。世有爲之註者數家,率皆鄙淺可笑。有託原叔名者,其實非也。吕徵(當作"微")仲在成都時,嘗譜其年月。近時有蔡興宗者,再用年月編次之。而趙次公者又以古律詩體(各本無"體"字)雜次第之,且爲之注。兩人頗以意改定其誤("誤"下、各本有"字"字)云。
> 陳氏曰:按唐志六十卷、小集六卷。王洙原叔蒐裒中外書九十九卷,除其重複,定取千四百五篇,古詩三百九十九,近體千有六。起太平時終湖南所作,視居行之次若歲時爲先後,分十八卷(四庫本

《書録解題》《文獻通考》無"分十八卷"四字），別録雜著爲二卷，合二十卷，寶元二年記，遂爲定本。王琪君玉，嘉祐中，刻之姑蘇，且爲後記。元稹墓銘亦附二（"二"上，各本有"第"字）十卷之末。又有遺文九篇。治平中，太守裴集刊附集外。蜀本大畧同，而以遺文入正集者（各本作"中"），則非其舊也。

"晁氏曰"的部分，爲《郡齋讀書志》解題的後半；"陳氏曰"的部分當然是指陳振孫《直齋書録解題》，同樣是部分引用。根據《牧齋書目》（臺北故宮博物院所藏本）中記載的"昭德先生讀書志 讀書後志附志"，錢謙益藏有袁本《郡齋讀書志》。然而，根據上文括號中的校記可見，其與袁本存在文字上的異同。此外，《直齋書録解題》（《牧齋書目》未著録）中也有文字異同。特別是上文所有"分十八卷"四字，使得文意更便於理解，這或許是來自錢謙益的校補。將《郡齋讀書志》《直齋書録解題》以"晁氏曰""陳氏曰"的方式並列，雖然是對於《文獻通考・經籍考》的模仿，文中的字句卻並不與之相同。

在上述兩則文字後，還有一則記載（第二行以下爲雙行小字）如下：

　　黄長睿校定杜工部集二十二卷
　　　　紹興六年武陽李綱序曰：故校書郎武陽黄長睿父篤喜公之詩，乃用東坡之説，隨年編纂，以古律相參，先後始末皆有次第。蓋自開元天寶太平全盛之時，迄于至德大曆干戈亂離之際，子美之詩凡千四百四拾餘篇。

《文獻通考》在列舉上述以"晁公武讀書志"爲名義的"杜甫集二十卷"等五種的條目後，著録宋人黄伯思（字長睿）《校定杜工部集》二十二卷，作爲杜甫集解題的最後一項。有關此書的解題部分，《文獻通考》采用陳振孫解題，錢謙益則改爲摘録書中李綱序的一部分。黄伯思《校定杜工部集》早已散佚，顯然不見於《牧齋書目》著録，這段序文大概是從李綱《梁溪先生集（梁溪集）》（《牧齋書目》著録爲《李忠定公梁溪先生集》）所收

《重校正杜子美集序》(《四庫全書》本所收卷一三八)或是《東觀餘論》附錄中采錄的。李綱序的末尾,前者作"紹興四年",後者作"紹興六年"。由此可以判斷,錢謙益依據的是《東觀餘論》的文本。

4."校讎杜集諸本"

"黃長睿校定杜工部集二十二卷"後有"校讎杜集諸本"的標題,下列五種《杜甫集》及其解題。這個"校讎杜集諸本",是考察錢謙益在校勘、箋注杜詩之時,采用了何種先行《杜甫集》及注釋書時的重要資料。各本低於標題一格記書名、卷數,再低一格、以雙行小注添加解題。

五種中的第一種,列《錢注杜詩》底本的吳若本如下:

> 杜工部集二十卷
> 紹興三年,刻于建康府府學,荆溪吳若季海較定。今所傳杜集古本,莫先于是。第一卷以贈韋左丞詩,壓卷後有樊晃小集序。余校讎杜集,一以此本爲主。

根據吳若跋文(稿本無題,刊本題作"杜工部集後記")結尾處的"紹興三年六月,荆溪吳若季海書",吳若本爲紹興三年建康府學官刻本。此外還附有列銜,如前文所述。"今所傳杜集古本,莫先于是",與《初學集》卷一一〇所收《注杜詩略例》中的"杜集之傳於世者,惟吳若本最爲近古,它本不及也"同義。"壓卷後有樊晃小集序",則是指吳若本正文末尾後有唐人樊晃《杜工部小集》序文。其中並未提及《宋本杜工部集》所載王洙《杜工部集序》等先行本的序文,由此可以推測,吳若本所收舊序大概只有《樊晃小集序》一種。若此推論成立,錢謙益在《誌傳集序》中所收其他"集序",可以認爲是采錄自"校讎杜集諸本"中吳若本之後所列各本。末尾的"余校讎杜集,一以此本爲主",則與《注杜詩略例》中的"若其字句異同,則一以吳本爲主,間用他本參伍焉"大致相同。

"校讎杜集諸本"第二種爲《杜工部草堂詩箋》。

杜工部草堂詩箋五十卷外集一卷

紹興中，嘉興魯訔編次，嘉泰中，建安蔡夢弼會箋。夢弼自叙以爲博求唐宋諸本杜詩十門，聚而閲之，重複參較，復參以蜀石碑、諸儒之定本。開禧元年，雲衢俞成跋云：陶隱居注本草，嘗言不可有誤。君之注杜詩，片言隻字，決無差誤。推原教人之意，與本草注一而已。

此本或即《牧齋書目》中的"宋版草堂詩牋"。由於《牧齋書目》不記卷數，錢謙益所藏此本爲"五十卷外集一卷"這一事實，根據此處的記載方得以判明。《錢注杜詩》的校記中，稱此本爲"草堂本"。在《注杜詩略例》中，批評草堂本"蔡夢弼以捃摭子傳爲博，泛濫踏駮，昧於持擇，其失也雜"。

第三種爲陳浩然《分類老杜詩》。

陳浩然分類老杜詩二十四卷

誠齋陳浩然重編，廣漢張栻校正。元豐五年，溫陵宋宜爲敍。浩然增廣二百家注，真僞雜出，殊無可觀。

《錢注杜詩》校記中稱此本爲"陳浩然"本，似已不存於世。此本有溫陵宋宜所做序，收錄於《分門集注杜工部詩》（四部叢刊影印本）諸序中。序文末有"元豐五年二月二十三日序"的記載，與解題中所說的"元豐五年，溫陵宋宜爲敍"相符。歷來對於此本的情況不甚明了，甚至連書名都無法確知。根據稿本"校讎杜集諸本"此條，可知本書名爲《分類老杜詩》，共二十四卷；陳浩然別號誠齋，廣漢張栻校正。這些信息依靠稿本的記錄方才爲人所知，具有十分重要的意義。後半部分"浩然增廣二百家注，真僞雜出，殊無可觀"，則是錢謙益針對本書的批評。考慮到宋代杜詩集注諸本中並無"二百家注"的存在，這或許是"二十"、"百家"的誤寫。張忠剛等編著《杜集敍錄》（齊魯書社，2008年，第22頁）著錄本書題名爲"陳浩然本杜詩"，糾正了周采泉《杜集書錄》（上海古籍出版社，1986年，第673頁）認爲的陳浩然即陳應行（字浩然，撰有《杜詩六帖》十八卷）的謬誤。

又以十處引用爲據,證明仇兆鰲《杜詩詳注》中屢次引用"陳浩然本",從而認爲"陳本清初尚存,惜今已佚"。然而,《杜詩詳注》所引"陳浩然本"均見於《錢注杜詩》校記,不過是對錢注的轉引而已。此外,如上所述,《分門集註杜工部詩》中收錄有宋宜所做本書序。劉重喜《明末清初杜詩學研究》(中華書局,2013年,第40—44頁)認爲,《錢注杜詩》所引"陳浩然本"及《分門集註杜工部詩》的文本系統十分接近。

第四種爲《黄氏補千家注紀年杜工部詩史三十六卷》,引據如下:

> 黄氏補千家注紀年杜工部詩史三十六卷
> 　　臨川黄希夢得、其子黄鶴叔似竭兩世之力而成此書。寶慶二年,富沙吴文、郡人董居誼爲序。其編次全依吴季海本。

此書或即《牧齋書目》所著録"宋版黄氏補註杜工部紀年詩史　三十六卷十四〔册〕"("册"字據臺灣國家圖書館所藏《絳雲樓書目》)。本書早爲《郡齋讀書志》附志著録,作"黄氏補千家集註杜工部詩史三十六卷外集二卷"。然而,正如阿部隆一《增訂中國訪書志》(汲古書院,1983年,第731頁)所認爲的,"《郡齋讀書志》附志著録此書爲三十六卷外集二卷,傳本皆無外集,或早已佚失",錢謙益所藏本也並不包含外集。此外,與此本同樣撰寫於南宋寶慶二年(1226)的吴文跋、董居誼序,則見於現存的建安刊本中①。

錢謙益在上述解題末尾提到,此本的編次完全依據吴若本。然而,以元至元二十四年(1287)覆宋建安刊本(《中華再造善本》影印)與《錢注杜詩》的編次相比較,二者雖然均分爲古今體兩種並編年,所收詩的排列順序卻有很大差異。此外,錢謙益《注杜詩略例》中則對黄鶴等人的"紀年繫事"提出批評,並依據吴若本做了訂正如下:

> 梁權道、黄鶴、魯訔之徒,用以編次後先、年經月緯。若親與子美

---

① 臺北故宫博物院所藏沈氏研易樓舊藏本(缺卷八至十二)及北京國家圖書館所藏明汲古閣、近人潘氏寶禮堂遞藏本(卷一補配別本宋刻)。

游從,而籍記其筆札者。其無可援據,則穿鑿其詩之片言隻字,而曲爲之説,其亦近于愚矣。今據吳若本,識其大略。某卷爲天寶未亂作,某卷爲居秦州、居成都、居夔州。其紊亂失次者,略爲詮訂。而諸家曲説,一切削去。

《注杜詩略例》中,更評價黄鶴本"黄鶴以考訂史鑑爲功,支離割剥,罔識指要,其失也愚"。"支離割剥"一句,大概是批評黄本編年的牽強。《注杜詩略例》的這一見解,與解題中提到的黄鶴本編次完全依照吳若本,不能不說存在齟齬。如何理解這一齟齬,則留待今後的考察。

最後著録《集千家注批點杜工部詩集》及解題如下:

集千家注批點杜工部詩集二十卷文集二卷
元人高楚芳刪削舊注,以劉會孟批點附入。大德癸卯,會孟之子將孫爲序。今世流傳率多此本。

《牧齋書目》中所見"元版劉辰翁批點杜詩 十二〔册〕"("册"字據臺灣國家圖書館所藏《絳雲樓書目》),或即此本。"大德癸卯"爲"大德七年"(1303)。錢謙益在《注杜詩略例》中,稱劉辰翁詩評爲"評杜詩者,莫不善于劉辰翁",同時也指出,"辰翁之評杜也,不識杜之大家數。所謂鋪陳終始,排比聲韻者。而點綴其尖新儁冷、單詞隻字,以爲得杜骨髓。此所謂一知半解也"。即使如此,他還是將此本作爲校讎本的一種采用,大概是考慮到"今世流傳率多此本",對流行本不能忽視的原因。

5. "諸家詩話"

根據《錢注杜詩》"諸家詩話"中相當於前言部分的内容來看,這是根據宋人方惟道兄弟(當作方醇道、深道兄弟)《諸家老杜詩評》與蔡夢弼《草堂詩話》刪補而來的。《諸家老杜詩評》五卷本是以鈔本流傳的稀見本,收録入張忠剛編注《杜甫詩話五種校注》(書目文獻出版社,1994年。又《杜甫詩話六種校注》,齊魯書社,2002年)中,易爲研究者所利用。《諸家老杜詩評》不見於《牧齋書目》著錄，錢曾《讀書敏求記》卷四著錄此書，並提到"牧翁箋注，頗有采於此焉"。"諸家詩話"中標題作"某某幾事"的形式，大概是對《諸家老杜詩評》的模仿。蔡夢弼《草堂詩話》二卷附錄於《杜工部草堂詩箋》，又被稱爲《杜工部草堂詩話》（上述"校讎杜集諸本"所收）《杜工部草堂詩箋》及《牧齋書目》中，未見有此書）。此稿本《錢注杜詩》中，收錄有不見於刊本"諸家詩話"中的記事兩則。刊本"東坡三事"後即爲"蔡約之西清詩話一事"，稿本在兩者之間則有"歸叟詩文發源一事"如下，爲不見於刊本的兩則記事之一。

> 歸叟詩文發源一事
> 老杜云：廚人語夜闌。東坡云：圖書跌宕悲年老，燈火青熒語夜深。山谷云：兒女燈前語夜深。余以爲當以先後分勝負。樂天有詩云：醉貌如霜葉，雖紅不是春。東坡有詩云：兒童俱喜朱顔在，一笑那知是酒紅。鄭谷有詩云：衰鬢霜供白，愁顔酒借紅。老杜寄司馬山人：髮少何勞白，顔衰肯更紅。無已有詩云：髮短愁催白，顔衰酒借紅。皆相類也。

《歸叟詩文發源》爲北宋王直方（號歸叟）所撰《王直方詩話》的别名（郭紹虞《宋詩話考》，中華書局，1979年，第129頁）。此條見於張忠綱編注《杜甫詩話五種校注》中《諸家老杜詩評》卷三"《歸叟詩文發源》十四事"中（序號102）。

另一則爲下引"范元實詩眼一事"，見於"秦淮海進論一事""王彦輔麈史一事"之間：

> 范元實詩眼一事
> 古人學問必有師友淵源。漢楊惲一書，迥出當時流輩，則司馬遷外甥故也。杜審言與沈佺期、宋之問等同在儒館，爲交游。故杜甫律詩，布置法度，全學沈佺期，更推廣集大成耳。沈有云：雲白山青千萬里，幾時重謁聖明君【原注：今沈集作"兩地江山萬餘里，何時重謁

聖明君"】。甫云：雲白山青萬餘里，愁看直北是長安。沈有云：人如【原注：沈本作疑】天上坐，魚似鏡中懸。甫云：春水船如天上坐，老年花似霧中看。前後傑句亦未優劣也。

"范元實詩眼"，即宋人范溫（字元實）所著《潛溪詩眼》。此條雖然見於《草堂詩話》中，其中却没有"原注"部分（原文作雙行小字注）内容，恐怕是來自錢謙益的補正。同時，還有省略《草堂詩話》原文的部分："杜審言與沈佺期"，《草堂詩話》作"自杜審言已自工詩，當時沈佺期"；"前後傑句亦未優劣也"，《草堂詩話》作"是皆不免蹈襲前輩，然前後傑句亦未易優劣也"。

此外，刊本"諸家詩話"中"葉夢得二事"無改行，很難辨明第二條是從何處開始的（上海古籍出版社排印本同），稿本則在"詩人以一字爲工"處改行作下一條。檢葉夢得《石林詩話》，可知稿本的記載是正確的，只是將小題誤作"葉夢得一事"。

四、稿本與刊本的文本異同

錢謙益在杜甫集箋注成書後，並未停止對原書的修訂，在定稿、刊刻之時則得到了族孫錢曾的幫助。這一事實，在《錢牧齋先生尺牘》（錢仲聯標校《錢牧齋全集》七，上海古籍出版社，2003年）卷二所收《與遵王》書簡中可以屢屢得到驗證。此外，季振宜於康熙六年（1667）仲夏所撰刊本序文中，敘述了本書刊刻的始末：去年冬天，季振宜與錢曾初次相識，並在他那裏見到"箋注杜詩"的原稿；並得知錢曾爲病榻上的錢謙益所囑託，爲原稿添加了"千百條"修訂，在錢謙益彌留之際更被託付以完成箋注全書的重任；還記録了錢謙益死後，錢曾"補箋注之所未具"的事實；本年夏天，季振宜招徠錢曾共謀出版大計，錢曾亦努力"數月"，終於使此書得以上梓。這些記載，表明了錢曾對此書的完成有所助力，甚至於達到柳作梅氏《朱鶴齡與錢謙益之交誼及注杜之爭》（《東海學報》一〇卷一期，1969年，第55頁）提出的"吾人今日所見之杜詩錢注，恐十之二三出諸錢曾之手也"的説法。至於錢曾修改的究竟是哪一部分、修改到何種程度，這一問題則有待今後對稿本與刊本做出仔細的比對方能解決。

如上所述，拙文以"附録"爲著眼點，指出其中的重要資料爲刊本所刪去這一事實。有關文本的異同，李爽氏《"錢牧齋杜注寫本"考》一文以稿本卷十二以前的影印資料爲基礎，製作"傅圖藏寫本與季振宜靜思堂刻本《杜工部集》比勘表"，記録了兩本的異同四十二條：即二十六首詩中，有十九首與靜思堂刊本存在異文；其中正文、箋注共三十八條，卷首類目四條。同時還提到，刊本糾正了稿本的一些譌脱、改動了一些不恰當的用語，對稿本的箋注及校勘的條目、内容進行了修補。

李氏也注意到，存在有稿本不誤、刊本誤的情况，這樣的異同有兩條。關於訛誤的成因，李氏根據錢曾《讀書敏求記》卷二"廣異記六卷"中"杜詩《諸將》篇'昔日玉魚蒙葬地'，以此書劉門奴事註之。流俗本誤爲明奴，非也。考之廣記善本亦然。丙午夏，滄葦（筆者注：季振宜號）邀豫渡江，校刊牧翁草堂箋注。日長苦志，數月始潰於成。後偶以事還家，忽爲妄庸子改作明奴，且行間多以方空界字，可恨也"的記載，認爲主要是刊本在刊刻中，並非完全忠實地遵從了錢曾的定稿本所導致的。並進一步論證，稿本由於未受到這種影響而具有"校勘價值"。李氏的這一見解，明確指出了稿本文本的重要性，具有深刻的意義。

刊本中，除了錢曾《讀書敏求記》所説的《諸將》篇（卷十五所收）外，往往可見"方空界字"即白框的存在。最先見於《杜工部集目録》卷二《李鄠縣丈人□馬行》、卷九《房兵曹□馬》、卷十《從人覓小□孫許寄》三處詩題中，方框中爲"胡"字。所以將其處理作白框，是因爲清朝初期的滿人政權嚴禁使用"胡"或"夷""虜""戎"之類對異族的賤稱。錢曾對文字被改爲白框一事十分憤慨，可以説是對此類文字並無忌避①。稿本中並無

---

① 刊本卷末尾題後刻有該卷校者姓名，《諸將》篇所在卷十五中與"三原縣孫枝蔚豹人氏"並列有"常熟縣毛扆斧季氏"。毛扆爲汲古閣毛晉之子，自父輩起便與錢謙益、錢曾有所交遊。若校者姓名即刊刻時的最終責任者，那麼錢曾所指斥的"妄庸子"，便是指孫枝蔚、毛扆二人。然而，卷二、五、十、十四、二十的校者中可見錢曾之名，這些卷中也可見到諱缺的白框。因此，各卷末的校者姓名並非最終校字者。此外，作爲底本所用的臺灣大通書局《杜詩叢刊》及《續修四庫全書》所收《錢注杜詩》卷末影印均不完整，今采用京都大學人文科學研究所藏本。

白框,可見錢謙益也對"胡"等字全無避諱①,可以認爲是他作爲明代遺民的身份自覺。

另外,稿本卷一《麗人行》箋注末尾,對明人楊慎《升庵詩話》卷一四"麗人行逸句"(丁福保編《歷代詩話續編》,中華書局,1983,第922頁)中的錯誤指摘如下:

> 本朝楊慎曰:古本稱"身下"作"足下","何所著":"紅蕖羅襪穿鐙銀"二句。遍考宋刻本,并無,知楊氏僞託也。流俗本多誤載,今削正之②。

然而,刊本以此文爲題下注,並删去了"本朝"二字、"流俗本多誤載"六字。稱呼明人楊慎爲"本朝楊慎",與其說是箋注保留了明代時所作的原貌,不如說是錢謙益在仕清後仍對前朝抱有留戀,方才寫作"本朝"。陳寅恪《柳如是別傳》(《陳寅恪文集》之七,上海古籍出版社,1980年,第

---

① 作爲稿本舊日的所藏機構,北京人文科學研究所有一項重要的事業,即《續修四庫全書提要》的編纂。《續修提要》有稿本留存,後經中國科學院圖書館整理,以《續修四庫全書提要(稿本)》(齊魯書社,1996年)影印出版。第三十册雖然收録有錢謙益《杜工部集箋注》提要,然而,謝國楨所執筆的這一原稿却並非依據稿本,而是依據"清康熙六年刊本"、即靜思堂刊本而作。提要中有"集中所謂違礙字樣,如'馮夷擊鼓群龍趨'之'夷'字,'爲我炊雕胡'之'胡'字,'况於狄與戎'之'狄戎'二字,通體皆作墨圍,以及胡、虜、羯、胡、犬戎字樣,一律避免,涉筆可云謹慎"的記載。"涉筆可云謹慎"的評價雖然可以用於《錢注杜詩》的刊本,與稿本却完全不相符。錢謙益在本書的編寫中,對於"違礙字"毫無忌避之意。刊本中爲數不少的"違礙字樣"空格,涉及杜詩本文的部分,可以參考他本補入;箋注中如有引用文等,可以根據原典補出。然而,想要補出箋注獨有的文字空格,則是十分困難的。時至清末,禁毀令弛緩,其時刊行的《錢注杜詩》有宣統二年(1910)國學扶輪社鉛印本與宣統三年(1911)時中書局石印本。前者對於詩歌本文中的空格有一定的補足,對於箋注中的空格則多所遺留。後者則如校訂者袁康在《校印虞山錢氏杜工部草堂詶箋序》中所說的,"爰特正其舛誤,補其諱闕,俾成全璧",對箋注部分也有所補足。只是所補文字中有錯誤的情况,需要加以注意。如刊本卷七《八哀詩》其五《贈祕書監江夏李公邕》"近伏盈川(原注"楊炯")雄,未甘特進(原注"李嶠")麗"句注中,有"伏盈川而囗特進"一句,袁康校訂以"抑"字充當空格,稿本則作"鄙夷"的"夷"字。袁康或許是以臆料補足闕字,然而"抑"字並非違礙字,屬於校訂之誤。現今最爲通行的上海古籍出版社鉛印本《錢注杜詩》,同樣遵從時中書局本所補闕字作"抑"。即此一事,便可明白地理解,想要獲知《錢注杜詩》的真實面貌,不能不參考此稿本。

② 稿本此條箋注下有一小葉紙片附箋,以平假名混用朱書"本朝楊慎曰/以下的行刊本無"。筆者見此附箋,以爲橋川時雄氏當年在北京人文科學研究所時所書。然而,據傅斯年圖書館館員的說法,紙片與近年圖書館用於防止藏印沾連到次頁時所用的相同,這一推測似乎很難成立。

987 頁）論及，錢謙益在《列朝詩集》自序中使用"國朝""昭代""皇明"之類的語彙，"皆與其故國之思，復明之志有關"。這一現象，與稿本中"本朝"的使用或許有着同樣的考慮。傅斯年圖書館所藏稿本《錢注杜詩》不僅具有很高的校勘價值，同時也傳達出生活於明末清初的錢謙益的個人意志。就這一點來看，也可以説是具有極爲重要意義的資料。

王梵志詩集在日本
——兼論山上憶良與杜甫詩的關係

静永健（九州大學）

翻譯：陳翀（廣島大學）

一、《萬葉集》在中國

　　收入了四千五百餘首古代和歌的二十卷《萬葉集》是日本最古老的和歌集，其在日本文學史上的地位，堪比中國的《詩經》。比如，下文所録第一卷開卷之作的雄略天皇（一名大泊瀬幼武尊，5世紀後半期在位）的和歌，是一首描述在春天的原野上采集嫩草之淑女的作品，堪與描述君子好逑的《詩經·周南·關雎》篇媲美。由於《萬葉集》編撰的時期日本還没有發明平假名、片假名的表記方法，因此其中所録和歌均是用同音漢字（當是根據中古音韻而定）以及日本獨自訓詁解釋所銓定的假借字，不用説是外國人，即使是現在的日本人，也不容易讀懂。基於此，本稿以下所録《萬葉集》和歌改用現通行的平假名及漢字並用的表記方式，同時附上中國近代文人錢稻孫（1887—1966）嘔心瀝血所譯成的《漢譯萬葉集選》（1959年，日本學術振興會）及同氏《萬葉集精選·增訂本》（2012年，文潔若補編，上海書店出版社）的漢語譯文。

（《萬葉集》原文）　　　　　　（錢稻孫譯）
籠もよ、美籠もち、　　　　　　筐兮明筐，攜在旁。
ふくしもよ、美ふくしもち、　　圭兮利圭，執在掌。
この岳に菜采す兒、　　　　　　之姝者子，采菜在岡。

家きかな、告らさね、 　　　家其焉居，曷昭爾名。
そらみつ大和の國は、 　　　天監茲大和，
おしなべて、吾こそ居れ、 　　率維我所居，
しきなべて、吾こそ座せ、 　　率維我所坐。
我こそは、告らめ、 　　　　　我斯則告兮，
家をも名をも 　　　　　　　　我名亦我家兮。

於此還可舉第四卷所收七世紀中葉的女流歌人額田女王的一首作品，此歌則與西晉張華《情詩》(《文選》卷二十九、《玉台新詠》卷二所收)之"清風動帷簾，晨月照幽房"等詩句有着異曲同工之妙。

(《萬葉集》原文) 　　　　　(錢稻孫譯)
君待つと、 　　　　　　　　方我俟君，
吾が戀ひ居れば、 　　　　　我思漸漸。
我がやどの、 　　　　　　　秋風吹來，
簾動かし、秋の風吹く 　　　動我房帘。

而以卷五爲中心在《萬葉集》留下了七十八首作品的山上憶良 (660?—733)，他的這首和歌則是一首令人聯想到陶淵明《責子》"通子垂九齡，但覓梨與栗"之充滿家庭溫馨的短歌。

(《萬葉集》原文) 　　　　　(錢稻孫譯)
瓜食めば、子供思ほゆ、 　　食瓜思吾兒，
栗食めば、まして思はゆ、 　食栗益相思。
何處より、來りしものぞ、 　其來何所自，
眼交に、 　　　　　　　　　當我眼前癡。
もとな懸りて、 　　　　　　徒使我念茲，
安眠し寢さぬ 　　　　　　　安眠靡有時。

如上所述,《萬葉集》雖然是一部古代日本和文所撰寫的和歌總集,但也可稱得上是一部汲取了中國古典詩歌之傳統精華的文學經典。另外,《萬葉集》的編撰過程雖然還存在着諸多不明之處,但有一點是可以確定的,即其所收的四千五百餘首作品均創作於日本天平寶字三年(759,也就是因唐玄宗李隆基蒙塵而即位的唐肅宗乾元二年)之前。

下面就請讓我進入今天發表的主題,在此先舉一首山上憶良的作品。這是一首以漢文爲題的長歌,名爲《貧窮問答歌》:

(《萬葉集》原文)	(錢稻孫譯)
風交じり、雨降る夜の、	朔風亂夜雨,
雨交じり、雪降る夜は、	夜雨雜雪飛。
術も無く、寒くしあれば、	何以禦此寒,
堅塩を、とりつつしろひ、	舐鹽啜糟醅。
糟湯酒、うちすすろひて、	氣冷衝喉咳,
しはぶかひ、鼻びしびしに、	涕出鼻歔欷。
しかとあらぬ、髭搔き撫でて、	疏髯撚自許,
我れをおきて、人はあらじと、	舍我更復誰。
誇ろへど、	意則雖亦强,
寒くしあれば、	凌寒終莫排。
麻衾、引き被り、	引我麻布被,
布肩衣、	著我裯襠衣。
ありのことごと着襲へども、	盡襲吾所有,
寒き夜すらを、	夜猶逞其威。
我れよりも、	視我更貧者,
貧しき人の、	若何其苦淒。
父母は、飢ゑ凍ゆらむ、	父母忍膚凍,
妻子どもは、乞ひて泣くらむ、	妻子相啼飢。
この時は、いかにしつつか、	其如此時何,
汝が世は渡る、	爾生何以維。

天地は、廣しといへど、	天地雖云廣、
我がためは、狹くやなりぬる、	胡獨爲我小。
日月は、明しといへど、	日月雖云明、
我がためは、照りやたまはぬ、	胡獨不我照。
人皆か、	豈其人皆然、
我のみや然る、	抑我獨不弔。
わくらばに、人とはあるを、	適亦生爲人、
人並に、我れも作るを、	視人初無少。
綿もなき、布肩衣の、	襧襠乃無綿、
海松のごと、わわけさがれる、	亂垂如海藻。
かかふのみ、肩にうち掛け、	襤褸自肩懸、
伏廬の、曲廬の内に、	曲伏廬中老。
直土に、	即茨土泥上、
藁解き敷きて、	草草席禾藁。
父母は、枕の方に、	枕邊坐父母、
妻子どもは、足の方に、	妻孥傍足繞。
圍み居て、	圍居莫知措、
憂へさまよひ、	相對但苦惱。
かまどには、火氣吹き立てず、	竈絕煙火氣、
甑には、蜘蛛の巣かきて、	甑爲蛛絲罩。
飯炊く、ことも忘れて、	久疎忘炊術、
鵺鳥の、のどよひ居るに、	中鳴如鵺鳥。
いとのきて、短き物を、	已短猶欲剪、
端切ると、いへるがごとく、	諺憫無可告。
しもと取る、里長が聲は、	執笞里長來、
寢屋處まで來立ち呼ばひぬ、	逼叱聲咆哮。
かくばかり、術なきものか、	曾是不相恤、
世間の道	胡然世人道。

這首和歌，是日本天平三年（731）山上憶良赴任筑前守（今福岡縣太宰府市）時所寫下的作品，是一首反映了八世紀日本貧農生活的異色和歌。作品從寫雨雪交集的冬日寒夜開始，接着描寫了一位一邊喝着廉價的糟湯酒一邊撫弄頷鬚、費盡心機維持自己尊嚴的男子，而這位男子，極有可能就是作者本人的投影。然而，作品在進入第十五句時又將筆鋒再轉，"視我更貧者"，將敘事的焦點切換到了同樣在經受寒夜之凍，和父母妻子一起度過一個個不眠之夜的貧農家庭身上。這個家庭，家中已無顆粒糧食，飯甑上結着蛛網，可謂一貧如洗。即使如此，歌之結尾，還是寫道了一位拿着長鞭的"里長"大聲威嚇，催其交納租稅。

　在此不禁要問，山上憶良本是地方長官，爲什麽要詠唱如此一首反映下層貧民之悲慘生活的長歌呢？接下來，就讓我們結合山上憶良的生平經歷，來對這一問題作一些考證。

二、山上憶良在唐土

　現在日本對山上憶良的認知多還僅停留在其乃一位活躍在八世紀前半期之《萬葉集》著名歌人的層面上。其實，山上憶良最能引以自豪的事蹟，還當數其在日本大寶元年（701）作爲第七次遣唐使成員踏入唐土造訪唐都長安之不到一年的入唐經歷。而且，其入唐時還擔任了遣唐少録，這是一個輔佐遣唐大使粟田真人的重要職務。

　對於粟田真人一行的長安之旅，中國的正史之中亦有記載。如《舊唐書·則天武后紀》（卷六）長安二年（702）條云"冬十月，日本國遣使貢方物"。要之，在歷代遣唐使之中，這是唯一一次目睹了女皇武則天執政下長安風景的使節團。史載一行還得到了武則天的嘉賞，享受到了翌年回國之際麟德殿賜宴的殊榮：

　　長安三年，其大臣朝臣真人來貢方物，朝臣真人者，猶中國户部尚書，冠進德冠，其頂爲花，分而四散，身服紫袍，以帛爲腰帶。真人好讀經史，解屬文，容止温雅。則天宴之於麟德殿，授司膳卿，放還本

國。〔《舊唐書·東夷傳》卷一九九上〕

大使粟田真人"好讀經史,解屬文,容止温雅",由此或可推知,所謂的"好讀經史",或是長安三年賜宴之際真人當經歷過了某種試煉,即則天女皇下賜某部典籍,而真人被要求在女皇面前進行朗誦助興。當然,由於文獻無徵,這也只能停留在一個臆測的層面。不過,在這次的下賜禮品之中,極有可能就包括了一部典籍——現由宫内廳書陵部所管理的奈良正倉院御物所存的《王勃詩序卷》。這個古寫卷由三十枚料紙銜接而成,共抄寫了四十一篇王勃(647—675)詩序。因爲這個由瀟灑秀麗的行書體所抄寫的卷軸使用了則天文字,所以可以據此推測,這一古軸或是粟田真人從長安帶回的真本,或是其所帶回詩卷的重鈔本。回國之後,入唐使節團將其獻給了第四十二代文武天皇(683—707,697—707 在位)。之後又被傳給了當時還是皇太子的第四十五代聖武天皇(701—756,724—749 在位)(現在正倉院所受寶物之中心藏品主要是聖武天皇遺愛品)。

根據《王勃詩序卷》使用了則天文字及其爲聖武天皇之寶物等,可以推測其貢獻者最有可能的就是第七次遣唐使粟田真人一行,也極有可能就是則天女皇下賜的皇家正統寫卷。而從則天皇后一側來考慮這一推斷亦無衝突之處,對於則天女皇來説,這也正是一個向異國使者展示新制定之則天文字的絶好機會。而由典麗優美的駢文所撰寫的"詩序",本來就屬於六朝以來最具文學韻味的一種高級文體,適合於宴席吟誦。粟田真人在擔任遣唐大使之前曾參與制定了《大寶律令》(701 年頒發施行),是當時日本最爲優秀的精英官僚之一,想必他的口才學識,一定没有讓則天女皇失望。

而以上的這些對大使粟田真人的推論,顯然也適用於使節團一員的山上憶良。大使粟田真人以善於撰寫和歌聞名,因此具備了相當深厚的漢學知識,不但閲讀過相當的漢語典籍,而且還通曉唐音。值得我們注意的是,《萬葉集》卷五還破例收入了山上憶良晚年所撰的一片長篇散文作品《沈痾自哀文》,文如下(文字下綫爲筆者所加,下同):

王梵志詩集在日本　27

竊以朝夕佃食山野者,猶無災害而得度世。(自注:謂常執弓箭不避六齋,所值禽獸不論大小孕及不孕並皆煞食,以此爲業者也。)晝夜釣漁河海者,尚有慶福而全經俗(自注:謂漁夫潛女各有所勤,男者手把竹竿能釣波浪之上,女者腰帶鏧篦潛采深潭之底者也。)況乎我從胎生迄于今日,自有修善之志,曾無作惡之心。(自注:謂聞"諸惡莫作諸善奉行"之教也。)所以禮拜三寶,無日不勤。(自注:每日誦經發露懺悔也。)敬重百神,鮮夜有闕。(自注:謂敬拜天地諸神等也。)嗟乎媿哉,我犯何罪,遭此重疾。(自注:謂未知過去所造之罪若是現前所犯之過,無犯罪過何獲此病乎。)初沈痾已來,年月稍多。(自注:謂經十餘年也。)是時年七十有四,鬢髮斑白,筋力尫羸,不但年老,復加斯病。諺曰:痛瘡灌鹽,短材截端,此之謂也。四支不動,百節皆疼,身體太重,猶負鈞石。(自注:廿四銖爲一兩,十六兩爲一斤,卅斤爲一鈞,四鈞爲一石,合一百廿斤也。)懸布欲立,如折翼之鳥,倚杖且步,此跛足之驢。吾以身已穿俗,心亦累塵,欲知禍之所伏,祟之所隱,龜卜之門,巫祝之室,無不往問,若實若妄,隨其所教,奉幣帛,無不祈禱,然而弥有增苦,曾無減差。吾聞:前代多有良醫,救療蒼生病患,至若榆柎、扁鵲、華佗、秦和緩、葛稚川、陶隱居、張仲景等,皆是在世良醫,無不除愈也。(自注:扁鵲姓秦字越人,渤海郡人也。割胸采心易而置之投以神藥即瘳如平也。華佗字元化,沛國譙人也。若有病結積沈重在内者,剖腸取病縫復摩膏,四五日差之。)追望件醫,非敢所及。若逢聖醫神藥者,仰願割剖五藏,抄探百病,尋達膏肓之陬處。(自注:肓,鬲也。心下爲膏,攻之不可,達之不及,藥不至焉。)欲顯二竪之逃匿。(自注:謂晉景公疾。秦醫緩視而還者,可謂爲鬼所煞也。)命根既盡,終其天年,尚爲哀。(自注:聖人賢人者一切含靈,誰免此道乎。)何況生錄未半爲鬼枉煞,顏色壯年,爲病橫困者乎。在世大患,孰甚于此。(自注:志怪記云:廣平前太守北海徐玄方之女,年十八歲而死。其靈謂馮馬子曰:案我生錄當壽八十餘歲,今爲妖鬼所枉煞已經四年,此遇馮馬子乃得更活是也。内教云瞻浮州人壽百二十歲。謹案此數非必不得過此。故壽延經云:有比丘名曰難達,臨命終時詣佛請壽,則延十八年。但善爲者天地相畢,其壽夭者業報所招,隨其脩短而爲半也。未盈斯竿而遄死去,故曰未半也。任徵君曰:病從口入,故君子節其飲食。由斯言之,人遇疾病,不必妖鬼。夫醫方諸家之廣說,飲食禁忌之厚訓,知易行難之鈍情,三者盈目滿耳,由來久矣。抱朴子曰:人但不知其當死之日,故不憂耳。若誠知羽翮可得延期者,必將爲之。以此而觀,乃知我病蓋斯飲食所招而不能自治者乎。)帛公略説曰：伏思自勵，以斯長生。生可貪也，死可畏也。天地之大德曰生，故死人不及生鼠。雖爲王侯，一日絶氣，積金如山，誰爲富哉，威勢如海，誰爲貴哉。遊仙窟曰：九泉下人，一錢不直。孔子曰：受之於天，不可變易者形也，受之於命，不可請益者壽也。(自注：見鬼谷先生相人書。)故知生之極貴，命之至重。欲言言窮，何以言之，欲慮慮絶，何由慮之。惟以人無賢愚，世無古今，咸悉嗟歎，歲月競流，晝夜不息。(自注：曾子曰，往而不反者年也。宣尼臨川之歎，亦是矣也。)老疾相催，朝夕侵動，一代歡樂，未盡席前。(自注：魏文惜時賢詩曰，未盡西苑夜，劇作北邙塵也。)千年愁苦更繼坐後。(自注：古詩云，人生不滿百，何懷千年憂矣。)若夫群生品類，莫不皆以有盡之身，並求無窮之命。所以道人方士，自負丹經入於名山，而合藥之者，養性怡神以求長生。抱朴子曰：神農云，百病不愈，安得長生。帛公又曰：生好物也，死惡物也。若不幸而不得長生者，猶以生涯無病患者爲福大哉。今吾爲病見惱，不得卧坐，向東向西，莫知所爲。無福至甚，惣集于我。人願天從，如有實者，仰願頓除此病，頼得如平。以鼠爲喻，豈不愧乎。

從這篇文章可以看出，山下憶良精通多種漢語典籍。比如，下綫處提到的以楡柎（黃帝時期的名醫）爲代表的扁鵲、華佗、葛洪、陶弘景、張仲景等歷代名醫，還有對《抱朴子》《古詩十九首》《志怪記》《内教》《壽延經》《帛公略説》《鬼谷先生書》等多種漢籍的引用，均可見其博學多識之一斑。其中特別要注意的是對《遊仙窟》的引用。這是一篇僅存於日本的初唐傳奇小説，也是日本人接觸到的最早之漢籍中的一種。雖然也只是推測，最早閱讀到這篇傳奇小説並將其從長安傳抄到日本的，極有可能就是山上憶良或與其一起行動的第七次遣唐使中的某一位。

如上所述，以山上憶良爲代表的第七次遣唐使的成員們，在長安接觸到了最先進的中國文化並將其傳入了日本。而其所接觸到的文學樣式，從唐代宮廷内所傳的諸如《王勃詩序卷》一般的典雅文學到以《遊仙窟》

爲代表坊間小説,可謂是多姿多彩。而這一點,也恰恰就是我們在追究山上憶良之文學的本質時的一個關鍵之處。

三、杜甫在長安

接下來讓我們重新回到如何來解讀《貧窮問答歌》這一問題上。山上憶良的這首長歌,題名由五字漢文組成,顯然是對中國文學傳統形式的某種有意識的繼承。而其所詠的"貧士"題材,又是孔子高弟顏回甘居陋巷之後的中國文學上的一個定式。特別是從與《責子》詩之關聯所顯示出來的山上憶良的文學素養,其對陶淵明的《詠貧士七首》及《乞食》等詩歌作品,無疑是洞曉於胸。另外,通過日本學者的研究,還可知《藝文類聚》卷三十五西晉束晳《貧家賦》亦是其受影響的先行作品之一(上田武《〈貧窮問答歌〉における中國文學の影響について》,《埼玉短期大學研究紀要》第 2 號,1993 年)。

然而,顏回及陶淵明所構建出來的清貧世界,與山上憶良歌後半部所描寫的貧農生活無疑有着本質上天壤之別。從上節所引《沈痾自哀文》所顯示出的山上憶良對漢籍的博學程度,或許山上憶良在創作這首長歌時確實或多或少地受到了顏回故事及陶淵明詩文、甚至《藝文類聚》所收文學作品的熏陶,但從作品的結構及內容來看,這首長歌顯然並非傳統貧士題材的單一仿效,因爲無論是顏回還是陶淵明,都與被苛捐雜稅所逼迫的貧民有着本質上的區別。一方面,我在閱讀這首作品時,很直覺地聯想到了杜甫(712—770)的《兵車行》,不由自主地將其所詠貧民形象與杜甫筆下出征士兵重疊在了一起。杜甫詩云:

車轔轔,馬蕭蕭,行人弓箭各在腰。<u>耶孃妻子</u>走相送,塵埃不見咸陽橋。

牽衣頓足闌道哭,哭聲直上干雲霄。道傍過者問行人,行人但云點行頻。

或從十五北防河,便至四十西營田。去時<u>里正</u>與裹頭,歸來頭白還戍邊。

邊庭流血成海水,武皇開邊意未已。君不聞,漢家山東二百州,千村萬落生荆杞。

縱有健婦把鋤犁,禾生隴畝無東西。況復秦兵耐苦戰,被驅不異犬與雞。

長者雖有問,役夫敢申恨。且如今年冬,未休關西卒。縣官急索租,租稅從何出。

信知生男惡,反是生女好。生女猶得嫁比鄰,生男埋没隨百草。

君不見,青海頭,古來白骨無人收。新鬼煩冤舊鬼哭,天陰雨濕聲啾啾。

當然,山上憶良的和歌與盛唐詩人杜甫的這首名作不可能有直接的繼承關係。這是因爲杜甫《兵車行》現在一般被認爲是其四十歲時、也就是唐天寶十載(751)時的作品,而此時山上憶良早已離開了人世。而且,即使是曾經"讀書破萬卷"的詩人杜甫,也絕不會有機會去閱讀到一首由海東之異邦文人所撰寫的一首外語和歌。

然而,上舉的這兩首中日古典名作却確實存在着某種奇妙的暗合之處。如上《兵車行》畫綫部分所寫被送往戰場的士兵身旁之"耶孃妻子"場景之中,同樣出現了"里正(里長)"或"縣官"之類的下級官吏。衆所周知,類似描寫在杜詩中還不僅限於《兵車行》,還散見於《北征》詩(至德二載757作)所見"經年至茅屋,妻子衣百結""平生所嬌兒,顏色白勝雪。見耶背面啼,垢膩腳不襪",《石壕吏》(乾元二年759作)"暮投石壕村,有吏夜捉人"等作品。

那麼,我們如何來看待這種奇妙的暗合呢?最近,我終於找到了解决這一問題的鑰匙——東洋史學者菊池英夫氏的以下兩篇論文:

菊池英夫《唐代敦煌社會の外貌(その第十四章:民衆の詩)》,池田温編《講座敦煌3:敦煌の社會》所收,日本大東出版社,1980年。

菊池英夫《山上憶良と敦煌遺書》,雜誌《國文學:解釈と教材の研究》第28卷7號,日本學燈社,1983年。

詳考請大家參照上引論文,在此僅將其結論歸納於下,即成爲山上憶良《貧窮問答歌》之示範作品的,乃是唐代初期流行於巷坊之間的王梵志的《貧窮田舍漢》(作品番號270):

  貧窮田舍漢,莟子極孤栖。兩共前生種,今世作夫妻。婦即客舂擣,夫即客扶犁。
  黄昏到家裏,無米復無柴。男女空餓肚,狀似一食齋。里正追庸調,村頭共相催。
  幞頭巾子露,衫破肚皮開。體上無褌袴,足下復無鞋。醜婦來惡罵,啾唧搦頭灰。
  里正被脚蹴,村頭被拳搓。驅將見明府,打脊趁回來。租調無處出,還須里正賠。
  門前見債主,入户見貧妻。舍漏兒啼哭,重重逢苦災。如此硬窮漢,村村一兩枚。

對於上述菊池氏的觀點,日本《萬葉集》研究學界有認同者亦有懷疑者,可謂毀譽參半。然作爲一個唐代文學、特別是唐詩研究者,我認爲菊池氏的推測具有相當的合理性。詩中的這位"田舍漢"有一位前世結緣的"婦",一起忍耐著貧窮的生活。接下來便是諸惡化身之"里正"的登場,徵收"租庸調",使得本來就貧窮困苦的生活更是火上加油,兩詩的内容基本相同。另外,菊池氏的論考及此後贊同其觀點的幾篇論文均認爲山上憶良與看待《遊仙窟》一樣,對唐代所流行的坊間文學具有純粹之興趣,並將此作爲論述展開的主要基點。在此我想對此觀點再做一些補充。坊間的俗文學,也就是彼時長安群眾所耳聞目睹的民間文化的口語文學形式,對於異國人來説本來是一種極爲難懂的白話語言。我認爲,對於這些白話文的收集,極有可能從一開始就是第七次遣唐使的一個重大任務。這是因爲在此次遣唐使入唐之前,大使粟田真人一直在從事《大寶律令》的制定,這是日本首次從國家層面真正導入律令制度。然而,這部律令有待修改之處頗多,還没有達到盡善盡美的程度。正因爲如此,在《大寶律令》頒行之後不久就啟動了改定議程。而粟田真人的這次渡唐,首先就需要從律令先進國唐朝的角度,找出本國所制定的這部新的政法制度的不足之處並予以修改。或也正是因為如此,日本的遣唐使們,纔會頻繁地出入長安的大街小巷,聽取律令制度下唐朝平民百姓的聲音。如果這一推測無誤的話,我們便可據此找到鏈接山上憶良與王梵志詩集的必然性了。

四、王梵志詩集在日本

屬於唐代民間文學的《王梵志詩集》傳入古代日本,這在古書目錄資料中也可得到確證。九世紀末(寬平初年,889 前後)藤原佐世撰寫《日本國見在書目錄》的《集部·別集家》中就記有"王梵志集二卷",另外還記錄了一部"王梵志詩二卷"。這兩部書是同一本書,還是收錄作品或排列相異的別本,現在已經無從考證。不過基本可以確定,此詩集乃是上代日本所藏漢籍中的最為重要的一部。如果認可上舉《貧窮問答歌》與王梵志詩真的具有所述之關聯性的話,我們便可據此推測這部詩集的傳來當是第七次遣唐使入唐前後,而據此又可推測出,王梵志詩在長安坊間的流行,至少有可能可以提前到粟田真人與山上憶良入京的長安初年(702—703),也就是武則天女皇的統治時期。

或有人認為所謂傳說中的詩人王梵志並非某位特定之詩人,從初唐到五代,甚至衍至北宋,使用這一偽名的作者曾多次出現。然而,這位半僧半俗的詩人之最初出現,當是在武周革命以後的長安都城。衆所周知,就如龍門奉先寺大佛(上元二年,675 完成)所代表的一樣,則天新政權具有濃厚的佛教色彩。而王梵志這一偽名,或就是在這一尊崇佛教的時代背景之下得以誕生。而且,其(或其屬群體)對於下層百姓生活的關注,也正與普度衆生的佛教基本理念相一致。《貧窮田舍漢》詩所糾彈的租庸調制度,其原型雖然最早可以追溯到南北朝時期北周王朝,然其真正作為一種國家基本稅收制度的實行還是在唐《武德律令》(武德七年[624]完成)制定之後。而對於這一制度所呈現出來的矛盾之處的指責,在建國之初並不明顯,到了世間相對太平的第二代以後就越來越顯著了。律令制度所蘊含的基本矛盾,也就是試圖從農民手中榨取更多的租稅,使得越來越多的農民怨聲載道,待到一代明主太宗李世民去世之後(貞觀二十三年,649),就如井噴一樣爆發出來了。

對於日本導入律令制度負責者之一的粟田真人及其隨從的山上憶良來說,《王梵志詩集》裏所體現社會黑暗的一面詩歌,並不只是一種停留在文化層面的坊間之文學享受,而更有可能是將其視爲一種用他山之石來規勸本國統治者的一份重要的社會資料。

那麼,杜甫又與《王梵志詩集》有着何種聯繫呢?

對於出生於唐朝中興期之712年(也就是玄宗李隆基登基之年)洛陽郊外的一個地方官僚家庭的杜甫來說,王梵志的某些詩篇,或許就如其童年時經常吟誦的兒歌一樣耳熟能詳。而且,父親杜閑(歷任郾城尉、奉天令、兗州司馬等職)由於所任官職的性質,更是要直面律令制所帶來的種種社會矛盾。而其中或又蘊含着他對祖父杜審言所活躍的武周政權的錯綜複雜的情懷。對於這一點,還有待今日在座的杜甫研究的專家老師的教示。不過,至少我個人認爲,杜甫是有可能接觸到王梵志的某些詩篇的,甚至有可能抄錄過了其中某些篇章。

要之,杜甫與山上憶良這兩位國家及語言不同的詩人的作品,通過唐代的民間詩人之中介,顯示出了一種本來不可能出現的共通之處。再附言一句,杜甫《兵車行》等中極具特色的"耶孃妻子"、"里正(里長)"、"縣官"等語,其實也是現存《王梵志詩集》諸作品中之頻出語彙。現將其具例整理如下:

【耶娘(孃)】(括弧内指出項楚校注《王梵志詩校注》的作品號碼)

耶娘無偏頗,何須怨父母(041)　耶娘不采括,專心聽婦語(043)

有時見即喜,貴重劇耶娘(074)　一種憐男女,一種逐耶孃(110)

但使長無過,耶孃高枕眠(162)　耶孃行不正,萬事任依從(163)

耶孃年七十,不得遠東西(166)　耶孃絶年邁,不得離傍邊(167)

耶孃腸寸斷,曾祖共悲愁(271)

cf. 古樂府曰:"不聞耶孃哭子聲,但聞黃河流水鳴濺濺。"(見于杜甫詩古註)

【妻子・妻兒】

宅舍無身護,妻子被人欺(015)　但看氣新斷,妻子即他人(330)

財色終不染,妻子不戀著(347)　勸道榮樂靜坐,莫戀妻子錢財(356)

世間何物親,妻子貴於珍(363)　榮名何足捨,妻子視如無(382)

貯積留妻兒,死得紙錢送(034)　有錢惜不喫,身死由妻兒(054)

妻兒啼哭送,鬼子唱歌迎(094)　貯積千年調,擬覓妻兒樂(244)

當頭憂妻兒,不勤養父母(264)　一則恥妻兒,二則羞同伴(274)

自身不喫著,保愛授妻兒(280)　兀兀自遶身,擬覓妻兒好(285)

妻兒嫁與鬼,你向誰邊告(286)　不及別妻兒,向前任料理(289)

滿堂何所用,妻兒日夜忙(302)　深房禁婢妾,對客誇妻兒(308)

【里正・里長】

有事檢案迫,出帖付里正(028)　里正追役來,坐著南廳裏(269)

里正追庸調,村頭共相催（270）　里正被脚蹴,村頭被拳搓（270）

　　早死無差科,不愁怕里長（247）

　　【縣官】　縣官與恩澤,曹司一家事（269）

　　【貧窮・貧賤・貧苦・吾貧・貧者・貧妻・貧兒】

　　此是守財奴,不免貧窮死（009）　富者辦棺木,貧窮席裹角（011）

　　貧窮實可憐,飢寒肚露地（055）　貧窮田舍漢,菴子極孤栖（270）

　　不羨榮華好,不羞貧賤惡（132）　貧苦無處得,相接被鞭拷（005）

　　他家笑吾貧,吾貧極快樂（006）　富者相過重,貧者往還希（026）

　　門前見債主,入戶見貧妻（270）　貧兒二畝地,乾枯十樹桑（303）

　　貧兒覓長命,論時熟癡漢（362）

　　【租調・庸調・千年調】

　　忽起相羅拽,啾唧索租調（005）　租調無處出,還須里正賠（270）

　　一則無租調,二則絶兵名（288）　里正追庸調,村頭共相催（270）

　　有錢但著用,莫作千年調（012）　漫作千年調,活得没多時（035）

　　貯積千年調,擬覓妻兒樂（244）　貯積千年調,知身得幾時（280）

　　不得萬萬年,營作千年調（284）　世無百年人,擬作千年調（314）

　　如此看來,杜甫詩中極具特色的時諺及口語語彙的多用,以及社會詩諸篇所顯現出來的對下層人民生活之徹底的洞察力等,與敦煌出土的這位唐代民間詩人作品,或許有着更爲廣泛的聯繫,對於這一點,還有待今後作更一步的探討。

日本五山版《春秋經傳集解》考論*

傅　剛（北京大學）

一、五山版《春秋經傳集解》的祖本

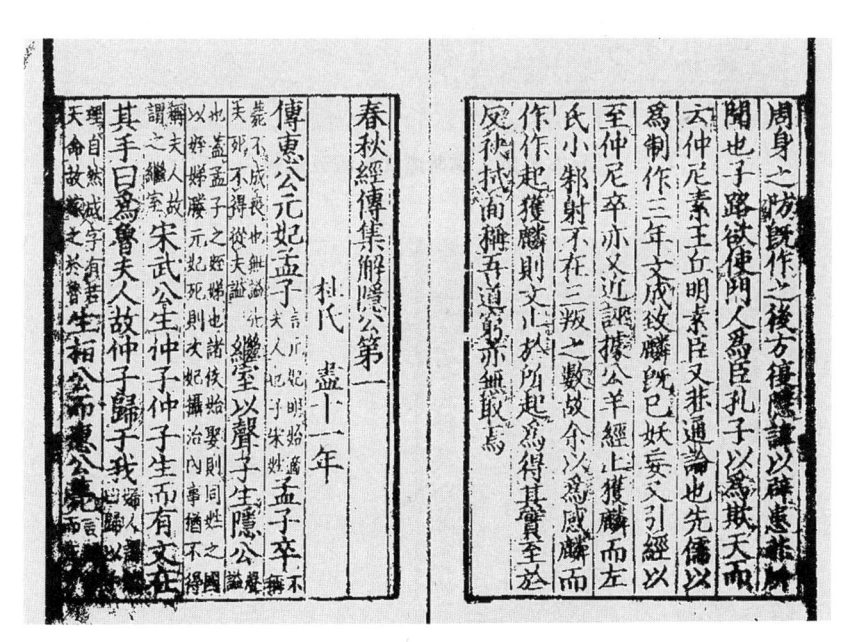

日本宮內廳藏興國軍學本

---

* 本文得到國家社科基金重大招標項目"《春秋左傳》校注及研究"（項目批准號15ZDB071）資金支持。

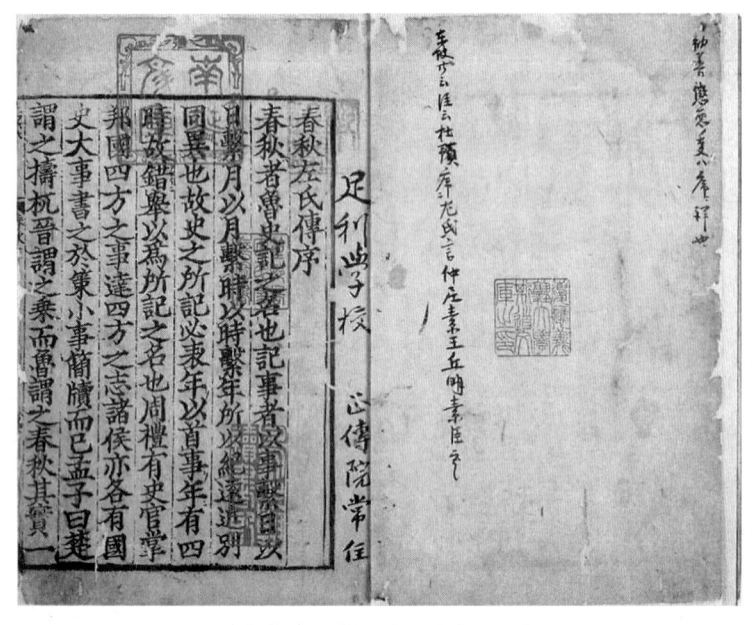

日本慶應大學斯道文庫藏五山版

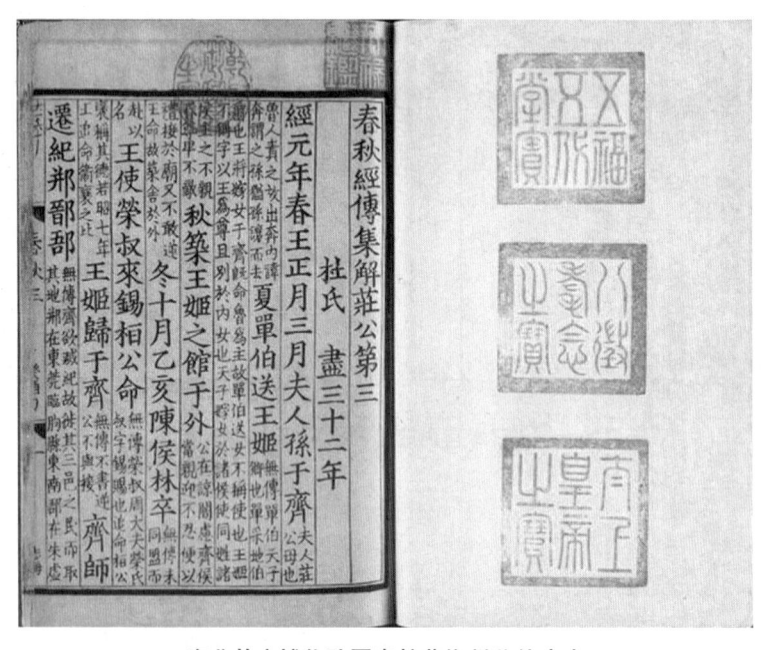

臺北故宮博物院圖書館藏撫州公使庫本

臺北故宮博物院圖書館藏日本鈔臨川江公亮跋本

日本陽明文庫藏本

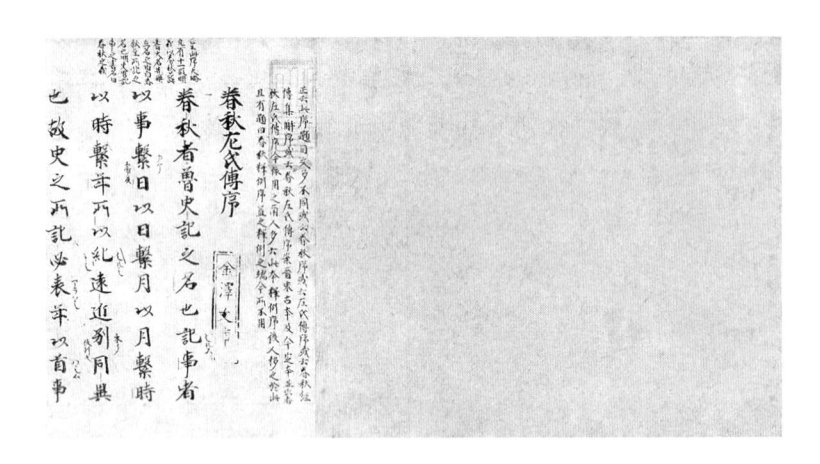

五山版是指日本鎌倉、室町時期由五山十刹神僧所刊刻的典籍，是日本仿照漢籍刊刻的早期刻本，多是佛典，也有不少外典。其底本部分源自日本古鈔，部分源于宋、元刊本，故其文獻價值甚大①。五山版《春秋經傳集解》，就是其中一種。日本雖稱文物保藏精善，但五山版亦因時代緬遠，流傳至於今世亦甚稀見。我所見到數種，分別是日本斯道文庫藏本、米澤文庫藏本（據金程宇《和刻日本古逸書叢刊》本）、北京大學藏本和臺灣故宮博物院所藏兩種。另據金程宇教授説，日本成簣堂文庫和大東急紀念文庫亦有藏本。其中北京大學藏本和臺灣故宮博物院藏本三種均爲楊守敬自日本所得。米澤文庫藏本已經被金程宇編入《和刻日本古逸書叢刊》，斯道文庫藏本亦將由北京大學出版社影印出版。

　　五山版《春秋經傳集解》底本是宋版，但由於五山版没有牌記和序跋，所以其覆刻的是哪一種宋版，起初並不清楚。森立之《經籍訪古志》稱其覆北宋蜀本②，楊守敬驗其書避"慎"字，因證絶非北宋本。後得見楓山官庫藏宋嘉定九年興國軍學本，遂判其爲覆興國軍學本。楊守敬對五山版《春秋經傳集解》的意見，見其跋於自森立之所得本，此本現存北京大學圖書館，有"森氏開萬册府之記""江户市野光彦藏書記"長朱印，"光彦""廓軒""麈嘉館印""迷菴""林下一人""弘前毉官澀江氏藏書記"長

---

① 參見劉玉才《日本古鈔本及五山版漢籍對於中國文獻學研究的意義》，載《日本古鈔本與五山版漢籍研究論叢》，北京大學出版社，2015年。
② 參見［日］森立之《經籍訪古志》卷二，日本《解題叢書》本，大正十四年版。

朱印,及"楊守敬印""星吾海外訪得祕笈"朱印。有"森氏開萬册府之記""江戶市野光彥藏書記"長朱印,"光彥""廊軒""麐嘉館印""迷菴""林下一人""弘前毉官澀江氏藏書記"長朱印,及"楊守敬印""星吾海外訪得祕笈"朱印。書末附日本藏書家市野光彥、國人楊守敬、吳慈銘諸跋,又附楊守敬手錄興國軍本校勘人名及聞人模跋。

楊守敬跋文稱:

右日本古時覆宋刻《左傳集解》,不附釋音,余從森立之得之。立之自有跋,在篋蓋之裏,稱此爲市野光彥舊藏,後歸澀江道純,是二人皆日本收藏家。今書每册首有二人印記,又稱此亦唯狩谷望之藏一本云云,其珍重甚至。又立之《訪古志》亦載此書,云是蜀大字本重刊者,與李鶚本《爾雅》同種,其刻當在應永以前。然則此本雖非宋刻原書,而覆板時亦在宋代,故傳本絕希也。唯立之堅稱是覆北宋蜀本,余親問之何據云然,則以字體類《爾雅》,又不附《釋音》故。余後細校之,則"慎"字皆缺末筆,其非北宋本無疑。又以山井鼎《考文》核之,則彼所稱足利宋板者,一一與之合,然究不能定爲何地何年所刊。又其後借得楓山官庫所藏宋本(此本森立之《訪古志》失載),其行款匡廓字體皆與此本同,而末有《經傳識異》四葉,又有葉凱、趙師夏、鄭緝、聞人模、沈景淵諸人御名,皆興國軍官師也。又有教授聞人模一跋,稱嘉定丙子,乃知宋寧宗嘉定九年興國軍刊本,隨以毛居正《六經正誤》所引興國本十三條對勘,則一一相合。是此本即翻興國本,特所據祖本失載《考異》、聞《跋》耳。足利藏宋本亦是無跋,故山井鼎不能指爲興國本,余乃影摹《識異》及《跋》文於此本後,庶使後之覽者得所指名。按,岳氏又稱于氏本每數葉後附釋音,此本不附釋音。又稱于氏本有圈點句讀,併點注文,此本無句讀,則非于氏本無疑。蓋興國軍舊板始于紹興鄭仲熊,只有五經(詳聞人模跋語),聞人模重刊《左傳》,並脩他板,亦只五經,至于氏始增刻九經,其五經經注文字雖仍舊本,而增刻釋文句讀(大抵南宋之初所刊經傳,尚不附釋音,至南宋末無不附釋音者),故同爲興國本而實非一本也。

岳氏又言哀十六年石乞曰：“此事也克則爲卿”，諸本多無“也”字，興國本有“也”字。今按此本無“也”字，而“此事克”三字占四格，此明爲聞人校刻時去之。後來于氏重刊又依鄭氏舊本增入“也”字耳。又岳氏云僖三十年“若不闕秦將焉取之”，諸本多無“若”字與“將”字，建上諸本則有之，而不言興國本，知興國本無此二字。今此本有此二字，而八字只占六格，足知此亦非紹興鄭氏之舊，亦與末附《識異》不相應，恐是日本覆此書時補之也。岳氏既稱前輩，以興國于、建余氏本爲最善，而又議于氏經注有遺脫，余嘗通校此本，則經注並無遺脫，或於重刊此書，失於檢照而遺脫耶？（于氏增釋音句讀，已非以原書覆板，重寫時保無改其行款，故有遺脫之弊。）且嘗以岳本互勘，皆此本爲勝，不特岳本，凡阮氏校刊記所載宋本，亦均不及之。然則今世所存宋本《左傳》無有善於此者（別詳《札記》）。余在日本曾星使黎君刻之，辭以費不足而止。其實《古逸叢書》中，不甚精要之書，不惜費至數千金者，而乃刻彼置此，解人難得如斯。竊羨聞人以校官愍惠當事者，既刻此書，又脩五經板，余亦校官，攜此書歸來數年，口焦唇乾，卒無應之者，古今人不相及，讀聞人跋，彌增愧已！光緒丁亥正月廿九日宜都楊守敬記。

又按，《困學紀聞》：衛侯賜此宮喜諡曰貞子，賜析朱鉏諡曰成子，是人生而諡也。然則王伯厚所見昭二十年衛賜北宮喜事，杜注作“皆未死而賜諡”，故云然。今按，岳刻本及注疏本皆與王氏所見同，唯何義門云得宋本《左傳》作“皆死而賜諡”，無“未”字，閻百詩擊節曰，若果未死而賜諡，是豫凶事，非禮也。一字之增，何啻天壤！宋槧真寶也！今此本亦無“未”字，即此一事，已足千金。守敬再記。

楊守敬詳考了此本在日本的流傳，以及日本學者對此本底本的意見。由於五山版覆刻之底本無任何刊印信息，故日本學者亦多不能明。森立之以其字體近李鶚本《爾雅》，故判斷爲北宋蜀大字本。又謂山井鼎《七經孟子考證》引用足利學校藏宋本，亦未能明是何時刊本。按，山井鼎所引足利學校藏宋本，島田翰説是山井鼎誤，其實即此五山版①。楊守敬後借得楓山官庫藏宋本（即今宮内廳藏興國軍學本）對校，認爲五山版的祖本應該是宋嘉定九年興國軍學所刻本。楊氏并影摹原本的《經傳識異》和刊刻人名及聞人模《跋》於此本後，以圖恢復興國軍學本原貌。

興國軍學本傳世甚稀，據張麗娟《宋代經書注疏刊刻》研究，目前中國大陸没有一部完整的傳本，民國時陸心源皕宋樓曾收得殘本十五卷，後亦售於日本岩崎財團，今藏日本静嘉堂文庫。目前僅日本宫内廳藏有一部完帙，但也經補配，如卷三、四及卷二十、二十一、二十六、二十七、二十八，皆爲抄配。島田翰《古文舊書考》説卷三、四是元和以後補鈔，其餘五卷是慶長以前補鈔②。因此，據五山版研究興國軍學本，其價值就非常高了。

宫内廳藏本載有完整的刊印信息，其所載興國軍官師和聞人模的《跋》，對我們研究興國軍學本提供了非常有用。楊守敬認爲五山版之所以没有刊載這些信息，是其底本脱失的原因。當然，楊氏是以興國軍學本爲其祖本而作的判斷。聞人模的跋曰：

> 本學五經舊板乃僉樞鄭公仲熊分教之日所刊，實紹興壬申歲也。歷時浸久，字畫漫滅，且缺《春秋》一經。嘉定甲戌夏有孫緝來貳郡，嘗商略及此，但爲費浩瀚，未易遽就。越明年，司直趙公師夏易符是邦，模因有請，慨然領略，即相與捐金出粟，模亦樽節廩士之餘，督公鋟木。書將成，奏院，葉公凱下車觀此，且惜五經舊板之不稱，模於是併請於守貳，復得工費，更帥主學糧幕掾沈景淵同計置而更新之。乃按監本及參諸路本，而校勘其一二舛誤，併考諸家字説，而訂正其偏旁點畫，粗得大概，庶或有補於觀者云。嘉定丙子年正月望日聞人模敬書。

要明了楊氏此跋討論的問題，先要對興國軍學本有所了解。據此跋，

---

① 參見［日］島田翰《古文舊書考》卷三，上海古籍出版社，2014 年，第 243 頁。
② ［日］島田翰《古文舊書考》卷三，第 177 頁。

興國軍學原有五經舊板,刻於紹興壬申,亦即紹興二十二年(1152),至嘉定八年(1215),宣教郎趙師夏權發遣興國軍兼管内勸農營田事,聞人模因請印五經,原板闕《春秋》,後又得葉凱及沈景淵相助,《五經》遂備。至嘉定年間,原板歷時浸久,字畫漫滅,聞人氏修板,復按監本及諸路本校勘,正其舛誤,訂正偏旁字畫,因知今所見之興國軍本,亦不復紹興鄭仲熊舊板原貌。聞人模于興國軍學修刻五經以後,興國又有于氏刻《九經》,岳珂《九經三傳沿革例》提到宋刻《九經》善本者有興國于氏和建安余氏,後人因謂岳珂所論之興國本即指興國軍學本,并以岳珂所引興國本與今藏日本宮内廳的興國軍學本相校,發現二本往往不同,主要是興國軍學本是經注本,無《釋音》,岳珂所引興國本則有《釋音》,于是楊守敬、島田翰皆以爲于氏亦是就興國軍學本再加四經而成《九經》。對此,張麗娟認爲于氏本與興國軍學本并不相同,不應混淆而論①。不過,顯然興國軍學本在前人的舊識里,以爲存有三種不同的刻本,一是鄭仲熊所刻《五經》本,一是聞人模修板之《五經》本,另一是誤以于氏本據興國軍學本所刻。岳珂《九經三傳沿革例》所引興國本,即于氏本,此本與我們今天所見宮内廳藏本往往不一致,所以不能以岳珂所引作爲興國軍學本來看。同樣,宮内廳藏本是聞人模修板的印本,與鄭仲熊刻本又不同。楊守敬舉哀十六年和僖三十年兩例説:

哀十六年石乞曰:"此事也克則爲卿",諸本多無"也"字,興國本有"也"字。今按此本無"也"字,而"此事克"三字占四格,此明爲聞人校刻時去之。後來于氏重刊又依鄭氏舊本增入"也"字耳。又岳氏云僖三十年"若不闕秦將焉取之",諸本多無"若"字與"將"字,建上諸本則有之,而不言興國本,知興國本無此二字。今此本有此二字,而八字只占六格,足知此亦非紹興鄭氏之舊,亦與末附《識異》不相應,恐是日本覆此書時補之也。

———————
① 參見張麗娟《宋代經書注疏刊刻》第二章第一節,北京大學出版社,2013年,第124—132頁。

楊守敬的意思是説，岳珂所見之興國本，此兩例，一有"也"字，一無"若""將"二字，今檢宮内廳本，發現這兩個地方一無"也"字，一有"若""將"二字，這説明是聞人模修板時所致。這個解釋自然是有道理的，但是，楊氏明明説岳珂所引興國本是于氏本，并非興國軍學本，則岳珂所舉例實指于氏本而言，楊守敬却將其作爲興國軍學本來考察，則又是疏忽了。不過，我們又查驗了另外兩種宋刻本：撫州公使庫本和日本抄宋臨川江公亮跋本，發現二本的特徵與宮内廳藏興國軍學本一致：無"也"字，也是三字占四格，又，"若""將"二字亦有，這個情況也許説明，這兩例在南宋後期的刻本中都作過修改，即此特徵爲宋本所共有。

北京大學圖書館藏五山版末，還附有吳慈培的《跋》，其跋曰：

癸丑秋，保山吳慈培借校一過，此本佳處，星吾先生所稱昭二十年注之外，如僖十年傳"君其圖之"下補杜注："乏祀爲無主祭也"（阮氏《校勘記》：盧抱經云爲"疑謂"）一句，襄二十七年傳"夫能致死"下補"與宋致死"一句；昭三年傳"寡君願事君""寡君"下補"使嬰曰寡人"五字；定元年傳注"使三國代宋受役也"下補"邾小朱"一句，而尤以昭三年一條可爲叫絶。蓋"寡君使嬰曰"，是晏嬰之語，"寡人願事君"云云，是嬰致齊侯之語。若如岳本，則没嬰致辭之節文，且始稱寡君，下文又稱寡人，晏平仲有如乖繆辭令，左丘明有如此乖繆文字，豈不可歎！此五字斷爲岳本脱所不當脱也。餘如成六年傳注"前年從晉盟"，岳本誤"從"爲"楚"，殿本知"楚"字之非，而不知是"從"字，因改作"與"。昭十六年經"葬晉昭公"，岳本脱"晉"字，是使魯之昭公代晉之昭公死也。宣九年傳注"言周微也"，岳本誤"微"爲"徵"，夫傳明言王使來徵聘，注必解之曰周徵，杜氏詞費，何至於此？此數者，雖單文只義，亦有功古人不淺。星吾先生《札記》未見刊佈，余略舉校勘所得，還以獻之李文，以當一瓻。黄堯圃《百宋一廛書録》（近人刻）大字《春秋經集解》三十卷，存者十八卷，昭二十年傳注"皆死而賜諡"、後序末有"經凡一十九萬八千四百四十八言，注凡一十四萬六千七百八十八言，分兩行刻(《錢竹汀日記鈔》見此本十六行、二十七字)。"按之此本悉符。聞人氏原本，中土尚有其書也。慈培又識。

據此跋，吳慈培所舉諸例，皆出于楊守敬《札記》，可惜楊氏《札記》未刊，從吳氏所引諸例看，楊氏應該校勘較爲細致。不過，楊、吳二《跋》其實主旨并不同，楊氏意在說明五山版底本出于興國軍學本，吳氏則在強調興國軍學本較岳本爲佳。現在看來，岳珂本較宋本確有許多不足的地方，吳《跋》所舉例很能說明問題，這已不需討論了，我們仍然關心楊守敬關于五山版祖本的認定。吳慈培《跋》所舉例都在說明興國軍學本的長處，但也有例字有助于考定五山版底本者。如僖公十年傳"君其圖之"一句，興國軍學本有杜注："乏祀爲無主祭也。"此注諸本(包括撫州公使庫本、臨川本)皆無。又如宣九年傳注："言周微也。""微"字，宋臨川本、陽明文庫本、種德堂本，以及日本金澤文庫卷子本、東洋文庫藏清原賴于保延五年(1139)所抄之訓點本均作"徵"字，是只有興國軍學本與撫州公使庫本作"微"字。結合上例看，似乎只有興國軍學本與五山版相合，楊守敬的判斷應該是有道理的。

楊守敬之後，日本學者島田翰在《古文舊書考》中則提出五山版底本是宋臨川江公亮跋本的意見，《古文舊書考》卷三"春秋經傳集解三十卷明德以前刻本"條說："舊刻覆江公亮本者，即明德已前，就宋嘉定六年三衢江公亮本所翻雕。"島田翰的理由是文公十一年傳注，江公亮本云"其兄弟仲季"，興國軍學本"仲"作"伯"，五山版此字作"仲"，合于江公亮本，而不合于臨川本。島田翰又舉哀公十四年《傳》注"愍賢者失所"條及"病謂民貧困"條，謂江公亮本"愍""民"字並因北宋闕"民"字本作"愍""民"，謂興國軍本改作"愍"和"民"，意思是五山版此二字從臨川本，與興國本不合。不過，驗諸五山版，此二字並不闕末筆，島田翰所言，不知何據。島田翰所舉"仲"字例，確是五山版和臨川本相合，而與其他各本不合者，但是有利于楊氏結論的字例也有不少。

島田翰所說的臨川本是指宋嘉定六年臨川江公亮跋刊本，此本中國本土已經沒有記載，但森立之《經籍訪古志》卷二有著錄：

> 又，宋嘉定癸酉刊本　足利學藏。
> 卷末有嘉定六年閏月上澣三衢江公亮跋，首有足利學校正傳院常住記。求古樓藏舊鈔本，乃依此本重鈔者。

據此跋，江公亮跋刊本原爲足利學校藏，狩谷掖齋求古樓則藏有一部鈔本。島田翰《古文舊書考》卷二亦著錄，并稱竹添井井《左氏會箋》曾引爲校本。竹添光鴻《左氏會箋序》稱其對校宋本有四種，其一種便是江公亮跋刊本。此本日本似亦不知下落，森立之所說的鈔本，後爲楊守敬所得，今藏臺灣故宮博物院。三十卷，十冊，缺卷一、二，起莊公元年。首頁附楊守敬小像，題：「星吾七十歲小像。」鈐有「楊守敬印」朱白小印、「宜都楊氏藏書記」朱方白印、「星吾海外訪收祕笈」朱方印。九行，大字二十字，小字雙行，行二十字。卷末標經注字數。「㘣」「傳」均在欄上。

卷末有江公亮跋：

> 臨川舊有板行五經三傳，比他郡者爲精好，歲久浸底磨滅，幾不可讀。公亮來守是邦，一見爲之慨然。雖承凋弊之餘，獨念聖經有此善本，豈可使之至是？故於倥偬不暇給之中，首治斯事。選庠序生員，重加校讎，樽節用度，銖積寸累，以供其費，蓋閱歲始辦，凡更新七百七十板，爲字三十八萬五千有奇，剔塡七百三十八板，爲字四萬五千有奇，總用錢百萬有奇。自今更永其傳，俾學者覽觀，無亥豕魯魚之謬，殆非小補。嘉定六禩閏月上澣，三衢江公亮謹記。

又此跋亦見附錄于日本斯道文庫藏五山版，鈐有島田翰藏印，初以爲島田翰所錄，但島田翰《古文舊書考》稱是前人鈔補，并稱此五山版，山井鼎《七經孟子考文》和《經籍訪古志》均誤以爲宋本，所以誤者，皆因所附江公亮此跋的原因。此本原爲足利學校藏本，後流出，書末附足利學校松齡跋語：

此本爲我學舊藏無疑，嶺師之時，山井璞輔來遊，以其先人《考文》中載是，搜索庫中已不得，因檢寬政九年新樂閑叟所作藏書目録，尚有之，知其佚在近矣。今冬上乞改築詩，命幕下璞輔攜是本來，云近爲其友村山月汀所獲，以有我學圖書記，使璞輔來質，且云月汀甚愛重是本，以爲傳之子孫，未必永存，行將校讎諸本，既畢之後，□之學中，斯善志也。吾安得遽奪來之？因書數語以記之，且使告月汀，善始終之。嘉永二年十月既望，足利學校松齡執筆于江戸金地院碧雲菴中。

據跋，知此本爲村山月汀所獲。島田翰稱是嘉永中以村山月汀之介，歸于山井璞輔，書内有島田翰藏印，但島田翰《古文舊書考》却說自己另收有二通，而非此本。此本卷二十二末有島田翰跋曰：

賴青山田中公借得内府御本德川氏紅葉山收舊鈔卷子金澤文庫足本，及宋嘉定殘興國軍學本、淳熙種德堂本，點勘一過。明治己亥初春，島田翰記。時年二十一。

是島田翰校勘過此本，而他對五山版的意見也是受到了此本所附江公亮跋的影響。事實上，臨川江公亮本與五山版行格完全不同。從行格看，臨川本是九行，行二十字，與五山版八行，行十七字不同。此外，臨川本"經"寫作"至"，且"至""傳"均在欄外，顯然是唐寫本舊式。這都與五山版不同。相反，興國軍學本行格與五山版一致，所以從版式看，五山版覆興國軍學本應該是有道理的。

不過，五山版覆興國軍學本，并非完全一致，有不少不同的地方。茲以文公爲例，列五山版與興國軍學本的差異如下：

出　處	今　本	宮内廳本	五山版	備　注
1. 文公五年傳："秋楚成大心、仲歸帥師滅六。"	杜注"仲歸"句"仲"字	傳、注皆誤作"伸"	仲	

續　表

出　處	今　本	宮內廳本	五山版	備　注
2. 文公六年傳"樹之風聲"	杜注"因土地風俗"句"土"字	"土"誤作"王"	土	
3. 文公六年傳："宣子使臾駢送其幣。"	杜注"宣子以賈季中軍之佐同官故"句"官"字	"官"誤作"百"	官	案，陽明文庫本作"官"
4. 文公七年傳："宣子說之。"	杜注"爲明年晉歸鄭衛田張本"句"田"字	田	誤作"由"	
5. 文公十一年傳："獲其弟榮如。"	杜注"欲其兄弟伯季相次"句"伯"字	伯	仲	阮元校勘記："伯"，足利本作"仲"	案，陽明文庫本作"伯"
6. 文公十八年傳	對曰："先大夫臧文仲。"	衍一"大"字	亦衍一"大"字	

從此列表看，五山版應該是覆的興國軍學本，尤其是文公十八年傳衍"大"字例，但五山版在覆刻時，也作了一些校改，改正了興國軍學本的一些訛謬。

二、五山版《春秋經傳集解》價值略說

五山版是覆興國軍學本，因此其版本價值也代表了興國軍學本。不過由於五山版刊刻時對興國軍學本作過校改，其價值又有超過興國軍學本的地方。

先談第一點，興國軍學本的版本價值。興國軍學本據聞人模跋，最先爲鄭仲熊在紹興年間在興國刊刻的《五經》，但指的哪《五經》，聞人模沒有細說。南宋黃震《黃氏日抄》有"六經官板，舊惟江西撫州興國軍稱善本"的話，則謂興國當年所刊是《六經》，而非《五經》，聞人模時興國軍學

舊板或僅知有《五經》，故聞人模跋稱《五經》歟？鄭仲熊所刊《春秋左傳》，至嘉定九年聞人模修《五經》時，板已磨滅，故今所見興國軍學本已非鄭氏本舊貌。鄭仲熊刊刻《五經》在紹興壬申，亦即紹興二十二年（1152）。按今所傳宋刊本《春秋經傳集解》經注本，除興國軍學本外，尚有臨川江公亮跋本、日本陽明文庫藏本以及撫州公使庫本，皆稱精善。撫州公使庫本當刻于淳熙年間①，臨川本江公亮跋本，是嘉定六年據舊跋重修本，江公亮跋稱：“臨川舊有板行五經三傳，比他郡者爲精好，歲久浸底磨滅，幾不可讀。”是臨川郡《五經》、《三傳》舊板刻在江公亮跋的嘉定六年之前。陽明文庫藏本，日本學者著錄爲紹興刊，乾道七年、淳熙十三年至宋後期修本，嚴紹璗《日藏漢籍善本書錄》從之，但據該本末趙不違跋，此本實爲趙不違新刻書，而非據舊板重修者。趙不違跋曰：

  紹興初，江陰被佛關借秘閣正本，依其字樣大小，嘗刊是書。更歲浸久，點畫漫缺，中間雖稍葺治，旋復磨滅。不違到官之明年，郡事稍暇，乃屬僚友與夫里居之彥互相參考，分帙校讎，重鋟諸梓，自春徂秋，始以迄事告斯。

趙不違説得很明確是“重鋟諸梓”，而非據舊板重修，故陽明文庫本不能作爲紹興刊本看待。這樣看來，南宋幾種刻本，以興國軍學本和臨川江公亮跋本刊刻略早，撫州本、陽明文庫本稍晚。當然，興國軍本和臨川本雖然刊刻略早，但現在流傳的皆爲修板重刻本，楊守敬已稱興國軍本不盡爲紹興鄭仲熊舊貌。

  興國軍學本在南宋時已遭毁板，黃震《黃氏日鈔》中《修撫州六經跋》一則説：“已未，金人偷渡，興國板已燬於火。”②是以興國軍學本在宋時流傳已稀，今見宋人如毛居正《六經正誤》以及岳珂《九經三傳沿革例》，皆稱引興國本，然毛居正時已在嘉定年間，興國舊板似其時已毁于火，故毛居正所引之興國本，恐亦非鄭氏舊板。至于岳珂，所稱之興國本，亦指興

---

① 參見張麗娟《宋代經書注疏刊刻》，北京大學出版社，2013年，第63—70頁。
② 黃震《黃式日抄》卷九十二，元後至元刻本。

國于氏本,是經注附釋音本,既非鄭氏舊板,亦非聞人模重修本。因此,鄭氏舊板,雖宋人亦未能用,這樣,聞人模重修本的價值,自不可低估。毛居正《六經正誤》論到興國軍學本地方,楊守敬説共十三處,實際有助於校勘者是十二處,我們對校發現,有十一例是興國軍學本與五山版完全一致,有一處不同。校勘如下:

1. 莊公十九年傳:"生子頹""秋,五大夫奉子頹以伐王",皆作"頽"。下"子頹有寵""蘇子奉子頹以奔衛""冬,立子頹""二十年,王子頹享五大夫""今王子頹歌舞不倦",皆作"頹","僖二十四年,頽叔作'穨'"。案臨川、興國本並作"頹",當從之。

案,宮內廳本皆作"頹",但宮內廳本此卷爲鈔配。五山版亦皆作"頹"。唐石經皆作"頹",與興國軍學本同。陽明文庫本合于毛居正所説,前二處作"頹",餘皆作"頽"。

2. 僖公五年傳:"江黃道柏方睦於齊。""柏"作"栢",誤。興國本作"柏",經、傳後多作"柏",此作"栢"者,傳寫誤也。

案,宮內廳本作"柏",五山版同。唐石經①及陽明文庫本作"栢"。

3. 文公八年傳杜注:"大夫出竟,有可以安社稷、利國家者,專之可也。"欠"也"字,注疏本有"也"字,建本同。興國本無"也"字。

案,宮內廳本無,五山版同。陽明文庫本無。

4. 宣公三年傳:"遂至於雒。"注:"雒水出上洛山。"注疏及興國本皆作"上洛",建本作"上雒",監本作"上格",誤。

案,宮內廳本作"上洛",五山版同。陽明文庫亦作"上洛",劉叔剛刻本作"上雒",合于毛居正所説建本。

5. 成公元年經,注:"茅戎,戎別種也。"作"戎,別也",欠"種"字,誤。注疏及臨川本皆作"別"也。興國本"戎,別種也"。建本"茅戎,別種也。"《釋文》:"別種,音章勇反。"無"種"字者誤也。

案,興國本作"別種也",五山版同。陽明文庫作"戎別也",無"種"字。

---

① 中華書局影印皕忍堂拓唐開成石經本,中華書局,1997年。

6. 襄公三十一年傳："盜賊公行而夭癘不戒。"注疏及臨川本作天地之"天"，興國及建本作夭閼之"夭"。

案，興國本作"夭"，五山版同。唐石經作"夭"。陳樹華《春秋經傳集解考正》謂唐石經本作"天"，不知何據？陽明文庫本作"天"，劉叔剛本作"夭"。毛居正曰："案，杜氏注云：'癘，猶災也，言水潦無時。'據此義，則當作天地之'天'。然經中有言疫癘夭札，則夭癘亦不爲非，姑俟達者。"陳樹華引陸粲附注云："天厲者，天之厲氣，猶《周官·司救》所謂天患。彼疏云：'水旱之栽，疾病之害'是也。不戒，言不戒備。"陳樹華又説："愚謂毛氏未見石經，故不能遽定。陸説確切，足以證明杜注。今依石經、宋本定作'天厲'。又案，哀元年傳曰：'天有菑癘。'注：'癘，疾疫也。'更是一證。"

7. 昭公三年傳："請更諸爽塏者。"注："爽，明也；塏，燥也。""燥"作"穇"，誤。又欠"也"字。興國、建本皆作"燥"，潭本、《釋文》作"燥"也。當作"燥"，亦當有"也"字。

案，興國本作"燥"，無"也"。然此葉爲抄配。五山版同。

8. 昭公十二年傳："昔我先王熊繹與呂伋。"興國本作"伋"。《尚書》作"伋"，姑兩存之。

案，興國軍學本作"伋"，五山版同。唐石經作"級"。陳樹華稱石經及淳化本、岳本、葛本并作"伋"，不知何據？

9. 昭公二十年傳："照臨敝邑。""照"作"昭"，誤。注疏及興國本皆作"照"。

案，興國本作"照"，五山版同。唐石經作"昭"。此字避則天之諱，非誤字。

10. 昭公二十年傳，注："還，猶顧也。""顧"作"故"，誤。注疏興國建本皆作"顧"。

案，興國本作"顧"，五山版同。

11. 哀公十一年經："滕子虞母卒。""母"作"毋"，誤。興國本作"母"。

案，興國本作"母"，五山版同。唐石經作"母"。

12. 哀公十一年傳："樊遲爲右。"注："樊遲，魯人，孔子弟子樊須。"注疏、興國本皆作"遲"。

案，興國本注作"樊須"，五山版同，與毛居正所引不合，此毛居正所引 12 條，唯一與今興國本不同者。

就以上十二條毛居正所引興國軍學本看，有十一條與今本相合，就宮內廳藏興國軍學本看，此"須"字不像修板所致，不知是否毛居正誤引？以興國軍學本與臨川本（毛居正所引者）和陽明文庫本相校，興國軍學本勝處顯然多于二本。即使唐石經，也多有誤字，而興國軍學本則作校改。又如楊守敬所舉昭公二十年傳杜注"皆死而賜謚"一句，臨川本、陽明文庫本、撫州公使庫本皆有"未"字，據此益可知興國軍學本版本價值高于他本了。

以上論述了興國軍學本的版本價值，五山版覆興國軍學本，但作了諸多校改，改正了興國軍學本的一些訛謬，因此，五山版又自具有不同于興國軍學本的價值了。前舉莊公經、傳之例，已經明見了。我們以五山版與興國軍學本作了校勘，約得五十餘條異文①，可以看出五山版對興國軍學本作了不少校改。校改的文字，大致有這樣幾種情況：

1. 興國軍本誤刻，五山版校改。如僖公二十八年傳"楚子伏己而鹽其腦""鹽"字，興國軍本誤作"墮"，此字注文不誤，可見是興國軍本誤描。又如襄公十一年經"公會晉侯……伐鄭"句杜注："故晉悼亦進之"，"進之"二字，興國本誤作"道之"，各本均不誤，五山版校改。

2. 興國軍本底板闕字，留有空白，五山版補足。如襄公二十三年傳"季孫怒而命攻臧氏"句"而"字，興國軍本闕，留一空格，五山版補足。又襄公二十九年經"閽弒吳子餘祭"杜注"下賤非士故不言盜"，興國軍本闕"盜"字，留空，五山版補"盜"字。又莊公十六年傳"周公忌父出奔虢"杜注："周公忌父王卿士"句"周公"二字，興國軍本闕，留二空格，五山版補足。

3. 興國軍學本底板磨損，閩人模修板時據字形描錯之字，五山版校

---

① 目前僅校至襄公，隱、桓二公未發現異文，僅莊公至襄公共有五十條異文。

改。如宣公八年經"夏六月公子遂如齊至黃乃復"杜注"受命而出"句"出"字，興國軍學本描爲"土"，五山版校改爲"出"。又文公五年傳"秋楚成大心、仲歸帥師滅六"句及杜注"仲歸"，傳及注"仲"字興國軍本皆誤爲"伸"，當是刻工誤描，五山版校改。

4. 五山版校改字，在日本古鈔卷子本和陽明文庫藏淳熙本、臨川江公亮本、撫州公使庫本往往能夠找到依據。如興國軍學本"刑丘"，"刑"字皆作"邢"，其從卷子本也。又，成公三年經"叔孫僑如帥師圍棘"杜注"在濟北蛇丘縣"句"蛇"字，興國軍本作"鮀"字，卷子本及各本均作"蛇"（陽明文庫本作"虵"），五山版據改爲"蛇"。

五山版也有改錯的地方，如僖公十五年傳"其悔山也"也句"山"字，興國軍學本不誤，但其字應該經過描改，似原板作"出"，聞人模修板時描改爲"山"，但五山版又改回爲"出"，誤。又如閔公二年經"夏五月吉禘于莊公"杜注"是大祭"句"大"字，五山版誤作"夫"。此外，興國軍學本原有誤字，或五山版不能定而依照興國本原貌覆刻。如文公十八年傳"先大夫臧文仲"句，興國軍本衍一"大"字，作"先大大夫臧文仲"，五山版一仍原貌，這正可説明是五山版祖本爲興國軍學本。

（本文五山版與興國軍學本的校勘工作由北京大學中文系博士研究生孫玲玲完成，特此致謝。）

爲流播東瀛的每一部漢籍書寫學術史
——孫猛《日本國見在書目録詳考》序

陳尚君（復旦大學）

孫猛教授傾力二十多年的鉅著《日本國見在書目録詳考》（以下簡稱《詳考》）殺青即刊，囑序於我。我之學力不足以盡知此書之成就，然彼此爲幾十年的學術知交，乃欣然奉命。謹述孫猛教授之學行與我所能理解本書的學術追求，與學人分享先期讀到本書的感受。

孫猛教授出身上海殷實人家，他曾告我取名用英文日月之譯音。1962年，進入北京大學創辦不久的古典文獻專業學習，打下扎實的文獻基礎。世事變幻，畢業後在蘇北興化縣委工作過一段時間，其後進入江蘇人民出版社，方稍能發揮所學。1979年，考取復旦大學中文系古典文獻學專業碩士研究生，師從徐鵬教授，與我爲先後同學。那時文革甫平，百業待興，學術亦復如此，研究生雖經嚴格考試入學，但學術水平和研究能力相差很大。就我後來之觀察，首二屆研究生入學之初學術上已經臻於成熟者爲游汝杰、束景南、潘悟雲和孫猛。雖然其後各人發展道路和成就各異，但在當時，相對比較年輕的我，一直是仰首看他們的，也把縮小與他們的距離作爲自己努力的目標。

孫猛的學位論文是《〈郡齋讀書志〉衢袁二本的比較研究——兼論〈郡齋讀書志〉的成書過程》（增訂後刊《文史》二十輯，又收爲《郡齋讀書志校證》附録四），對晁公武《郡齋讀書志》兩本作比較研究。其後方知道他作此研究的目的，是爲全面系統地整理晁書。在1984年以前，他的晁書校證工作已經大端完成。我因爲偶然的機緣，當時即曾全部閱讀過最初稿本，得以理解他的工作目標和學術理念。晁書成書在12世紀後半期，是中國最早的具有解題的私家藏書志，幾乎囊括了南宋以前所有最重要的典籍，而且所見是當時實錄，所見書今日或存或散或亡，晁書爲瞭解這近兩千種典籍宋時面貌，鑒別今本之眞僞完殘，留下珍貴的記錄。孫猛的工作，一是校訂文本，二是考按事實，三是記錄存佚，四是對核存書，無論那一項工作都非常艱難，而他當年已經遊刃有餘地完成了上述工作。雖然從今日看來，三十年前成書的《郡齋讀書志校證》所涉内容仍多可增訂糾補，但當時確達到古籍整理的最高水平。此後多次重版，已經成爲中國學學人案頭的常備書之一。

孫猛1984年到深圳大學任教，1987年應聘到日本工作，90年代始，任教於早稻田大學法學研究院。在這三十年間，他發表論文內容大抵與《日本國見在書目錄》（以下簡稱《見在目》）有關。他早年曾設想仿朱彝尊《經義考》、謝啓昆《小學考》纂著《書目考》計劃，因爲工作環境改變而中輟；曾有與我、張固也合作撰寫《唐人著述考》的計劃，已議成框架，可惜因故未能貫徹。就他在20世紀80年代已經達到的學術高度來說，他的學術格局似乎沒有發生大的變化，其實祇有很小的朋友圈瞭解，他始終沒有放棄學術追求，在孤獨地攀爬新的學術高峰。這部《詳考》就凝聚了他赴日後二十八年間的全部心力。

《詳考》分《本文篇》《考證篇》《研究篇》《資料篇》四個部分，我先睹爲快，依次就《本文篇》《考證篇》《研究篇》談談感受。

首先，從《本文篇》談起。

我特別注意到以下幾組數字。《見在目》一書，孫猛補正了室生寺本原文的誤脫，并改正了上下兩條斷接分合之錯誤，統計出其著錄圖書數量爲一千五百七十九部、一萬七千零六卷；他進而删除重見書和非中國人所撰圖書，把附注中提及的文本也列入計算範圍，統計出室生寺本實際上著錄圖書的數量是：一千五百五十四部、一萬六千三百零八卷。這兩組數字使人震驚：一部外國的敕編目錄，其著錄中國漢籍之數量，竟然近乎《隋書·經籍志》《舊唐書·經籍志》的二分之一，幾乎記錄了中國9世紀以前一半的漢籍；而且其中竟然有三分之一弱的圖書不見於上述兩志和稍後的《新唐書·藝文志》；此三志是記錄中古典籍最重要的史志目錄。

上述數字足以說明《見在目》的價值。自光緒十年黎庶昌將室生寺本的一部傳抄本影印刊入《古逸叢書》後，在大陸、臺灣多次重印，此目并不難見到。文獻學名家姚振宗、余嘉錫、王利器、周祖謨等都曾發現其價值并加以使用。然而稍感奇怪的是，至今大部分國內學者對此書似乎還視而不見，置若罔聞。試舉一例。孫過庭《書譜》是唐代書法史之經典著作，然其書不見陳子昂撰《墓誌》及《祭文》、竇蒙《述書賦》注，也不見兩《唐志》。此書最早見於《見在目》經部小學家。過庭序云兩卷，今本是否全書，見仁見智。《見在目》著錄作三卷，與衆不同，無疑可資考證用。可惜至今研究《書譜》專著數部、論文數十，似乎無一利用《見在目》者！

現在通行的《見在目》是《古逸叢書》本及其翻印本。此本不是善本，日本文獻學家山田孝雄曾撰文批評。孫猛《詳考》的底本用了至今傳世所有抄本的祖本——室生寺本的影印本，他還核對了重新裱裝過的原本，自然遠勝《古逸叢書》本。

室生寺本是抄本，跟所有的抄本一樣，具有抄本的特點，不免魯魚亥豕，文字差互，多有舛謬，必須加以校訂整理。這項工作，日本學者小長谷惠吉《日本國見在書目錄解說稿》（小宮山出版1976年7月）和矢島玄亮《日本國見在書目錄——集證與研究》（汲古書院1984年9月）作了不少努力，惜因對中國文獻學的基礎史料缺乏了解，所以仍存在較多的缺憾。相比起來，孫猛教授的校訂整理工作更臻出色當行。他正確辨認判讀原文，努力恢復了室生寺本《見在目》原貌，甚至指出了藤原佐世原本的錯誤。室生寺本是今存《見在目》的最早的文本，其餘四十種傳抄本無一例外，均出此本。因其文本的獨一性，古籍校勘最基本的"對校"在這裏意義不大，孫猛更多地運用了他校、本校和理校，審慎謹嚴，至精至微，略舉數例，以見一斑。

他校之例。如《唐開元禮》條，原"禮"誤"令"，據史籍改正；王融《歸信門頌》條，原脫"王""頌"二字，據相關文獻補正；《太公陰謀卅六用法》一卷，原文誤抄爲兩條，作"太公謀世六甲法一"，據《隋書·經籍志》《新唐書·藝文志》補正復原爲一書。

本校之例。如《春秋十二公謚議》條。"謚"字,《續羣書類從》本、小長谷、矢島皆認作"證"。孫猛認作"謚",其根據是將此字右旁寫法跟本書《李益集》之"益"字相比對,參照《聖證論》《證俗音字略》"證"字的寫法,得出是"謚"而非"證"的結論。與此相關的《李益集》條,"益"字寫作俗體,《續羣書類從》本、小長谷、矢島認作"登",孫猛據《春秋十二公謚議》條,李登《聲類》條之"登"、《聖證論》《證俗音字略》之"證"字右旁寫法,證明不是"登"而是"益"。

理校之例。如《周易許氏扶抑》條,原"抑"誤作"柳",改正。宋人治《易》,有"扶陽抑陰之說",據此條可知其說淵源於唐。再如《孫卿子》條,抄本雙行小注的抄寫法,一般是先右後左,右左對齊,右行到底方始換行,殊不知抄手偶爾會在行文中間換行,此條即是一例,孫猛改正小注的行文次序。

整理、校訂工作值得一提的還有以下三點:其一,改正了室生寺本著錄書條目之誤分、誤合及誤斷二十一條。其二,確認了今本重複著錄書至少有十七組三十六條,同書異名因失考而重見者兩組四條,文本或卷數不同而重見者十八組四十條,疑爲重見者八組十九條;總計四十五組九十九條。其三,辨別出至少誤收十二種非中國人(主要是日本人,還有朝鮮半島人等)的著作。

室生寺本約一萬三千餘字,孫猛校勘補正二百三十餘處,加上上述三項糾誤、比對、辨認的整理工作,一部可以信賴的《見在目》新的校訂本儼然現於《本文篇》,使讀者開卷了然,頗裨益於學林。

其次,談談《考證篇》,這是全書的重心。

《考證篇》的學術目標是將《見在目》所收的全部著錄書的著者、成書、存佚、內容、流佈完全梳理清楚,尤其關注其傳入日本前是什麼面貌,傳入日本者爲何種文本,唐以後在中日兩國的流傳軌跡如何,若存者則追究其唐抄本、日本舊抄本、今存本以及其同異,已佚者則勾稽其散佚之軌跡,注意還有哪些佚文殘本在中日兩國有所孑遺,特別是殘存於日本古籍舊鈔而不爲中國學人所知的綫索。以上努力目標與孫猛早年箋注晁公武《郡齋讀書志》的目標是相通的,但就《見在目》的考證來說,則不僅要瞭解中國典籍,更要熟悉日本古籍。就我所知,這一目標早在二十多年前孫猛開始作《見在目》研究之初即已確定,困難在於如何以合適的體例將這些問題説清楚。記得20世紀90年代中期後孫猛幾乎每年假期回上海時,都會跟我談起發現之驚喜,同時就會跟我商討斟酌寫作的體例。我提供過哪些意見,現在已經想不起來了,但對《見在目》所收每種典籍展開盡可能充分的考索,在《考證篇》設定"原文""著録""校訂""存佚""著者""考證""流佈""參考"等八項内容,在我的記憶中是逐漸確定的,且感到唯有這樣能兼顧中日雙方的學術規範,爲雙方學者提供最豐沛的信息。從這個意義上説,即便認爲本書爲《見在目》所收一千五百七十九部漢籍書寫了各自在中日兩國流傳研究的學術史也不爲過。至奈良、平安前期爲止,究竟有多少、有哪些漢籍傳入日本,不得而知,據《研究篇》的《漢籍東傳與日本國見在書目録》,不見於《見在目》的漢籍約有一百三十餘部,實際上不止此數,若以兩千部計,早期傳入日本的漢籍之八成,在《考證篇》中大致被梳理清楚了,就這一點而言,孫猛對日傳漢籍之研究作出了不小的貢獻。

《考證篇》所列八項,其中,"原文""校訂"的成果體現在《本文篇》裏。

"著録",則是《見在目》著録書在中、日公私目録中記載痕跡的逐項條録。這樣逐項比讀記録的好處是可以一目了然地披露、比較各書在中日兩國的流傳和變化軌跡。這是汲取了興膳宏、川合康三《隋書經籍志詳考》的做法。跟他們不同的是,孫猛增添中國目録至十六種,加入日本目録兩種,一爲具平親王的《弘决外典鈔·外典目》,一爲藤原通憲的《通憲入道藏書目録》,尤其是前者,幾乎可以視作《本朝見在書目録》的極小一部分殘卷,具有重要的校勘、考證意義。

"著者""考證""流佈"三項可謂是"重中之重",孫猛教授多年來傾注的心力主要花在這幾方面。

室生寺本著録書一千五百七十九部,孫猛采取了獅子搏兔、窮盡文獻的研究方法,幾乎對每部書的文本面貌、流傳軌跡以及存世遺痕都作了追究,發明之豐富,舉證之堅確,論述之精密,評騭之平實,都可歎爲觀止。

本人專治唐代文獻近四十年，而就本書披覽所及，可補不知者往往都有，以下試舉其卓犖可述者。

各篇詳略不同，詳者如《古文孝經》、史游《急就篇》，周興嗣次韻《千字文》《孝子傳讚》等條目字逾一萬，《尺八圖》《印書禹步》《彈棋法》等條目均在五千字以上。這些條目，無疑可以視作一篇篇專書論文，而且質量相當高。恕我寡識，有關《古文孝經》《急就篇》《千字文》《孝子傳》的最新成果之研究、最周全的文本之介紹，目前恐怕就數《詳考》此四條。《尺八圖》就其淵源，敘述中日兩國七種不同的說法，運用了九種考古文物史料，提出了學界公認尺八始於呂才之說尚可商榷。《印書禹步》中對"禹步"之起源、步法以及在中日兩國之演變均作了考察，詳審至極。《彈棋法》，梳理彈棋之起源與流傳史料，考其形制、棋法，明確其爲身體技巧遊戲，不同於象棋之類智力遊戲。進而考索彈棋傳入日本後在平安、鎌倉時期的流行情況，對正倉院舊藏加以考察，認爲"可確認是彈棋盤者一副也沒有"。用力之深，結論之慎，足爲率爾操觚者儆省。有的條目不算太長，但濃縮的内容也使讀者感覺到文章的份量，陸善經注《周易》條介紹陸善經生平事跡一千五百字，或許是至今最爲全面的概括了。

這裏略舉幾條給我留下深刻印象的佚存文獻。

《三教不齊論》，《見在目》不署作者。孫猛介紹唐人姚壎、劉晏各撰書一部，姚書存抄本三、刊本一，劉書有敦煌遺書斯五六四五殘卷，二書皆有關於三教論衡，在日本和敦煌居然各有遺緒，實在是很珍貴的遺存。

《軍勝》十卷，不署作者，中日書志均無著録，孫猛揭示日本國立公文書館存該書八、九、十共三卷，署梁武帝撰，當出依託，可能是唐初人撰。其書每卷分章，有圖有文，内容包括《日暈氣圖》《月暈氣圖》《五星凌犯彗孛圖》《雲氣候圖》《占怪獸法》《占鳥法》《占蟲蛇法》《占地變法》等，且多引魏晉間史例，多引星占類遺書。此書内容，與《乙巳占》可互參，對解讀《兵要望江南》一類占驗類著作也極其重要。

賈大隱著《老子述義》十卷，兩《唐志》著録，中唐後在中國已不傳。孫猛詳盡記録了此書傳入日本後的流通軌跡，而且匯集衆學人從十一種史籍所輯得的包括序文在内的佚文六十二則，爲唐代《老》學提供了珍貴的原始資料。

武后著《維城典訓》二十卷，中國僅《新唐志》載於儒家類，罕有研究其書者。孫猛據島善高《維城典訓考》并有所補充，輯得該書佚文七則，并考其書約爲二十篇，其一爲《敬老》篇，篇内分目，第五篇有《尚仁》《崇智》二目，每篇皆有典有訓，先引儒家經典即皇家紀事爲"典"，再以"訓"闡述修身爲政之原則。其内容與《臣範》相參，可見武后之爲政理想。

《三家簿讚》三卷，此書已佚，日本鎌倉初期天文道的摘鈔本却尚存世，今藏京都府立總合資料館，孫猛對殘卷作了介紹。其順序大致與瞿曇悉達《開元占經》所引石申、甘文卿、巫咸三氏相合；所列諸星座之排列、星數及附星座圖等，與晉陳卓所記也大致相同。

釋氏英《命期經》，依《周易》卜測壽命，乃唐代重要占卜書。原本已佚，日本今存相關抄本十餘種，孫猛作了調查分類，并查閱了日本國會圖書館、京都大學積翠書庫、天理大學圖書館綿屋書庫、早稻田大學圖書館四種代表性藏本，摘錄了釋氏英的"命期"演算法，以及日本研究家小坂真二、原克昭的論述和演算，爲古代占卜學提供了重要的信息。

《八公靈棊經》一卷，今存舊抄本三種、敦煌殘卷數件。孫猛介紹三種抄本分藏東京大學圖書館、臺北"故宮博物院"、日本米澤市圖書館，均爲日本室町時期鈔本，但分屬兩個系統。

《龍樹菩薩眼經》一卷，中國書志作《龍樹眼論》，白居易《眼病》詩云"案上謾鋪《龍樹論》"，即此書。以往認爲宋以後不存。孫猛記錄了三個日本存本，并赴京都，據京都大學圖書館富士川文庫本鈔錄了《眼論》八篇、《辨諸般眼病疾不同隨狀所療》三十篇，以及《療眼湯丸散煎膏方》三十五方。

《大唐陰陽書》，中土久佚不存，《考證篇》介紹日本現存殘卷八種，或二卷，或一卷，然均不出卷三二、卷三三，内容是曆注。孫猛以爲殘卷是《大衍曆》之《曆注》。

我個人對史料佚籍頗感興趣，上列諸書均具有提供新史料的特點。其實，《詳考》的《考證篇》具備解題目錄的所有特點，是一部很有價值、富有特色的解題目錄。它跟以往的解題目錄不同,具有鮮明的時代特徵,增加了大量出土文獻以及有關個書、著者的最新研究成果,特別是日本學者的成果。

"流佈"是《考證篇》特有的項目,仔細閱讀,多可玩味。《見在目》著錄鄭玄注《論語》十卷。《論語》是最早傳入日本的漢籍,《養老令》明文規定鄭玄《注》、何晏《集解》爲太學教科書。據考,實際上,從奈良、平安到鎌倉時期,幾乎全用何晏《集解》及皇侃《義疏》,不用鄭《注》。近年,高橋均提出鄭玄《注》其實并未傳入日本。《養老令》所謂"鄭玄《注》"實際是"《集解》鄭玄《注》",即摘自何晏《集解》的鄭玄《注》。中國盛唐以後也有相似的情況,《集解》盛行,鄭《注》少見,敦煌文獻《論語》以《集解》爲最多,鄭《注》至趙宋竟不見於書錄。這也許是比較經學史的一個有意義的課題。

"參考"一項,也值得稱述。粗看一下,似乎羅列文本、輯本、論著、論文,并無特色,還占了不少篇幅。但只要仔細閱讀,不難發現羅列的都是經過嚴格挑選的,文本重通行本和日本善本,有關論著、論文都具有基礎性和代表性。最難得的是,凡文本、論著、論文都準確地標明了書名、篇名、雜誌名、期號、出版單位和年月,有的著錄書的"參考"部分簡直就是一份小型的專書研究索引,使讀者可以放心引用或覆檢。

孫猛經常説他的《詳考》的《考證篇》是一部"讀書筆記",述而不作,或"述"多"作"少,目的是爲廣大的中國學學者、特別是爲中日兩國學者傳遞研究信息。每部書、每個著者,確實都有專家在做研究,孫猛從目録文獻學的角度做文章,没有必要、也不可能逐一作專書、專人的研究,目録文獻學家如能把這個傳遞信息的工作做好,無疑就嘉惠學林,沾溉後生,其澤遠矣。

日本保存着不少舊抄本,影印了不少珍貴資料,有許多專書、專題研究水平也很高,但有的因爲圖書價格太貴,有的因爲有關圖書或所載雜誌很難看到,有的因爲傳達信息渠道不暢,除少數學者憑借個人關係或訪日機會得以閱覽或複製外,絶大部分中國學人只能望洋興嘆,無法共享其成果。例如,上列《三教不齊論》《軍勝》《三家簿讚》《命期經》《龍樹菩薩眼經》等舊抄本,不去走訪,何得寓目?《老子述義》的佚文,散見於阿部隆一等十幾位學者十幾種論著、論文中,日本學人要找齊這些論著、論文都不容易,何況中國學人?玉女反閉局法,遁甲術之一,京都府立總合資料館藏鎌倉時期文獻《小反閇作法並護身法》等對研究此術很有價值,影印本收入村山修一編《陰陽道基礎史料集成》,然此書定價不菲,國內似乎沒有收藏。《史記》研究,中國學人知道水澤利忠,但很少有人知道青木五郎,因爲青木的論文登載在《東京工業高等專門學校研究報告書》上,不容易看到。島善高的《維城典訓》研究,1980年就發表了,三十幾年後纔知道其內容,不也是因爲中國看不到登載其論文的《古代文化》嗎?日本研究漢籍的學者大多數是日本的"國文學"學者,論著、論文屬於"國文學"範疇。日本的"國文學",在中國稱日本文學,中國學學者大多看不到這些"不對口"學科的論著和論文。

　　反之,對日本學者來說,中國的學術成果也不是那麼容易及時看到。限於經費,租用知網的日本大學和研究機構似乎不多,租用者也往往只限於某幾個學科。除了幾個著名的大學、研究機構,大部分學人難以及時看到中國大量的新的著作、論文。孫猛所在的早稻田大學,其圖書收藏非常豐富,即便如此,仍不免失收或缺收,孫猛使用的有些大陸、港臺的重要圖書和雜誌是從外校借來的。孫猛常說,他人在早大,坐擁"百城",享受到了高品質的服務,其實,這種服務是孫猛那樣具有專任教員身份的人方能享受到的。

　　學術交流有各種形式,開會、翻譯、交談、訪學、出版,都可以進行交流。但是,一次研討會只能討論一兩個論題,譯本或譯文只限於個別的論著和論文,能得到訪學機會的人總是少數,個人的交往也往往只能在同學科內進行,經費所限使影印、翻印、出版大部頭圖書也很困難……種種制約,使得中日(東亞,還當包括朝鮮半島)學人之間的互相交流并不如人意,即使有所交流也不及時。這是現實。孫猛的這部《考證篇》給我們提供了一個成功的交流的範例,即用"讀書筆記"式的敘述和考證,博覽約取,探賾鈎深,橫涉人文、社會、藝術、理工、醫農等學科領域傳遞交流學術信息。這樣的"讀書筆記",是可以後續的。當然必須要有人願意做,從事者還需要有一定的時間、經費和閱覽條件，更重要的還要具有像孫猛那樣的眼力和二十多年如一日的學術定力！

再次，就《研究篇》談些感受。

《研究篇》是專書、專人研究，屬於日本古典文獻學范疇。這方面以前讀到過一些相關的論文或論著，對藤原佐世其人及《見在目》還是有所了解的，但按我對孫猛的了解，我相信他會提出不少新的見解。

果不其然，他的論述，不負我望。有關《見在目》，他至少澄清了以下五個重要問題。

《見在目》是一部什麼性質的目錄？有的學者説它是當時的宮廷、皇室的藏書目錄，最流行的説法是説它是一部燼餘目錄，前賢、今哲幾乎多持此觀點。孫猛論定它既不是某處的藏書目錄，也不是燼餘目錄，而是一部記録日本國平安前期爲止的傳世的漢籍總目錄。

《見在目》的"見在"是什麼意思？流行的説法，以爲藤原佐世是據當時實存的圖書著録的。孫猛證明，所謂"見在"，既指成書時"現存"，也包括一小部分至平安前期爲止曾經實存的圖書。

這部目錄的書名，究竟應該是"本朝見在書目録"還是"日本國見在書目録"？有的學者以爲今本首題"日本國見在書目録"乃後人所改，書名當從尾卷所題作"本朝見在書目録"。受此論影響，有的人甚至在撰文引及此目錄時徑用"本朝見在書目録"之名。孫猛論證，《本朝見在書目録》和《日本國見在書目録》，可能是兩個不同的文本，室生寺本題當爲《日本國見在書目録》。

《見在目》今存傳抄本有四十種之多，均輾轉出自室生寺本，這部衆傳抄本唯一的祖本是如何流傳至今的？因爲此本有的類目注有"私略之"，故文獻學界的通説，以爲室生寺本是一部"略鈔本"。孫猛的論證，步步爲營，嚴密地證明這個"略鈔本"不是一般意義的簡略，《見在目》的流傳至少經歷了五個階段，有五個文本，今存這部略鈔本可能淵源於稿本，而且是經好事者增損點竄過的。

《見在目》成書於什麼年代？至今有二十幾位中日學者就這個問題發表過見解，其中最流行的説法是"貞觀説"。日本貞觀十七年正月，冷然院遭遇火災,"秘閣收藏圖籍文書爲灰燼",事見《三代實録》。之後,改"冷然院"爲"冷泉院"。室生寺本出世後,嘉永四年刊入《續羣書類從》之際,考證學家安井衡爲之撰跋,云:"據頭銜,蓋寬平中,佐世在奥所輯,距今九百六十餘年。按史,先是,貞觀乙未,冷泉院火,圖書蕩然。蓋此目所因作,而所以有'現在'之稱也。"(安井衡《書現在書目後》,本書《資料篇・有關室生寺本流傳的資料及傳抄本、刊本序跋、題識》引録。)儘管其明言成書"蓋寬平中",可是,他把"貞觀冷泉院火"跟書名"現在"聯繫了起來,於是把後人引入了誤區,以爲此目所記乃貞觀煨燼之餘。孫猛訂正了這個錯誤的觀點,并運用了他自己找到的確鑿的史料,環環相扣地證明成書、奏進的時間在寬平三年的三個可能的時間段。辨駁精確,結論足以定讞。

此外,漢籍東傳是跟《見在目》研究有關的課題,孫猛也提出了饒有興味的觀點,其中兩點印象頗深。

其一,關於漢籍東傳的時期。以前總説早就有許多漢籍傳入日本,孫猛證明至少至七世紀初爲止、派遣遣隋使之前,並没有大量的漢籍進入日本。日本集中地、大量地引進漢籍,在八世紀的奈良時期,其後的平安時期引進漢籍也不多。

其二,關於漢籍東傳的主體以及藤原佐世編纂《見在目》的根據。漢籍東傳的主體是遣唐使,這大致爲學界通説,可貴的是,孫猛進而提出吉備真備是日本引進、收藏漢籍的奠基人,是一位里程碑式的人物,他的《將來目録》是一部記載日本漢籍東傳的最早目録,很可能是藤原佐世編纂《見在目》的主要根據之一。吉備手頭還有一部《集賢院見在書目録》,是他在唐朝訪書的依據,也是他《將來目録》的範本。以前説,《見在目》模仿《隋書・經籍志》,現在看來,《見在目》也許依據的是《將來目録》,而《將來目録》則依據《集賢院見在書目録》:日本的《見在目》模仿的對象可能是一部中國的《見在目》! 這個結論發前人未言,若能成立,自是中日文化交流的佳話。

孫猛在《研究篇》中,對《見在目》及其著者藤原佐世作了帶有終極性的研究,全面釐清這部目録的主要問題,除非今後有重大新史料的發現,後續研究或許難以有大的突破。

　　藤原佐世的《見在目》乃一代文獻之總匯，其價值既如前述，經過孫猛的詳盡箋釋和充分闡發，著錄各書之傳佈存殘也得以昭示世人，更重要的是提供了學者利用該書的最大便利。我願意在此特別呼籲：今後凡查檢唐代及唐以前典籍，除了《隋志》、兩《唐志》外，切勿忘記早於兩《唐志》的《見在目》！同時，《詳考》的《本文篇》凝聚了中日衆賢和孫猛考證的成果，是一部室生寺本的精校本，徵引《見在目》的話，建議使用此本。我相信，《詳考》跟《郡齋讀書志校證》一樣，也將成爲中國學學人案頭的常備書之一。

　　寫到這裏，忽然想到晚唐詩人唐扶題嶽麓寺的詩句："兩祠物色采拾盡，壁間杜甫眞少恩。"杜甫寫寺院景物窮盡物象，讓後來的詩人覺得無法再有所開拓，《詳考》或許也會給所有研究唐代以前文獻或域外漢籍的學者以同樣感受。然而，領略前人研究已經達到的高度與厚度，以此爲起點開拓新的學術領域，從而在總體上提昇研究的層級，不正是所有有心氣的學者所刻意追求的目標嗎？

　　本書孫猛原來可以申請到日本學術振興會的出版資助，考慮到中國學人瞭解利用《見在目》的便利，改在國內首次出版，并得到全國古籍整理專項出版基金的資助。這種情況比較少見。近年翻譯海外學術著作，多是多年前的舊作，翻譯中也不免有所棄取。本書應屬特例。因爲是日本的課題，當然仍要遵循日本的學術規範，嚴密精確，步步爲營，博取約斷，細大不捐。同時，孫猛的求學經歷和學術起步都在中國完成，中國學術特別文獻學的規範原則在全書中也得到充分的遵守和弘揚。爲協調中日學術規範和表達習慣的差異，作者和出版社方面都作出了艱苦而可貴的努力。

　　孫猛從1987年東渡日本，至今二十八年，從1992年發表有關《見在目》的第一篇論文，至今也已經二十三年。就我所知，他在日本除教學以外的幾乎全部業餘時間，都用來從事本書的撰寫，投入之大，是常人所難以想象的。最近五六年，因年齒漸增，工作辛勞，多次因病入院或休假，乃至放棄好不容易落實的赴臺北大學作學術訪問、增補臺灣學者相關論著的機會。2012年冬我第二次到日本,致電問候,他遺憾地告我因爲身體欠佳而無法來聚,我相信以他的誠摯重情,真實情況當比所告更嚴重,乃至前後曾多次以若遇不測以出版此書相囑託。在他身上,我深深體會到一位本色學人雖然孤獨地生活在異鄉,始終沒有放棄學術,或者説將學術視同生命的可貴精神。我自己也在做另一部大書,深深感到個人生命面對浩瀚書海時是多麼渺小,但真要做成足可傳世的集大成著作,沒有度越生死、"獨上高樓,望盡天涯路"的氣魄和定力,必無所成。現在《詳考》定稿問世,實在爲孫猛高興。星雲法師説:"惟不懼死者能享長壽。"孫猛教授在度過人生最困難的一段時間後,相信必有後福,在此爲他頌禱。

　　孫猛教授這個月底就將在日本退休,本書適逢其時出版,是他壽屆古稀的最好紀念,也是他始終堅持學術的圓滿總結。雖然我與許多年輕後學一樣,希望他今後能有更多的著作示來者以儀型,但也更願意他展開新的規劃,怡情林泉,養和守本,這何嘗不是人生更高的境界呢!

日本近世詩僧文之玄昌所用詩學參考漢籍小考

大渕貴之(鹿兒島大學)

一、文之玄昌生平簡介

　　文之玄昌(1555—1620)是一位活躍在日本中世末期(安土桃山時代)到近世初期(江戶時代初期)之過渡期的臨濟宗東福寺派僧侶,因發明了漢文訓讀法史上著名的"文之點"及撰寫了介紹從葡萄牙將鐵炮傳至日本之經緯《鐵炮記》等而廣爲人所知①。

　　文之玄昌號南浦,出生於日向國飫肥南鄉外浦(今宮崎縣日南市南鄉町)。六歲於延命寺(南鄉町目井津)出家,十三歲於龍源寺(宮崎縣串間市市木)拜一翁玄心(桂庵玄樹之弟子)爲師,同時也受到明人黄友賢的指導②。其所作詩歌曾傳到京都相國寺九十一代住持仁如集堯手中,受到了仁如集堯的高度讚揚,因此被賦予了"文之"之雅號。文之玄昌十五歲進入京都東福寺修行,有關這一時期的資料相對欠缺,事蹟不甚明瞭。不過,文之玄昌二十七歲時即回到了龍源寺,此後便終生侍奉薩摩藩主島

---

① 有關文之玄昌的生涯事蹟,主要參考了以下論文:神毅成三《文之和尚の生涯(上)——生い立ちより慶長十五年頃までの行李とその詩、文》《鹿兒島大學文科報告》第四號國語學·漢文學,鹿兒島大學教養部,1968年;神毅成三《文之和尚の生涯(下)——行李、入寂、詩文、與恭畏闍梨書》《鹿兒島大學文科報告》第5號國語學·漢文學·心理學,鹿兒島大學教養部,1969年;伊地知季安《漢學紀源》卷三《南浦》,薩藩叢書刊行會編《新薩藩叢書》第五卷,第440—459頁,歷史圖書社,1971年;東京帝國大學編《大日本史料》第十二編之三十四,元和六年九月三十日條,第371—404頁,東京帝國大學,1933年。

② 前揭《漢學紀源》卷三《黄友賢》,第430—440頁。明福建道連江縣江夏郡人。爲倭寇綁架至日本,歸化後於薩摩及大隅一帶生活。精通《周易》。另外參見本田親孚《稱名墓志》卷二《江夏友賢》,薩藩叢書刊行會編《新薩藩叢書》第三卷,第128—130頁,歷史圖書社,1971年。

津一族(薩摩、大隅地區大名),參與領內政治運籌,掌管與明、琉球及東南亞諸國間的外交事務及文件處理,同時擔任薩摩、大隅各寺院住持。文之玄昌學識名噪一時,不僅受到了將軍德川家康的青睞,還受邀至鎌倉建長寺講學一日,此後更爲後水尾天皇所召,於宮中開講四書集注,享受到了御前講義之殊榮。

　　文之玄昌雖然被當作一流文人及五山文學末期的代表詩人而時有被提及①,然具體到對其詩文研究,却鮮有專論。要之,從南北朝(14世紀後半葉)五山文學全盛時代之整體發展情況來看,文之玄昌不過只是一位活躍在末期且偏居日本西南一隅的詩僧,因此,很難將其歸入五山文學研究之主流當中。因此,對於他的研究,也大多只是停留在文學史層面的簡述。

　　然而另一方面,作爲江户初期最享有詩名的文之玄昌,留有數種相對完整的文集。其案頭究竟擺放著什麽樣的漢籍、又是如何去參考並寫作的呢?這些文集無疑是一個絶好的研究對象。要之,如果對今存文之玄昌詩作進行一個詳細的解讀的話,就可以從中分析出他創作詩文時所參考的漢文典籍——詩學參考漢籍,並由此得以呈現出近世初期日本漢籍接受的一個具體形態,或對近世日本漢籍受容史之研究有所裨益。基於此,下面就請讓我介紹一下現階段的研究成果,以便拋磚引玉,得到海內外同行之郢正。

二、對《三體詩》的學習及運用

　　收錄了文之玄昌詩文作品的《南浦文集》,現有如下幾種版本:① 寬永二年(1625)古活字版(三卷三册),寬永六年(1629)版(筆者未見。據《國書總目録》介紹藏水户彰考館,孤本)。② 慶安二年(1649)版(整版,三卷三册,有寬永六年跋及刊記"慶安二曆季秋中旬中野道伴刊行")。

---

① 俞慰慈《五山文學の研究》第一篇第二章第一節《日本禪僧の起源及びその形成》,第37—90頁;第二篇第一章第三節《五山文學衰頽期の作者群》二《未留學詩僧について》,第179頁,汲古書院,2004年。

③ 薩藩叢書所收本《南浦文集》(三卷,以慶安二年版爲底本。薩藩叢書第二編,薩藩叢書刊行會,1906年)等版本。不過,上述幾種文集,均以文之玄昌的文爲主,對其詩歌的收錄數量並不是很多。所幸的是,鹿兒島大學附屬圖書館所藏玉里文庫另存有六冊被認爲是文之玄昌親筆的詩文稿本①,構成如下(以下以此本爲底本,稱"玉里文庫本")②:

《南浦文集》二冊　[一]文 64 篇,卷首題《南浦文集》
　　　　　　　　　[二]詩 399 首,無卷首題
《南浦戲言》一冊　文 4 篇、詩 312 首,卷首題《南浦戲言》
《南浦棹歌》三冊　[一]詩 467 首,卷首題《南浦棹歌》
　　　　　　　　　[二]文 9 篇、詩 287 首,無卷首題
　　　　　　　　　[三]文 4 篇、詩 151 首,卷首題《南浦棹歌》

文之玄昌的詩作數量多達1616首,可謂不算少數。他於十三歲開始學習作詩,於此《和人山老禪詩并序》(《南浦戲言》第 23 葉裏,慶長十三年[1608],五十五歲前後)詩序中有如下之記載(按,引文下綫、括號爲符號標識爲筆者所加,後同)。

　　既而予歲十有三,侍前建仁一翁老師之巾瓶,行有餘力,則誦<u>三體之詩</u>,學四書之義。

由此可見,在其師一翁玄心的指導之下,文之玄昌通過學習南宋文人周弼所編《三體詩》(《唐賢三體詩法》,淳祐十年[1250]成書)掌握了具體的作詩方法。考《三體詩》於元弘二年(1332)傳入日本,室町時代在以京都五山爲中心的禪僧間大爲流行,至今猶有其講課記錄

---

① 書中雖存有部分異筆。但主要以文之玄昌親筆爲主。又,過去認爲六冊書上所押藏書印同,其實前三冊和後三冊各爲一種。於此今後擬另作專文詳考。
② 京都大學、大阪大學亦藏有《南浦全集》六卷六冊本,其構成與玉里文庫本相同(筆者未見。據《國書總目錄》)。

之"抄物"多種存世①。文之玄昌對《三體詩》之學習亦可說是受到了這股風潮的影響。因此其詩文之中留下了不少直接源於《三體詩》的語句,於下兹舉其《祭師父》詩予以説明:

[序]……是歲丙午,衲子自恣之日,偶隨於官船,而在浪花之中,不得致祭儀於先師之精靈。況復於九族之亡魂乎。於是誦唐人之"欲把蘋花不自由"之句,豈無感于懷乎。謹賦野詩一章,敢昭告師父之精靈。精靈有知,鑒我丹悃。

[詩]西泊東漂官事頻,雖逢自恣未除塵。篷窗深鎖坐船底,不把蘋花薦鬼神。

(《南浦文集》第二册第43葉表,慶長十一年[1606],五十二歲)

從上引序文可知,夏安居時文之玄昌由於在船旅途中,無法祭祀逝去恩師之魂靈,因此賦詩抒懷,追悼恩師。如"誦唐人之'欲把蘋花不自由'之句"所言,悼念之中,落筆之時,唐人詩句油然而出,成爲詠唱此詩之情感發端。此詩末句借用了《三體詩·七絶》所收柳宗元《酬曹侍御過象縣見寄》詩之結句,柳詩原文如下:

破額山前碧玉流,騷人遥駐木蘭舟。春風無限瀟湘意,欲采蘋花不自由。②

柳宗元詩本是表達在被貶官到邊疆之後無法盡情設宴招待客人的"不自由"之遺憾之情。文之玄昌却是因旅途無法祭祀恩師之"不自由",而借柳詩一句將其轉換成悼亡之作,亦可謂脱胎换骨,渾然天成。

還要值得我們注意的是,此時文之玄昌在旅途中詠唱的柳宗元詩,及基於柳詩所作詩句中所使用的"把"字,其實在原作"采"。"把""采"日

---

① 參見村上哲見《中國文學と日本 十二講》第五講《漢籍の傳來と普及》,第84—104頁(中國學藝叢書16,創文社,2013年)等。
② 參照國立國會圖書館藏室町末刊《增註唐賢絶句三體詩法》(請求記號:WA6—203)。

文訓讀發音同爲"とる(toru)"。由此或可推測出文之玄昌並非是將《三體詩》攜帶身旁,以便寫作時查找,而是少年時期便將其誦記於心,此後寫作,更多的是基於少年時的記憶,因此不免偶有記憶疏誤。正是這一小小的記憶誤差,反而讓我們看到了文之玄昌將《三體詩》諳熟於胸中並運用自如的一面。

三、對《古今事文類聚》的參照

用典是詩歌寫作的一個重要表現技巧,典故的充實也能有效體現出作者學識之高。而文之玄昌,就極有可能曾把私撰類書《古今事文類聚》置於案頭,以供詩文寫作出典查找之用。如下引《觀魚》詩:

旦暮常觀魚出遊,洋洋圉圉又悠悠。日環一島行千里,若比我閑輸百籌。
(《南浦文集》第二册第4葉裏,慶長十四年[1609],五十五歲)

"天天觀看魚游泳的樣子,時有氣勢時有停頓,也有時慢悠悠地游,自由自在通暢無礙。即使如此,繞着池中的小島日游千里的魚,還不如我悠然自得",是一首描述退隱悠閑生活之詩。其實,此詩每一句都化用了漢籍典故,詳考如下:

起句【《莊子》外篇·秋水】
莊子與惠子遊於濠梁之上。莊子曰:<u>儵魚出游從容。是魚樂也</u>。①
承句【《孟子》萬章章句上】
(校人)反命曰:<u>始舍之圉圉焉。少則洋洋焉。</u>攸然而逝。子産曰:得其所哉。得其所哉。②

---

① 參照《四部叢刊》本《南華真經》。
② 參照十三經注疏本。

轉句【出典未詳故事①。一説《養魚經②》】
　凡魚遠行則肥。池中養魚，慮其瘦。故於池中聚石作九島。魚繞之日行千里。
　結句【蘇軾《九日次韻王鞏》詩③】
　我醉欲眠君罷休，已教從事到青州。鬢霜饒我三千丈，詩律輸君一百籌。……

考此詩起句、承句、轉句所用典故極有可能均是從南宋祝穆撰《古今事文類聚》（萬曆三十五年［1607］安正堂刊本）後集卷三十四《鱗蟲部・魚》中查出。參照圖 1 就不難看出，右半葉第二條《校人畜魚》對應承句出典《孟子》萬章章句上，第四條《濠上觀魚》對應起句的出典《莊子》外篇《秋

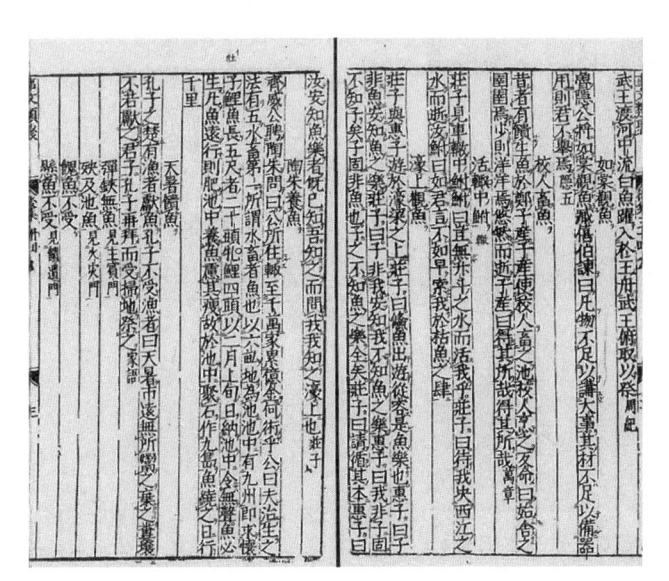

圖 1　萬曆安正堂刊本書影（九州大學附屬圖書館所藏，
　　　　書影上能看到的訓點爲後人所添）

---

①　參見下文的《古今事文類聚》。此外也以出典不詳的形式收錄在南宋謝維新《古今合璧事類備要・水族門・魚》、元陰時夫《韻府群玉・上聲十九皓》、明《山堂肆考・鱗蟲部・魚》（均爲影印文淵閣《四庫全書》本）。
②　清陳元龍撰《格致鏡原・水族類・鯉》（影印文淵閣四庫全書本）所引的類文。
③　清王文誥輯注；孔凡禮點校《蘇軾詩集》卷十七，第 870 頁，中華書局，1982 年。

水》,左半葉第一條《陶朱養魚》對應轉句的出典。順便再附言一句,《孟子》文諸本均作"攸然",唯《古今事文類聚》引作"悠然",與文之《觀魚》詩承句"悠悠"恰好相符,顯非偶然。不過,《古今事文類聚》此處并沒有收錄結句用典之蘇軾《九日次韻王鞏》詩,因此,對於這一問題還值得我們作更進一步的追究。

五山僧人喜好蘇軾詩,而蘇詩注釋書——笑雲清三《四河入海》二十五卷(天文三年[1534]成書)等也廣爲人知。因此,不能排除有文之玄昌直接研讀過蘇詩的可能性,但是針對《觀魚》結句用典,筆者認爲還是存在着其有將《古今事文類聚》作爲第一參考書的可能性。而暗示有這種可能性的證據之一,就是《觀魚》詩之寫作時間。

玉里文庫本《南浦文集》第二册收集的詩群基本上按成詩時間順序排列①。《觀魚》詩前後爲秋季所作詩。有明確成詩時間之記錄的如下:其第8首前是《八月十四夜》,第18首後是《九月八日有客》,第20首後是《重陽》,第21首後是《十日菊》。由此可以推斷出《觀魚》詩也是作於秋季,而且就是八月中旬到重陽節這段時間(根據前後詩可進一步判明《觀魚》詩是慶長十四年[1609,五十五歲]所作)。翻檢《古今事文類聚》前集天部中與秋季有關之諸門類,不出所料,便可從《重陽》門中找到結句出典的蘇軾詩(參見圖2)。

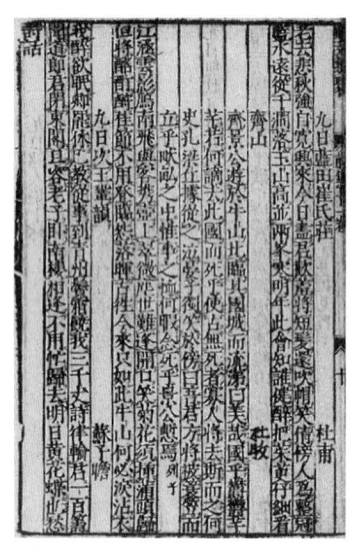

圖2 萬曆安正堂刊本書影

重陽節設宴作應酬詩,其例不勝枚舉。上文列舉之詩題中亦有《九月八日有客》(二首連作)。作《觀魚》詩時正逢重陽節到來之際,文之玄昌難道或就是爲了準備重陽應酬詩時所用典故詞藻而事先翻檢了《古今事

---

① 但是也存在一部分被認爲是在後來修改時所產生的錯誤,於此日後將另作論述。

文類聚》。要之,與此同時,文之玄昌靈活運用了在做重陽詩時所掌握到的蘇詩"詩律輸君一百籌"句,再將《魚》門所收其他典故進行匯總,從而詠唱了《觀魚》一詩。

由於文章篇幅有限,在此就不再對《古今事文類聚》出典逐一舉例説明,但《南浦文集》第二册所收的慶長十三、十四年(1608、1609)創作的詩歌當中,可以發現有許多典故都出自《古今事文類聚》。由此可見,至少在此一時期,文之玄昌無疑是將此書放在了案頭,以備平日詠唱詩歌或即將到來的節日唱和。

在分析詩歌用典時,作者是參考原典,還是參考其他引文或類書,於此没有作者本人對類書利用之明確提及,一般是很難作出判斷。然而,通過上文考證可以看出,文之玄昌《觀魚》詩的用典與《古今事文類聚》有着非常緊密的關聯性,這種現象在詩歌研究史上亦可謂不多見,無疑具有一定的研究價值。現階段對筆者對文之玄昌詩尚停留在初步階段,今後隨着研究的深入當會發現出更多的證例。

四、對《萬首唐人絶句》的參照

文之玄昌放於案頭參考日常參考的漢籍之中,還可舉出《萬首唐人絶句》。以下爲其《祭師傅》(《南浦棹歌》第一册第 44 葉裏,慶長四年[1599],四十五歲)詩之本文:

[序] 是歲己亥,夏秋之交,寓止於隅州之地者百餘日。于兹矣,偶遇蘭盆之辰。人僉拜掃於師父親族之夜臺,予獨在異鄉,不能遂追遠之志。不孝之罪,豈可遁乎。於是欲裁一語以奉呈老師前東仁一翁大和尚。(中略)

想夫予幼而侍老師之巾瓶之時,聞評論古人之述作云:"古人賦詩,有偷句者,有偷語者,或有學其語勢者,或有翻案其語者。其體不一。"

吁!老師今也則亡,其語如在耳。予於是日,按唐香山居士《商山廟》詩,云:"若有精靈應笑我,不成一事謫江州"。予偷此詩,裁近體一章。(…中略…)

　　[詩]吾師慈蔭點難酬,是日蘭盆更耐羞。若有精靈應笑我,不看一寺寓隅州。

　　從上文畫綫部分亦可看出其師一翁玄心的作詩態度,頗有意思。在此筆者更想強調的是波浪綫部分。"是日"也就是"蘭盆(盂蘭盆七月十五日)",這一天,文之玄昌"按(查看)"了唐香山居士(白居易)《商山廟》詩,並用入自作詩中。文之玄昌是從何處找到這首白居易詩呢?管見之内,現存白居易諸本及各類總集中,此詩均以《題四皓廟》爲題,唯南宋洪邁撰《萬首唐人絶句》題爲《題商山廟》①。由此可以推測出,文之玄昌是通過《萬首唐人絶句》來翻檢(或者再確認)到這首白詩的。

　　當然,文之玄昌並不是僅僅爲了尋找這首而去翻閱《萬首唐人絶句》。更有可能的是,這部《萬首唐人絶句》早就被收藏於其案頭,常常閱讀。要之,文之玄昌寫這首獻給恩師的詩歌時引用了其中白詩,雖可稱偶然卻又可謂是必然了。

五、《南浦棹歌》第二册卷末附載的書目

　　如上所考,拙稿所舉的不過只是筆者在初步研究玉里文庫本所注意到的幾個例證,從中便可看出,文之玄昌作詩初期所學總集《三體詩》之外,其用來作爲詩學參考書的還有諸如類書之《古今事文類聚》和總集之《萬首唐人絶句》。當然,除此三種漢籍之外,以文之玄昌的詩學盛名,其當還閱讀並借鑒過更多的漢籍,於此也有待今後的進一步研究。幸運的是,筆者在《南浦棹歌》第二册卷末發現了一份文之所抄寫的書目(圖3),這些書籍,也當是文之的參考之書,現擬就此

---

① 參照 Harvard Yenching Library 藏萬曆三十四年(1606)刊(其實萬曆三十五年[1607]序刊本)《宋洪魏公進萬首唐人絶句》卷十八(HOLLIS Number: 008099170)。

作一些考證。

書影爲第51葉裏,表葉抄録了"丙辰九月廿五日"後數日所作詩歌,今考後所列二十四部書籍如下:

【上段】

1　世説:劉宋劉義慶《世説新語》

2　大唐新書:唐劉肅《大唐新語》

3　狐妖書:未詳

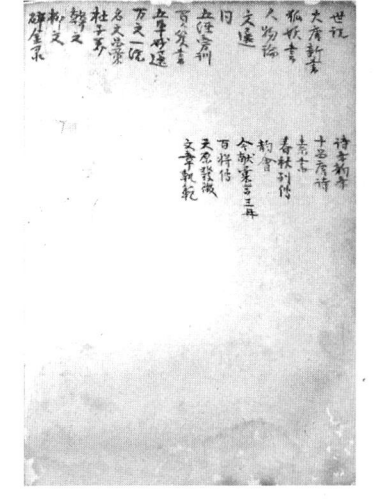

※[日]奥野温夫(名純號小山。1800—1858)〈論《狐妖書》〉(國立國會圖書館所藏《弁怪》抄本有收)

4　人物論:明鄭賢(1426—?)《人物論》

5　文選:梁昭明太子《文選》

6　同:《文選》

7　五經旁訓:明鄭汝璧(1546—1607)《五經旁訓》

8　負笈書:未詳

9　五車妙選:明劉日寧(?—1612)《新刻太史五車妙選》

10　萬文一統:明李廷機(1542—1616)《新刊李九我先生編纂大方萬文一統内外集》

11　名文圖彙:未詳

12　杜子美:杜甫的詩文集

13　韓文:明茅坤(1512—1601)《唐宋八大家文鈔》之《韓愈》

14　柳文:明茅坤《唐宋八大家文鈔》之《柳宗元》

15　碎金録:宋晁迥《法藏碎金録》

【下段】

圖3

16　詩學韻學：明闕名《圓機詩學活法全書》※有萬曆刊本
　　　　　　明闕名《圓機韻學活法全書》

17　十品唐詩：又名《唐詩十品》,未詳

※[日]林鵞峰(1618—1680)之日記《國史館日錄》〈寬文八年六月二十八日〉條見有記載(將《唐詩十品》轉讓他人)

18　素書：《黃石公素書》
19　春秋列傳：明劉節(嘉靖間浙江承宣布政司)《春秋列傳》
20　韻會：元熊忠《古今韻會舉要》
21　今獻彙言三冊：明高鳴鳳(未詳)《今獻彙言》
22　百將傳：○北宋張預撰《百將傳》十卷
　　　　　　○明何喬新(1427—1502)續撰《百將傳》四卷
　△明顧其言(崇禎十四年[1641]知香山縣)《皇明百將傳評林》四卷
23　天原發微：宋鮑雲龍撰；元方回校；明鮑寧辨正《天原發微》
24　文章軌範：南宋謝枋得《文章軌範》

3、8、11、17之四種書不詳待考。其餘的二十種當是文之玄昌(1555—1620)在世期間從所中國傳入的明版諸書。這份書錄所錄類書及總集,被用作爲詩學參考書這一點,無疑值得我們今後作進一步深入的研究。

日本近世傳入了大批漢籍,在對於這些書籍的流入經緯及其所造成影響之研究上,學界已經取得了不菲之成果。然而,有關以類書爲代表的工具書之具體使用途徑,毋庸諱言,確實還存在着諸如不明瞭之處。至於東亞近世文化圈是如何形成演變的這一宏觀視野,也有待落實到進一步的具體研究。而對於代表了一個時代的文人——文之玄昌的詩文分析,也許對上述課題之展開不無裨益。

(This work was supported by JSPS KAKENHI Grant Number JP15K16722.)

白居易研究在東瀛
——以《琵琶行》爲中心

陳才智（中國社會科學院）

"離離原上草，一歲一枯榮。"寫下這偉大詩句的白居易，是一位有世界影響的偉大作家。他不僅在當時文壇的地位就很高——"唐詩人生素享名之盛，無如白香山"①，對後代影響也很大；不僅對中國文學有突出貢獻，在域外也享有很高聲譽。在雞林（古代韓國），宰相以百金換白居易的一首詩，而且能辨明真偽。② 那麼，一衣帶水的東瀛情況如何呢？

一

在東瀛，平安文士大江唯時編輯的《千載佳句》，共收集唐代153位詩人的1 110首詩作，其中白居易詩就占了535首，近乎半數。

平安時期藤原公任（966—1041）編纂《和漢朗詠集》，精選當時日本人欣賞推崇的和歌216首和漢詩588句，後者有234句錄自中國古代詩作，而其中139句都出自白居易一人之手，大部分爲被貶江州後的詩作。③ 號稱世界第一部長篇小説的《源氏物語》作者紫式部（978？—1015），不僅作爲後宮女官給一條彰子皇后講授《白氏文集》，更在其作品

---

① 明胡震亨《唐音癸籤》卷二十五，周本淳校點本，上海古籍出版社，1981年，第270頁。
② 元稹《白氏長慶集序》："雞林賈人求市頗切，自云：本國宰相每以百金換一篇，其甚偽者，宰相輒能辨别之。"（《元稹集》卷五十一，中華書局，1982年，下册，第554頁）
③ 見藤原公任撰，川口久雄校注《和漢朗詠集·集説》（日本古典文學大系第73種），岩波書店，1965年。

中引用白詩106處之多。① 清少納言(966？—1024？)所著《枕草子》中活用《白氏文集》之處亦不在少數。仁明天皇承和五年(838)，藤原嶽守"出爲太宰少貳，因檢校大唐人貨物，適得《元白詩筆》，奏上。帝甚耽悦，授五位上"②。這是見於日本正史的最早記載。而據《江談抄》卷四載，與白居易同時代的日本第五十二代嵯峨天皇(786—842，810—823在位)時，已有"白氏文集一本詩渡來，在御所尤被秘藏"③，白詩傳入時間以弘仁六年(815)前後可能性最大④。

平安朝還絕無僅有地開設了《白氏文集》講座，由大江唯時爲醍醐天皇(897—930)、村上天皇侍讀，此後數代天皇都參與了這個講座。村上天皇還開了御前舉辦詩會之先河。詩會詩題大都參照白氏七律。嵯峨天皇尤其鍾愛《白氏文集》，并有以白詩考對臣工佳話傳世⑤。其他《白氏文集》的影響之例證還有很多，而且已是日本漢學的重要研究方向之一⑥。

日本平安時代前期，都良香(834—879)有《白樂天贊》云："有人於是，情寶虛深。拖紫垂白，右書左琴。仰飲茶茗，傍依林竹。人間酒癖，天

----

① 見丸山清子《〈源氏物語〉與〈白氏文集〉》，國際文化出版公司，1985年，申非據東京女子大學學會研究叢書三(1964年8月)譯。

② 《日本文德天皇實錄》卷三，《新訂增補國史大系》第三卷，弘文館，昭和四十一年(1966)，第31頁。此乃白居易之作首見於日籍。《文德實錄》公元879年成書，此則載於仁壽元年(851)九月乙末(26日)條。藤原嶽守的記載，可參見大庭修《江户時代中國典籍流播日本之研究》，戚印平、王勇、王寶平譯本，杭州大學出版社，1998年，第9頁；嚴紹璗《中日古代文學關系史稿》，湖南文藝出版社，1987年，第182頁；宋柏年主編《中國古典文學在國外》，北京語言學院出版社，1994年，第188頁；王勇、大庭修主編《中日文化史交流大系·典籍卷》，浙江人民出版社，1996年，第60頁；謝思煒《白居易集綜論》，中國社會科學出版社，1997年，第32頁。

③ 《新日本古典文學大系》第三十二卷，岩波書店，1997年，第508頁。

④ 參見曹汾《兩地聞名追慕多，遣文何日不謳歌：白居易的詩歌在日本》，見《唐代文學論叢》1982年第1期，陝西人民出版社，1982年，第321頁；津田潔《承和期前後與〈白氏文集〉》(《白居易研究講座》第三卷"日本對白居易的受容·韻文篇"，勉誠社，1993年)；張伯偉《中華文化通志·藝文典·詩詞曲志》，上海人民出版社，1998年，第242頁；張伯偉《中國詩學研究》，遼海出版社，2000年，第343頁；張伯偉《域外漢籍研究論集》，北京大學出版社，2011年，第269頁。

⑤ 據《江談抄》記述，嵯峨天皇在召見臣下小野篁時，賦漢詩曰："閉閣惟聞朝暮鼓，登樓遙望往來船。"小野篁奏曰："聖作甚佳，惟'遙'改'空'更妙也。"天皇感慨道："此乃白樂天句，'遙'本作'空'，僅使卿耳，卿之詩思已同樂天矣。"可見小野篁對白詩的熟記已達到背誦如流的程度，因此他也有"日本白樂天"之稱。日本《史館茗話》也有類似的記載。

⑥ 參見海村唯一《中國文學對日本文學的影響——以〈白氏文集〉爲例》，《福岡國際大學紀要》第30號，2013年。

下詩淫。龜兒養子，鶴老知音。治安禪病，發菩提心。爲白爲黑，非古非今。集七十卷，盡是黄金。"①在這位號稱"文壇奎星"的學者兼文學家的推尊下，白居易在日本詩壇廣受青睐。

有日本文聖之稱的漢學家菅原道真（845—903）特别尊崇白居易，自稱"得白氏之體"。醍醐天皇在收到菅原道真的詩集後，以《見右丞相獻家集》爲題，作詩大加贊賞，誇菅原道真"更有菅家勝白樣"，并在詩後自注："平生所愛，《白氏文集》七十卷是也。"據統計，《菅家文草》引用化用《白氏文集》達八十餘次五百多首。② 菅原道真的恩師島田忠臣（828—892）《吟白舍人詩》曾云："坐吟卧詠玩詩媒，除卻白家餘不能。應是戊申年有子（唐大和戊申年白舍人始有男子，甲子與余同），付與文集海東來。"③唐太和戊申年即公元828年，白居易始生一子，而島田忠臣也生於828年，言外之意自己願成爲白舍人之子，這無疑是對白居易極表傾倒之語。

禮部侍郎高階積善《夢中同謁白太保元相公》云："二公身化早爲塵，家集相傳屬後人。清句已看同是玉，謝情不識又何神。風聞在昔紅顔日，鶴望如今白首辰。容鬢宛然俱入夢，漢都月下水煙濱。"對此，後中書王具平親王（964—1009）《和高禮部再夢唐故白太保之作》詩云："古今詞客得名多，白氏拔群足詠歌。思任天然沉極底，心從造化動同波。中華變雅人相慣，季葉頽風體未訛。再入君夢應決理，當時風月必誰過。"第三聯自注云："我朝詞人才子以《白氏文集》爲規摹，故承和以來言詩者，皆不失體裁矣。"④紫式部的父親藤原爲時亦有和詩《和高禮部再夢唐故白太保之作》："兩地聞名追慕多，遺文何日不謳歌。繫情長望遐方月，入夢終逾萬里波。露膽雖隨天曉隔，風姿未與影圖訛。仲

---

① 《都氏文集》卷三，中村璋八、大塚雅司《都氏文集全釋》，汲古書院，1988年，第32頁。
② 葉渭渠《日本文化史》，廣西師範大學出版社，2003年，第120頁。
③ 《田氏家集》卷中，見中村璋八、島田伸一郎《田氏家集全釋》卷中，汲古書院，1993年，第229頁。
④ 《本朝麗藻》卷下《和夢中謁白太保相公詩》注，《群書類從》第八輯卷一二七，東京《續群書類從》完成會，1932年；大曾根章介等編《校本本朝麗藻》，汲古書院，1992年，第69—70頁。參見肖瑞峰《從域内走向海外：中國古典詩歌研究的歷史使命》，《重慶工商大學學報》2003年第1期。

尼喜夢周公久，聖智莫言時代過。"第三聯自注道："我朝□（追？）慕居易風跡者，多圖屏風，故云。"①充分表達了對白居易的敬仰和思慕之情。

傳承於日本的和刻本白集，價值較高者有兩種，第一種是十七世紀江戶時代的那波道圓（1595—1648）刊活字本《白氏文集》七十一卷，這個版本是以朝鮮半島所傳本爲底本複刻而成的，《四部叢刊》曾據以影印，雖然其刊刻年代爲後水尾天皇元和四年（1618），僅相當於中國明萬曆末年，不算早，但其所據覆宋本，則約爲南宋高宗時刻本，其源出自五代東林寺本，卷帙順序與中國通行的"前詩後筆本"有很大的不同，保存了白集原編"前集後集本"的原貌，即前集五十卷，先詩後文，皆長慶四年（824）春以前作品，是《白氏長慶集》第一次結集時的原貌；其後卷五十一至卷六十、卷六十一至卷七十，分爲兩個單元，均先詩後文，保存了白氏《後集》前十卷和後十卷分次編輯的面貌。但與紹興刻本相比，那波本本文的校勘質量要略遜一籌，而且那波本還有一大缺點，就是原夾行小注概行刊落，大概是由於活字排版的技術關係，而非所據原本沒有注文。

第二種是金澤文庫舊藏本《白氏文集》，現存二十多卷，已散藏於金澤文庫之外②。開成四年（839），白居易編定《白氏文集》六十七卷，送蘇州南禪院收藏。會昌四年（844），日本僧人惠萼於南禪院鈔寫《白氏文集》攜歸。各卷後往往有惠萼跋語，後轉鈔時亦得到保留。鎌倉時期，豐原奉重主持轉鈔校勘《白氏文集》，始於寬喜三年（1231），完成於建長四年（1252）。據各卷後豐原奉重跋語，其轉鈔主要依據博士家菅原家傳本，而菅原家傳本又係惠萼本之轉鈔，所以金澤文庫本雖係唐鈔本之轉鈔本，但文獻價值可與唐鈔本相媲美。例如，《琵琶行》詩序，紹興刻本之"元和十年"，金澤文庫本作"元和十五年"，因此，有學者據以推斷，《琵琶

---

① 《本朝麗藻》卷下；陳友琴《白居易詩評述匯編》附錄二"白居易對日本文學的影響"，科學出版社，1958年，第364頁；中國科學院文學研究所"中國文學資料叢書"第一種；知識產權出版社，2010年，第260頁。
② 日本勉誠社1983至1984年影印《金澤文庫本白氏文集》；臨川書店2001年影印《白氏文集》，列爲"國立歷史民俗博物館藏貴重典籍叢書"文學編第21卷。

引》不是元和十一年白居易在江州遇到琵琶女所作,而是從貶地回到長安不久的長慶初年創作的虛構作品①。其他諸本《琵琶引》文字之異同,可參見2012年出版的《白居易研究年報》第13輯"特集琵琶行:天涯淪落之歌"中,陳翀《白居易〈琵琶行〉享受的原風景》、下定雅弘《戰後日本〈琵琶行〉研究一覽》二文後所附表格②。

另外,京都府立圖書館藏《長恨歌伝・長恨歌・琵琶行・野馬臺》,爲慶長(1596—1615)古活字刻本③。而日本的選鈔本和寫本中,也保存了一些已失傳的白集古本的面貌,有重要參考價值,如鎌倉時代僧人宗性的《白氏文集要文抄》(分藏於東大寺圖書館、正倉院聖語藏,抄於1249年和1275年)、醍醐寺僧阿忍的《重抄文集抄》(斯道文庫存,國會圖書館藏,抄於1250年)、關中田中坊書的《重抄管見抄白氏文集》(内閣文庫藏,抄於1295年)④。另外,平安時代書法家小野道風(894—966)有《琵琶引》書跡,收入江戶時代慶安五年(1652)刊行的木户常陽所編法帖《三國筆海全書》。⑤ 尊圓親王(1298—1356)亦有《琵琶引》書跡。⑥ 室町時代末期,清原宣賢(1475—1550)有《長恨歌 琵琶行》親筆抄卷,收入川

---

① 參見下定雅弘《白居易的〈琵琶引〉——名作成立的四個譜系》,《白居易研究年報》第13輯;中文版載於《東華漢學》第20期,2014年12月。
② 陳翀《中唐における白居易"琵琶引"享受の原風景:その原本形態及び歌唱形式について》,《白居易研究年報》第13輯,第71—96頁;下定雅弘《戰後日本"琵琶行"研究一覽》,《白居易研究年報》第13輯,第315—341頁。
③ 詳見森上修、山口忠男《慶長敕版「長恨歌琵琶行」について—上—慶長敕版の植字組版技法を中心として》,《ビブリア 天理図書館報》(95),第118—171頁,1990年11月;森上修《慶長敕版「長恨歌琵琶行」について—下—わが古活字版と組立式組版技法の伝來》,《ビブリア 天理図書館報》(97),第36—86頁,1991年10月;安野博之《慶長敕版『長恨歌琵琶行』『白氏五妃曲』の刊行について》,《汲古》(36),第30—34頁,1999年12月。
④ 參見謝思煒《白居易集綜論》,中國社會科學出版社,1997年。
⑤ 但未見於文獻著錄,真偽尚有爭議。詳見小松茂美《平安朝傳來的白氏文集和三跡の研究》(墨水社,1965年10月);神鷹德治《小野道風法帖〈琵琶引〉本文の系統について》(《帝塚山學院大學創立兩周年記念論集》,1992年);神鷹德治《白居易研究講座》第六卷"白氏文集の本文・書跡資料"(勉誠社,1995年)。
⑥ 詳見神鷹德治《尊圓親王法帖所載〈琵琶引〉的本文系統》(《高校通信東書國語》第300號,1990年2月,第18—21頁);神鷹德治、山口謠司《法帖:尊圓親王〈琵琶引〉影印・翻字・解題》(《白居易研究年報》第4號,勉誠社,2003年,第239—264頁);金木利憲《日本大學文理學部藏 伝尊円親王筆「琵琶行」雙鉤填墨本について》,廣島中國文學會《中國學研究論集》(22),1—5,2009年4月。

瀬一馬編《阪本龍門文庫覆制叢刊之四・附册》。① 三重大學學藝部藏《長恨歌 琵琶行注》，爲享禄四年(1531)以前寫本。歷代白居易文集編纂、抄寫和刊刻，與《琵琶行》文本的演變歷史密切相關，是《琵琶行》研究需要解決的首要問題。

二

由於白居易與日本文化史深久的淵源，白居易研究在日本堪稱顯學。其研究狀況，下定雅弘先生的《戰後日本的白居易研究》曾有全面而翔實的介紹。此外，根據《中國文學研究文獻要覽 1945—1977(戰後編)》統計，1945年8月至1977年12月，日本白居易研究文獻的數量(209篇)僅略少於杜甫(241篇)，而幾乎兩倍於李白(106篇)；其間發表過白居易研究專著及論文的學者近二百人。② 而據丸山茂編《白居易相關圖書目錄(日文)》統計，自1896年至1994年，日本已出版與白居易相關之圖書達107部之多(如果不包括修訂或再版，則爲78種)，加上此後出版的《白居易研究講座》第五至第七卷，則至少有110部③。其中研究著作近二十部。而丸山茂《白居易相關圖書目錄(中文)》統計，1930—1992年中國大陸和臺灣有關白居易的出版物合計才65種。④

日本的白居易研究者，各以其不同的特點，在研究中做出了自己的

---

① 阪本龍門文庫，1962年。詳見安野博之《室町期における「長恨歌、琵琶行」享受——2つの宣賢自筆本をめぐって》，《國語國文》68(9)，第37—51頁，1999年9月；《清原宣賢自筆『長恨歌・琵琶行抄』の成立》，東京大學國語國文學會編《國語と國文學》80(12)(通號961)，2003年，第10—20頁。

② 《中國文學研究文獻要覽 1945—1977(戰後編)》，石川梅次郎監修，吉田誠夫、高野由紀夫、櫻田芳樹編集，東京：日外アリエーツ株式會社發行，紀伊國屋書店發賣，1979年，"20世紀文獻要覽大係"之九。據馬歌東《日本漢詩溯源比較研究》(中國社會科學出版社，2004年)第250頁統計。

③ 李丹、尚永亮《白居易百年研究述論》云："據初步統計，僅'二戰'後50年時間，日本有關白居易研究的論著已達730餘篇(部)。注：參見《20世紀文獻要覽大係・中國文學研究文獻要覽 1945—1977(戰後編)》(東京：日外アリエーツ株式會社，1979年)、《白居易研究講座》第七卷《日本における白居易の研究》(勉誠社，1998年)等有關文獻索引。"

④ 丸山茂《白居易相關圖書目錄(中文)》尚有遺漏，詳見拙編《白居易研究文獻》(載"中國文學網")。

貢獻。例如，堤留吉（1896—）著有《白樂天：生活與文學》（敬文社，1947年）、《白居易的文學理論與文學主張》（敬文社，1961年）及《白樂天研究》（春秋社，1969年），是日本戰後白居易研究的早期開拓者；近藤春雄（1914—）以《長恨歌》、《琵琶行》研究聞名，著有《長恨歌、琵琶行研究》（明治書院，1981年）、《白氏文集與國文學新樂府·秦中吟的研究》（明治書院，1990年）、《長恨歌與楊貴妃》（明治書院，1993年）、《白樂天與其詩》（武藤野書院，1994年）；太田次男（1919—）著有《諷諭詩人白樂天》（集英社，1983年），還曾與小林芳規（1929—）合著有《神田本白氏文集的研究》（勉誠社，1982年），是白氏文集版本研究方面的專家，代表作《以舊鈔本爲中心的白氏文集本文研究》（勉誠社，1997年）是其有關白集文本研究的論文結集；神鷹德治（1947—）也是版本研究方面的專家，對《新樂府》和《策林》的版本研究頗有創獲。此外，金子彥二郎對平安時代文學與白氏文集的比較研究①，平野顯照（1928—）對白居易及其作品與佛教關係的研究②，前川幸雄對元白唱和詩的研究③，埋田重夫（1957—）對白居易作品中各種具體的語言特色的研究④，宇都宮睦男對白氏文集訓點的研究⑤，布目潮渢（1919—）、大野

---

① 金子彥二郎：《平安時代文學與白氏文集：句題和歌·千載佳句研究編》，培風館，1943年；藝林舍，1977年增補再版。《平安時代文學與白氏文集：道真文學研究編》講談社，1948年。《平安時代文學與白氏文集：道真文學研究編第一冊》藝林舍，1977年增補再版；《平安時代文學與白氏文集：道真文學研究編第二冊》藝林舍，1978年。

② 平野顯照《唐代文學與佛教研究》第一章即爲"白居易與唐代文學"，朋友書店，1978年。張桐生譯本《唐代的文學與佛教》（臺北：業强出版社，1987年）。又，《白居易的文學與佛教經典》，收入《森三樹三郎博士頌壽紀念東洋學論集》，1979年，第587—606頁。

③ 前川幸雄：《智慧的技巧的文學：關於元白唱和詩的諸種形式》，收入中國古典研究會編《中國文學的世界》第五集，日本笠間書院，昭和五十六年（1981）；馬歌東摘譯，《陝西師範大學學報》1986年第4期，又收入馬歌東編譯《日本白居易研究論文選》，三秦出版社，1995年。

④ 埋田重夫：《關於白居易與韓愈的聯句詩：探討其在形成史中的地位》，《中國詩文論叢》1983年2月；《白居易與身體表現：聯系詩人與詩境的東西》，早稻田大學《中國文學研究》20（1994）；《白居易與姿勢描寫：視點下降所意味的》，《中國文學研究》21（1995），李寅生譯文，題爲《從視點的角度釋白居易詩歌中身體姿勢描寫的含義》，《欽州師範高等專科學校學報》2000年第1期；《從視力障礙的角度釋白居易詩歌中眼疾描寫的含義》（李寅生譯）《欽州師範高等專科學校學報》2001年第1期；《白居易自發詩歌表現考》，收入[日]增野弘幸等著，李寅生譯《日本學者論中國古典文學：村山吉廣教授古稀紀念集》，巴蜀書社，2005年。

⑤ 宇都宮睦男：《白氏文集訓點的研究》，溪水社，1984年。

仁對白居易《百道判》的研究①,靜永健(1964—)對白居易諷諭詩的研究②,也各有千秋。其他白居易研究領域的重要學者還有小松英生(1933—)、西村富美子(1934—)、高木重俊(1944—)、波戶岡旭(1945—)、松本肇(1946—)、下定雅弘(1947—)、川合康三(1948—)、新間一美(1949—)、丸山茂(1949—)、遠藤寬一(1949—)、赤井益久(1950—)、芳村弘道(1954—)、澤崎久和(1955—)、丹羽博之(1955—)、諸田龍美(1965—)等。

老輩學者中,平岡武夫(1909—1995)和花房英樹(1914—)尤爲引人注目。他們以多年孜孜不倦的努力和卓異的成就,成爲日本白居易研究領域當之無愧的專家。平岡武夫的白居易研究成就是多方面的,其中關於《白氏文集》的成立和版本,以及白居易家世生平的研究尤爲突出。其成果已結集爲《白居易:生涯と歲時記》(朋友書店,1998年)。花房英樹的代表作《白氏文集の批判的研究》(汇文堂書店,1960年3月初版;朋友書店,1974年改訂再版)和《白居易研究》(世界思想社,1971年),更是白居易研究的扛鼎之著。

20世紀90年代,日本的白居易研究出現了一個高潮,其標志就是:日本勉誠社自1993年至1998年,陸續出版了太田次男、神鷹德治、川合康三、下定雅弘、丸山茂等編集的煌煌七卷的《白居易研究講座》。其作者以日本學者爲主,涵蓋中國、韓國和美國,可以視爲白居易研究領域的一個國際舞臺。它分爲"白居易的文學與人生""日本對白居易的接受(韻文篇)""日本對白居易的接受(散文篇)""圍繞白詩接受的有關問題""白氏文集的本文""日本的白居易研究"等六個專題,收錄中(包括內地和港臺)、日在上述專題之下的研究論文或研究概述近百篇,是白居易研究集大成的工作,同時也堪稱古代作家個案研究的史無前例的創舉。其中收錄的太田次男《白居易文學如何產生》、興膳宏《白居易的文學觀:

---

① 布目潮渢、大野仁:《白居易百道判釋義》(一)至(八),《大阪大學研究集錄·人工社會科學》第28卷第80期至第31卷第83期;《攝南大學學術B:人文·社會篇》第2卷第84期至第5卷第87期。

② 靜永健:《白居易"諷諭詩"研究》,勉誠社,2000年。

以〈與元九書〉爲中心》、成田靜香《白居易之詩的分類與變體》、入矢義高《白居易的口語表現》、松浦友久《白居易的節奏：詩型及其個性》、中純子《白居易與詞：洛陽履道裏的江南再現》、宮澤正順《白居易對三教之態度》、蜂屋邦夫《白居易與老莊思想：兼論道教》、孫昌武撰（副島一郎譯）《白居易與佛教：禪與淨土》、吉川忠夫《白居易的仕與隱》、布目潮渢《白居易之官曆》、澤崎久和《白居易之日常生活》、礪波護《白居易生長的時代》、金在乘《白居易與元稹》、齋藤茂《白居易與劉禹錫》、丸山茂《白居易周邊的人們：作爲交遊錄的〈白氏文集〉》、周建國撰（橘英範譯）《白居易與中晚唐的黨爭》、澀穀譽一郎《白居易的周邊與傳奇：從説話的觀點來看傳奇》、靜永健《白居易的諷諭詩》、埋田重夫《白居易的閑適詩》、川合康三《言語的過剩：唐代文學中的白居易》等等，涵蓋了時代、交遊、思想、傳記、生活、文學觀、詩體分類等白居易研究的主要範圍。從 2000 年起，勉誠社又開始出版《白居易研究年報》，以日本爲主的白居易研究者以之爲陣地，發表了許多札實的研究論文。

三

"一曲琵琶説到今"①，從傳入日本開始，《琵琶行》即以深摯至臻的抒情，主賓俱化的境界，繪聲繪色的描寫，和諧鏗鏘的音韻，流麗優美的語言，成爲日本民衆欣賞的佳作，那麽，日本出版有哪些關於《琵琶行》的書籍，發表有哪些論文呢？

日本《琵琶行》相關書籍

1. 1927 蔣藏園《琵琶行の戲曲》，東京：弘文堂書房，昭和 2 [1927]年
2. 1930 藤堂祐範（編）《長恨歌傳·長恨歌·琵琶行》（貴重圖書影本刊行會）便利堂，共 25 頁
3. 1962 川瀨一馬（解説）清原宣賢（筆）《長恨歌·琵琶行》（阪本龍

---

① 清張維屏《琵琶亭》，嘉慶二十五年廣東刻本《松心詩集》戊集《黃梅集》。

門文庫複製叢刊4)，坂本龍門文庫，共50頁

4. 1974 長澤規矩也(解說)《長恨歌傳‧長恨歌‧琵琶行‧野馬臺歌》汲古書院,1974年

5. 1976 國田百合子(編、解說、校異)《長恨歌‧琵琶行抄》室町期寫本等(天理、內閣、京大藏)武藏野書院(影印3種),共267頁

6. 1981 近藤春雄(1914—)《長恨歌、琵琶行研究》,東京：明治書院,1981年4月30日初版發行,共349頁。參見《唐代文學研究年鑒1985》第452—460頁之介紹

7. 1982 國田百合子《〈長恨歌〉、〈琵琶行〉諸抄本的國語學研究(資料篇)》,櫻楓社,1982年2月

8. 1983 國田百合子《〈長恨歌〉、〈琵琶行〉諸抄本的國語學研究(翻譯、校異篇)》,櫻楓社,1983年2月

9. 1984 國田百合子《〈長恨歌〉、〈琵琶行〉諸抄本的國語學研究(研究、索引篇)》,櫻楓社,1984年2月

10. 1988 神鷹德治(1947—)編《歌行詩諺解(長恨歌傳‧長恨歌‧琵琶行‧野馬臺詩)》卷末解說11頁,東京：勉誠社(影印),共146頁

11. 2012《白居易研究年報》第13號"琵琶行——天涯淪落的歌",東京：勉誠社,2012年12月

日本《琵琶行》期刊論文

1.《談〈琵琶行〉》(琵琶行をめぐりて)近藤春雄《愛知縣立女子短期大學紀要》7,1956年12月。

2.《長恨歌‧琵琶行翻譯》大石龜次郎譯《漢文教室》(大修館書店)26,1956年9月。

3.《白樂天的〈琵琶行〉和元微之的〈琵琶歌〉》(白樂天の「琵琶行」と元微之の「琵琶歌」)星川清孝《茨城大學文理學部紀要‧人文科學》7,1957年4月,第1—11頁。

4.《白樂天在日本：以〈琵琶行〉的受容狀況爲中心》(我が國における白樂天——琵琶行の場合)近藤春雄《說林》(愛知縣立女子大學國文學會)12,1964年2月,第44—50頁。

5.《關於〈琵琶行〉——文字的異同》(琵琶行について——文學の異同)近藤春雄《說林》(愛知縣立女子大學國文學會)15,1967年2月,第63—76頁。

6.《長恨歌・琵琶行和古文真寶》近藤春雄,收入明治書院・新釋漢文大系《古文真寶前集》季報,1967年。

7.《「逢坂越えぬ權中納言」と「琵琶行」——その作意についての臆說》稻垣敬二《國文學考》(53),1—8,1970年6月。

8.《〈長恨歌〉〈琵琶行〉和解(内閣文庫藏)》遠藤和夫《成城大學短期大學部紀要》7,1976年3月,第1—51頁。

9.《『長恨歌並琵琶行』抄の諸本にみえる訓と點(續)》國田百合子《日本女子大學紀要・文學部》28,1—17,1978年。

10.《「長恨歌並琵琶行」抄にみえる訓と點(大坪、鈴木、春日三教授退官記念特輯號)》國田百合子《訓點語と訓點資料》(62),第94—110頁,1979年3月。

11.《京都大學圖書館藏「長恨歌並琵琶行」の訓點》宇都宮睦男《國語教育研究》(26上),第398—410頁,1980年11月。

12.《吳偉業〈琵琶行〉對白居易〈琵琶行〉的受容》(吳偉業「琵琶行」における「白居易」の「琵琶行」の受容)竹村則行《中國文學論集》(九州大學中國文學會)第10號,1981年11月,第146—177頁。

13.《長恨歌並琵琶行抄の諸本にみえる文末形式(創立八十周年記念號)》國田百合子《日本女子大學紀要・文學部》31,第61—75頁,1981年。

14.《〈長恨歌〉與〈琵琶行〉抄諸本的文本形式(續)》(長恨歌並琵琶行抄の諸本に見える文末形式—續—)國田百合子《訓點語與訓點資料》(訓點語學會)68(遠藤嘉基博士喜壽記念特輯號—下—),第180—188頁,1982年5月。

15.《「別れは知りたりや」と琵琶行——枕草子94段考》小林美和子《國文學考》(117),第14—26頁,1988年3月。

16.《長恨歌、琵琶行抄の注釋の方法》宇都宮睦男《國語國文》58

(6),第 23—42 頁,1989 年 6 月。

17.《尊圓親王法帖所載〈琵琶引〉的本文系統》神鷹德治《高校通信東書國語》第 300 號,1990 年 2 月,第 18—21 頁。

18.《慶長敕版「長恨歌琵琶行」について—上—慶長敕版の植字組版技法を中心として》森上修、山口忠男《ビブリア 天理図書館報》(95),第 118—171 頁,1990 年 11 月。

19.《慶長敕版「長恨歌琵琶行」について—下—わが古活字版と組立式組版技法の伝來》森上修《ビブリア 天理図書館報》(97),第 36—86 頁,1991 年 10 月。

20.《小野道風法帖〈琵琶引〉本文の系統について》神鷹德治《帝塚山學院大學創立兩周年記念論集》,1992 年 3 月。

21.《白居易〈琵琶引〉——兼及其形成的考察》入穀仙介,收入太田次男等(編)《白居易研究講座》第二卷"白居易的文學與人生(白居易の文學と人生)II",東京:勉誠社,1993 年 7 月。

22.《中宮定子と「琵琶行」の女——『枕草子』漢詩受容の問題をめぐって》鄭順粉《國文學研究》(125),第 13—22 頁,1998 年 6 月。

23.《室町期における「長恨歌、琵琶行」享受——2つの宣賢自筆本をめぐって》安野博之《國語國文》68(9),第 37—51 頁,1999 年 9 月。

24.《慶長敕版『長恨歌琵琶行』『白氏五妃曲』の刊行について》安野博之《汲古》(36),第 30—34 頁,1999 年 12 月。

25.《金澤文庫舊藏〈白氏文集〉卷十二所收〈琵琶引〉的本文》和田浩平《白居易研究年報》(白居易研究會)2,2001 年。

26.《關於整版無刊記本〈長恨歌傳〉、〈長恨歌〉、〈琵琶行〉、〈野馬臺〉》(整版無刊記本の『長恨歌傳、長恨歌、琵琶行、野馬臺』について)鐮倉敬三《汲古》(汲古書院)41,第 28—35 頁,2002 年 6 月。

27.《關於白居易〈琵琶行〉中的上、去通押》水穀誠《中國文學研究》(早稻田大學中國文學會)29,2003 年 12 月。

28.《唐代文人與"琵琶"——白居易與其周邊》山本敏雄《愛知教育大學研究報告》(人文・社會科學)52,2003 年 3 月。

29.《〈聽幽蘭〉"欲得身心俱靜若"：從白居易的〈琴〉到夕霧的〈蘭〉、〈源氏物語〉的文人精神的方法》(身心の俱に靜好なるを得むと欲せば――『聽幽蘭』――楽天の《琴》から夕霧の《蘭》へ、『源氏物語』的文人精神の方法) 上原作和《白居易研究年報》(4), 2003 年, 第 96—118 頁。

30.《法帖：尊圓親王〈琵琶引〉影印・翻字・解題》神鷹德治、山口謠司《白居易研究年報》(4), 2003 年, 第 239—264 頁。

31.《清原宣賢自筆『長恨歌・琵琶行抄』の成立》安野博之, 東京大學國語國文學會編《國語と國文學》80(12)(通號 961), 2003 年 12 月, 第 10—20 頁。

32.《白居易「琵琶行」における上、去通押について》水穀誠《中國文學研究》29, 第 145—157 頁, 2003 年 12 月。

33.《唐詩的音樂描寫――兼及其類型與白居易〈琵琶行〉》穀口高志《日本中國學會報》(日本中國學會)56, 2004 年 10 月。

34.《關於白居易古詩的押韻――〈長恨歌〉、〈琵琶行〉》(白居易の古詩の押韻について――「長恨歌」「琵琶行」)西村富美子《東海學園言語・文學・文化》5, 第 1—9 頁, 2005 年。

35.《白居易與琵琶――以〈琵琶引〉表現爲綫索》中木愛《中國學研究論集》(廣島中國學學會)18, 2007 年 4 月。

36.《日本大學文理學部藏 伝尊円親王筆「琵琶行」雙鈎填墨本について》金木利憲, 広島中國文學會《中國學研究論集》(22), 第 1—5 頁, 2009 年 4 月。

37.《特集にあたって(特集 琵琶行：天涯淪落の歌)》諸田龍美《白居易研究年報》(13), 第 2—8 頁, 2012 年。

38.《〈琵琶行〉の存在論：〈漂泊の慨嘆〉から〈故郷の探究〉へ(特集琵琶行：天涯淪落の歌)》諸田龍美《白居易研究年報》(13), 第 9—39 頁, 2012 年。

39.《白居易の〈琵琶引〉：名作を成立させた四つの系譜(特集琵琶行：天涯淪落の歌)》下定雅弘《白居易研究年報》(13), 第 40—70 頁,

2012年。

40.《中唐における白居易〈琵琶引〉享受の原風景：その原本形態及び歌唱形式について（特集琵琶行：天涯淪落の歌）》陳翀《白居易研究年報》(13),第 71—96 頁,2012 年。

41.《〈琵琶引〉における音楽：作品の構成と中唐期における音楽詩の展開（特集琵琶行：天涯淪落の歌）》穀口高志《白居易研究年報》(13),第 97—123 頁,2012 年。

42.《〈琵琶行〉の音楽史的考察：楽器、楽人、楽制を踏まえつつ（特集琵琶行：天涯淪落の歌）》原豊二《白居易研究年報》(13),第 124—150 頁,2012 年。

43.《餘韻千年に嫋嫋たり唐、白居易の〈琵琶行〉（特集琵琶行：天涯淪落の歌）》竹村則行《白居易研究年報》(13),第 151—173 頁,2012 年。

44.《大阪市立美術館蔵文嘉筆「琵琶行図」の本文をめぐって（特集琵琶行：天涯淪落の歌）》森岡ゆかり《白居易研究年報》(13),第 174—191 頁,2012 年。

45.《金沢文庫本〈琵琶引〉の本文と訓読（特集琵琶行：天涯淪落の歌）》袴田光康,西野入篤男《白居易研究年報》(13),第 192—215 頁,2012 年。

46.《『琵琶行』と「水辺の女、流離の女」の系譜（特集琵琶行：天涯淪落の歌）》岡部明日香《白居易研究年報》(13),第 216—237 頁,2012 年。

47.《『平家物語』巻五「月見」における「琵琶行」の摂取と展開：『源氏物語』を介して（特集琵琶行：天涯淪落の歌）》小林加代子《白居易研究年報》(13),第 238—259 頁,2012 年。

48.《近世俳諧と『琵琶行』：其角俳諧を中心として（特集琵琶行：天涯淪落の歌）》安保博史《白居易研究年報》(13),第 260—280 頁,2012 年。

49.《永井荷風『濹東綺譚』の白居易「琵琶行」利用（特集琵琶行：天

涯淪落の歌)》丹羽博之《白居易研究年報》(13),第 281—291 頁,2012 年。

50.《築波大學附屬図書館所藏『琵琶行、長恨歌』翻刻、解題(特集琵琶行:天涯淪落の歌)——(資料紹介、研究一覽)》穀口孝介、西村知子《白居易研究年報》(13),第 292—314 頁,2012 年。

51.《戰後日本「琵琶行」研究一覽(特集琵琶行:天涯淪落の歌)——(資料紹介、研究一覽)》下定雅弘《白居易研究年報》(13),第 315—341 頁,2012 年。

52.《中國『琵琶行』研究總覽(特集琵琶行:天涯淪落の歌)——(資料紹介、研究一覽)》陳才智撰,諸田龍美[訳]《白居易研究年報》(13),第 342—418 頁,2012 年。

53.《東アジア文學キャノンの研究の一隅:臺灣、白居易「琵琶行」研究概況(特集琵琶行:天涯淪落の歌)——(資料紹介、研究一覽)》衣若芬撰,森岡ゆかり[訳]《白居易研究年報》(13),第 419—436 頁,2012 年。

54.《〈琵琶行〉「間關」音義考訂(JERRY NORMAN 先生追悼號)》王莉《開篇:中國語學研究》31,第 251—276 頁,2012 年 10 月。

55.《「琵琶行」の音樂史的考察(續):平安期の受容をめぐって(中西健治教授退職記念論集)》原豊二《立命館文學》630,第 635—643 頁,2013 年 3 月。

56.《「琵琶行」受容の一斑:『權記』正曆五年八月の記事から》北山円正《神女大國文》(25),第 1—12 頁,2014 年 3 月。

57.《白居易的〈琵琶引〉——名作成立的四個譜系》下定雅弘,《白居易研究年報》第 13 輯;中文版載於《東華漢學》第 20 期,2014 年 12 月;《唐代文學研究》第十六輯,廣西師大出版社,2016 年 8 月。

資 料 來 源

1. 小松茂美《白樂天研究文獻目錄》,《平安朝傳來的白氏文集和三跡的研究》附,墨水書房,1965 年 10 月。

2. 中國社會科學院文學研究所動態組編《日本的中國古代文學研究

主要文獻索引》(1970—1980,二,唐宋),《文學研究動態》1983 年第 6 期,總 108 期。

3. 周迅編《論古代中國：1965—1980 年日本文獻目錄》,書目文獻出版社,1984 年 3 月。

4. 下定雅弘《日本的白居易研究(以戰後爲中心)上：〈文集〉的校勘及諷諭詩·〈長恨歌〉研究》,《帝塚山學院大學研究論集》第 23 集,1988 年 12 月;《日本的白居易研究(以戰後爲中心)下：關於閒適詩·詩風的變化·思想等研究》,帝塚山學院大學國際文化學科 PACIFICA 創刊號,1989 年 3 月;《戰後日本白居易研究概況》,《西北師範大學學報》1989 年第 4、5 期。

5. 下定雅弘《戰後日本的白居易研究》,收入太田次男等編《白居易研究講座》第七卷(日本的白居易研究),勉誠社,1998 年 8 月。

6. 下定雅弘《近十年來日本白居易研究概況》,《唐代文學研究年鑒 2004》,廣西師範大學出版社,2005 年 4 月。

7. 市川桃子《最近日本對唐代文學的研究》,《唐代文學研究年鑒 1989、1990 年合輯》,廣西師範大學出版社,1991 年 9 月,第 425—429 頁。

8. 安源《〈長恨歌〉在日本》,《文史知識》1992 年第 8 期,第 111—115 頁。

9. 丸山茂編《白居易相關圖書目錄(日文)》,收入太田次男等編《白居易研究講座》第五卷(圍繞白詩接受的有關問題)卷末,勉誠社,1994 年 9 月。

10. 宋柏年主編《中國古典文學在國外》,北京語言學院出版社,1994 年 10 月,第 202—206 頁。

11. 赤井益久著、林慧君譯《日本地區唐代文學研究活動報導 (1993—1994 年)》,收入臺灣《中國唐代學會會刊》第五期,1994 年 10 月,第 113—121 頁。

12. 馬歌東《白居易研究在日本》(《日本白居易研究論文選》序言,三秦出版社,1995 年 12 月;又收入其《日本漢詩溯源比較研究》,中國社會科學出版社,2004 年 1 月)。

13. 鹿菲輯《日本中國詩學研究文獻(1991—1992)》,《中國詩學》第四輯,第 222 頁、225 頁,南京大學出版社,1995 年 12 月。

14. 鹿菲輯《日本中國詩學研究文獻(1993—1995)》,《中國詩學》第六輯,第 255—266 頁,南京大學出版社,1999 年 12 月。

15. 鹿菲輯《日本中國詩學研究文獻(1996—1998)》,《中國詩學》第七輯,第 270—280 頁,人民文學出版社,2002 年 6 月。

16. 榮新江《唐研究新書目》,榮新江主編《唐研究》第 1—11 卷,北京大學出版社,1995 年 1 月—2005 年 12 月。

17. 氣賀澤保規《2000 年日本隋唐史論著目錄》,中國唐史學會網站,中國絲綢之旅國際互聯網製作維護,http://www.travel-silkroad.com/chinese/tangshi/ribentangshiyanjiu.htm(2006 年 5 月 20 日)。

18. 丸橋充拓著、傅江譯《2001 年日本史學界關於隋唐史的研究》,《中國史研究動態》2003 年第 9 期。

19. 大川裕子、村松弘一《2002 年日本周秦漢唐文化研究論著要目》,《周秦漢唐文化研究》第二輯,三秦出版社,2003 年 11 月。

20. 禹成旼《日本 2002 至 2003 年隋唐五代史論文索引》,收入《中國唐史學會會刊》第 23 期(杜文玉主編),2004 年 10 月。

21. 陳麗、陳翔、崔北京編《2003 年隋唐五代史論文索引》,杜文玉主編《中國唐史學會會刊》第 23 期,2004 年 10 月 http://www.travel-silkroad.com/chinese/tangshi/2003index.htm。

22.《中國文學研究文獻要覽 1945—1977(戰後編)》石川梅次郎監修,吉田誠夫、高野由紀夫、櫻田芳樹編集,東京:日外アソシエーツ株式會社發行,紀伊國屋書店發賣,1979 年,20 世紀文獻要覽大系之九。收錄時限:1945 年 8 月—1977 年 12 月。

23.《中國文學研究文獻要 1978—2007》穀口洋、稀代麻也子、永田知之、内山精也、上田望編集,東京:日外アソシエーツ株式會社,2008 年。

24. 京都大學人文科學研究所《東洋史研究文獻類目》昭和二十一年度至昭和三十一年度(1946—1962)

25. 京都大學人文科學研究所《東洋學文獻類目》。
26. 京都大學中國文學會《中國文學報》。
27. 《日本中國學會報》學界展望。

　　根據以上資料來源,日本有關《琵琶行》領域的書籍至少有 11 部,論文至少有 57 篇,可謂琳琅滿目,角度各異。其中,先行的是翻譯,如大石龜次郎翻譯《琵琶行》。翻譯首先是一個對原文進行理解的過程,而後才是一個文字轉化的過程,爲了提高譯者的原文理解水平,可以引入一些方法和模式來引導譯者對原文的解構。借由跨文化角度的審視,《琵琶行》的敘事特征,得到完整的體現,其深層内涵得到挖掘。通過對不同譯本的比較,可見出原文的理解程度,對譯文質量起着決定性的影響。此後,相關研究既有總論概説,也有藝術分析,涵蓋字詞意象、語言詮釋、章句分析、文本賞讀、音樂描寫、繪畫角度、比較研究、接受研究等,多有國内學者所謂曾留意者。而關於《琵琶行》文本的演變研究,涉及字詞語彙、名物意象、訓詁考證等,是日本學者最爲關注和擅長的領域。儘管有時流於瑣碎,執於一端,但並非都無助於其思想和藝術分析。他山之石可以攻玉,這些成果還需國内學者慢慢消化,彼此多多交流。

　　當今世界,生活節奏加快,生態失衡,個體的孤獨、焦慮、困頓等負情緒,日益蔓延;人與人之間的隔膜、疏離、對立的張力,日益加大,白居易其人其詩所獨具的知足保和的人生觀念、閑靜適世的志趣選擇、和光同塵的哲學思想,在域外正顯現出奪目的當代價值。而在日本,這一奪目的光芒却始終綿延未斷,深刻影響着日本文化的種種别樣之特色。正所謂"野火燒不盡,春風吹又生"!

域外漢籍與施顧
《注東坡先生詩》之研究[*]

卞東波（南京大學）

一、引　　言

　　南宋施元之、顧禧、施宿合力著成的《注東坡先生詩》四十二卷堪稱宋人注宋詩中的精品。施元之，字德初，吳興（今浙江湖州）人，紹興二十四年（1154）張孝祥榜進士。乾道二年（1166）二月除秘書省正字；乾道五年（1169）六月除秘書省著作佐郎，十月除起居舍人，十一月以起居舍人兼國史院編修官，同月除左司諫；乾道七年（1171），任衢州刺史，繼知贛州[①]。顧禧，字景蕃，吳郡（今江蘇蘇州）人。終身未仕，閉户讀誦，博極墳典。除注東坡詩之外，還著有《補注東坡長短句》（見舊題陳鵠《耆舊續聞》）。施宿（1164—1213），字武子，施元之之子，紹熙四年（1193）進士。慶元（1195—1200）初知餘姚縣，旋通判會稽，纂成《（嘉泰）會稽志》；嘉定時（1208—1224）以朝散大夫提舉淮東常平倉，刊刻了施顧注坡詩[②]。施宿留心金石，廣搜蘇軾的墨跡碑帖，取之與當時流行的東坡文集對校，並多用東坡手跡碑帖作爲《注東坡先生詩》的底本文字。施元之、顧禧《注東坡先生詩》初稿完成後，一直未付之剞劂，施宿對初稿進行了加工，"反覆先生出處，考其所與酬答賡倡之人，言論風旨足以相發，與夫得之耆舊

---

　　[*] 本文爲2014年度國家社會科學基金一般項目"唐宋詩日本古注本與唐宋文學研究"（項目編號14BZW060）階段性成果。
　　[①] 施元之傳，參見陸心源《宋史翼》卷二十八，中華書局，1991年，第302頁。
　　[②] 施宿傳，參見陸心源《宋史翼》卷二十九，《[道光]泰州志》卷二十"名宦門"。施氏父子生平，又可參見陳乃乾《宋長興施氏父子事跡考》，《事林》第六輯，1941年4月。

長老之傳,有所援據,足裨隱軼者,各附見篇目之左。而又采之國史,以譜其年,及新法罷行之目,列於其上,而繫以詩之先後"①。可見,施宿主要做了兩項工作,一是編纂了《東坡先生年譜》附於卷首,二是"篇目之左"的"題左注"②也是出自他的手筆。比起其他的宋人注蘇詩,施顧注"援引必著書名,詮詁不乖本事,又於注題下務闡詩旨。引事徵詩,因詩存人,使讀者得以考見當日之情事"③,具有極高的學術價值。

施顧《注東坡先生詩》在宋代曾經兩次刊刻,一次是嘉定六年(1213)施宿於淮東倉司任上的初刊本,由當時擅長歐體書法的傅穉手書上版,刻印精美。屈萬里先生跋此書云:"楮墨精湛,字畫勁秀,宋本中之上品也。"④此本刻成後,版片仍存於淮東倉司。景定三年(1262),當時提舉淮東常平倉的鄭羽在淮東倉司發現了嘉定年間的版片,於是"汰其字之漫者,大小七萬一千五百七十七,計一百七十九板,命工重梓"(鄭羽景定刊本施顧《注東坡先生詩》跋,載《增補足本施顧注蘇詩》卷末)。這就是景定年間的再刊本,景定本是在嘉定本基礎上的修補本,大部分版片仍是嘉定年間的原版。見過景定本的大藏書家傅增湘云:"兹本則字畫俊美,楮墨明淨,生平所覯宋代佳刻,殆難其匹。"⑤日本漢學巨擘吉川幸次郎見此書亦"歎爲人間奇寶"⑥,日本漢學家小川環樹亦稱,此本"天水精槧,人間孤本,宇内之鴻寶"(翁萬戈《影印宋刊施顧注蘇東坡詩緣起》引小川環樹語,見《增補足本施顧注蘇詩》)。難得的是,目前宋刻嘉定本、景定本

---

① 施宿《注東坡先生詩》序,鄭騫、嚴一萍編校《增補足本施顧注蘇詩》,藝文印書館,1980年。
② 關於施顧注句注、題下注、題左注的分別,參見鄭騫《蘇刊施顧注蘇東坡詩提要》第三節《施顧注性質分析及作者考證》,《增補足本施顧注蘇詩》,第16頁。
③ 張榕端序,宋犖、張榕端閱定,邵長蘅、顧嗣立等刪補《施注蘇詩》,清康熙三十九年(1700)刊本,哈佛燕京圖書館藏本。關於施顧注的文獻價值,參見王友勝《施元之等〈注東坡先生詩〉平議》(《中國韻文學刊》2002年第1期;又見王友勝《施元之等與〈注東坡先生詩〉研究》,《蘇詩研究史稿》[修訂版],中華書局,2010年)、何澤棠《施宿〈注東坡詩〉題注的詮釋方法與歷史地位》(《中國韻文學刊》2010年第2期)、《施宿與"以史證詩"》(《華南農業大學學報》[社會科學版]2010年第2期)。
④ 屈萬里《跋"國立中央圖書館"藏宋刊本注東坡先生詩》,《圖書館學報》創刊號,1959年。
⑤ 傅增湘《藏園群書題記》卷十三,上海古籍出版社,1989年,第690頁。
⑥ 吉川幸次郎《蘇詩佚詩序》,小川環樹、倉田淳之助編《蘇詩佚注》卷首,京都大學人文科學研究所,1965年。

仍傳承於世，庋藏於海峽兩岸的圖書館中。不過，四十二卷施顧《注東坡先生詩》僅有三十六卷傳世（部分卷帙有殘缺），仍有六卷完全亡佚。幸運的是，施顧注很早就東傳到日本。施顧注卷首所附的施宿編的《東坡先生年譜》雖在中國已經散佚，然在日本尚有兩種古鈔本存世①；而且日本室町時代的蘇注古本《翰苑遺芳》大量徵引施顧注，再結合中國的其他傳世文獻，庶幾可以部分復原已經亡佚的六卷注文。

二、施顧《注東坡先生詩》在宋代的流傳

施顧《注東坡先生詩》，實際上是由施元之、顧禧、施宿共同完成的，其中施宿出力最多，他不但修訂增補了原稿，而且在南宋嘉定六年，動用公款在淮東倉司刊刻了該書。但隨後施宿去職還家，不久去世，這期間還遭到彈劾。去世一年後，又被抄家。直到嘉定十五年（1222），才由其女上書自陳，獲得平反。宋刊施顧《注東坡先生詩》在宋代流傳的資料極少，陳振孫《直齋書錄解題》卷二十最早著錄了此書：

《注東坡集》四十二卷，《年譜》《目錄》各一卷。司諫吳興施元之德初與吳郡顧景蕃共爲之。元之子宿從而推廣，且爲《年譜》，以傳於世。陸放翁爲作序，頗言注之難，蓋其一時事實，既非親見，又無故老傳聞，有不能盡知者。噫，豈獨坡詩也哉！注杜詩者非不多，往往穿鑿傅會，皆臆決之過也。②

見到全本四十二卷施顧《注東坡先生詩》的人不多，陳振孫的著錄很重要，一是證明了全本前有施宿所撰的《年譜》一卷。二是肯定了施宿的貢

---

① 一種爲小川環樹先生在京都書肆所購之古鈔本（收入小川先生所編《蘇詩佚注》中），一種名古屋蓬左文庫所藏鈔本，王水照先生所編的《宋人所撰三蘇年譜匯刊》（中華書局，2015 年）中影印了蓬左本，又以《蘇詩佚注》本爲底本，參校蓬左本，整理出一個點校本。
② 陳振孫《直齋書錄解題》，上海古籍出版社，1987 年，第 591—592 頁。馬端臨《文獻通考·經籍考》基本照錄了陳氏記載，加上一條張舜民的評語，并節錄了陸游的序，可能馬氏並未見到原書。

獻,即他對施元之、顧禧的原稿進行了"從而推廣"的工作。三是似乎也暗示了施顧注沒有"穿鑿傅會"的毛病。

原本前還有陸游所作的序,見於《渭南文集》卷十五,略云:

> 近世有蜀人任淵,嘗注宋子京、黃魯直、陳無己三家詩,頗稱詳瞻。若東坡先生之詩,則援據閎博、指趣深遠,淵獨不敢爲之説。某頃與范公至能會於蜀,因相與論東坡詩,慨然謂予:"足下當作一書,發明東坡之意,以遺學者。"某謝不能。……後二十五六年,某告老居山陰澤中,吴興施宿武子出其先人司諫公所注數十大編,屬某作序。司諫公以絶識博學名天下,且用工深,歷歲久,又助之以顧君景蕃之該洽,則於東坡之意,蓋幾可以無憾矣。某雖不能如至能所托,而得序斯文,豈非幸哉!嘉泰二年正月五日,山陰老民陸某序。①

嘉泰二年,即1202年,距施顧注刊刻完成尚有11年,施宿當初給陸游看的"數十大編"注本可能是施元之、顧禧所作的稿本,後來施宿又對稿本進行了加工。此事當在施宿通判會稽時,另外陸游還爲施宿所編的《(嘉泰)會稽志》作序,可見兩人交誼較篤。

鄭騫教授所輯的《宋刊施顧注蘇東坡詩提要參考資料彙編》中所附的宋代資料有限,除了施宿本人的序外,就是上面的兩條。又周密《癸辛雜識》別集卷上"施武子被劾"條記載了施宿因刊刻蘇詩注本而被劾之事的經過:

> 施宿字武子,湖州長興人。父元之,紹興張榜,乾道間爲左司諫。宿晚爲淮東倉曹,時有故舊在言路,因書遺以番葡萄。歸院相會,出以薦酒,有問,知所自,憾其不己致也。劾之,無以蔽罪。宿嘗以其父所注坡詩刻之倉司。有所識傳穉字漢孺(湖州人),窮乏相投,善歐

---

① 涂小馬《渭南文集校注》卷十五《〈施司諫注東坡詩〉序》,錢仲聯、馬亞中主編《陸游全集校注》第9册,浙江教育出版社,2011年,第376—377頁。

書,遂俾書之,鋟板以贐其歸。因摭此事,坐以贓私。其女適章農卿良朋云。①

这段史料不仅记载了施宿因為刊刻其父所注的東坡詩而獲罪的來龍去脈,可見他遭受的完全是不白之冤,而且也記載了施顧《注東坡先生詩》是由擅長歐體的傅穉手寫上版的这一珍貴史料。

此前關於施顧《注東坡先生詩》的宋代史料僅見於此②。最近筆者在閱讀域外漢籍和其他宋代文獻時,又發現了一些與施顧注相關的新资料,現披露如下。

南宋詩僧物初大觀(1201—1268)《物初賸語》卷二載《樓潮州以汝窯瓶爐泰州新刊坡詩注及澄心堂紙見遺以詩寄謝》一詩:

汝州瓶爐何處有,花影卦文隨轉矙。
細然柏子颺輕煙,滿插蓮葩吐新馥。
松窗竹几頓精神,更把風騷看玉局。
野禪危坐舌若瘖,得書稍稍閑披讀。
麻沙常厭字如蟻,烏焉成馬大成六。
海陵刊本何磊落,未閱先令人意足。
二賢發明競該洽,似向烏臺露心腹。
有問山翁安得此,迂齋故家書滿屋。
跨竈衝樓獨擅場,古文源委有正續。
已知胸中飽經濟,暫向家園樂幽獨。
論文取士到山林,衲衣椎魯慚虛辱。
冥搜豈足報瓊瑤,無奈溪藤闊裁玉。

---

① 周密著、吳企明點校《癸辛雜識》,中華書局,1988年,第241頁。其實,施宿在淮東倉司任上頗有政績。《[道光]泰州志》卷二十"名宦門"載:"施宿,常平使。海陵城垣久圮,宿申乞耗鹽袋錢,窰甎百座,並乞兵夫修築,廣厚視舊有加。復建惠民倉、惠民藥局。嘉定十五年(1222)版,郡人祠之於城隍廟西廡,禱多應。紹定元年,守陳垓增繪像於景賢堂。"可見,施宿為政得到當地百姓的認可。

② 另外,舊題陳鵠《耆舊續聞》卷二中還有顧禧《補注東坡長短句》的記載,補的應是傅幹的《注坡詞》。

　　　　想見書窗清晝長,筆底春風珠百斛。①

釋大觀,字物初,號慈雲,俗姓陸,鄞縣横溪(今浙江寧波)人,臨濟宗北磵居簡(1164—1246)法嗣,宋代看話禪代表人物大慧宗杲(1089—1163)之再傳弟子。大觀有《物初大觀禪師語録》一卷,又有詩文别集《物初賸語》二十五卷。《物初賸語》有宋刻本、日本寶永五年木活字本及日本抄配本等本存世,宋刻本爲殘帙,而木活字本爲全本。金程宇教授所編的《和刻本中國古逸書叢刊》收録了寶永五年木活字本的影印本,許紅霞教授編著的《珍本宋集五種:日藏宋僧詩文集整理研究》則收録了《物初賸語》木活字本的點校本。《物初賸語》中的此詩是筆者新發現的有關施顧《注東坡先生詩》在宋代流傳的極好資料。

　　施宿在嘉定六年的原刻本,鄭羽在景定三年的再刊本皆刻於淮東倉司,該司駐地在泰州,而海陵縣爲泰州的治所,故物初大觀詩中所言的"海陵刊本",即淮東倉司本。詩題中的"泰州新刊",既可能指景定年間鄭羽再刊本,又因嘉定本成書的時間距大觀生活的時代也不遠,故也可能指嘉定本。從"何磊落""未閱先令人意足"等語可見淮東倉司本刊刻質量之高。大觀將淮東倉司刻本與宋代流行的福建麻沙刻本做了比較,麻沙本不但字小,而且錯誤極多,這從反面映襯了"海陵刊本"品質之高。此本一直流傳至今,從實物來看,大觀之語不虛。"二賢發明競該洽,似向烏臺露心腹","二賢"即施元之、顧禧,此兩句道出了施顧注在學術上的價值,其注的特色是"該洽",即博通之意②,可與陸游《〈施司諫注東坡先生詩〉序》中所言的施元之其人"以絶識博學名天下",其注"援據閎博"相印證。"烏臺"是宋代的御史臺,蘇軾在元豐二年(1079)曾遭"烏臺詩案",在御史臺的牢獄中,蘇軾被迫向御史臺官員供述了他所寫的一些犯忌詩文背後的譏刺之意,蘇軾的這些口供,後來被編爲《烏臺詩案》一書。"露心

---

① 許紅霞《珍本宋集五種:日藏宋僧詩文集整理研究》,北京大學出版社,2014年,第553—554頁。
② 如《北齊書·顔之推傳》稱顔之推"博覽群書,無不該洽,詞情典麗"。陸游所作的《注東坡先生詩》序中也稱"助之以顧君景蕃之該洽",可見"該洽"是宋人對施顧注公認的評價。

腹"是説施顧注頗像《烏臺詩案》中的蘇軾供詞一樣,能探得東坡内心的款曲。"有問山翁安得此,迂齋故家書滿屋",可見此書是樓潮州的先人樓昉傳下來的。樓昉,字暘叔,號迂齋,慶元府鄞縣(今浙江寧波)人,紹熙四年(1193)進士;而施宿爲湖州長興人,又曾在會稽爲官,而且施宿亦爲紹熙四年進士,與樓昉是同年。極可能施宿與樓昉之間有交遊,而樓昉所藏的施顧注本可能爲施宿所贈。如果樓潮州所持之本確爲樓昉所傳,那麽此本應是較早刊刻的嘉定本。從《物初賸語》中這則史料可見,宋人就已經對此書精美的刊刻多有揄揚之詞,而且對施顧注的學術價值已有肯定。

晚宋王應麟(1223—1296)《困學紀聞》卷十八云:

東坡《與歐陽晦夫》詩三首,晦夫名辟,桂州人。梅聖俞有詩送之云:"我家無梧桐,安可久留鳳。"東坡南遷,至合浦,晦夫時爲石康令,出其詩稿數十幅。事見《桂林志》。注坡詩者以爲文忠之族,非也。①

王應麟所稱的"注坡詩者"就是指施顧注。按施顧注卷三十八《梅聖俞之客歐陽晦夫使工畫茅庵已居其中一琴横床而已曹子方作詩四韻僕和之云》題下注云:"東坡以元符三年正月詔移廉州,四月移永州,五月始被移廉之命,六月離儋耳,七月四日至廉,三爲歐陽晦夫賦詩……晦夫蓋文忠公之族,當是爲此州推官爾……"雖然王應麟這裏是批評施顧注,但對這一細節的重視,可見他應該仔細讀過施顧注。

南宋福建遺民蔡正孫(1239—?)編著的《精刊補注東坡和陶詩話》(下簡稱《和陶詩話》)是現存唯一一部宋人所編有關蘇軾《和陶詩》的專題評論集,而且載録了三部蘇軾《和陶詩》的宋代注本。《和陶詩話》在中國本土已經失傳,目前有三種殘卷保存在韓國。《和陶詩話》不但保存了兩部已經失傳的非常珍貴的宋代蘇軾《和陶詩》注本,即傅共《東坡和陶

---

① 王應麟著,翁元圻等注,欒保群、田松青、吕宗力校點《困學紀聞全校本》,上海古籍出版社,2008年,第1970—1971頁。

詩解》與蔡夢弼《東坡和陶詩集注》的佚文,而且還有蔡正孫本人對《和陶詩》的評釋①。筆者發現,蔡正孫對《和陶詩》的注解,有不少地方與施顧注相同,僅以《和陶詩話》卷二蘇軾和陶淵明《歸園田居》注爲例,其一:"東家著孔丘,西家著顏淵。"蔡注云:"《家語》:魯人以孔子爲東家丘。"施顧注卷四十一同樣也引用了《孔子家語》中的這段話。其二"窮猿既投林",蔡注引《晉史》云:"窮猿投林,何暇擇木。"施顧注所引與此相同。其四"莫言陳家紫",蔡注引《荔支譜》云:"興化軍有陳家紫,爲第一品。"施顧注卷四十一亦引此語。其五"月固不勝燭",蔡注引了一段"東坡舊注",此段注文幾乎一字未易地見於施顧注中。類似的蔡注與施顧注相同的地方還很多,這應該不是偶然,很有可能蔡正孫見過施顧《注東坡先生詩》並加以援引,但他沒有在注中提到該書。如果蔡注確引用了施顧注,那麼從中可見施顧注在宋元之際的流傳。

從這些史料可見,施顧注並非我們想象的那樣流傳不廣,實際上在宋代已經有不少學者閱讀並利用過該書了,通過域外漢籍新資料,我們可以追蹤到更多施顧注在宋代流傳的綫索。

三、前人所作的施顧《注東坡先生詩》復原工作

宋刊施顧《注東坡先生詩》四十二卷,分別在南宋嘉定、景定年間兩次刊刻過,而元明再未重刊,故傳世稀少②。明末錢謙益的絳雲樓曾藏有一部四十二卷的全本,錢氏云:"其考證人物,援據時事,視他注爲可觀","坡詩盡於此矣,讀者宜辨之"③,對其評價頗高。但後來絳雲樓遭遇祝融之厄,錢氏藏本亦不幸化爲烏有。目前存世的宋刊本施顧《注東坡先生詩》皆爲殘帙,今將其收藏情況略述如下:

---

① 參見卞東波《〈精刊補注東坡和陶詩話〉與蘇軾和陶詩的宋代注本》,《復旦學報》,2015年第3期。
② 關於施顧注的宋刊本,參見劉尚榮《宋刊〈施顧注蘇詩〉考》,《蘇軾著作版本論叢》,巴蜀書社,1988年。該文也談到施顧注復原的問題,可以參看。
③ 錢謙益著、錢曾箋注、錢仲聯標校《牧齋初學集》卷八十五《跋東坡先生詩集》,上海古籍出版社,1985年,第1783頁。

版本	藏地	現存卷數	遞藏過程	影印情況
嘉定本	中國國家圖書館	卷十一、十二、二十五、二十六四卷	原爲繆荃孫所藏，後歸劉承幹嘉業堂	影印收入《中華再造善本·唐宋編》，北京圖書館出版社，2004年
嘉定本	中國國家圖書館	卷四十一、四十二兩卷	原爲黃丕烈藏書，後歸楊紹和海源閣、周叔弢。"第四十一卷""第四十二卷"之卷數，被書賈分別挖改爲"卷上"和"卷下"	影印收入《中華再造善本·唐宋編》，北京圖書館出版社，2004年
嘉定本	臺灣"國家圖書館"	總目錄卷下，詩注卷三至四、卷七、卷十至十三、卷十五至二十、卷二十九、卷三十二至三十四、卷三十七至三十八等十九卷，再加卷十四的三分之一，卷二十八的卷端頁①	此書先後經明人安國、毛晉，清徐乾學、宋犖、揆敘、吳榮光、翁方綱、潘德畬、葉名澧、鄧邦述、袁思亮，民國潘宗周、蔣祖詒、張珩等人收藏，抗戰勝利後歸國立中央圖書館，1949年轉移至臺灣②	2012年，臺灣大塊文化影印出版，定名爲《焦尾本〈注東坡先生詩〉》（加上大陸藏書家韋力所藏的卷四十一）
嘉定本	藏書家韋力"芷蘭齋"	卷四十一	與臺灣"國圖"藏本同源，後歸藏書家陳澄中，2004年陳氏後人在美國轉讓給韋力③	影印收入《焦尾本〈注東坡先生詩〉》

---

① 參見俞小明《嘉定本〈注東坡先生詩〉復刻始末》，臺灣《"全國"新書信息月刊》第178期，2013年10月，第14—24頁。
② 關於翁方綱所藏嘉定本的情況，參見潘美月《談宋刻顧東坡詩注》(《故宮文物月刊》，1985年第10期)、拓曉堂《翁方綱藏宋刻本〈施顧注東坡先生詩〉》(《嘉德通訊》，2004年第4期)、王長民《也談翁方綱與宋槧〈施顧注東坡先生詩〉》(《中國典籍與文化》，2013年第2期)、衣若芬《敬觀真賞：翁方綱舊藏本〈施顧注東坡詩〉研究》(臺灣清華大學《清華中文學報》，第11期，2014年6月)。
③ 關於陳澄中所藏宋刊施顧注情況，參見趙前《談談陳澄中先生舊藏宋刻本〈注東坡先生詩〉》，《版本目錄學研究》第1輯，國家圖書館出版社，2009年。

續　表

版本	藏地	現存卷數	遞藏過程	影印情況
嘉定本	中國國家圖書館	卷四十二	與臺灣"國圖"藏本同源,後歸藏書家陳澄中,2004年陳氏後人在美國轉讓給中國國家圖書館	未影印
景定本	上海圖書館	總目錄一卷,詩注卷三至四、卷十一至十八、卷二十一至四十二,凡三十二卷	原爲清宗室允祥安樂堂舊藏,翁同龢於同治十年(1871)"以二十金購之",後翁氏玄孫翁萬戈轉讓給上海圖書館	《宋刊施顧注蘇東坡詩》,臺灣藝文印書館,1969年 鄭騫、嚴一萍編校《增補足本施顧注蘇詩》,臺灣藝文印書館,1980年 影印收入《中華再造善本・唐宋編》

　　從上可見,目前嘉定本存總目錄卷下,詩注卷三至四、卷七、卷十至十三、卷十五至二十、卷二十五至二十六、卷二十九、卷三十二至三十四、卷三十七至三十八、卷四十一至四十二,凡二十三卷,以及卷十四、卷二十八殘頁。景定本存總目錄一卷,詩注卷三至四、卷十一至十八、卷二十一至四十二,凡三十四卷。兩者去其重複,仍缺卷一、二、五、六、八、九,共六卷。

　　復原施顧《注東坡先生詩》的工作從清代就開始了。康熙年間,宋犖得到宋刊施顧《注東坡先生詩》後,憾其不全,遂請邵長蘅、李必值相繼爲之補注,又輯得施顧未收的東坡佚詩四百餘首,屬馮景注之,編成一部新的《施注蘇詩》。但邵長蘅等人接手後,對施顧原注無端刪減,"大都掇拾王氏舊説,失施氏面目"①;"又舊本徽黯,字跡多難辨識;邵長蘅等憚於尋

----

① 查慎行《補注東坡先生編年詩例略》,查慎行補注、王友勝校點《蘇詩補注》卷首,鳳凰出版社,2013年。

繹,往往臆改其文,或竟删除以滅跡,並存者亦失其真"①。這種整理古籍的方式,遭到了學者痛斥,謂之"其書爲人齒冷,不足置議"(景定本潘祖蔭跋語,見《增補足本施顧注蘇詩》卷末);"無知妄作,厚誣古人"②;"其編纂態度草率敷衍,對原書極不忠實"③;甚至説"其書可覆醬瓿"④。邵本遭到古今學者的一致批評,主要是其對施顧注原書大加删削,不但失去施顧注之原貌,而且學風極不嚴謹。據鄭騫先生研究,除了無故删節外,邵本還"割裂顛倒,移動其次序位置,或竄入他人的注解",非但没有補足宋刊施顧《注東坡先生詩》散佚的部分,而且離原貌也差之千里,可謂古籍整理失敗的典型。

日本漢學家倉田淳之助、小川環樹發現日本蘇詩古注本《翰苑遺芳》中引録了大量的施顧注佚文,遂命助手將之抄出,依翁同龢玄孫翁萬戈所藏景定本施顧《注東坡先生詩》目録重新輯録,加上日本發現的施宿《東坡先生年譜》上下卷并陸游、施宿的序跋,編成《蘇詩佚注》一書,由日本京都大學人文科學研究所在1965年出版。倉田、小川先生在日本漢籍中發現施顧注的佚文,其功甚偉,爲復原施顧注指明了方向。《蘇詩佚注》輯録了施顧注卷一、二、五、六、七、八、九、十、十九、二十的佚注,不過囿於當時條件,兩位先生能接觸到的宋刊施顧注原本有限,而施顧注真正亡佚的不過卷一、二、五、六、八、九等六卷,卷七、十、十九、二十仍有臺灣所藏的嘉定本,雖有部分殘缺,但並没有完全亡佚,同時《蘇詩佚注》在輯佚時也不免有誤。嚴一萍先生在《增補足本施顧注蘇詩》的序中以卷七爲例,指出了《蘇詩佚注》的兩個問題,即"施顧原注所無,爲佚注誤收者";"施顧原注有,而爲佚注所失收者"。鄭騫先生則指出,《蘇詩佚注》"第一,所輯確是施注,但有時攙入他人注文;第二,輯出來的句注及題下注大約有

---

① 紀昀等《四庫全書總目》卷一百五十四"查慎行《補注蘇詩》提要",中華書局,1965年影印本,第1327頁。
② 葉德輝《郋園讀書志》卷八,上海澹園排印本,1928年。
③ 鄭騫《蘇刊施顧注蘇東坡詩提要》第七節《論邵長蘅删補本》,《增補足本施顧注蘇詩》,第38頁。
④ 黄丕烈著、屠友祥校注《蕘圃藏書題識》卷八"注東坡先生詩"後引録周錫瓚跋,上海遠東出版社,1999年,第611頁。

原書三分之一至二分之一,題左注差不多完全輯出"①。兩位先生指出的《蘇詩佚注》誤輯、漏輯的狀況在全書中比較多見。且以卷十爲例,如《遊廬山次韻章傳道》《送趙寺丞寄陳海州》《答陳述古二首》等詩,《蘇詩佚注》皆云"無注",但實際上,嘉定本不但有注,而且注文還頗長。又如施顧注卷十《和梅户曹會獵鐵溝》,我們比較一下嘉定本施顧注和《蘇詩佚注》的輯録:

嘉 定 本	《蘇詩佚注》輯本
山西從古說三明,《後漢·段明傳》:與皇甫威明、張然穎並知名,顯達京師,稱爲"涼州三明"。又傳贊:山西多猛,三明儷蹤。誰信儒冠也捍城。《漢·酈食其傳》:客冠儒冠來者,沛公輒解其冠,溺其中。左氏以"干城"爲"捍城"。杜子美《贈韋左丞》詩:紈綺不餓死,儒冠多誤身。竿上鯨鯢猶未掩,東坡云:近梟數盜。《左傳·宣公十二年》:古者明王伐不敬,取其鯨鯢而封之,以爲大戮,於是乎有京觀。草中狐兔不須驚。杜子美《冬狩行》:草中狐兔盡何益,天子不在咸陽宮。東州趙叟飲無敵,南國梅仙詩有聲。《漢·梅福傳》:隱吳市門,卒,至今人以爲仙。韓退之《石鼎聯句序》:侯喜新有能詩聲。不向如皋閑射雉,歸來何以得卿卿。東坡云:是日惟梅、趙不射。《左傳·昭公二十八年》:賈大夫惡,娶妻而美,三年不言不笑。御以如皋,射雉獲之,其妻始笑而言。《世説》:王安豐婦卿安豐,安豐曰:"婦人卿壻,於禮不敬。"答曰:"我親卿愛卿,是以卿卿。我不卿卿,誰復卿卿。"	山西從古說三明,誰信儒冠也捍城。《漢·酈食其傳》:客冠儒冠來者,沛公輒解其冠,溺其中。左氏以"干城"爲"捍城"。竿上鯨鯢猶未掩,草中狐兔不須驚。東州趙叟飲無敵,南國梅仙詩有聲。不向如皋閑射雉,歸來何以得卿卿。《勝覽》:泰州如皋縣。

從此例可見,《蘇詩佚注》遺漏了不少施顧注的原文,而且最後引用的《方輿勝覽》之語也非施顧注之文,而是《翰苑遺芳》編者大嶽周崇的注。另外,《蘇詩佚詩》在利用《翰苑遺芳》時也有一些訛誤,如《蘇詩佚詩》卷十《和蔣夔寄茶》"沃野便到桑麻川"注"沃野"云:"《文選》張平子《西京賦》:廣衍沃野,厥田上。"這裏《蘇詩佚注》有脱誤,最後一句當作"厥田上上"。故《蘇詩佚注》所輯的卷七、十、十九、二十不足爲據,應該

---

① 鄭騫《蘇刊施顧注蘇東坡詩提要》第八節《論蘇詩佚注》,《增補足本施顧注蘇詩》,第47頁。

直接用臺灣藏的嘉定本,殘損的部分可以參考《翰苑遺芳》來補完。

鄭騫、嚴一萍先生編校的《增補足本宋刊施顧注蘇詩》是目前最完整、學術水准最高的施顧注輯本,其由四部分組成:一、排印了日本發現的施宿《東坡先生年譜》上下卷,以及陸游、施宿原序。二、影印了翁萬戈藏鄭羽再刊的景定本目録一卷、正文三十二卷。三、排印了臺灣"國圖"所藏而翁藏本所缺的嘉定原刊本卷七、十、十九、二十等四卷。四、排印了《蘇詩佚注》所收的卷一、二、五、六、八、九的輯録本,此六卷爲翁藏本、臺灣"國圖"藏本俱缺的部分。鄭、嚴二位先生的增補工作取得了很大的成就,在一定程度上也恢復了宋刊施顧注的舊觀。但從今天的學術觀點來看,仍有缺憾。首先,雖然臺灣所藏嘉定本十九卷曾經祝融之厄,但主體部分仍然完好,且有大陸所藏相同版本可以參證。故筆者認爲如果復原宋刊施顧注,應該以嘉定原刊本爲底本,參照景定本來復原。其次,排印的臺灣藏嘉定原刊本四卷多有缺字,如卷十九《東坡八首》其三"雪芽何時動,春鳩行可膾。"施顧注引東坡語云:"蜀人貴芹芽,膾雜鳩肉作□。"其實此語乃東坡自注,宋代的文獻如《宋文鑒》卷十八都有引用,缺字作"之",可補。《冬至日贈安節》"諸孫行復爾,世事何時畢。"施顧注云:"□□□詩:子孫日已長,世事還復然。"此處的缺文可補作"柳子厚"[①]。又如同卷《樂全先生生日以鐵拄杖爲壽二首》其一"衆中驚倒野狐禪",施顧注引《傳燈録》云:"……老人言中大悟,告辭,曰:'今已免野狐身,□□□□□,□□亡僧例焚燒。'師令□□□□□□□□。果見一死野狐,積□□□。"這些缺字可以依《古宿尊録》卷一所載的百丈懷海語録補全:"……老人言中大悟,告辭,曰:'今已免野狐身,只在山後住,乞依亡僧例焚燒。'師令維那白槌告衆。岩中果見一死野狐,積薪化之。"

綜上所述,復原宋刊施顧《注東坡先生詩》的工作,從清代就開始了,經過古今中外學者的努力,取得了可觀的成績,但也留下了不少遺憾,今

---

① 此詩爲柳宗元《田家三首》其一,見《柳河東集》卷四十三。

天應該在前人的基礎上，將復原宋刊施顧《注東坡先生詩》的工作向前更推進一步①。

四、《翰苑遺芳》與施顧《注東坡先生詩》之復原

目前收錄施顧《注東坡先生詩》佚文最多的是日本禪僧大嶽周崇（1345—1423）②所撰的蘇詩注本《翰苑遺芳》（下簡稱《遺芳》）。大嶽周崇，俗姓一宮氏，法諱周崇，道號大嶽，別號全愚道人，阿波國（今德島縣）人，日本南北朝、室町時代臨濟宗夢窗派僧人。早年入阿波的寶陀寺，師事默翁妙誡，後隨默翁遷至京都臨川寺。其爲人明敏，通內外典，受到室町幕府第三代將軍足利義滿尊崇。應永九年（1402），任京都相國寺住持；十年任天龍寺住持。應永十一年（1404）始，任南禪寺鹿苑僧錄11年。晚年再任天龍寺住持③。據倉田淳之助先生研究，大嶽年輕時曾訪金澤文庫，讀過其中的藏書。金澤文庫是日本鐮倉時代執權北條氏建立的私人文庫，文庫所藏之書全部是從中國輸入的宋元版善籍，僅供當時北條家和稱名寺的僧人使用。到大嶽周崇的時代，金澤文庫由稱名寺的住持管理，但管理非常嚴格，一般外來之人很難入寺讀書。大嶽周崇所引用到的施顧《注東坡先生詩》，可能就是金澤文庫所藏的宋刊本④。《翰苑遺芳》是以舊題王十朋編纂的《集注分類東坡先生詩》爲底本，對其進行補注的注本，大嶽補注依靠的主要文獻是施顧注和趙次公注。《翰苑遺芳》共二

---

① 今人也提出了復原施注本的方案，如子冉《復原〈施顧注坡詩〉之我見》，《天府新論》1987年第4期。子冉先生認爲，復原施顧注"可以臺灣藝文印書館《增補足本施顧注蘇詩》爲底本，補入陸游序（據古本《渭南文集》卷十五）；補入施宿《東坡年譜》及序跋（據日本現藏的兩個鈔本）；補入對臺藏嘉定原刊本四卷的校訂、補入對日本輯錄的六卷之補訂"。筆者認爲，《增補足本施顧注蘇詩》本身就有問題，不能作爲底本，還是應該以現存多種宋刊本爲底本，補入日本所藏的施宿《東坡年譜》及序跋，同時利用日本漢籍《翰苑遺芳》輯佚已亡佚的施顧注六卷之注文。

② "大嶽"有時也寫作"太嶽"，但現存大嶽的手跡，自署寫作"大嶽"，見上村觀光編《五山詩僧傳》，民友社，1912年，第167頁。

③ 大嶽周崇生平參見上村觀光編《五山詩僧傳》，第164—167頁，又參見玉村竹二《五山禪僧傳記集成》，講談社，1983年，第402—403頁。

④ 參見倉田淳之助《註東坡先生詩と東坡先生年譜》中《施注と翰苑遺芳》一節，載《蘇詩佚注》附錄。關於金澤文庫之收藏，參見近藤守重《金澤文庫考》，金澤文庫發行之非賣品，1911年。

十五卷,目前僅有古鈔本存世①,同時笑雲清三所編的《四河入海》抄録了絕大部分的《遺芳》。不過筆者發現,《四河入海》所抄的《遺芳》尚有遺漏,同時《四河入海》的録文(特别是通行的古活字本)有一些錯誤②。故在《遺芳》有完整古鈔本存世的情況下,應該以《遺芳》原書爲依據來復原其中所引的施顧注,而非援引未經校證的古活字本《四河入海》,但同時也可以參照京都建仁寺兩足院所藏《四河入海》古鈔本以及日本國立國會圖書館依古鈔本"移點"的古活字本《四河入海》。

下文以《遺芳》中保存的施顧注佚文,來討論施顧注亡佚部分的輯佚。《遺芳》引用的施顧注以及施顧注本身有幾個明顯的特點:一、《遺芳》有時引用施顧注,會直接稱爲"施曰""施氏本""顧本""施顧本""施宿本",這部分就可以直接輯出。二、施宿所作的"題左注"一般比較長,像一小段詩話,利用宋代國史等資料,對詩題中的人物、掌故、朝政、時局及作詩本旨進行詳細的解釋。三、如果相關詩歌有蘇詩墨跡碑刻的話,施宿在題下注中也會說明,並采用墨跡碑刻作爲底本,並與當時流行的"集本"比勘。四、在題下注中,施宿偶會提及自己③。五、施顧注句注的注釋方式與李善注《文選》相同,基本是釋事而不釋意,直接引用文獻來説明蘇詩的語源,即"援引必著書名"。六、大嶽周崇有時在引用施顧注後,會加上自己注解或引用趙次公注,同時用"注"字加以區隔,"注"之前的就是施顧注④。如果《翰苑遺芳》的注文有符合上面六個特點的,就可

---

① 《翰苑遺芳》古鈔本爲京都相國寺僧喜承的寫本,第二十五卷末有喜承的跋語:"延德二年庚戌自九月二十一日始之,同三年辛亥七月十二日於萬年山相國寺大智院怡雲軒下,而防州南明山乘福寺長松院末派僧喜承書之畢。"可見,《遺芳》抄寫於延德二年至三年間(1490—1491),這離《遺芳》成書並不久。

② 例如,《遺芳》卷九《李公擇求黄鶴樓詩因記舊所聞於馮當世者》注引章炳文《搜神秘覽》"老卒再拜,且願執事"(此注正是施顧注),《四河入海》所引的《遺芳》"願"誤作"顧"。日本國立國會圖書館依古鈔本"移點"的古活字本在"顧"旁注"願歟",以示訂正。

③ 施顧注卷十三《登望諼亭》題下注:"此詩墨跡乃欽宗東宫舊藏,今在曾文清家,宿嘗刻石餘姚縣治。"又卷三十九《睡起聞米元章冒熱到東園送麥門冬飲子》題下注:"此詩及卧閲四印帖,距夢奠才兩旬爾,真跡宿嘗刻之餘姚縣齋。"

④ 《遺芳》卷十八《次韻王庭老退居見寄二首》其二注"右手持杯左捧頤"云:"《晉·畢卓傳》:嘗謂人曰,右手持酒杯,左手持蟹螯。拍浮酒船中,便足了一生矣。《莊子·漁父篇》:左手據膝,右手持頤。注:無因得見玉纖纖,蓋戲廷老之侍姬也。""注"之前的文字完全與現存的施顧注相同,但"注"之後則是《遺芳》的注文,則不應當作施顧注。

以確認是施顧注。

先看直接引用施顧注的例子，《翰苑遺芳》卷三《蘇州姚氏三瑞堂》（施顧注卷九）題注云：

> 施曰：三瑞堂在閶闔門外，道間密邇楓橋水陸院。初，姚氏之先墓有甘露、靈芝、麥雙穗之異，遂以"三瑞"名其堂。楓橋水陸長老通公者，東坡倅杭時，往來吳中，舟必經楓橋，識通。姚氏子名淳者，因通以求詩，而坡蓋未始識淳也。坡守高密，答通二帖，淳亦并三瑞詩刻於堂中。第一帖乃十二月十二日所作，其詞云："軾到此旬日，郡僻事少，足養衰拙。然城中無山水，寺宇樸陋，僧皆粗野。復求蘇杭湖山之遊，無復仿佛矣。"後批云："三瑞堂詩已作了，納去。惡詩竟何用，是家求之如此其切，不敢不作。"是歲熙寧七年甲寅也。第二帖乃後一歲八月廿四日。詞云："承開堂未幾，學者日增，吾師久閑，獨迫於衆意，無乃少勞，然濟物爲心，應不計勞逸也。"後批云："姚君篤善好事，其意極可佳，然不須以物見遺也。惠香八十罐却托還之，已領其厚意，與收留無異。實爲他相識之惠，皆不留故也。切爲多致此懇，千萬勿許。"三瑞堂者，考於《吳郡圖經》皆無所見。屢訪郡人而不可得，最後屬平江觀察推官趙君玿夫窮究得之，且云："地已易主，詩刻亦不存。"而以東坡二帖刻本相示，雖已湮泐，而刊刻甚工，秀潤可愛。校以歲月，則此詩當在《除夜病中贈段屯田》詩之前。此卷皆已先刻，有不容易矣。備載二帖，得以盡見始末云。

本注是典型的施宿所作的"題左注"，對詩題中出現的人名、地名詳細考證，並介紹作詩的前後背景，且備載施宿收集到的碑帖方面的文獻。從注中也可以看到施宿本人的學術態度，爲了弄清楚詩題中的"三瑞堂"，他先查閱了當地的方志《吳郡圖經》，未果後，又實地踏訪，"屢訪郡人"，最後從平江觀察推官趙玿夫那裏得到准確信息。雖然三瑞堂舊址已不存，且堂中刊刻的蘇詩石刻亦已"湮泐"，但施宿意外得到了蘇軾寫給此詩的主人公姚淳的兩份"帖"的刻本，並在注中附錄了這兩份珍貴的文獻。施宿此注信息量非常大，不但詳細考證了"三瑞堂"的來歷，"姚氏"其人，而且還上下求索，從當地得到了很多第一手的資料。注中的趙珌夫，主要活動於嘉定年間，據《寶慶四明志》卷十八記載，他在嘉定十一年曾任定海縣的宣教郎，十二年轉任縣令。故施宿與趙珌夫是同時代人。可見，施宿在增訂施顧注的過程中，既參之以文獻，又實地考察，還質之以當時學者。這種學術上的實證與嚴謹的精神，使得施顧注具有極高的學術價值。施宿又說："校以歲月，則此詩當在《除夜病中贈段屯田》詩之前。此卷皆已先刻，有不容易矣。"此語又透露出施顧注刊刻的重要信息，即施宿可能是在施元之、顧禧原稿基礎上隨修訂隨刊的。當他修訂好《蘇州姚氏三瑞堂》一詩的注釋時，發現編年上，此詩應在《除夜病中贈段屯田》之前，但《除夜病中贈段屯田》已經刊刻，故無法再調整位置，故在注中加以說明。

但更多的時候，《遺芳》是直接襲用施顧注，且不注明。可以根據上文對施顧注特點的概括來斷定其是否爲佚文，如《遺芳》卷九《次韻和劉京兆石林亭之作石本唐苑中物散流民間劉購得之》（施顧注卷一）題注云：

> 劉京兆，名敞，字原父，新喻人。慶曆廷試第一。編排官王堯臣，其内兄也，以親嫌自列，乃爲第二。直集賢院，判考功、權度支判官。夏竦，諡文正。原父疏言非是，改諡文莊。吳充以典禮得罪，馮京救之，亦罷。原父因對極論。仁宗曰："充振職，京亦言他，中書惡其太直，不能容爾。"原父曰："自古惟人主不能容受直言，陛下寬仁好諫，而中書乃排逐言者。"帝深納其忠，擢知制誥。宰相陳執中惡其斥已，沮之，帝不聽。後以翰林侍讀學士知永興軍。召還，以病求汝州。改集賢院學士，判南京御史臺。卒年五十。原父學問淵博，自佛老、卜筮、天文、方藥、山經、地志，皆究知大略。朝廷每有禮樂之事，必即其家以取決。爲文尤贍敏。歐陽文忠公深服其博。子奉世，字仲馮，元祐間爲簽書樞密院事。東坡在齊安有詩云："平生我亦輕餘子，晚歲人誰念此翁。"蓋記原父語也。事見十八卷《和王鞏》詩注。

這段注文,《遺芳》並未像其他地方一樣注明"施曰",但這段注文的風格明顯與施宿的"題左注"風格相同,可以斷定是施顧注的佚文。施宿的題左注可能利用了當時的國史,但又參考了其他的文獻,加進了自己的考證①。

又如《遺芳》卷二十三《自昌化雙溪館下步尋溪源至治平寺二首》其一(施顧注卷六)"亂山滴翠衣裘重",注云:"集本作'衣裳重',亭上有先生所書石刻本作'濕'。"《遺芳》卷十一《李頎秀才善畫山以兩軸見寄仍有詩次韻答之》(施顧注卷八)"囊中收得武林春",注云:"陸文學《錢塘記》:武林山,隋時有虎見於上,因名虎林,後避唐諱改爲武林。集本'林'作'陵',蓋音響相似故。"這兩處出現了與"集本"的校勘,符合施顧注的特色。故雖未標施顧注,也可以斷定是施顧注的佚文。

除此之外,施顧注以旁徵博引見長,其中引用了不少稀見的宋代文獻,甚至僅見於施顧注的文獻。如果《遺芳》利用了這些文獻,也可以推斷此注是施顧注的佚文,如《遺芳》卷十一《遊鶴林招隱二首》(施顧注卷八)題注云:"曾彥和《潤州類集》:招隱,本徵士。戴顒之館齋,曇度道人則以爲寺。"《潤州類集》是北宋曾旼所編的宋代鎮江地方總集,目前已經亡佚,其佚文基本見於施顧注中②,這裏《遺芳》引用的《潤州類集》,可以認定就來自施顧注。

除了"做加法"外,可能還要"做減法"。由於《遺芳》是目前唯一引用施顧注佚文最多的文獻,故恢復完全佚失的六卷,必須依賴《遺芳》。《遺芳》主要是由施顧注、趙次公注,以及大嶽周崇本人的注組成。《遺芳》在引用趙次公注時,大都會注明是"次公注""次公曰""趙",比較難區分的是施顧注與大嶽周崇的注。筆者對比了《蘇詩佚詩》輯錄的施顧注卷七、十、十九、二十與嘉定本原刊的四卷,通過比較容易發現《蘇詩佚注》輯佚

---

① 南宋李壁所作的《王荊文公詩注》卷十三《答揚州劉原甫》注中徵引了《國史·劉敞傳》,對比可見施宿的題左注與《國史·劉敞傳》還是有一些差異的,如李壁注引的《國史》稱劉敞爲"袁州臨江人",而施顧注則稱其"新喻人"。參見卞東波《宋人注宋詩中的宋代文學史料——以南宋李壁〈王荊文公詩注〉爲例》,《宋代詩話與詩學文獻研究》,中華書局,2013年,第165—166頁。

② 參見卞東波《宋代詩歌總集新考》中有關《潤州類集》的考證,《宋代詩話與詩學文獻研究》,第305—307頁。

的狀況。筆者發現《佚注》基本抄錄了施顧注，但也有若干條的脫漏和誤輯。對於已經亡佚的六卷而言，脫漏的部分無從核校，關鍵要保證不能將大嶽周崇的注誤輯入。上文已經説到施顧注句中注的特點就是"援引必著書名"，否則就非施顧注，如《蘇詩佚注》卷十《和蔣夔寄茶》"海螯江柱初脱泉"注"江柱"云："江瑶柱也。瑶與珧同，螯屬甲，可飾物。俗呼江珧。"此注没有引書，當非施顧注，核以嘉定本，果然如此。施顧注的"句注"與"題注"分工比較明顯，詩歌創作背景方面的內容只會出現在"題注"中，不會出現在"句注"。如果"句注"没有引經據典，却交代寫詩背景，則可能非施顧注，如《遺芳》卷十六《辛丑十一月十九日既與子由別於鄭州西門之外馬上賦詩一篇寄之》（見施顧注卷一）"夜雨何時聽蕭瑟"下，《蘇詩佚注》與《增補足本施顧注蘇詩》皆從《遺芳》注云："是歲應制科，入第三等，授大理評事，簽書鳳翔府判官。《詩序》有曰：嘉祐六年，予與子由同舉制策，寓懷遠驛，時年廿有三。"此注與施顧注句注體例不合，似非原注。

除此之外，大嶽周崇之注的用語也不同於施顧注，如施顧注卷十《寄劉孝叔》"保甲連村團未遍"，《蘇詩佚注》注"保甲"云："王介甫，宋熙寧中自參政拜相，變新法，有青苗、市易、保馬、保甲、新經、字義、水利、雇役等名也。"這一條不但不見於嘉定本，而且作爲宋人的施元之等人，不會直接稱本朝爲"宋朝"的，而是稱"國朝"，這在現存的施顧注中多見。而且這一條也没有引書，可以斷定非施顧注，而是大嶽周崇本人之注。再如上引《遺芳》卷九《次韻和劉京兆石林亭之作石本唐苑中物散流民間劉購得之》之詩的"題左注"末還有"劉敞，字原父，號公是先生；弟攽，字貢父，號公非先生。敞子奉世，字仲馮，是爲三劉。劉貢父神宗朝充集賢院校理，著《漢書誤》。劉渙字凝之，號西磵先生，子恕，字道原，恕子羲仲，亦爲三劉"一段話，這段文字不但與上文有部分重複，且語氣也與上文不通貫。實際上，如果檢視現存的施顧注題左注的話，就會發現，題左注最後一句往往是"事見某卷某詩注"，如卷三《送劉道原歸覲南康》題左注末云："事見四十卷《是是堂》詩注。"卷四十一《歲暮作和張常侍》題左注末云："事見三十八卷《次韻子由贈吳子野先生》詩注。"一般注文就到此爲止，下面不會再有其他文字。另外，《遺芳》等日本蘇詩注本比較喜歡引用蘇軾的年譜，如傅藻的《東坡紀年錄》等來注蘇詩，但施顧注現存的卷帙中一次都沒有引用過東坡的年譜，實際上施顧可能並沒有接觸過傅藻的《東坡紀年錄》，故如果《蘇詩佚注》輯本中引用到傅書，一定不是施顧注原文，如《蘇詩佚注》卷十《惜花》"而我食菜方清齋"，就引到《東坡紀年錄》，此注當删。如果注文中引用的文獻成書時間晚於施顧生活的年代，則定非施顧注。如《蘇詩佚注》輯施顧卷十《和梅户曹會獵鐵溝》注引用到《方輿勝覽》應是誤輯。因爲《勝覽》大概成書於理宗嘉熙三年（1239），晚於施顧的年代。

綜上所述，《翰苑遺芳》保存了施顧注的大量佚文，是目前輯佚的最佳文獻①。但在利用《遺芳》輯録施顧注時，既要"做加法"，也要"做減法"。凡是符合本文總結的施顧注特點的，都可以當作佚文輯入；同時也要仔細分辨《遺芳》的注文，凡是注文用語不似宋人者，或者引用到施顧没有看到的文獻的，這些注文都不可能是施顧注。

五、結　語

21世紀以來，隨着《中華再造善本》影印的中國國家圖書館所藏的繆荃孫舊藏嘉定原本四卷、黄丕烈舊藏《和陶詩》二卷，以及臺灣大塊文化影印的臺灣"國圖"所藏嘉定原本施顧注十九卷半（及韋力先生所藏《和陶詩》一卷）相繼出版，加上20世紀臺灣影印出版的翁同龢所藏的景定再刊本三十二卷，爲復原宋刊施顧注提供了極好的文獻基礎。如果機械地將各種影印本拼合在一起，固然可以看到宋刊施顧注的原貌，但嘉定原本受到火燒，多有殘損，且仍有六卷完全散佚，加之施顧注原注也存在一

---

① 除了利用《遺芳》補遺施顧注外，日本宫内廳書陵部所藏宋刊建安黄善夫家塾本《王狀元集百家注分類東坡先生詩》上抄録有大量的施顧注及趙次公注，此類抄録文字日語稱之爲"覺書"。宫内廳書陵部藏宋刊王注上的"覺書"多處引用到施顧注，或在詩題上標出該詩在施顧注本中的卷數，這些信息皆有利於輯佚已亡佚的六卷施顧注。這些"覺書"在辨别《遺芳》所引的施顧注、趙次公注上也有重要的價值。此點承王連旺先生指教，特此感謝。筆者也將另文討論宫内廳書陵部藏宋刊王注上的"覺書"。

些刊誤①，故筆者認爲，在現有的影印本之外，應該再作一校證本，對宋刊施顧注進行全面的董理。校證本的底本可以用嘉定原刊本，版面殘損或缺失的部分可以參考景定本，以及各種傳世文獻。完全佚失的六卷，可以依日本蘇詩古注本《翰苑遺芳》來復原，並參考京都建仁寺兩足院所藏的《四河入海》古鈔本、日本國立國會圖書館所藏的據古鈔本"移點"的古活字本《四河入海》，以及日本宫内廳書陵部所藏的宋刊本王注上的"覺書"。在復原宋刊施顧《注東坡先生詩》原貌的基礎上，再檢核施顧注的原文，覈其出處，進行全面的校證考訂，庶幾可以做成一部體現當代學術水準的整理本。

---

① 如卷十五《百步洪》"欲遣佳人寄錦字"，施顧注引李白《久離别歌》："李有錦字書，開緘使人嗟。""李"當作"況"。卷三十七《宥老楮》"張王惟老穀"，施顧注引《毛詩·小雅》云："爰有樹檀，其干維穀。""干"當爲"下"之誤。卷三十八《歐陽晦夫惠琴枕》"卧枕綸巾酒新漉"，施顧注引《晉書·謝萬傳》云："著白綸巾。""綸"當作"綸"。

五代禪僧明招德謙相關史料及偈頌輯考

金程宇(南京大學)

明招德謙是五代時期著名禪僧,以失左目,遂號獨眼龍。其居明招山四十載,化人無數,宗風遠披。法嗣六人:"一曰處州報恩契從者,一曰婺州普照瑜和尚者,一曰婺州雙谿保初者,一曰處州涌泉究和尚者,一曰衢州羅漢義和尚者,一曰福州興聖調和尚者。"(《傳法正宗記》卷八)然其語錄著作國內久佚,以致相關研究十分薄弱。就其生平而言,學界未曾利用相關方志古本,史源不明,頗存遺憾;就輯錄佚文來說,未曾利用日藏《佛法大明錄》,遺漏尚多。儘管三十多年前,日本學者椎名宏雄曾經指出《佛法大明錄》中存有明招德謙語錄及偈頌佚文的事實①,但未引起學界關注。本文擬在椎名氏論文的基礎上,查檢方誌古本和《佛法大明錄》②等珍稀文獻,結合國內唐五代文獻輯錄的現狀,對德謙的相關史料及偈頌加以發掘和匯總,以期對學界有所裨益。

一、明招德謙生平的新史料

德謙之生平,以《中國文學家大辭典·唐五代卷》(820頁)所載較有代表性:德謙(生卒年里不詳)五代吳越時禪僧。嗣羅山道閑。後住婺州

---

① 《佛法大明錄の諸本》,《曹洞宗研究員研究生研究紀要》第11號,1979年8月。椎明氏指出《佛法大明錄》存明招德謙偈頌三十六首,其中兩首見《景德傳燈錄》。

② 關於《佛法大明錄》,筆者另有《南宋圭堂居士〈佛法大明錄〉文獻價值考述》一文,將刊於《古典文獻研究》第十九輯下卷。

明招山,歷四十年之久。禪語流布諸方,世稱明招和尚。《全唐詩補編·續拾》卷四十五收其詩偈三首,《景德傳燈錄》卷二十三有傳。其主要資料載於上述《景德傳燈錄》及《五燈會元》,已爲學界所熟知。此處揭出一部極少得到利用的重要文獻——明正德十五年林有年修、董遵纂的《武義縣志》(筆者所據爲嘉靖二年黄春補刻增修本,原本藏宫内廳書陵部)。該書卷五"仙釋"部分云:

<u>德謙禪師</u>,義烏人,俗姓柳,年十二出家武義資福院,受具戒,遊諸方。貞明中至閩,謁羅山法堂。大師以頌呈云:<u>自有摩尼真般若,百億毛頭隨色化。應用玄機常保保,祇此摩尼實無價。自從曠劫未曾迷,一道神光遍天下。</u>語契其機,遂爲□□。謙既受記,後至婺之智者,居第一座,道聲遠□。衆請居明招,四方來禪者盈室。有頌示衆曰:明招一拍和人稀,此是真宗上妙機。石火瞥然何處去,朝生鳳子合應知。將圓化,上堂,以手撥眉,乃説偈曰:驀然叢裏逞全威,汝等諸人善護持。火裏鐵牛生犢子,臨岐誰解湊吾機。語畢。謙一目眇,衆號曰獨眼龍。

以上所載,劃綫處爲僅見此志者。"仙釋"下注云:"仙逆天道而偷生,釋論緣業以惑衆,皆聖賢之所深闢者。今但據舊志所載三人而存之。志仙釋。"這説明其所依據的是"舊志",可謂其來有自。嘉靖二年黄春序云:"《武義縣志》舊毀於兵燹,近修於邑丞林公寒谷之手,志成鋟梓。公以陟守三衢去矣,而掌記者之書既渙散,板亦遺失。"可見在正德本之前,已有舊志,唯毀於兵燹。

這段材料對德謙的里籍、俗姓、出家時地都有所記載,所保存的呈羅山道閑偈頌,不見國内其他文獻,而與《佛法大明録》所載德謙偈頌一致,爲德謙佚作無疑,極爲珍貴。更爲可貴的是,由於此段材料明確記載了德謙貞明中(約爲917年、918年左右)從羅山受印記的時間,爲大體推斷其生卒年提供了重要依據。德謙住明招四十年,當圓寂於其地。倘若其受印記在三十歲左右,則其生卒年約爲878年?—958年?。又,明朱時恩

《佛祖綱目》(崇禎七年版)卷第三十四(騰字號)有"(丁卯)德謙禪師住明招""(丁未)明招德謙禪師入寂"的記載。丁卯是後梁開平元年(907)，不知其據，其卒年似乎乃順推四十年所定。由於德謙乃受羅山印記後始住明招，此處所記當有訛誤。如前所述，德謙貞明中受記，其住明招當在此後，疑丁卯爲乙卯(919)之形誤。《祖庭事苑》卷七載："明招師名德謙。既於羅山得旨，出游婺女之智者，命居第一座。……晚居明招山四十餘載。"這段話主要依據的仍是《景德傳燈錄》，所謂"晚居""四十餘載"，語義較含混，似不可據以信據。因德謙住智者寺後，始住明招，二者之時間相距當不甚遠。綜上所述，推斷德謙生於晚唐時期，卒于五代末期，當大體無誤。

二、德山四家錄之佚文

德謙爲青原系下禪僧，其禪宗法系爲：德山宣鑑(嗣龍潭崇信)—巖頭全豁—羅山道閑—明招德謙。以上即所謂的"德山四家"，但諸家語錄久佚，後人鮮見考及。

四家之語錄，宋時仍有單行本，悟明《聯燈會要》卷二十一云：

余乾道初，客建康蔣山，邂逅泉州一老僧，有巖頭錄，因閱之。見其問僧。甚處去。僧云：入嶺，禮拜雪峯去。巖頭云：雪峰若問儞，巖頭如何，但向他道，巖頭近日在湖邊住，只將三文，買箇撈波子，撈蝦摝蜆，且恁麼過時。因問老僧，余閱巖頭錄，他本盡作老婆，此云撈波，何也。渠笑云：老婆誤也。巖頭、雪峯皆鄉人，吾鄉以撈蝦竹具，曰撈波也。鄉人至今，如是呼之。後人訛聽，作老婆字，教人一向作禪會。巖頭錄他本，作買箇妻子，雪峯錄作買箇老婆。後來真淨舉了云。我只將一文錢。娶箇黑妻子。所謂字經三寫，烏焉成馬。於宗門雖無利害，不可不知。雪峰空禪師頌，有云：三文撈波年代深，化成老婆黑而醜。蓋方語有所不知，不足怪也。如福州諺曰打野堆者，成堆打閧也。今明招錄中，作打野榿。後來圓悟《碧巖集》中解云，野檉乃山上燒不過底火柴頭。可與老婆,一狀領過也。

此處提到的巖頭錄,顯然是單行本,還有一個"他本",或許亦是單本。所謂"今明招錄"者,也不排除單本的可能性。由此可見,南宋中期,四家錄在有合集的同時,似仍多有別本單行。

北宋著述中明確提到《德山四家錄》者,乃惠洪《林間錄》:

> 達觀禪師嘗竊笑禪者不問義理。如宗門有四種藏鋒。初曰就理,次曰就事。至於理事俱藏,則曰入就。俱不涉理事,則曰出就。彼不視字畫輒易就理,作袖裏易出就,作出袖易入就。作入袖就事不可易也,則孤令之。今《德山四家錄》所載具存。使晚生末學疑長老袖中必有一物出入往來,大可笑也。晦堂老人見禪者汗漫,則笑曰:彼出家便依誦八陽經者爲師矣,其見聞必有淵源。

按,《人天眼目》卷六宗門雜錄"巖頭四藏鋒"云:

> 四藏鋒者,師所立也。謂就事者全事也,就理者全理也,入就者理事俱也。出就者理事泯也。後之學者,不根前輩所立之意,易就爲袖,使晚生衲子疑宗師袖中有物,出入而可示之也,故不得不詳審。

可見惠洪所見《德山四家錄》之相關內容,實爲巖頭清嚴大師所立,出自其語錄之可能性甚大。

另一處明確引用,見於《佛果擊節錄》卷下:"舉**德山四家錄**。清八路事會,八面受敵,明招云:還曾夢見仰山麼"。這段相關內容在《聯燈會要》卷二十五德謙的記載中也可見到。四家錄的單行本與合編本,主體內容上似應差別不大。

儘管德山四家錄已不傳,但日藏南宋圭堂居士編著的《佛法大明錄》中尚存其佚文,爲考查這一宗派提供了珍貴的綫索。據椎明宏雄氏研究,《佛法大明錄》書中所引用之《德山語錄》(一則)、《巖頭清嚴大師語錄》

(二則)、《羅山法寶大師語錄》(一則)、《明招德謙大師語錄》(五則),在引書《綱目》中依序排列,當係逸書《德山四家錄》之內容①,並推測是德謙門人所編。雖然無法確證《大明錄》所引四家錄,究竟是四部單行本語錄,抑或四家語錄合集,然其佚文無疑是十分珍貴的。考慮到椎明氏所述頗簡,國內學者又一時不便看到原文,此處加以錄文和考述。

1.《德山語錄》(一則)

　　一日飯遲,師先托鉢下堂。雪峯纔見便問:者老漢,鐘未鳴,鼓未響,托鉢向甚麼處去?師便歸方丈。雪峯舉似巖頭。頭云:大小德山,不會末後句。山聞舉,令侍者喚巖頭去問:你不肯老僧那。巖頭密啟其意。師來日上堂,說話異於尋常。巖頭到僧堂前,撫掌大笑云:且喜得堂頭老漢會末後句,他後天下人不奈何。雖然如是,秪得三年。後三年果遷化。(《佛法大明錄》卷十四)

按,此處文字與《正法眼藏》卷第一之下略同。唯"師"字後者皆改作"德山"。《佛法大明錄》所引《德山語錄》當近原貌。

2.《巖頭清巖大師語錄》二則:

　　師曰:若未得恁麼,但且虛襟,教室內空勞勞地。自然合古今,或有或無,便須咬斷。除却着衣喫飯,屙屎送尿外,切須管帶。一切不思,放教自由自在。若也未露,且抵死謾生嚼將去。利底一咬便斷,鈍底咬嚼教熟。若前後際斷,自然光淨去。如鳩兒初生下時,猶自赤倮倮也地。餧來餧去,日久月深,毛羽漸生,自然高飛鷂。此事如人學射,久久方中。(《佛法大明錄》卷八引"岩頭語錄")

　　欽山再來禮拜,因問師兄,日受張宅供養,後日作他家男女去也。師以手作拳安頭上。山云:恁麼則向頂顊上生去。師便喝。山又云:何如生取文遂好?師又喝云:我二十年來見你鼓者兩片皮,直至

---

① 《佛法大明錄の諸本》,《曹洞宗研究員研究生研究紀要》第11號,1979年8月。

如今猶作者箇去就。便喝出。山退垂淚云：二十年同行，有佛法不向文邃道，且告慈悲。師乃開門，爲説細大法門，方得安樂。(《佛法大明録》卷十三)

按，以上二則中，前則不見於傳世文獻，後一則見《聯燈會要》卷二三文邃禪師。

3.《羅山法寶大師録》(一則)：

(師嗣岩頭)師在住大庚嶺住庵時，有一僧辭，去疎山。師云：我有一信附與疎山，得麼。僧近前云：便請。師以手抵頭上，却展云：還奈何麼？僧無對。其僧到疎山堂内，舉似一僧云：還會麼？衆無對。僧云：天下人不奈大嶺何。師有頌云：直露全身涌寶蓮，不須點出藕絲間。滿室已通誰辨主，祇此分明幾萬年。(卷十三)

按，以上相似内容見《聯燈會要》卷二十三，羅山頌則不見存世文獻，係新發現之唐釋羅山道閑偈頌，可供補遺。

4. 明招德謙禪師語録(五則)

有一僧在師會下去住庵，一年後却來禮拜。師云：古人道三日不相見，莫作舊時看。師撥開胸云：你道我者裏有幾莖蓋膽毛在。僧無語。師却問：你幾時離庵？僧云早朝。師云：來時折脚鐺子，分付阿誰？僧又無語，被師喝出。(卷十四)

按，此則見《景德傳燈録》卷二三、《五燈會元》卷八。

此外四則，分別是卷十三引偈頌九首(八首僅見)、卷十四引"明招大師頌十七首"(十二首僅見)、"明招大師頌六首"(五首僅見)、"明招大師頌十三首"，爲今存明招德謙偈頌之最大宗者。因體例所限，此處不俱引，一併在以下節引録。

三、《聯燈會要》所載明招德謙史料之價值

如前所述，《聯燈會要》的編者悟明提到過《明招錄》的版本文字，則該書可能為其所利用。通檢該書，頗有僅見於此書者，其出自《明招語錄》的可能性甚大。燈錄諸書所載德謙禪師機緣近四十則，除《景德傳燈錄》載二十餘則外，要以此書為最重要。茲略加舉例，以見其史料價值。

示衆云：太處挂劍，用顯吾宗。選佛場中，還有虎狼禪客麼。出生入死，一任施展看。若也覷地覓針，切忌亂呈朦袋。槌折儞腰，莫言不道。

示衆云：干劍輪頂，飛大寶光。虎眼鋒前，豁開宗要。有何俊鷂，不避死生。眨上眉毛，與吾相見。有僧纔出，師便云：可惜許。

示衆云：半夜明星當午現，愚夫猶待曉雞鳴。便下座。

師到福田，衆請上堂。纔就座，有僧出云：某甲咨和尚，師便喝出。却云：莫有英靈底麼。一任擎展。選佛選祖，今正是時。所以道：驚群須是英靈漢，敵勝還他師子兒。選佛若無如是眼，假饒千載又何為①。

師一日謁勝光。纔跨門，光方垂足，師云：伎俩已盡，拂袖而出。

師到鼓山，廨院喫飯。山見便問：這浙子，總不來鼓山。師云：某甲自從入嶺，便患風，不得禮覲大師。山行數步，回顧師云：還有風也無？師略展兩足。山云：元來是會禪。師云：和尚幸是大人，不得造次。山云：儞不肯鼓山。待上來，與儞三十棒。師云：喫棒自有人。

師在招慶，普請般泥。慶將拄杖，當路坐。問一僧云：上窟泥，下窟泥？云：上窟泥。慶打一棒。又問一僧，僧云：下窟泥。慶亦打

---

① 此即下節《佛法大明錄》卷十四所載明招大師頌十七首之最後一首，未見諸家輯錄。

一棒。却問師。師放下泥,叉手云:請和尚鑑。慶休去。

　　師在法雲。插火,從食堂前過,遇數兄弟。一人云:此是衆僧火。盜向甚麽處去。師轉火插云:上座分上,有多少在里許?僧無語。師云:這一隊漢,今夜總須凍殺。

　　師在王太傅宅。迎木佛,傅問:忽遇丹霞時作麽生?師驀頭撮起云:也要分付著人。

　　師疾愈,訪國泰。泰領衆,門接。師指金剛云:這兩箇漢,在這裏,作甚麼?泰作金剛勢。師云:殿裏黄面老子笑儞在。

　　以上爲宋元文獻中僅見悟明此書者。其所出爲明招德謙語錄,當無疑問。此書的文獻價值,應當引起學者之關注。

四、明招德謙偈頌新輯

　　最早輯錄明招德謙偈頌的是胡震亨,其《唐音統籤》卷九百七十三(上海古籍出版社影印本第九册 365、366 頁),共輯出六首,其中三首出自《景德傳燈錄》、《正法眼藏》(《全唐詩續拾》卷四五輯錄二首),三首出自《禪宗頌古連珠通集》(《宋代禪僧詩輯考》卷一"五代入宋各宗派禪僧詩輯考"輯錄)。《全唐詩》未載明招德謙詩,其《全唐詩·凡例》云:"《唐音統籤》有道家章咒、釋氏偈頌二十八卷。《全唐詩》所無,本非歌詩之流,删。"國内學者在輯錄時,大體不出胡震亨之範圍。雖然近年來唐僧詩的研究開始受到關注[1],但在德謙偈頌的輯錄方面仍未見有明顯的推進。

　　日藏《佛法大明錄》所存明招德謙資料最豐富,多爲中土久佚之作,十分珍貴。兹輯錄如下,他書有可補者也一併附入。已見於存世文獻者,詩前以●表示。

---

[1]　近年來唐詩輯錄的情況,參陳尚君師《八十年來唐詩輯佚及其文學史意義》(《文學與文化》2011 年第 1 期)。唐僧詩的綜述,參查明昊《轉型中的唐五代詩僧群體》(浙江大學博士論文,2005 年)、林媛媛《中晚唐僧詩研究》(吉林大學博士論文,2016 年 6 月)。

卷十三明招德謙禪師頌九首：

●自在摩尼真般若，百億毛頭隨色化。應用玄機常倮倮，祇此摩尼實無價。自從曠劫未曾迷，一道神光遍天下①。

決定説，阿誰親，無相光明礙殺人。達士瞥然起智海，是何境界擬勞神。

大相明中最聖尊，若非真的實難論。頂圓涌出微塵句，幾許愚夫到此悟。勸子直須高着眼，莫交臨敵被人吞。

一自此巖居，巖中三個穴。時時每到遊，如若空中月。嗟見時間人，笑我頭如雪。祇知有一邊，不識山僧訣。唯此甚分明，諸佛尋常説。

新教牛虛橫，聿行大不知。空氣急上來，空教有師承。

盜聽之人何死急，屓碌碌，凫鷉鷉，此是癡人不知羞。勸君合取孃生口，閑處烏龜莫出頭。

全鋒一團火，東西透日紅。大地皆真色，如珠掌内擎。不是知音者，徒勞側耳聽。

古路嵯峨劍刃鋒，日頭平上照西東。才槍星隊毛頭現，選佛場中建法幢。今夜爲君開秘訣，靈光祇在一塵中。

舉不顧，河沙數。正當鋒，誰敢措。

卷十四明招大師頌 十七首：

東山日出西没山，北斗遊南西復東。祇知井裏看天近，不覺泥牛失腳輕。

溢目荒田勿處耕，石牛行步忽如星。但知下取仙家種，自有黄金滿屋盛。

卓筆峰前擣古劍，靈光直透九霄間。探玄上士論何事，離却言詮試道看。

●廊周沙界聖伽藍，滿目文殊接話談。言下不知開佛眼，回頭祇見翠山巖②。

---

① 正德《武義縣志》卷五。
② 《禪宗頌古聯珠通集》卷第二十七、《禪林類聚》卷三、《祖庭事苑》卷二作無著偈。

●聲振大千龍虎伏,無人解和法王才。言下便明猶是鈍,頓教千眼一時開①。

越格超倫師子兒,太虛全布目前機。縱橫妙用無人識,唯有靈山教主知。

九旬伏劍未能飛,暫借威光略展眉。落落七星含寶月,藏鋒曾對太陽輝。

絕頂靈峰側布金,萬重關鎖虎溪深。有何越格真師子,略展金毛現本身。

索然擲劍整龍威,用顯吾宗第一機。誰是法王親的子,解提龍印任高飛。

●擘開金鎖眼如鈴,剔起眉毛頂上生。方稱法王親的子,自然天下任橫行②。

纔擬離巢便學飛,直須高跳莫教低。鳳凰不是凡間鳥,不得梧桐誓不棲③。

●明招一拍和人稀,此是真宗上妙機。石火瞥然何處去,朝生之子合應知④。

目前全是此風光,切忌沈源世已長。解布直須明後句,殺活如王誰敢當。

豁開大海顯龍宮,擎出驪珠數莫窮。大施解能將取去,幾人酬價得相同。

遠遠尋光誰敢親,分明點取莫勞神。瞥然一眨猶慚鈍,覷地低頭覓底針。

奇哉龍劍異神仙,定國安家鎮大千。暗裏夜明三市勢,古今橫臥骷髏前。

共守龍宮歲月深,阿誰親得法王吟。有何劍氣英雄漢,提向他方

---

① 《禪宗頌古聯珠通集》卷二、《禪林類聚》卷五。
② 《正法眼藏》卷三上。
③ 《正法眼藏》卷二下法演示衆引末二句。
④ 《景德傳燈錄》卷二十三。

報佛心。

●驚群須是精靈漢，敵聖還他師子兒。選佛若無如是眼，假饒千載又何爲①。

卷十四明招大師頌六首：

展得沖天勢，將何等得伊。縱橫三界外，誰是復誰非。鐵鼓鋋鋒擊，臺前擲劍飛。靈光徹沙界，微妙不思議。

●一點曾無異，微塵却不增。百千諸佛眼，同共此靈光。妙展窮無盡，心心不可量。與君親指的，微妙法中王②。

烈士威雄猛，猶如旋火輪。正當紅焰裏，誰敢放全身。一任高揹劍，驚天越衆群。若不行此令，將何報佛恩。

丈大不學劍，虛標烈士名。尋光不別寶，徒勞點眼睛。訪道無宗旨，多見不如盲。欲識吾大教，浮圖火裏生。

寶明日月宮，惣拘妙無窮。布與七金山，四垂沈後湧。中有一寶珠，人聖如來種。獨露頂門安，曾無有移動。

有智不名佛，佛爲無智人。在他豪與富，唯我赤窮身③。大地蔵不得，誰堪共作鄰。十方俱一體，獨露謂之貧。

卷十四明招大師頌十三首

溢目曾無異，大虛言不親。拈除席帽下，北斗話生人。

決定鋒頭劍，騰身火焰前。是何師子訣，依寄藕絲邊。

明招勿可有，祇守兩莖眉。勿遇知音者，拈來展似伊。

我有古鏡池，杳絶一點泥。奇水沒頭浸，能有幾人知。

目展千蓮界，雙眉拂大虛。嚬呻師子步，威振九江湖。

展目眉還險，峰高射虎遲。若非師子敵，爭赴上來機。

解開布袋口，放出大蟲兒。點著如鈴者，誰能敢近伊。

空中雞子兒，擬貶何曾識。天眼尚迷蹤，豈任勞心力。

眉毛連我命，我命在於眉。不借眉毛者，看看喪命歸。

---

① 《聯燈會要》卷二十五，宮内廳書陵部藏宋元版漢籍影印叢書本，第13册，第713頁。
② 《禪宗頌古聯珠通集》卷二。
③ 《韻府群玉》卷四"赤窮身"下引此二句，作者誤作"明拈大師頌"。

枯樹花重秀,層層透日紅。上方舉不及,下界少人逢。
　　卓然風彩異,住大不思議。擎向他方界,不負兩莖眉。
　　老虎生雄子,東西望四維。卓然風彩異,如劍透輪飛。
　　至理不思議,知心有阿誰。千聖回光處,法王法如是。

《正法眼藏》卷三上載明招和尚二偈(其二):

　　師子教兒迷子訣,擬前跳躑早翻身。羅紋結角交鋒處,鷂眼臨時失却蹤。

《祖庭事苑》卷四載《無題十頌》(其一)①:

　　百歲看看二分過,靈臺一點意如何。貪生逐日迷歸路,撒手臨岐識得麽。

《祖堂集》卷十《和翠岩和尚示後偈》(署明照,陳尚君師以爲即明招之誤):

　　入門通俊士,正眼密呈珠。當機如電拂,方免病棲蘆。

《聯燈會要》卷二五載德勤示衆云:

　　半夜明星當午現,愚夫猶待曉雞鳴。

《景德傳燈錄》卷二三、《五燈會元》卷八載德勤言(當爲偈頌中語):

　　我住明招頂,興傳古人心。

---

① 此佚詩爲衣川賢次氏所發現,見其《禪籍的校讎學》(《中國俗文化研究》2003 年 5 月)。

以上輯録明招德謙偈頌四十八首另二聯，其中《佛法大明録》所引德謙頌四十五首（八首見存世文獻，三十七首獨見）。由於《祖庭事苑》卷四所載無題十頌，今僅存其一，知其偈頌尚頗有遺佚。

以上德謙偈頌均無題目，後世禪宗頌古常見的古則公案等文字內容皆不見載。如"聲振大千龍虎伏"一首，見《禪宗頌古聯珠通集》卷二、《禪林類聚》卷五，實際是對"世尊陞座"之頌古：

世尊一日陞座，大衆纔集定。文殊白槌云：諦觀法王法，法王法如是。世尊便下座。頌曰：

聲振大千龍虎伏，無人解和法王才。言下便明猶是鈍，頓教千眼一時開。（明招謙）。

又如"一點曾無異"一首，《禪宗頌古聯珠通集》卷二，所頌則是睦州道蹤之古則：

睦州因秀才相訪，稱會二十四家書。師以拄杖空中點一點曰：會麼？秀才罔措。師曰：又道會二十四家書，永字八法也不識。頌曰：

一點曾無異，微塵劫不增。百千諸佛眼，同共此靈明。（明招謙）。

我們推測，這些公案都是宋元禪僧在編輯頌古總集時，根據自己的判斷而加入的，這對我們理解德謙的偈頌作品顯然是有益的。日後有必要將公案古則等內容乃至偈頌的背景加以考索和補充。

五、明招德謙偈頌在宋代之反響

德謙偈頌的在宋代之傳播與接受，除《景德傳燈録》等傳記、《禪宗頌古聯珠通集》等總集引録外，大體可歸結爲以下三種類型：即仿效、徵引、評議。以下略作勾勒。

1. 仿效：明招頌與雪竇頌

　　明招謙嘗作無題十頌，有云：百歲看看二分過，靈臺一點意如何。貪生逐日迷歸路，撒手臨岐識得麽。雪竇頗類此頌。(《祖庭事苑》卷七)

按，北宋雪竇重顯有《爲道日損偈》："三分光陰早二過，靈臺一點不揩磨。區區逐日貪生去，喚不回頭怎奈何。"從語詞和偈意來看，確取法於明招頌。

2. 徵引：淨慈師一示衆與明招頌

臨安府淨慈師一（1107—1176）禪師示衆（《聯燈會要》卷十八）云：

　　師子教兒迷子訣，擬前跳擲早翻身。羅紋結角交鋒處，鶻眼臨時失却蹤。

此外，崇岳《密庵和尚語錄》之《常州褒忠顯報華藏禪寺語錄》亦曾引德謙此頌①。

3. 評議：明招頌與圭堂頌

圭堂是南宋江西地區的一位篤信佛教的居士，其所編禪宗類書《佛法大明錄》資料豐富，引書多達一百三十四種，引錄時圭堂又附以詩文的形式加以評點，表達個人的感受和見解，是研究南宋三教一致思想的重要文獻②。

---

① 《聯燈會要》卷十八載福州天王志清禪師有此頌，誤。實爲引用德謙頌也。
② 楊曾文《南宋圭堂居士〈大明錄〉及其三教一致思想》(載《佛教與中國文化國際學術會議論文集》，1995年臺北。該文又收入作者《佛教與中國歷史文化》，金城出版社，2013年。)又，《全宋詩輯補》第七冊(第3447—3449頁)據《禪宗頌古聯珠通集》卷二十、四十補詩四首。《佛法大明錄》存圭堂佚詩甚夥，筆者已輯錄於《南宋圭堂居士〈佛法大明錄〉文獻價值考述》一文，將刊於《古典文獻研究》第十九輯下卷。

在《佛法大明錄》卷十三明招德謙九首頌之後，圭堂寫道：

歷落機梭六界寬，知時鍊就寶光寒。翻憐黑白誇棊者，只守懸崖舊處看。

《佛法大明錄》卷十四在所載三十六首德謙偈頌後，又錄有圭堂偈頌七首：

光境俱亡不識渠，二龍奮力忽爭珠。南山雲起北山雨，海蓮揚波上太虛。

出鑛真金鍛煉多，室中高座老維摩。有無二義俱超越，天下無如雪老何。

瞻顧東方精色明，一彎交入貼蹉程。晴空境界無人到，鍊得雙睛成爛銀。

一機六用妙回機，要與中邊互換之。兩處無垠一無息，自然溫養不炎飛。

無央祖劫有空玉，遍界威神不可當。惟有圓通最慈憫，一枝楊柳灑清涼。

莫遇純虛嘆苦辛，此爲祖劫返生神。溫溫力逐人和復，理到何憂不得真。

和會三家作一家，重崗推上白牛車。鷺鶯立雪非同色，明月蘆花不似他。

在"文字禪"盛行的宋代，這些作品表現了圭堂的禪意領悟，從某種意義上來說，不妨將它們視作圭堂與德謙的隔代唱和。圭堂居士善詩，其對德謙偈頌尤爲關注，頗多引錄。居士所編《佛法大明錄》，不僅保存了德謙的豐富文獻，而且融入了自身的理解和思考，這使得圭堂成爲德謙乃至唐代禪宗接受史上都是非常有特色的人物之一。

結　論

　　一、明正德《武義縣志》是研究明招德謙的重要文獻，有助於推定其生卒年範圍。

　　二、日藏《佛法大明録》存有德山四家録佚文，因引録明確，有助於鑒别他書中的相關文獻。

　　三、《聯燈會要》所載明招德謙語録佚文頗多，文獻價值甚高。

　　四、利用日藏《佛法大明録》等文獻，共輯録德勤偈頌四十八首另一聯，是香嚴智閑七十六首偈頌發現以來唐五代僧詩最重要的發現。

　　五、德勤偈頌對宋代也有所影響，其中圭堂居士的接受頗有特色。

　　隨着文獻的深入發掘，相信有關明招德謙的研究將會得到進一步的推進。

關於日本所藏
《名公妙選陸放翁詩集》

甲斐雄一（日本學術振興會）

一

《名公妙選陸放翁詩集》（後文簡稱"陸放翁詩集"）是元代所編輯的陸游詩的選集。依詩體（古詩、七言八句、五言八句、五言四句）來分類，《前集》十卷爲羅椅①所編，《後集》八卷爲劉辰翁所編。

我們研究者一般使用完整的"全集"，如陸游《劍南詩稿》八十五卷。不過，南宋和元代的讀者看到的陸游詩集是怎樣的文本呢？從這樣的角度來說，這本《陸放翁詩集》還是不可忽視的。衆所周知，從南宋到元代，寫詩階層逐漸開始通俗化，由於出版業的興盛和版本的普及，寫詩人數日益增多②。在這樣的文化潮流中，所收五百多首③的陸游詩集的出版意味着陸游詩存在着一定的讀者的需求。那麼，以宋末元初的江湖派詩人爲代表的非士大夫階層的讀者是怎樣欣賞陸游的作品的呢？基於如上的問題，本文通過《陸放翁詩集》和《劍南詩稿》的文本異同，並分析所收詩的詩體問題，以揭示《陸放翁詩集》的文本的價值和特徵。

---

① 張宏生《江湖詩派研究》（中華書局，1995年）以之爲江湖詩人之一。
② 參見王水照、熊海英《南宋文學史》前言二《南宋作家的階層分化與文學新變》（南宋史研究叢書，人民出版社，2009年），內山精也《古今體詩における近世の萌芽——南宋江湖派研究事始》（宋代詩文研究會江湖派研究班《江湖派研究》第1輯，2009年）。
③ 《前集》十卷選出295首，《後集》八卷選出220首，一共515首。《後集》的目錄還有與《前集》重複的2首，但本文沒收錄。

二

　　首先需要整理《陸放翁詩集》的諸版本。《陸放翁詩集》有兩種系統，即元刊本與明刊本。前者爲《前集》十卷和《後集》八卷，後者增加了劉景寅所選《別集》一卷。元刊本系統源於 14 世紀前半出版的元版，其後有將元版翻刻的五山版，還有江户時代的承德版。元版《陸放翁詩集》是日本千葉縣國立歷史民俗博物館所藏的①，博物館稱之爲"元版陸放翁詩集"，左右雙邊，有界，半面 10 行 20 字，小黑口，黑魚尾。卷首收録羅懋（羅椅的嫡孫）的序。

　　五山版現存大阪青山歷史文學博物館所藏本（日本重要文化財）與奈良龍門文庫所藏本。筆者將前者進行實地考察，確認版式、缺字、使用異體字的情況與元版一致。後者未見，此版本的照片（與實物同樣大小）收在川瀨一馬《五山版の研究》②的圖録，比較青山歷史文學博物館本與此照片，可知兩者邊廓和欄綫完全一致，當爲同一版本。中國的元版與其翻刻的五山版均現存，這是不尋常的事情。可以説五山版是可以證實當時中日文化交流的貴重版本。其後文化交流越來越密，京都田中莊兵衛於江户承德二年（1653）翻刻《陸放翁詩集》，即承德版③。管見所及，《陸放翁詩集》的元刊本系統是現僅存日本的域外漢籍，值得學界的關注④。

　　明刊本源於劉景寅所編、冉孝隆所刊的弘治版，還有其翻刻的嘉靖版。劉景寅增補的《別集》一卷是從方回《瀛奎律髓》所收的陸游詩選出

---

① 筆者承蒙日本九州大學静永健老師的幫助，直接看到元版。
② 川瀨一馬《五山版の研究》（日本古書籍商協會，1970 年）。五山版《後集》的邊廓外有"伯壽""伯"的刻工名，川瀨先生指出這是陳伯壽，按照他的活動時期，推斷五山版《陸放翁詩集》是在 14 世紀後半出版的。
③ 承德版的影印收録於長澤規矩也《和刻本漢詩集成》第 16 輯（汲古書院，1976 年）。但是，承德版缺了不少《後集》的圈點。
④ 王麗《陸游早期詩歌選本《精選陸放翁詩集》版本源流考》（曲阜師範大學《現代語文（學術綜合版）》2014 年第 6 期）指出中國國内的《陸放翁詩集》版本都屬於明刊本系統。而且從書録信息推測和刻本可能是元版的翻刻。

的。弘治版爲弘治十年（1497）出版，現在有南京圖書館所藏本。《四部叢刊》所收的《精選陸放翁詩集》是"縮印烏程劉氏藏明弘治本"，不過缺了劉景寅的識。嘉靖版是黄漳嘉靖十三年（1534）將弘治版翻刻的，中國國家圖書館、上海圖書館和日本宫内廳書陵部藏。關於明刊本的出版情況，劉景寅《識放翁詩選後》云：

其全集有抄本尚存，然雅聞而未嘗見也。

又黄漳《書放翁陸先生卷後》云：

酷愛之不能忘，恨不得全集而觀之。

由此可知，15—16 世紀的文人也看不到陸游的"全集"，南宋和元代的讀者更難得到，《陸放翁詩集》對陸游詩的讀者做出的貢獻，可想而知。

三

那麽，《陸放翁詩集》的元刊本系統具有什麽樣的價值呢？在此先説結論，即明刊本系統改變了詩歌的排列，已經失去元刊本系統的原貌。例如：

（一）《感昔二首》

元刊本排列在《前集》卷四（《遣興》之後，《冬晚山房書事》之前），明刊本轉到《前集》卷三（《村居書觸目》之後，《夜半讀書罷出門徙倚久之歸賦短句》之前）。

（二）《自述（二畝新蔬圃）》

元刊本排列在《前集》卷十（《春晚苦雨》之後，《客有見過者既去喟然有作》之前），明刊本轉到《前集》卷十（《春晚雜興》之後，《梅天》之前）。

（三）《夜聞湖中漁歌》《石首縣雨中繫船短歌》

元刊本排列在《後集》卷三（排列：《芳草曲》19、《夜聞湖中漁歌》26、

《古別離》28、《夜聞松聲有感》2、《石首縣雨中繫船短歌》2、《蒼灘》2），明刊本轉到《後集》卷二（排列：《短歌行》14、《夜聞湖中漁歌》26、《石首縣雨中繫船短歌》2、《陶山遇雪覺林遷庵主見招不果往赴》14。[後面的數字表示這首詩收錄於《劍南詩稿》第幾卷]。

（四）《夜登江樓》

元刊本排列在《後集》卷四（《龍挂》之後，《羅翅峽江小酌》①之前），明刊本轉到《後集》卷三（《東山》之前，《東山》在卷末）。

（五）《月夕》

元刊本排列在《後集》卷四（《羅翅峽江小酌》之後，《雙清堂夜賦》之前），明刊本轉到《後集》卷五（《夏夜》之後，《夜聞櫓聲》之前）。

對（四）來說，元刊本系統大概隨着《劍南詩稿》的排列來選出詩歌，而明刊本要削減幾頁②，而將詩歌轉到別的部分。并且，明刊本對詩歌有所增減。《寄二子》在明刊本《前集》卷七的卷末，元刊本沒有。《客有見過者既去，喟然有作》是兩首連作，元刊本收錄第一和第二，但是明刊本削減了第二首（永日安耕釣）。從編輯方面來看，明刊本已經失去元刊本的原貌，我們要闡明早期的陸游詩接受的時候，一定要依據《陸放翁詩集》元刊本系統進行研究。

四

前面探討了《陸放翁詩集》元刊本與明刊本之間的問題，在此將通過詩歌本文的異同，探討《劍南詩稿》與《陸放翁詩集》之間，換句話說，別集與選集之間有怎樣的關係。

將使用的文本整理如下：

(A)《劍南詩稿》

---

① 《劍南詩稿》卷十詩題作《雁翅夾口小酌》。
② 比較元刊本與明刊本的頁數，明刊本在《前集》卷一、二、四、五、六、九、十和《後集》卷三至八減了1頁。

A1 嚴州刊本(二十卷本)①
A2 汲古閣本(八十五卷本)②
(B)《陸放翁詩集》
B1 元刊本系統(元版、五山版、承德版)
B2 明刊本系統(弘治版、嘉靖版)

校勘時,要注意的是 A2 汲古閣本。這四本版本出版時期的前後關係如下:

A1(南宋)——B1(元)——B2(明)——A2(明末)

不過,汲古閣本源於陸子虡嘉定十三年(1220)在江州出版的版本,本文的成立過程的前後關係如下;

A1(陸游生前)——A2(陸游去世後)——B1(元)

基於此,從 A1 與 A2 之間的異同無法辨別是編輯時出現的還是出版時出現的,使用 B1 元刊本系統才知道詩歌文本異同的價值。

實際進行諸本的校勘,會發現本文異同可以分類兩種,即文本產生分歧的過程和保存文本的痕迹這兩類。

先看文本產生分歧的例子。第一類是 A1 和 A2 是同一文本,B1 和 B2 作別的文本③。

雨聲便早睡,酒力壓新寒④。

---

① 是陸游在嚴州自己編輯而出版的。本文依據《中華再造善本》所收《新刊劍南詩稿》的影印(殘卷一一四、八一十、十四一十六)。
② 汲古閣本源於陸子虡嘉定十三年(1220)在江州出版的八十五卷本。
③ 以下詩題和詩歌文本依據《劍南詩稿校注》。
④ 《一室》第三、四句,《劍南詩稿》卷十六(《校注》1295 頁),《陸放翁詩集》前集卷十。

A《劍南詩稿》作"新寒",B《陸放翁詩集》作"春寒"①。

君看赤壁終陳跡,生子何須似仲謀。

"仲謀"即三國吳孫權的字,B《陸放翁詩集》作"萬户侯"。別集《劍南詩稿》是陸游和他的兒子親自編輯的,所以第一類的異同可以説是由於《陸放翁詩集》產生分歧的。

第二類也是由於《陸放翁詩集》產生分歧的,不過 B1 元刊本系統保存了別集的文本。

雞鳴何預人,推枕中夕起②。

B2 明刊本作"中夜",其他作"中夕"③。

今朝醉眼爛巖電,提筆四顧天地窄④。

"巖電",B2 明刊本作"崖電"。"巖電"是據《世説新語》的表現⑤,可能是 B2 明刊本的錯誤。

孤帆秋上峽,五馬曉班春⑥。

"班春",B2 明刊本作"行春"。"班春"指頒布春令,"行春"指官吏春天出巡,都表示官吏春天的行爲。

---

① 錢仲聯《劍南詩稿校注》認爲秋期之作,云:"與寫作時間不合。"
② 《投梁參政》第三、四句,《劍南詩稿》卷二(《校注》135 頁),《陸放翁詩集》前集卷一。
③ 《晉書·祖逖傳》云:"(祖逖)與司空劉琨俱爲司州主簿,情好綢繆,共被同寢。中夜聞荒雞鳴,蹴琨覺曰:'此非惡聲也。'因起舞。"
④ 《草書歌》第三、四句,《劍南詩稿》卷十四(《校注》1135 頁),《陸放翁詩集》後集卷二。
⑤ 《世説新語·容止篇》云:"裴令公目王安豐,爛爛如巖下電。"
⑥ 《寄張真父舍人》第五、六句,《劍南詩稿》卷一(《校注》69 頁),《陸放翁詩集》後集卷八。

總上所考，第一類的異同就是別集《劍南詩稿》與選集《陸放翁詩集》之間的異同。第二類的異同是到了明代出現的異同，如果不能以 B1 元刊本爲校勘的資料，那麽屬於第一類還是第二類則無法辨別，由此可見《陸放翁詩集》具有的資料價值。

異同的第三類就是保存文本的例子，B2 明刊本將 B1 元刊本所產生的異同恢复爲原來的文字。

手把仙人綠玉枝，吾行忽及早秋期①。

"綠玉枝"，B1 元刊本作"綠玉杖"，B2 明刊本還原爲"綠玉枝"。

正如奇材遇事見，平日乃與常人同②。

"平日"，B1 元刊本作"平人"，B2 明刊本還原爲"平日"。

從第一類到第三類的異同以別集與選集的異同爲主。第四類是 A1 嚴州刊本與 A2 汲古閣本之間所產生的異同。

我獨登城望大荒，勇欲爲國平河湟③。

"獨"字，A2 汲古閣本唯作"欲"。錢仲聯《劍南詩稿校注》云："'獨'，毛本（汲古閣本）作'欲'，兹據嚴州本改"④。

雙履踏雲呼野渡，一瓢邀月醉梅花⑤。

---

① 《黃鶴樓》第一、二句，《劍南詩稿》卷十（《校注》804 頁），《陸放翁詩集》前集卷八。
② 《風雨中望峽口諸山奇甚戲作短歌》第十一、十二句，《劍南詩稿》卷二（《校注》189 頁），《陸放翁詩集》後集卷三。
③ 《大風登城》第九、十句，《劍南詩稿》卷九（《校注》731 頁），《陸放翁詩集》後集卷一。
④ 錢鍾書《宋詩選注》（《中國古典文學讀本叢書》，人民文學出版社，1958 年）作"欲"，跟汲古閣本一致。
⑤ 《贈林使君》二首之一，第三、四句，《劍南詩稿》卷 14（《校注》1108 頁），《陸放翁詩集》前集卷四。

A2 汲古閣本作"履"字，其他作"屦"字。

　　　　道士畫閑丹竈冷，山童曉出藥苗肥①。

A2 汲古閣本作"曉"字，其他作"竸"字。

　　關於第四類的異同，我們研究者看到的可能是《劍南詩稿校注》採用的 A2 汲古閣本的文本。但是，在上文也提到過，元代和明代的讀者看不到陸游的"全集"，他們極有可能依據 A1 嚴州刊本和 B《陸放翁詩集》的文本欣賞陸游的作品，所以第四類的異同值得注意。

　　A1 嚴州刊本出版於淳熙十四年（1187），其後到陸游的去世的二十多年，陸游還有充足的時間來推敲自己的詩文，第四類的異同有陸游自己的推敲可能性②。當然，這只不過是推測而已。

五

　　《陸放翁詩集》根據詩體（古詩、七言八句、五言八句、五言四句）來分類，各個詩體收錄的情況如下；

	詩　體	收錄卷	收錄數（首）		詩　體	收錄卷	收錄數（首）	總計（首）
前集	古　詩	一、二	39	後集	古　詩	一——五	93	132
	七言八句	三—八	158		七言八句	五、六	44	202
	七言四句	八、九	61		七言四句	七、八	62	123
	五言八句	十	34		五言八句	八	18	52
	五言四句	十	3		五言四句	八	3	6

---

　　① 《雨晴遊洞宮山天慶觀坐間復雨》第五、六句，《劍南詩稿》卷一（《校注》33 頁），《陸放翁詩集》前集卷三。
　　② 村上哲見先生在《陸游〈劍南詩稿〉の構成とその成立過程》（《中國文人論》，汲古書院，1994 年）指出八十五卷本可能將嚴州刊本二十卷照舊拿進，不過村上先生的指出涉及作品的編訂問題，可以說陸游推敲了作品的詞句。

由此可見，前集最多收錄的是七言八句，後集是古詩。《陸放翁詩集》可能是元代坊刻本①，應當迎合了讀者的需求。從南宋到元代，收集作詩用例的類書、唐宋詩的選集和詩話總集陸陸續續地出版了。比如説，《陸放翁詩集》采用的依詩體的分類跟《唐詩三體家法》（七絶、七律、五律）類似。從這樣的選集以初學者爲對象可以看出《陸放翁詩集》也是類似的出版物。然而，《陸放翁詩集》除了詩體分類之外，没有《唐詩三體家法》的"實接""虚接"那樣的教導初學者的内容，尤其《後集》收録的大部分是古詩。也就是説，《陸放翁詩集》與其説是面向詩作的初學者的書籍不如説是爲了欣賞陸游詩的書籍。

六

關於《陸放翁詩集》與陸游詩的接受，還有不可忽視的問題。《陸放翁詩集》將《劍南詩稿》所收的詩歌改變詩體收録了：第一是將絶句連作合在一起來作爲古詩；第二是將古詩分開四句來收録。

  飄飄鸞鶴杳難攀，萬里東遊海上山。應有世人遥稽首，紫簫餘調落雲間。
  初珥金貂謁紫皇，儼班②最近玉爐香。爲憐未慣叢霄冷，獨賜流霞九醖觴。
  玉殿吹笙第一儼，花前奏罷色悽然。憶曾偷學春愁曲，謫在人間五百年。

《陸放翁詩集》收録《游仙》詩③，分類在古詩。但是，《劍南詩稿》卷十五

---

① 《四庫提要》云："據其所言，則兩人本各自爲選。其《前集》《後集》之目，蓋元時坊賈所追題矣。"
② "班"字，《陸放翁詩集》元刊本誤作"攀"。
③ 《前集》卷二。

收録《游仙》七言絶句五首①。

　　　滿城桃李②爭春色,不許梅花不成雪。世間尤物無盛衰,萬點縈風愈③奇絶。

　　　我行柯山眠酒家,初見窗前三四花。恨無壯士挽斗柄,坐令東指催年華。

　　　今朝零落已可惜,明日重尋更無迹。情之所鍾在我曹,莫倚心腸如鐵石。

《劍南詩稿》卷十二收録《庚子正月十八日送梅》詩,是十二句的古詩④。《陸放翁詩集》收録爲"七言四句"二首⑤。

其實,這個現象反映了當時的風潮,從南宋到元代所編的絶句選集裏也有同樣的例子⑥。關於元代人對絶句的看法,《詩法源流》云:

　　　余又曰:"若杜詩五、七言絶句,有四句皆對者,又何如?"先生曰:"絶句者,截句也。後兩句對者,是截律詩前四句。前兩句對者,是截律詩後四句。四句皆對者,是截中四句。四句皆不對者,是截前後四句。"⑦

由此可見,元代人認爲絶句是截取律詩的。《陸放翁詩集》所收詩歌的改變也反映這樣的傾向⑧。

---

　① 《劍南詩稿校注》第1209頁。《陸放翁詩集》的第一至四句相當於第一首,第五至八句相當於第四首,九至十二句相當於第五首。
　② "李"字,《陸放翁詩集》作"杏"。
　③ "愈"字,《陸放翁詩集》作"正"。
　④ 《劍南詩稿校注》第944頁。
　⑤ 《前集》卷九。將第一至四句爲第一首,將第五至八句爲第二首,不收録第九至十二句。
　⑥ 筆者在洪邁《萬首唐人絶句》《唐宋千家聯珠詩格》和《分門纂類唐宋時賢千家詩選》裏確認有將律詩截爲絶句的例子。
　⑦ 張健編著《元代詩法校考》,北京大學出版社,2001年。
　⑧ 但是,其他的例子都是將律詩分爲絶句的,《陸放翁詩集》將古詩分爲絶句,有所不同。這樣的改變都在《陸放翁詩集》的末尾,可能是書肆出版時補入的。

綜上所考，江西廬陵的書肆將羅椅和劉辰翁所選的《陸放翁詩集》合在一起來出版①。《陸放翁詩集》保存着南宋、元代的讀者看到的文本，可謂寶貴的資料。也就是說，從《陸放翁詩集》這本書，我們可以看出14世紀以後陸游詩接受的盛況。

---

① 參看土肥克己《宋元時代の建陽と廬陵における分集本出版》，東方學會《東方學》第109輯，2005年，68—84頁。

王勃《滕王閣序》異文考疏

胡可先　胡凌燕（浙江大學）

　　王勃的詩文集，是王勃死後由其兄弟收集編寫的。到了明代，唐、宋舊本皆已亡佚，明崇禎中，張燮從《文苑英華》中輯得《王子安集》十六卷。至清代，星渚項家達刊《初唐四杰集》，中有《王子安集》十六卷，同、光年間，蔣清翊對其進行注釋，撰成《王子安集注》二十卷，通行於世。而王勃文章，日本正倉院所藏《王勃詩序》抄本一卷，爲稀世珍寶，因於近代才發現，故爲蔣氏所未見。楊守敬《日本訪書志》卷十六稱："古鈔《王子安文》一卷，三十篇，皆序文，日本影照本。……書法古雅，中間凡天地日月等字，皆從武后之制，相其格韻，亦的是武后時人之筆。此三十篇中不無殘缺，而今不傳者凡十三篇，其十七篇皆見於《文苑英華》，異同之字，以千百計，大抵以此本爲優，且有題目不符者，真希世珍也。"

　　《王勃詩序》卷末署"慶雲四年七月廿六日"，"慶雲"爲日本文武天皇年號，"慶雲四年"即公元707年，亦即唐中宗景龍元年，距王勃過世僅三十年左右時間，足證此抄本應爲現存《王勃詩序》最早寫本。蔣注本用力雖深，但由於所用底本爲輯本，輾轉抄寫，訛誤甚多，而正倉院本雖存在誤字，但最大程度地保存了王勃文集的原貌，在校勘上有重要的文獻價值。

　　有關王勃《滕王閣序》的校勘，黃任軻《〈滕王閣序〉疑義辨析》（《文學研究》第1輯，上海社會科學出版社，1984年），神户市外國語大學外國學研究所《正倉院本王勃詩序の研究》（神户市外國語大學外國學研究所，1995年），陳偉強《王勃〈滕王閣序〉校訂：兼談日本卷子本〈王勃詩序〉》（《書目季刊》，2001年第3期），道坂昭廣《正倉院藏〈王勃詩序〉校勘》（香港大學饒宗頤學術館，2011年）、《關於王勃〈滕王閣序〉的幾個問題》（臺灣《清華中文學報》第 6 期，2011 年 12 月）、《正倉院藏〈王勃詩序〉中的〈秋日登洪府滕王閣餞別序〉について》（京都大學人文研究所《敦煌寫本研究年報》第七號，2011 年 3 月），咸曉婷《從正倉院寫本看王勃〈滕王閣序〉》（《文學遺產》，2012 年第 6 期），對於異文多所致力，且有創獲，尤其是道阪昭廣教授，成就最爲卓著。對於上述諸位學者的校勘成果，本文擇善而從，並加以自己的理解，特於此說明，以示對於前人成果的尊重。

《滕王閣序》作爲傳世名篇，對其異文在校勘基礎上進行全面的考疏，則更有助於進一步研究和閱讀。本文則結合王勃該文的重要版本，在前輩學者們已有校勘成果的基礎上，進行較爲全面的校勘、考釋和疏證。

本文所用版本主要有：蔣清翊《王子安集注》（作爲底本，簡稱蔣本）、日本正倉院藏《王勃詩序》（簡稱院本），《文苑英華》（簡稱英本）、明張燮輯《王子安集》（簡稱張本）、清星渚項家達刊本（簡稱項本）。

1【豫章故郡】

院本、英本及蔣本作"豫章"，英本注云一作"南昌"，張本、項本作"南昌"。當作"豫章"是。《漢書·地理志》："豫章郡，高帝置，縣南昌。"可見豫章郡設於漢高帝初年，郡治南昌。王莽篡政後，將豫章郡易名爲九江郡，魏晉南北朝時，仍以豫章爲郡名。至隋開皇九年（589），罷豫章郡置洪州，大業三年（607）改爲豫章郡，唐武德五年（622）復爲洪州。又《元和郡縣志》卷二十九《江南道四》："洪州，今爲江南西道觀察使理所……管縣七：南昌……漢高六年置，隋平陳改爲豫章縣。"《舊唐書·地理志》："洪州，隋豫章郡，武德五年，平林士弘，置洪州總管。"《南唐書·本紀》："（後周顯德六年）冬十一月，建洪州爲南都南昌府。"足證五代以前，南昌是"縣"而非"郡"。因洪州漢時爲豫章郡，魏晉南北朝時亦多沿用，唐初曾在此設立都督府，故王子安開篇即言"豫章故郡，洪都新府"。且此序乃駢文，一聯之中，上下句句法、詞性、事類皆須對仗，若言"南昌故郡"，則以縣名對郡名，上下不協矣。再考晚唐王定保作《唐摭言》卷五引《滕王閣序》亦稱"南昌故郡"，是唐時即有"南昌故郡"一説。《文苑英華》

作"豫章",並注云"一作南昌",説明其時是兩種文本並行的。蓋唐代宗名"豫",故凡"豫"字即須避諱,地名"豫章"亦改爲"鍾陵"。《册府元龜》卷三帝王部"名諱"條:"代宗,諱豫……洪州豫章縣改爲鍾陵縣。"唐德宗繼位后不久,即將鍾陵縣改爲南昌縣。而王勃《滕王閣》到代宗時自然不能有"豫"字出現,故以縣名"南昌"代之。此或即異文"南昌"之由來。

2【地接衡廬】

院本"地"作"鎮",英本、張本、項本、蔣本皆作"地",《太平廣記》卷一百七十五、《玉海》卷十九並引作"地",《歲時廣記》卷三十五"記滕閣"條作"天接衡廬"。"衡"爲衡山,屬衡州,"廬"即廬山,屬江州,此句謂洪州南與衡山相連,北與廬山相接。作"天接衡廬",則文意不通。以上文"星分翼軫"衡之,翼宿即贛水與彭蠡澤交匯豫章郡,軫宿即湘水中下游之長沙郡。豫章爲翼軫之分野,見於《越絶書》卷十二:"楚故治郢,今南郡、南陽、汝南、淮陽、六安、九江、廬江、豫章、長沙,翼軫也。"王勃謂洪州作爲唐代方鎮,南接衡山,北接廬山,故本句以"鎮"字爲優。又《歲時廣記》卷三五"記滕閣"條作"天接衡廬",則誤。

3【人傑地靈】

院本"地"作"埊",英本、張本、項本及蔣本皆作"地"。"埊"爲"地"字,爲武周新字。《玉篇·土部》:"埊,古地字。"《集韻·至韻》:"地,或作埊,唐武后作埊。"《字彙補·土部》:"埊字,或謂武后所製。然寶萍《唐書音義》已云見《戰國策》,又《亢倉》《鶡冠》皆以地作埊,其爲古文無疑。"據文獻所載,"埊"確爲"地"之古字,《漢書·趙充國傳》:"令不得歸肥饒之埊。"顏師古注:"埊,古地字也。"《集韻》謂武后作"埊",非是。然以"埊"代"地",確實是武后朝用字之習常,可見正倉院抄本所據底本,爲武后時唐寫本。而王勃文集,是他死後由兄弟收集編寫,再由楊炯作序。楊炯作《王勃集序》約在永淳元年(682),序文有云:"薛令公朝右文宗,托末契而推一變。"據此稱謂,則序文當作於薛元超爲中書令之後,薛元超爲中書令是在高宗永隆二年(681)。是以王勮等人搜集王勃遺文,編成一書時,還在唐高宗時,未至武后朝,故"地"字恐更接近原文。而傳至日本的寫本則應是武周時鈔本。

4【俊采星馳】

院本作"寀",英本、蔣本作"采",英本注云一作"彩",張本、項本作"彩"。黃任軻、陳偉強、咸曉婷皆以爲當作"寀"。然尚有可補充者:"寀"有"官職"義,《爾雅·釋詁》:"寀、寮,官也。"《史記·司馬相如列傳》:"以展寀錯事。"裴駰集解:"以展其官職,設厝其事業者也。"《文選》司馬相如《封禪文》:"使獲耀日月之末光絶炎,以展寀錯事。"李善注:"以展其官職,設錯事業也。"王勃《江寧吳少府宅餞宴序》有"吳生俊寀"語,《秋日楚州郝司户宅餞崔使君序》有"寮寀盡鵷鸞之選"語,故"俊寀"爲優。"俊寀"指風流的官員,爲偏正結構,與下句"雄州"二字對仗。"彩",从彡采聲,鈕樹鈺《説文新附考》:"經典中多作采,後人涉彣彰字并加彡也。""彩"有光彩、文彩、神彩等義,無職官義。

5【臺隍枕夷夏之交】

"交",院本、英本作"郊",其餘各本均作"交"。當作"交"是。古時稱中原地區爲"夏",對中原以外地區則蔑稱"夷"。此句言洪州爲中原和南方地區的交接處。

6【棨戟遥臨】

"棨",院本作"梨",其餘各本均作"棨"。《漢書·韓延壽傳》:"功曹引車,皆駕四馬,載棨戟。"注:"棨,有衣之戟也。"故"棨戟"本義是有繒衣或油漆的木戟,後世以赤油韜之,亦謂之油戟。由於往往作爲前驅之器物,所以引申可指遠道而來的車隊儀仗。"梨"不見于各類字書,可能是"棨"的異體字。

7【襜帷暫駐】

"襜",英本作"檐",其餘各本均作"襜"。當作"襜"。《説文》:"衣蔽前曰襜,在旁曰帷。"則"襜帷"合指馬車四周的帷幕,此處借指來訪者的車駕。

"暫",院本作"蹔",其餘各本均作"暫"。蹔爲暫之俗字,唐慧琳《一切經音義》卷三:"蹔捨,(蹔)俗字也,正體從日作暫。"《字正通·足部》:"蹔,俗暫字。《説文》有暫無蹔。"

8【十旬休假】

旬,院本作"甸",他本皆作"旬"。十日爲一旬,故名"十旬"。旬、甸形近,"甸"當爲"旬"之訛。

休假,院本作"休沐",英本、蔣本作"休假",英本注云一作"暇",張本、項本作"休暇"。按,"十旬休沐"與"千里逢迎"爲工對,"休沐"對"逢迎"。《説文》:"迎,逢也。"故"逢迎"爲謂詞性的同義詞連用。而"休沐"在詞義上基本等同于"休假",若用"休假",則成述賓關係,與"逢迎"不諧。"休沐"本爲沐息沐浴之義,始於漢代,至唐始發展爲旬休。北魏楊衒之《洛陽伽藍記》卷四《寶光寺》:"京邑士子,至於良辰美日,休沐告歸,徵友命朋,來遊此寺。"唐徐堅《初學記》卷二十:"休假亦曰休沐。《漢律》:'吏五日得一休沐。'言休息以洗沐也。"《資治通鑑·唐文宗紀》:"是日,旬休。"胡三省注:"一月三旬,遇旬則下直而休沐,謂之旬休。今謂之旬假是也。"宋高承《事物紀原》"休沐"條言:"然則休沐始於漢,其以旬休則始于唐也。"《唐會要》卷八二載:"永徽三年二月十一日,上以天下無虞,百司務簡,每至旬假,許不視事,以與百僚休沐。"可見"休沐"作旬休講,始於唐代,且"休沐"爲謂詞性的同義複詞,《文選·沈約〈和謝宣城〉》:"晨趨朝建禮,晚沐卧郊園。"李善注:"沐,休沐也。"又參王勃《梓州元武縣福會寺碑》:"十旬休沐,奄有泉林。"故以正倉院本"休沐"爲優。

9【高朋滿座】

院本"座"作"席",英本、張本、項本及蔣本皆爲"座"。二者義均可通。顔之推《顔氏家訓·名實篇》有"竟日歡諧,辭人滿席;屬音賦韻,命筆爲詩"語,《藝文類聚》卷五十載南朝陳徐陵《裴使君墓誌銘》有"篤好朋游,居常滿席"語,可以作爲《滕王閣序》的出處和佐證。

10【孟學士之詞宗】

院本作"詞府",英本、張本、項本及蔣本皆作"詞宗",當從院本作"詞府"。詞宗,意爲辭賦宗主,班固《離騷序》:"其文弘博麗雅,爲辭賦宗。""詞宗"也指詞旨或詩詞的流派、品格,然皆與下句之"武庫"不諧。府,《説文·廣部》:"府,文書藏也。"段注:"文書所藏之處曰府。"則"詞府"即詩詞文章所藏之處,引申爲"詩文薈萃之所在",南朝梁王僧孺《從子永寧令謙誄》：“容與學丘，俳徊詞府，青紫已拾，大夫斯取。”故“詞府”與“武庫”相對尤切。

11【躬逢勝餞】

"餞"，院本作"踐"，其餘各本均作"餞"。踐、餞在序中均無礙文意理解，然含義略有不同。國內諸本的"勝餞"意指隆重盛大的餞別宴，與序題《秋日登洪府滕王閣餞別序》的"餞別"主題相契合。而院本作"勝踐"是"勝游"的意思，結合下文來看，"時維九月"至"秋水共長天一色"都是對滕王閣及周邊風景的描述，因此"勝踐"亦有其根據。而且院本也有其他作"勝餞"的例子，如"思傳勝踐"（《仲家園宴序》），又楊炯《群官尋楊隱居詩序》："極人生之勝踐，得林野之奇趣。"盧照鄰《益州至真觀主黎君碑》："玉壘庭紳，珠鄉勝踐。"可見初唐作家在文章寫作中慣用"勝踐"一詞。

12【儼驂騑於上路】

院本"驂騑"作"騑驂"，英本、張本、項本及蔣本並作"驂騑"，未知孰是。《說文·馬部》："騑，驂，旁馬。"朱駿聲《說文通訓定聲》："駕三馬曰驂，中一馬曰駕，旁兩馬曰騑也。"又《文選·顏延之〈陽給事誄〉》："如彼竹柏負雪懷霜，如彼騑駟配服驂衡。"李善注："在服之左曰驂，右曰騑。"說明驂、騑義雖有細微區別，然皆指車前駕馭的馬匹。"驂騑"一詞往往連用，如《墨子·七患》："諸侯之客，四鄰之使，雍食而不盛，徹驂騑。"宋之問《春日鄭協律山亭陪宴餞鄭卿》詩："潘園枕郊郭，愛客坐相求。尊酒東城外，驂騑南陌頭。"也作"騑驂"，《曹子建集》卷五："黃阪是階，西濟關谷，或升或降，騑驂倦路。"

13【得仙人之舊館】

院本作"得天人之舊館"，他本或作"得仙人之舊館"。按，"天人"原指洞悉天地本原之人，《莊子·天下》："不離于宗，謂之天人。"後亦指才高學博之人，《三國志·魏志·王粲傳》裴注引《魏略》曰："會臨菑侯植亦求（邯鄲）淳，太祖遣淳詣植。……及暮，淳歸，對其所知歎植之才，謂之天人。"王勃《采蓮賦》中有"常陪帝子之輿，經侍天人之籍"的對偶句，其中"天人"一詞亦用此義，且與"帝子"形成對仗。又據《舊唐書》本傳，

《采蓮賦》是王勃上元二年往交趾省父途經九江鄱陽湖所作,與《滕王閣序》的寫作時間和地點十分相近,而王勃在序、賦創作中多慣用固定格式的詞句,因此推測較早的文本是作"天人"。又按,若作"仙人",則或用仙人梅福之典,《水經注》卷三十九:"贛水又北經南昌左尉廨,西安成帝時九江梅福爲南昌尉居此,後福一旦舍妻子去,傳云得仙。"《漢書·梅福傳》:"梅福字子真,九江壽春人也。少學長安,明《尚書》《穀梁春秋》。爲郡文學,補南昌尉。……福一朝棄妻子去九江,至今傳以爲仙。"文亦可通。

14【層臺聳翠】

"層臺聳翠",院本作"曾臺矯翠",英本作"層臺聳翠",張本、項本作"層巒聳翠"。此聯語出王巾《頭陀寺碑文》:"層軒延袤,上出雲霓;飛閣逶迤,下臨無地。"層,此處意爲"重、累",《楚辭·招魂》:"層臺累榭,臨高山些。"王逸注:"層、累,皆重也。"而"層"作"重、累"解時,與"曾"通用。《楚辭·離騷》:"曾歔欷余鬱邑兮,哀朕時之不當。"王逸注:"曾,累也。"又杜甫《成都府》詩云:"曾城填華屋,季冬樹木蒼。"仇兆鰲注:"曾,音層。層,重也。"故此處層、曾皆可,無礙文意。臺、巒二字,揣上下文意當以"臺"爲優。上一句"臨帝子之長洲,得天人之舊館",是作者敘述自己來到了滕王閣。緊接着描寫的是身在閣外所見的滕王閣氣象及其周邊全景,其中"層臺"四句是對滕王閣建築的描繪。若作"層巒",不僅與後文"岡巒"語意重複,且與"飛閣"的對偶亦不如"層臺"工整。"矯""聳"都有高舉、高聳義,未詳孰是。

15【上出重霄】

院本"上出重宵","宵",英本、張本、項本及蔣本皆作"霄",當從他本作"霄"。宵,夜也,从宀,宀下冥也,"重宵"不僅文意不通,且與"無地"不諧。霄,雨霓爲霄,从雨肖聲,"重霄"指九重天,與"無地"屬對尤工。"宵"當屬院本抄寫筆誤。

16【飛閣翔丹】

院本"飛閣翔丹","翔丹",蔣本作"流丹",《方輿勝覽》引作"流淵"。或疑本犯唐高祖諱則改字,而"丹"與上句"翠"對偶頗切,"淵"則不合。

"流丹""翔丹"均可通，然結合上下文而言，上句因"上出重霄"而用"聳"字，此句有"下臨無地"則當用"流"字更加貼切，因"流"有向下的方向感。但正倉院本作"翔"或亦有來處。

17【即岡巒之體勢】

"即"，院本、英本同蔣本（英本注云一作列），張本、項本作"列"。參考對句"窮島嶼之縈迴"，以"列"義勝。

院本"岡"作"崗"，英本、張本、項本及蔣本皆作"岡"，皆可。岡、崗（音剛時）實爲一字，《集韻·唐韻》："岡，俗作崗。"

18【俯雕甍】

"雕甍"，院本作"琱薨"，其餘各本均作"雕甍"。"琱"與"雕"只是異體字的區別，詞義上并無不同，然"薨"字無疑是院本形近致誤。"雕甍"即精雕細琢的屋脊，南朝梁鮑泉《落日看還詩》："雕甍斜落景，畫扇拂游塵。"唐虞世南《怨歌行》："紫殿秋風冷，雕甍白日沉。"

19【川澤紆其駭矚】

院本"紆"作"呼"，英本、蔣本作"紆"，英本注云一作"盱"，張本、項本作"盱"。當爲"盱"是。此與上句"山原曠其盈視"兩兩相對。而"山原"句中，"曠"與"盈"又前後呼應。山原可盈視，方顯其"曠"；川澤能駭矚，故可"盱"也。則"川澤"句中，"盱"與"駭"也應前後呼應。"盱"爲驚歎之聲，王延壽《魯靈光殿賦》："盱可畏也乎，其駭人也。"張載注："駭，驚也，故睹斯而眙。"又《法言·君子》："盱！是何言歟？"李軌注："盱，駭歎之聲。"又《書·堯典》："帝曰：'疇咨若時登庸？'放齊曰：'胤子朱啓明'帝曰：'吁！嚚訟，可乎？'"孔傳："吁，疑怪之辭。"而"呼"無驚歎之義，"呼"作嘆詞，表示因疲困而發出的噓氣聲，如《禮記·檀弓上》："曾子聞之，霍然曰：'呼！'"鄭玄注："呼，虛憊之聲。"呼、盱音近形近，院本訛"盱"爲"呼"。盱，張目，從目于聲；紆，曲折也，從糸于聲。若作"盱""紆"，皆於意不通，當爲"盱"字之訛。陳偉強以爲"紆"字義長，似不妥。

20【舸艦迷津】

院本、英本、張本"迷"作"彌"，蔣本、項本作"迷"。當作"彌"是。"彌津"與上句"撲地"對仗工整，屬同類相對，"撲地"意爲滿地、遍地，則

"彌津"應爲滿津、遍津。"彌"本義爲弛弓,《字彙·弓部》:"彌,弓張滿也。"引申有"滿、遍"義,《史記·司馬相如列傳》:"離宮別館,彌山跨谷。"張守節正義:"彌,滿也。"故"彌津"即滿津、遍津之意,而與之相對的"撲地"意爲滿地、遍地,因此"彌津"與"撲地"屬於動賓結構的同義詞工對。若作"迷津",則當訓爲迷失于渡口或使人迷惘之境界,兩種解釋均與"撲地"不諧。另外,"彌"作"滿、遍"講時,亦可寫作"迷",如《吕氏春秋·下賢》:"迷乎其志氣之遠也。"俞樾平議:"迷當讀爲彌,古字通用。"但二者在中古時的發音不同,通用之例也并不常見,且版本較早的院本、英本均作"彌(弥)",則當以彌(弥)爲宜。

21【青雀黃龍之軸】

"軸",院本作"舳",其餘各本均作"軸"。當從院本作"舳"是。《説文·舟部》:"舳,从舟由聲,一曰舟尾。"可見"舳"原意爲船尾,此處指代船隻。再看"軸"字,從車由聲,《説文·車部》:"軸,持輪也。"則其本義爲"車軸",引申有"中心、樞紐"義。揣詩序上下文含義,此句應當是對上文"舸艦迷津"的進一步描述,故作"舳"爲宜。"青雀黃龍之舳"即刻畫了青雀黃龍圖案的大船。雖然"舳"作舟船講時,亦有作"軸"者,如庾信《詠畫屏風詩二十四首》之二十三:"金鞍聚磧岸,玉軸泛中流。"但異文中既有正字可從,不必通假迂迴,故作"舳"爲宜。

22【雲銷雨霽】

院本、張本、項本"雲"作"虹",英本、蔣本作"雲",英本注云一作"虹"。按,"雲銷雨霽"是一般的景色,"虹銷雨霽"是特定的景色,以"虹"爲優。陳偉强以作"云"更好,其實不然。蓋唐太宗《授長孫無忌尚書右僕射詔》有"干戈所指,雲消霧散"語,"雲"與"霧"相襯,而"虹"與"雨"更切。楊炯有《盈川集》卷一《浮漚賦》有"雲銷雨霽"語,一本作"雲銷霧霽",俟更考。

至于"銷",英本作"消",他本均作"銷"。《説文·金部》:"銷,鑠金也。"《龍龕手鑒·金部》:"銷,散也。"而"消"本就有盡、散之意,唐慧琳《一切經音義》卷十一引《考聲》云:"銷,或作消。"故此處銷、消通用無妨,都是消散、除去的意思。

23【彩澈區明】

院本"彩澈區明",英本及《方輿勝覽》均爲"彩澈雲衢"。按,"彩澈"與"區明"都是由兩個主謂結構的詞素結合在一起而成一個並列片語,與"虹銷雨霽"相對,而"彩澈"與"雲衢"則前者主謂結構,後者偏正結構,不如前者工整。有注本釋"區"爲"天空",值得商榷,因爲除王勃序此例之外未見有這樣的用法。"區"的本義是藏匿,其中有一項引申義爲住宅、居處。《論衡·辨祟》:"鳥有巢棲,獸有窟穴,蟲魚介鱗各有區處,猶人之有室宅樓臺也。"《世説新語·儉嗇》:"司徒王戎,既貴且富,區宅、僮牧、膏田、水碓之屬,洛下無比。"故"區明"釋爲"室宅明亮"比較合乎文意,序中"彩徹區明"當特指雨後放晴的滕王閣光彩通明。

24【落霞與孤鶩齊飛】

院本"鶩"作"霧",他本均作"孤鶩"。當從院本作"孤霧"爲善。這一異文極具考察価値,道坂昭廣言:"雖然'孤霧'也是一個罕見的言詞,但也能使此句意境深遠,意境味無窮。'鶩'與'霧'同音異字,由此向讀者拋出一個問題,那便是此對仗句在我們眼前展現的是怎樣一番景色,正倉院本的抄寫者並未具有欣賞作品的意圖。因此,從正倉院本抄寫者的態度來判斷,'鶩'與'霧'的差異極具考察價值。"①今按,"鶩"即是鴨,《爾雅·釋鳥》:"舒鳧,鶩。"郭注:"鴨也。"此二句"落霞""秋水""長天"皆爲自然景觀,以動物"孤鶩"相對,終嫌突兀,且傍晚落日方向朝下,江上凝成霧靄方向朝上,正是"落霞與孤霧齊飛"之景。且"落霞"與"孤霧"對偶,並行於詩文中,不乏其例,如宋吕本中《次韻吉父見寄新句》:"長江渺渺看秋注,孤霧悠悠伴落霞。"宋陳起《江湖後集》卷六載鄭清之《祈晴行西湖上呈館中一二同官》詩:"山橫孤霧殘霞外,秋在微雲疏雨中。"亦以"孤霧"和"殘霞"相對,故以"孤霧"爲優。或謂"鶩"爲野鴨,可飛行,"落霞"非晚霞而是飛蛾,"落霞"句描寫的是野鴨追捕飛蛾的場面,如吴曾《能改齋漫録》卷十五:"落霞非'雲霞'之霞,蓋南昌秋間有一種飛蛾,若今所在麥蛾是也。"此説未免穿鑿過甚。若"落霞與孤鶩齊飛"解作野

---

① 道阪昭廣:《略論作爲文本的正倉院藏〈王勃詩序〉》,《文學與文化》,2011年第1期,第125頁。

鶩追捕飛蛾，則詩意全失，與下句"秋水共長天一色"意境相去甚遠。故當從院本作"霧"，因霧、鶩音近，英本訛作"鶩"，後出諸本多本《文苑英華》而承其誤。

但作"孤鶩"最早可追溯到唐王定保的《唐摭言》，該書敷衍《滕王閣序》的寫作過程，引用了"落霞與孤鶩齊飛，秋水共長天一色"二句。至宋代詩文用《滕王閣序》的典故多作"孤鶩"，如蘇軾《四望亭》詩云"落霞孤鶩換新銘"，王十朋注"唐王勃《滕王閣記》：'落霞與孤鶩齊飛。'"（《東坡詩集注》卷二）"陳師道《寄題披雲樓》"落霞孤鶩知才盡"，任淵注："王勃《九日游滕王閣序》云'落霞與孤鶩齊飛，秋水共長天一色'，具見《唐書》。"（《後山詩注》卷九）此爲該異文流傳軌跡，錄之存參。

又宋葉大慶《考古質疑》五對於"落霞""孤鶩"亦有所辨析，雖就欣賞層面解讀，亦有參考價值，附之於下："近世有《螢雪叢説》，俞成元德所作也。'王勃《滕王閣序》"落霞與孤鶩齊飛，秋水共長天一色"，世率以爲警聯。然落霞者飛蛾也，即非雲霞之霞，土人呼爲霞蛾。至若鶩者，野鴨也。野鴨飛逐蛾蟲而欲食之故也，所以齊飛。若雲霞則不能飛也。'蓋勃之言，所以摹寫遠景，以言遠天之低，故鶩之飛幾若與落霞齊爾。如詩人所謂'新月已生飛鳥外'，'鳥飛不盡暮天碧'，曰'乾坤萬里眼'，曰'一目略千里'之類，以見興致高遠如此。大率如詩如畫，皆以形容遠景爲工。故杜老《題山水圖》詩云：'尤工遠勢古莫比，咫尺應須論萬里。'皆以是也。勃下句云'秋水共長天一色'，亦以遠水連天，上下一色，皆言滕王閣眺望，遠景在縹緲中，如此奇也。故當時以其形容之妙，嘆服二句，以爲天才。縱使方言以蛾爲霞，而野鴨逐飛蛾食之，形於賦詠，何足爲奇。俞氏又謂若雲霞則不能飛，殊不知前輩以飛霞入詠者甚多，宋謝瞻詩：'高臺眺飛霞。'鮑照云：'繡甍結飛霞。'梁江淹《赤虹賦》：'霞晃朗而下飛。'"

25【遥襟甫暢】

襟，院本作"矜"，英本、張本、項本及蔣本皆作"襟"，英本注云一作"吟"，《全唐文》亦引作"吟"。"吟"誤。此聯駢偶爲主謂結構對主謂結構，又"遥襟"與"逸興"對仗，當訓爲"漂泊遠行之襟懷"，屬名詞性偏正結構，若作"遥吟"，不僅與下句不諧，且句意難解。矜，從矛今聲，本義爲矛柄,因音假借爲"矜憐"之"矜",引申之則有勞苦、惋惜、矜壯諸義,而無"襟懷、胸懷"義。疑"矜"當爲"衿"之誤,矜、衿音同形似,在寫本中尤易互訛,故疑院本"矜"當爲"衿"之訛。衿,指衣的交領,也作"襟",《方言》卷四:"衿謂之交。"郭璞注:"衿,衣交領也。"故"衿""襟"此處皆可。

甫暢,院本、英本及蔣本皆作"甫",英本注云一作"俯",張本、項本作"俯"。當作"甫"是。甫,本爲男子美稱,《説文》段注:"甫,以男子始冠之偁,引申爲始也。"甫暢,意即剛剛開始舒暢,與"遄飛"對仗,爲動詞性偏正結構。"遄飛"謂急速地飛揚,若上聯作"俯暢",則上下句詞性不對。

26【爽籟發而清風生】

"生",院本作"起",英本、張本、項本及蔣本均作"生"。未知孰是。"起"和"生"在意義上没有太大的區別。"清風起"在唐前的文學作品中已有運用,如南朝梁劉峻《廣絶交論》:"草蟲鳴則阜螽躍,雕虎嘯而清風起。"在王勃自身的詩序中也曾出現,其《越州永興李明府宅送蕭三還齊州序》就有"清風起而城闕寒,白露下而江山遠"之句。不過,從平仄和諧的角度看,平聲的"生"比仄聲的"起"更佳。

27【氣凌彭澤之樽】

院本作"浮",英本、張本、項本並作"凌",《全唐文》及蔣本作"凌"。"凌""淩"可通用。"凌"義爲超越。《吕氏春秋·論威篇》:"雖有江河之險,則凌之。"高誘注:"凌,越也。"顔之推《古意》:"作賦凌屈原,讀書誇左史。"皆爲超越之意。按,本句用陶淵明事,因陶爲彭澤令,故稱。《歸去來辭》:"携幼入室,有酒盈樽。引壺觴以自酌,眄庭柯以怡顔。"考王勃又有《九月九日采石館宴序》:"彭澤仙杯,影浮三句之氣。"則"浮"較"凌"更優,更適合陶淵明飲酒的氛圍。再結合上句"睢園緑竹"用梁孝王在位於睢水的梁園雅集飲酒賦詩的典故(見《水經注》卷二十四),影響到陶淵明飲酒之事考察,其情境應以"氣浮"更爲貼切。

28【窮睇眄於中天】

院本"窮"作"寫",英本、張本、項本及蔣本皆作"窮",未詳孰是。"窮""寫"皆有窮盡、極盡義,《爾雅·釋詁》:"寫,盡也。"《春秋繁露》:"竭愚寫情,不飾其過。"謝朓《遊後園賦》:"左蕙畹兮彌望,右芝原兮寫目。"道坂昭廣認爲是因字體類似所造成錯誤,可作參考。

29【天高地迥】

院本"天"作"空",他本都作"天"。"天""空"爲同義詞,皆可,然前面隔句有"天"字,故此處以"空"爲優。

30【目吳會於雲間】

院本、張本、項本"目"作"指",英本、蔣本作"目",英本注云一作"指"。當作"指"是。"目"本義爲人眼,引申之則有"看、注視"義,《說文·目部》:"目,人眼。"又《爾雅·釋詁》:"目,視也。"《正字通·目部》:"目,凡注視曰目之。"《左傳·宣公二十年》:"目於眢井而拯之。"杜預注:"視虛廢井而求拯。"則"目"表注視義。"目"與上句"望"詞義重複。"指"與上句"望"字相對,一手指,一目視,屬對工整,又有變化。又劉義慶《世說新語·排調》:"荀鳴鶴、陸士龍二人未相識,俱會張茂先坐。張令其語。以其並有大才,可勿作常語。陸舉手曰:'雲間陸士龍。'荀答曰:'日下荀鳴鶴。'"綜合考察,應以"指"爲是。

院本"於"下脫"雲"字,他本皆作"於雲間",是。院本脫"雲"字,顯是傳抄者漏寫致誤。

31【誰悲失路之人】

院本"悲"作"非",英本、張本、項本及蔣本皆作"悲"。當從院本作"非"。"誰非"與下句"盡是"相對,互文見義。"誰非失路之人"意謂"有誰不是失意之人呢",即強調在座者皆爲失意之人。"非""悲"音近形似,英本訛作"悲",其餘諸本皆以英本爲基礎,故承其誤。此義咸曉婷之文已發之,然陳偉强文則以《滕王閣序》有"非謝家之寶樹,接孟氏之芳鄰"語,屬於否定係詞"非"與動詞"接"相對,認爲對於這一異文之理解應該見仁見智。該說可作參考。

32【溝水相逢】

院本、英本、蔣本作"溝",英本注云一作"萍",張本、項本作"萍"。萍水、溝水,文意皆通,然此處以"萍水"爲優。王勃文中,作"萍水相逢"則見於王勃《冬日羈游送韋少府如洛序》:"忽逢萍水,對雲雨以無聊;倍切窮途,撫形骸而何託。"而作"溝水"則與相逢並無關涉,如正倉院藏本《於越州永興縣李明府送蕭三還齊州序》:"樂去悲來,横溝水而東西。"又《秋日送王贊府兄弟越任別序》:"溝水東西,恭惟南北。"又《秋晚什邡山池宴餞九隴柳明府序》:"下官以溝水難留,攀桂席於西津之曲。"後世典籍更以"萍水"居多,宋人曾協《上湖州王尚書與道啓》:"歎異鄉萍水之逢,仰仕路雲泥之間。"元仇遠《金淵集》卷三《贈別葉子啓郭祥卿》:"萍水偶相逢,今淵客路中。"然孫能傳《剡溪漫筆》卷四"溝水相逢"條:"卓文君《白頭吟》:'今日斗酒會,明日溝水頭。躞蹀御溝上,溝水東西流。'王勃蓋用其語。'溝水''關山'屬對切尤,俗作萍水,淺矣。駱賓王《餞宋少府序》有'岐路是他鄉之恨,溝水非明日之歡'句,語意正同。"按,孫氏所言非是,駱賓王"溝水非明日之歡",與"岐路"句相對,強調"離別"非明日之樂事,與王勃語意恰好相反。"溝水"一詞,在詩文中與"離別"主題相連,卓文君《白頭吟》詩中"躞蹀御溝上,溝水東西流"亦蘊含離別義,與"故來相決絕"前後呼應。再如明張泰《溝水》詩:"溝水悠悠逝離魂,不可逢苦吟酬。"于慎《投筆歌送侯兄上清浪參將》詩:"我來昨日入明光,送爾南登古夜郎。相逢相送何其迫,踟蹰溝水令心傷。"皆其例也。

33【奉宣室以何年】

"以",院本作"而",其餘諸本均作"以"。從對仗的角度看,國内版本用"以"字似乎更爲精細工整,不過這樣的虛詞在王勃詩序的對偶句中也經常被重複使用,比如"襟三江而帶五湖,控蠻荆而引甌越""潦水盡而寒潭清,煙光凝而暮山紫""爽籟發而清風生,纖歌凝而白雲遏"等,因此院本作"而",可能保留了初唐時期的駢偶句對虛詞重複使用的寬容態度。

34【時運不齊】

院本作"大運不齊",英本作"大運不窮"(注云一作"時運不齊"),張本、項本及蔣本皆作"時運不齊"。"大運",猶時運,黄鸞來《和陶飲酒》詩之九:"相逢藩籬雀,笑彼在塵泥。大運有時屈,壯志難與諧。"陳子昂《陳拾遺集》卷六《府君有周文林郎陳公墓志文》:"大運不齊,賢聖罔象。"可作佐證。又"齊"有"疾、迅"義,引申則有通順的意思,《管子·白心》:"自知曰稽,知人曰濟。"郭沫若等集校引張文虎曰:"濟當爲齊。齊,速也,即徇通之義。"不齊,即不順通,與"多舛"相對。而"窮"意爲困窘,不得志,"時運不窮"即時運通達,與下句"命途多舛"相互矛盾。

35【命途多舛】

院本"舛"作"緒",英本、張本、項本及蔣本並作"舛"。"多緒"義爲多樣、多端,亦可通。梁武帝《申飭選人表》:"且夫譜諜訛誤,詐僞多緒;人物雅俗,莫肯留心。"唐李百藥《渡漢江》詩:"客心既多緒,長歌且代勞。"故"命塗多緒"亦即"命途多舛",難辨孰爲原本文字。

36【豈乏明時】

院本"乏"作"之",英本、張本、項本及蔣本皆作"乏",是。若作"之",則文意不通,之、乏形近,院本誤抄爲"之",當從他本作"乏"。

37【君子見機】

院本作"君子安排",英本、蔣本作"君子見機",英本注云一作"安貧",張本、項本作"君子安貧"。院本作"安排",意爲聽任自然之變化,與現今"施以人力心思"的意思恰好相反,《莊子·大宗師》:"造適不及笑,獻笑不及排,安排而去化,乃入於寥天一。"郭象注:"安於推移而與化俱去,故乃入於寂寥而與天爲一也。"王安石《和微之登高齋》:"餘年無歡易感激,亦愧莊叟能安排。"從駢偶角度來看,對句"知命"謂深知自然生滅演變之理,《周易·繫辭上》:"樂天知命,故不憂。"《史記·屈原賈生列傳》:"德人無累兮,知命不憂。"可見知命者的精神狀態是無憂無慮的,這與"安排"所包涵的意蘊一致。因此,"安排"與"知命"對仗工整,是應從院本作"安排"。若作"安貧",亦有出處。《文子·上仁》:"聖人安貧樂道,不以欲傷生,不以利累己。"《後漢書·韋彪傳》:"安貧樂道,恬於進趣,三輔諸儒莫不慕仰之。"作"安貧"與下文"窮且益堅"亦呼應,且較"見機"爲優。

38【窮且益堅】

院本"且"作"當",英本、張本、項本及蔣本皆作"且"。對句"老當益壯"已有"當"字,就駢文對偶工整而言,則此處不宜再用"當"字。然此句典出《後漢書·馬援傳》:"大丈夫爲志,窮當益堅,老當益壯。"其本源即兩處都用"當"字。俟再考。

39【不墜青雲之志】

院本"志"作"望",英本、張本、項本及蔣本皆作"志",以"志"爲優。且此句典出《後漢書·馬援傳》:"大丈夫爲志,窮當益堅,老當益壯。"佚名《續逸民志》:"嵇康早有青雲之志。"志,指志向,常與"青雲"連用,意爲高遠的志向,《史記·范雎蔡澤列傳》:"須賈頓首言死罪,曰:'賈不意君能自致于青雲之上。'"漢揚雄《解嘲》:"當途者升青雲,失路者委溝渠。"《後漢書·高鳳傳》:"志陵青雲之上,身晦泥汙之下。"又《文選·王康琚〈反招隱詩〉》:"放神青雲外,絶迹窮山裏。"李善注引《琴操》曰:"許由云:'吾志在青雲,何乃劣劣爲九州伍長乎?'"又《玉臺新詠》卷一《古詩八首》之七:"結志青雲上,何時復來還?"皆二者連用之例。

40【酌貪泉而覺爽】

院本"覺"作"競",他本皆作"覺"。参下句對文"相歡",作"競"爲優。下句對文"相歡"雖有異文作"猶歡",然相、猶皆屬副詞,因此從對仗角度考慮,作爲動詞的"覺"顯然不諧。"爽"在序中意爲清明、明朗,"競"從字形上看像二人競技之形,《説文》考其本義爲"逐",引申之有"争着"的意思,且可以作爲副詞使用。《後漢書·楊震傳》:"樊豐等因乘輿在外,競修第宅。"則"酌貪泉而競爽"可以解釋爲君子達人即便喝了貪泉之水也會争着立心明志。道坂昭廣以爲"競"是誤字,欠妥。按,本句用《晉書·良吏傳》事:"吴隱之爲廣州刺史,未至州二十里地名石門,有水曰貪泉,飲者懷無厭之欲。隱之至泉所,酌而飲之,賦詩曰:'古人云此水,一歃懷千金。若使夷齊飲,終當不易心。'"王勃用之,表現飲了貪泉之水仍然能夠做清官之意。

41【處涸轍而相歡】

院本作"相驩",英本作"相懽",注云一作"猶",蔣本作"相歡",張本、項本作"猶歡"。歡、驩、懽三字古通用,表"喜悦、歡樂"義,玄應《一切經音義》卷十六:"驩,此古歡字。"《説文·心部》:"懽,喜欵也。"段注:"《欠部》曰:'歡者,喜樂也。'懽與歡,音義皆略同。"驩,從馬雚聲,本爲馬名,後假借爲"歡",又欠部與忄部可通,故"歡""懽"實爲一字。至於"猶"與"相",在文中都是可行的,前者更多地表現出一種讓步關係,而後者則偏重于行爲雙方相互的作用,因此難以判斷原本用了哪一個字。

42【北海雖賒】

院本作"遥",英本、張本、項本及蔣本皆作"賒",未知孰是。賒、遥爲同義詞,《字彙·貝部》:"賒,遠也。"王勃《始平晚息》詩:"觀闕長安近,江山蜀路賒。客行朝復夕,無處是鄉家。"戎昱《桂州臘夜》:"坐到三更盡,歸仍萬里賒。"故此處"遥""賒"皆可。

43【扶揺可接】

院本作"妖揺",應爲鈔寫筆誤。蓋扶揺用《莊子·逍遥游》典:"鵬之徙於南冥也,水擊三千里,搏扶揺而上者九萬里。"唐成玄英疏:"扶揺,旋風也。"

44【窮途之哭】

院本作"窮之塗哭",他本皆作"窮途之哭"。"窮之塗哭"不通,院本倒文致誤。

45【三尺微命】

院本作"五尺",英本、張本、項本及蔣本皆作"三尺"。當作"五尺"是。① 本句源于《荀子·仲尼篇》:"仲尼之門人,五尺之豎子,言羞稱乎五伯。是何也?"李密《陳情表》:"外無期功强近之親,内無應門五尺之僮。"王勃還有《上絳州上官司馬書》:"豈知夫四海君子,攘襟而恥之乎?五尺微童,所以固窮而不爲也。"黄任軻《疑義辨析》以爲"三尺"同於"牽絲",並多加發揮以論證爲初入仕時腰下所垂三尺之紳而言。説法並不確切,蓋其没有見到正倉院本"五尺"的異文。"五尺微命"更多的是表明自己身份低微、資歷尚淺的一種謙虛説法,他在前文也曾以"童子"自稱,同樣不是實指自己的年齡。

46【等終軍之弱冠】

院本"弱冠"作"妙日",英本、張本、項本及蔣本皆作"弱冠"。未知孰是。然就對偶而言,"妙日"與"長風"相對更爲工切。"妙日"可能出自《三國志·魏志·陳思王植傳》中的"終軍以妙年使越","妙日"即"妙

---

① 參[日]道阪昭廣《〈滕王閣序〉"勃三尺微命,一介書生"新解:以正倉院藏〈王勃詩序〉爲綫索》(《古典文學知識》,2012 年第 6 期),於此句作詳細考索。

年"之意,指少壯之年,但"妙日"則沒有這樣的用法,不知院本何以作"妙日"。

47【慕宗慤之長風】
院本、英本"慕"作"愛",英本注云一作"慕",張本、項本及蔣本作"慕"。愛、慕義同,未知孰是。但由《英華》本也可以看出,到宋代尚有兩種文本傳世,其中一種與正倉院藏本是一致的。

48【他日趨庭】
院本作"趍",英本、張本、項本及蔣本皆作"趨"。此處恐以"趍"爲善。趍、趨實本一字,"趨"俗作"趍",《詩·齊風·猗嗟》:"巧趨蹌兮,射則臧兮。"陸德明《釋文》:"趨,本又作趍。"黃焯彙校:"唐寫本作趍。趨,正字;趍,後出字。"可見唐寫本中,"趨"多作"趍",正倉院本以唐寫本爲底本抄錄,故作"趍"。又此句用《論語·季氏》典:"(孔子)嘗獨立,鯉趨而過庭。曰:'學詩乎?'對曰:'未也。''不學詩,無以言。'鯉退而學詩。他日,又獨立,鯉趨而過庭。曰:'學禮乎?'對曰:'未也。''不學禮,無以立。'鯉退而學禮。"鯉,孔子之子伯魚。後因以"趨庭"謂子承父教。

49【今茲捧袂】
院本、英本、蔣本皆作"茲",英本注云一作"晨",張本、項本作"晨"。當作"茲"是。此聯屬對工整,"他日"與"今茲"對仗,"今茲"謂"今此、現在",《詩·小雅·正月》:"今茲之正,胡然厲矣。"《左傳·昭公三年》:"今茲吾又將來賀。"唐人蕭至忠《陪幸五王宅》詩:"疇昔王門下,今茲制幸晨。"皆其例也。若用"今晨",雖都屬時間類,然層次不一。"他日"謂"另一天",而"今晨"是"今日早晨",以"他日"對"今晨",則上下不諧。且王勃登滕王閣赴宴作序一事,當發生於傍晚,序文中已有"煙光凝而暮山紫""漁舟唱晚,響窮彭蠡之濱"等句點名時間,無由在此用"今晨"一詞。

50【撫凌雲而自惜】
院本作"陵雲",英本作"凌雲",張本、項本及蔣本皆作"凌雲"。"陵""凌"二字古爲同音通假字,然究其本義,以"陵"爲優。凌,從仌夌聲,本義爲"冰",《說文》作"冰",引申有"結冰"義。淩,從水夌聲,《說文·水部》:"淩,水。在臨淮。"可見"淩"本義指"古淩水名"。陵,從𨸏夌聲,本義爲"大土山"。凌、淩、陵三字,皆有"升、登"義,"淩雲"即直上雲霄。然凌、淩二字,一從仌,一從水,其本義似乎與"升、登"風馬牛不相及。私以爲凌、淩的"升、登"義皆出自"陵","陵"甲骨文作𠂤、𨸏,象人梯而升高,引申之則爲"攀登、升"的意思。因"淩""陵"音同形近,古可通用,又"凌""淩"二字本就混用,"淩"也就有了"陵"的這一意蘊。本句出司馬相如典故,《史記·司馬相如列傳》:"相如既奏《大人之頌》,天子大說,飄飄有淩雲之氣,似遊天地之間意。"而《漢書·揚雄傳》則云:"往時武帝好神仙,相如上《大人賦》,欲以風,帝反縹縹有陵雲之志。"

51【鍾期相遇】

院本、張本、項本"相"皆作"既",英本、蔣本作"相",英本注云一作"既"。就對偶而言,"既遇"與"不逢"更爲工切。

52【奏流水以何慚】

院本"以"作"而","慚"作"慙",他本皆作"以""慚"。此處"而"爲連詞,表承接,然上聯"撫淩雲而自惜"已用"而"字,此處不宜再用,故作"以"爲優。又"慙""慚"實爲一字,音、義全同,皆可。

53【臨別贈言】

院本、英本"別"作"水",英本注云一作"別",張本、項本及蔣本皆作"別"。當從院本、英本作"水"。因滕王閣臨贛江,正是臨水。王勃在送別文中用"臨水"一詞,還見於《冬日送閭丘序》:"我北君西,分歧臨水。"又"臨水"與下句"登高"切對,"水"與"高"皆爲方位名詞,高在上,水在下。又本句實用宋玉《九辯》典:"登山臨水兮送將歸。"登山臨水以送別,正切《滕王閣序》的情境。但王勃不是登山,故將"山"改爲"高"。"臨別"文意雖通,終與"登高"不諧。

54【登高作賦】

院本"作賦"作"能賦",他本皆爲"作賦",是。"作賦"與"贈言"爲工對,皆是動賓結構。若作"能賦",則屬對不工。

55【四韻俱成】

院本作"八韻俱成",他本皆作"四韻俱成"。序末"一言均賦,四韻俱成",各家注本對此八字的理解,頗多齟齬。王力《古代漢語》本注釋:"這是說每人都按自己分得的韻字賦詩,完成一首四韻八句的詩。"王本所釋是矣,"一言",即一字,指所分之韻字,而"韻"指一首詩内的韻脚,詩一般兩句爲一韻(或稱一聯)。此八字往往位於句末,主要起提起賦詩的作用。在正倉院本王勃四十一篇詩序中,與"一言均賦,四韻俱成"相類的句式頗多。如直接題"四韻"者最多:

《張八宅別序》:"人分一字,四韻成篇。"

《九月九日采石館宴序》:"一言同賦,四韻俱成。"

《秋日送沈大虞三入洛詩序》:"命篇舉酌,咸可賦詩。一字用探,四韻咸作。"

《秋日送王贊府兄弟赴任別序》:"宜其奮藻,即事含毫。各贈一言,俱裁四韻。"

《夏日喜沈大虞大等重相遇序》:"既當此時,豈可默已。人探一字,四韻裁成。"

《冬日還閬丘序》:"人探一字,四韻成篇。"

《秋日什邡西池宴餞九隴柳明府序》:"盍申文雅,式賦良遊。人賦一言,同裁四韻。"

《江浦觀魚宴序》:"請抽文律,共抒情機。人賦一言,四韻成作。"

《與邵廉官宴序》:"人賦一言,俱四韻云爾。"

《張八宅別序》:"人分一字,四韻成篇。"

《樂五席宴群公序》:"各題四韻,共用一言,成者先書,記我今日云爾。"

《與員四等宴序》:"人賦一言,俱裁四韻。"

《登綿州西北樓走筆詩序》:"人探一字,四韻成篇云爾。"

《新都縣楊乾嘉池亭夜宴序》:"五際雕文,請勒緣情之作。人分一字,四韻成篇。"

《別盧主簿序》:"盍陳雅志,各敘幽懷。人賦一言,同疏四韻

《秋日楚州郝司户宅遇餞崔使君序》:"請揚文律,共兆良遊。人賦一言,俱成四韻云爾。"

《江寧縣白下驛吴少府宴餞序》:"請開文囿,共寫憂源。人賦一言,俱題四韻云爾。"

題四韻以外者尚有:

《於越州永興縣李明府送蕭三還齊州序》:"各賦一言,俱題六韻。"

《上巳浮江宴序》:"後之視今,亦猶今之視昔。一言均賦,六韻齊疏。"

《夏日仙居觀宴序》:"人分一字,七韻成篇。"

《上巳浮江宴序》:"後之視今,亦猶今之視昔。一言均賦,六韻齊疏。"

《夏日仙居觀宴序》:"人分一字,七韻成篇。"

《宇文德陽宅秋夜山亭宴序》:"人賦一言,俱成八韻。"

據此可知,《滕王閣序》後的詩應爲賦韻詩,分韻賦詩有其嚴格的格律要求,不可出韻或換韻,然現存《滕王閣詩》並非一韻到底。詩云:"滕王高閣臨江渚,佩玉鳴鸞罷歌舞。畫棟朝飛南浦雲,珠簾暮卷西山雨。閑雲潭影日悠悠,物換星移幾度秋。閣中帝子今何在?檻外長江空自流。"前四句"渚""舞""雨"叶,屬仄聲韻;後四句"悠""秋""流"叶,屬平聲韻。中間發生轉韻,足證《滕王閣詩》是一首七言古詩,而非律詩。因此,今存《滕王閣詩》恐非《滕王閣序》之賦韻詩,原因有二:一是《滕王閣詩》屬換韻之作,與"一言均賦"不合;二是與正倉院所藏《滕王閣序》之"八韻俱成"不合。

56【請灑潘江,各傾陸海】

院本"俱成"下並無此十字,英本、張本、項本及蔣本皆有,英本注云一無此十字。可見《文苑英華》編纂之時,至少有兩種《滕王閣序》的文本傳世。

日本京都大學圖書館藏明黃用中注《駱丞集》十卷本考

杜曉勤（北京大學）

明人黃用中注、詹海鯨刻《新刻注釋駱丞集》十卷本，自清人黃虞稷《千頃堂書目》著録之後，國內再未見有人收藏或著録。2016年11月下旬，本人在京都大學圖書館訪書，無意間在普通古籍部發現了一部被改成和裝的明人黃用中注、詹海鯨刻《新刻注釋駱丞集》十卷本。後承友人京都大學人文研究所緑川英樹教授幫助，將此本整部拍成數碼照片寄來。我方得以對此本的版本價值和流傳情況展開初步研究。

一、此本的版本特徵

1. 明刻和風改裝，封面（表紙）爲藍楮皮紙，藍綫雙股五眼裝訂。首頁鈐"百百後太郎寄贈"長方形陽文朱印、"京都帝國大學圖書之印"篆文陽文方形大朱印、京都大學圖書館接收贈書專用朱文小圓印各一枚。內葉有蟲蝕、殘葉，均加襯紙修復。白口，左右雙邊，單黑魚尾。序文半葉6行，行15字。正文半葉10行，行20字。正文雙行小字夾注。卷一書眉有朱筆批語書條，書中時見用朱筆、藍筆、墨筆所加句讀。

2. 卷首有黃用中《駱丞集序》《駱丞集凡例》《新唐書·駱賓王傳》、郗雲卿序、孟棨《本事詩》、劉定之評語、《楊升庵詩話》、徐獻忠語。詩文兼收，按文體分類編次，别爲十卷。卷一：頌1篇，賦2篇；卷二：五言古詩2篇；卷三：五言律詩68篇；卷四：五言排律41篇，五言絶句6篇，雜言1篇;卷五:七言古詩4篇;卷六:序類14篇;卷七:表啟類8篇;卷八:啟書類9篇;卷九:雜著類4篇;卷十:檄類3篇。共收作品163篇。

3. 此本注語簡略,評注結合。注文不甚重典故、字詞之解釋,時有對駱賓王詩文作意之串講、作法之點評,可見其對駱賓王忠義較稱賞,對駱賓王四六文藝術造詣極推服。

4. 此本校勘着力無多,對文字脫誤持較審慎之態度。如卷二《詠懷古意上裴侍御》"不需用"句下云:"此句脫誤,考諸舊本皆然,不敢輒增入。"再如,卷三《於紫雲觀贈道士序》"路是亡羊分歧之恨愈切"下亦云:"此序似有脫文,得兔亡羊俱見前。"

二、此本珍貴價值體現在以下幾個方面

1. 罕見著錄:此本刊刻之後,被收藏著錄甚少。明代之後中國公私書目中僅見清初黃虞稷《千頃堂書目》著錄,直至今日,國內各大圖書館古籍書目中亦未見蹤跡。據本人檢索日本漢籍聯合數據庫以及綠川英樹幫助調查,日本公私圖書館中除京都大學圖書館藏有外,也未見他處入藏。現當代研究駱賓王集版本的專著,除萬曼《唐集敘錄》曾經提及,趙榮蔚《唐五代文人別集敘錄》及葛亞傑的《〈駱賓王文集〉版本研究》均未措一辭。

2. 版本優善:郗雲卿編《駱賓王文集》係十卷本,雖然已佚。但此注本所用駱集底本,與《駱賓王集》現存最早的宋蜀刻本,同屬較接近郗雲卿原編的"六尺之孤何托"本系統,而非"六尺之孤安在"之俗本系統。而且,作品編次和文字,均有優於宋蜀刻本之處。其底本疑爲宋元時流傳的另一駱集十卷本,更比後來的一些明人自輯本要好得多。

3. 最早注本:此前學界大多認爲萬曆七年(1579)刊刻的明人陳魁士注本,是駱賓王文集的現存最早注本。然據此本黃用中序,知成於萬曆二年(1574),則此本當爲目前可考的駱集最早的注本。而且後出的明人陳魁士注本、顏文選注本所用駱集底本,亦與此本大同小異。

三、注者黄用中生平略考

學界對注者黄用中亦少有關注,茲據福建地方志、歷代書目等文獻,略考其生平行事:

1. 黄用中,字道行,號古山。明萬曆年間在世,閩縣人。能詩,善書畫,著有《粤遊日記》一卷,注釋《駱丞集》十卷。

> 黄用中《粤遊日記》一卷。
> ——清黄虞稷《千頃堂書目》卷八《地理類下》
> 黄用中注《駱賓王集》十卷。(字道行,閩縣人。)
> ——清黄虞稷《千頃堂書目》卷三十二《文史類》
> 黄用中,字道行,閩縣人。能詩,善書,時寫意作山水石,註釋唐《駱丞集》十卷行世。
> ——《福建通志》卷五十一
> 黄用中,字道行,號古山。閩縣人,能詩善書,時作山水竹石,天趣不羣,當入逸品。(《閩畫記》)
> ——《御定佩文齋書畫譜》卷五十七

2. 黄用中曾在閩縣西鼓山下讀書,編有《鼓山志》。明嘉靖年間,鼓山湧泉寺遭大火,曾作詩序記之。

> 比壬寅二月之十三日也,予病煩不寐,夜起披衣,覺遠焰燭梁,開櫺駭視,則近峰紅映東南矣。初謂樵兒舉燎遺熾荆棒,未爲深念。追曉,鄉人來告,謂寺已焚。駭歎交生,扶病走視,則簹箱骨泯,煨爐猶噓;唯一二殘僧對予隕涕而已。興悲無極,漫有短章,用敘所由,備紀歲月。
> ——《鼓山志》卷十,黄用中《鼓山白雲湧泉寺災感而有作幷序》,《四庫存目叢書》史部,第235冊,第854頁。

此書乃記載鼓山前代老宿之事實，及名人文藝等，爲鼓山志之權輿。當時黃用中、徐興公等編《鼓山志》即本於此。

——觀本《湧泉禪寺經版目錄》，"鼓山禪德遺著佚目"，鼓山湧泉寺民國二十一年（1932）刻本

鼓山爲閩藩左輔，控大海而表百粵，自梁開平中創置禪林，歷宋元至今七百餘載，即田夫稚子無不能談其勝者，而志故闕焉。……先輩黃用中讀書山下，感勝跡之寥絕，痛文獻之無徵，稍爲掇其崖略，欲成一家言，而力弗逮，舅氏徐興公得其遺稿，而次第討論之，日復一日，至戊申歲，余方宅艱多暇，相與遐搜靈秘，博采芻蕘，上溯草昧之初，中沿興廢之跡，而下益以耳目之所聽睹，其彙有八卷，列十二，雖孤僻寡昧，不無漏萬之譏，而薪析鱗比，使後之人有所考焉。或於茲山不無微勞耳，其補遺潤色之功，以俟作者。

——明謝肇淛徵《小草齋文集》卷十二，《鼓山志小引》

四、與國內所藏林紹刻本之關係

檢海內外各公私圖書館書目，駱賓王集黃用中注本國內失傳久矣，似乎只有京都大學圖書館一家收藏，天壤間孤本僅存。實則不然。經過多方調查比勘，我發現，現藏北京大學圖書館、上海圖書館、南京圖書館的著錄爲明林紹刻陳魁士注《新刻注釋駱丞集》十卷本，實爲詹海鯨刻、黃用中注本的剜改重印本。

上述三家圖書館所藏所謂的林紹刻本，實際上是將黃用中序抽去，將每卷卷首第二、三行"閩晉安　黃用中　注"、"書林　詹海鯨　鍥"剜去，在第一行下補刻"徐州兵備副使漳浦碧潭林紹發刊"，第二行下改刻"徐州知州轂城孫養魁校正"，第三行改刻"學正福清陳璽同校"。餘皆一仍黃用中本之舊。

《明代版刻綜錄》曾著錄云：

林紹，字文肖，漳浦縣人，嘉靖四十四年進士，丹陽令，徐州兵備

副使。《新刻注釋駱聖集》十卷，唐駱賓王撰，明陳魁士注，明萬曆五年林紹刊，該書逐卷首頁一、二行改刻，字體版式不同，係舊版重印。

今得京都大學圖書館所藏黃用中注本，可知所謂明萬曆五年（1577）林紹刻、陳魁士注本，所據舊版實爲現藏京都大學圖書館的這部萬曆二年（1574）詹海鯨刻黃用中注本，係後者之剜改重印本。所謂林紹刻本中的注語，更與明萬曆七年（1579）劉大烈刻、陳魁士注《新刊駱子集注》四卷本（國家圖書館藏）中的注語無涉。《明代版刻綜録》編者謂之爲陳魁士注本，疑想當然之辭。

正倉院古文書所見漢籍書錄及唐逸詩彙考[*]

陳 翀（廣島大學）

日本奈良時期（710—784）漢籍傳承之具體情況，由於沒有之後平安時期諸如《日本國見在書目錄》一類漢籍書目錄之存世，一直不甚明瞭。不過，東大寺正倉院所存的一群古文書（今總稱其爲《正倉院文書》）中，留下了不少當時寫經所抄寫漢籍的記錄。這些記錄，雖然不能反映出當時漢籍受容之全貌，但如果對其進行編年整理，亦可以一管而窺全豹，推測出當時皇家及主流貴族的漢籍嗜好傾向及收藏、傳抄的重要一面。基於此，筆者根據東京大學文學部史料編纂所編纂的《大日本古文書編年文書》（全二十五冊）[①]，將其中所錄漢籍書名逐條繫年錄出，編成《正倉院古文書所見漢籍書錄史料編年稿》（下簡稱《編年稿》）[②]，附於文末，以供海內外研究者之參考。

在編寫《編年稿》時，筆者又重新確認了相關的正倉院影印古文書及古文物圖錄，發現了幾首全唐逸詩，數量雖少，卻也反映出了彼時唐詩海外傳播的一個真實面貌。現將這些詩句彙錄於下，稍加考證，徵明出處，或於今後增補修訂《全唐詩》有所裨益。

---

[*] 本文乃JSPS科研費16K02588研究成果之一部分。
[①] 正倉院古文書大致分《正集》四十五卷，《續修》五十卷，《續修後集》四十三卷，《續修別集》五十卷，《續續修》四百四十卷（以上二冊），《塵介文書》三十九卷（三冊），共五冊六百六十七卷，現移存於東大寺西寶庫中倉中。正倉院文書之整理文本多已收入了《大日本古文書編年文書》（全二十五冊），並可通過東京大學史料編纂所之網站進行檢索。
[②] 關根真隆編有《正倉院文書事項索引》（吉川弘文館，2001年），遺憾的是未分列出漢籍書名。

一

奈良時代的寫經生，經常會利用一些廢棄文書練習書法，現在一般將這種墨跡稱爲"樂書"或"落書"，及練字文書之意①。這些落書，不乏寫經生所常書寫的一些人名書名，諸如"文選""臣善""千字文""羲之"等等。不過，也有少數文書留下了當時常爲寫經生抄寫的一些唐人詩文，如書寫於寶龜元年（770，唐大曆五年）的《奉寫一切經所食口帳》紙背，就有一首落書唐詩，其原抄寫形態如下：

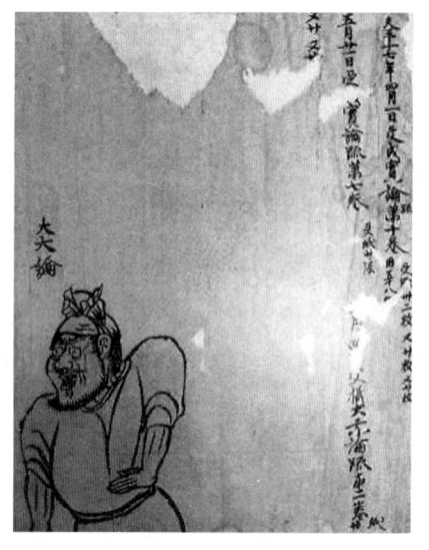

圖1　寫經生在廢棄文書上所留下的自畫像及"大大論"落書

山靜林泉麗、骨然獨坐、被尋老子。
　　山山靜泉麗骨然獨坐
　　心爲明時盡、君門尚不容。
　　男薗爲　時　盡　君　聞田薗迷徑路、歸去欲何從。
　　田　薗　迷　徑　路　歸　去　欲　何　容

---

①　奈良平安時代對於紙張及文書利用與保存有着極爲嚴格的規定。各部省書寫文書（稱之爲"一次文書"）一般保存期爲三十年。文書逾期之後，移交寫經所利用其紙背（如篇幅不够則拼接其他舊紙）進行再次書寫（稱之爲"二次文書"）。紙背文書逾期之後，多被寫經生用來練習書法或調解筆墨用紙，這些練習書法的墨跡被稱爲"樂書"或"落書"（日語發音相同，被稱爲"三次文書"）。之後這些廢棄文書需要封存於寺廟，不得流出或擅自毁棄。有關正倉院文書之書寫及寫經所之研究，可參考山下有美《正倉院文書と寫經所の研究》（吉川弘文館，1999年）、西洋子《正倉院文書整理過程の研究》（吉川弘文館，2002年）、山下幸男《寫經所文書の基礎的研究》（吉川弘文館，2002年）、榮原永遠《奈良時代寫經史研究》（塙書房，2003年）、丸山裕美子《正倉院文書の世界　よみかえる天平の時代》（中公新書2054、中央公論社，2010年）、皆川完一《正倉院文書と古代中世史料の研究》（吉川弘文館，2012年）等。

落書中雖未録此詩作者及詩題，但考此乃唐詩人劉幽求《書懷》詩，現見收《全唐詩》卷九十九。《全唐詩》詩題下引宋人葉夢得《避暑録》注明其乃從"三館昭庫爛册中撿得"①。對照《奉寫一切經所食口帳》所保留的落書詩，可知葉夢得所得"爛册"遺失了此詩之題下小注，現將劉幽求詩之全貌復原於下：

書懷　山靜林泉麗，骨然獨坐，被尋老子。
心爲明時盡，君門尚不容。田菌迷徑路，歸去欲何從。

劉幽求乃盛唐時人，官至宰相，然存詩唯此一首，却見抄於同時代之異域書卷，可知此詩當時曾廣爲流傳，甚至名播海外。另外，此詩又存唐人選編唐詩之《搜玉小集》，詩題及本文與《全唐詩》同，亦失題下注。《搜玉小集》之編者及成立時期均不詳。學界曾據其所選詩人年代推測其成書最晚不過於天寶末年。如果《奉寫一切經所食口帳》所録劉幽求詩乃源自《搜玉小集》的話，我們則可據此推測其成書年代不當晚於大曆時期。然而，《搜玉小集》未見録於《日本國見在書目録》，首次著録晚至南宋陳振孫《直齋書録解題》②，從《全唐詩》與《搜玉小集》所録《書懷》詩均失題下注來看，南宋所發現的《搜玉小集》或就是由葉夢得於"三館昭庫"撿得之"爛册"整理而成。而根據現存刊本及抄本，其傳入日本乃要晚至江户時代③，因此這一上述落書詩源於今存《搜玉小集》的可能性，應該是微乎其微的。

奈良時代的貴族漢文水平尚屬啟蒙階段，大部分還沒有達到能夠創作出流暢圓熟之漢詩文的水平。而寫經生的文化水平則更只是停留在一

———————

① 原文如下："《避暑録〔話〕》云：此詩三館昭庫爛册中檢得。幽求非肯安田園者，殆出守時憤懟之作。"《全唐詩》卷九十九，中華書局1960年，1066頁。
② 陳振孫《直齋書目録解題》卷十五云"搜玉小集 崔湜至崔融三十七人詩六十一首"。另外，有關《搜玉小集》的考證，可參考伊藤正文《搜玉小集について》，收《中國文學報》第十五册（1961年6月），第74—101頁。
③ 根據伊藤正文介紹，日本現存此本有如下三本：昌平校官板文政七年刊本、内閣文庫藏鈔本、前田尊經閣藏鈔本，均與汲古閣本無大異。然文政七年刊本或是在汲古閣本的基礎上予以了修訂。於此還有待今後詳考。

般的讀寫階段,其對唐詩的接觸大多源於其曾抄寫過或當時膾炙人口的一些名作名篇。從文末所附《編年稿》可知,《搜玉小集》並未見抄於寫經所,要之,即使其真的已經傳入了平城京,也很難爲下層文人之寫經生所接觸到。因此,此詩之來源,更有可能是正倉院文書中所録的《群英集》或《歌林》之類的唐詩鈔卷。文化水平不高的寫經生能諳誦這些唐詩,並信手拈來練習書法,可見收入這些唐詩的"古集""雜鈔"之類的唐詩鈔卷亦當是經常爲其書寫①。下文要提到的幾首落書唐逸詩,也極有可能就是與劉幽求詩源於同一類鈔卷。

二

佐佐木信綱(1872—1963)編《南京遺書》與《南京遺芳》是一套收録正倉院古文書的大型影印叢書②。《南京遺芳》録有一件題爲《七夕詩二

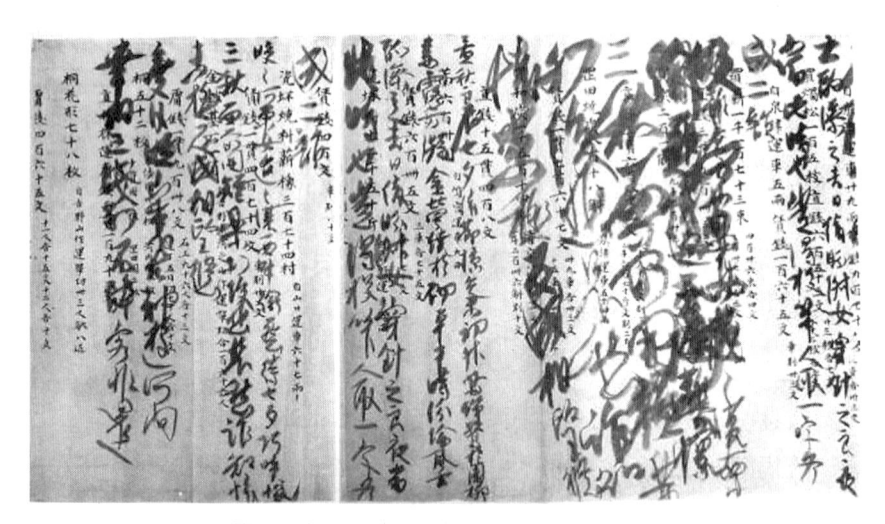

圖 2　辛國人成所書《七夕詩二韻并序》詩

---

① 奈良平安時代多存不見中國文獻的唐詩抄録集。如《江談抄》所提到的《古集》,就録有逸名唐詩人吕榮、張方古的逸句。參見拙論《日本古文獻〈江談抄〉所見全唐佚詩句輯考》,收《中國典籍與文化》2013年第4期,第96—101頁。
② 兩書均爲八木書店1927年版。

韻并序》的文書,這也是一件落書文書。文書原爲天平六年(734)五月一日《造物所作物帳》,後人在原卷上又抄錄了題爲《七夕詩二韻并序》的兩首五言詩。佐佐木在解題中推斷其或是寫經名家辛國人成利用廢棄文書練習書法之物。現將其詩與序翻字於下:

  孟秋良辰,七夕清節。涼氣初昇,鳴蟬驚於園柳。素露方凝,金螢繞於砌草。於時紛綸風土,酌醪之吉日。倩盼淑女,穿針之良夜。當此之時,豈得投筆。人取一字,各成二韻。
  皎皎河東女,迢迢漢西牛。銜怨侍七夕,巧笑悅三秋。面前開短樂,別後悲長愁。
  誰知情未極,反成相望悠。度月照山裏,古神游河間。幸相三餞別,不醉客非還。

如圖所示,卷面落書文字書寫極爲隨意,又未注明作者,因此至今學界對此詩之原作者、來源等問題一直未予以詳考①。此詩當爲唐初文人之作,證據有二:一是已如許多日本學者所指出的一樣,此詩曾爲平安初期漢文學代表人物藤原不平等(659—720)與藤原宇合(694—737)父子所襲用,藤原不平等詩題爲《五言七夕一首》,詩云:"雲衣兩觀夕,月鏡一逢秋。機下非曾故,援息是威猷。鳳蓋隨風轉,鵲影逐波浮。面前開短樂,別後悲長愁。"末聯與《七夕詩》第一首第三聯完全一致。藤原宇合詩題爲《五言暮春曲宴南池并序》,詩云:"得地乘芳月,臨池送落暉。琴樽何日斷,醉裏不忘歸。"末句之"醉裏不忘歸"則是幻用了第二首"不醉客非還"一句。兩詩均被選入《懷風藻》②。藤原父子乃其時之文學領袖,尤其是藤原宇合,還曾於養老元年(717)以遣唐副使之身份入唐,更是吸收唐風之先鋒人物。以其父子二人文壇領袖之身份,絕不可能盜用同一時代

---

  ① 有關此詩先行研究之介紹,可參見前注丸山裕美子《正倉院文書の世界 よみかえる天平の時代》第六章,第 227—229 頁。
  ② 日本古典文學大系 69 所收,岩波書店 1964 年。藤原不平等詩見第 101—102 頁,藤原宇合詩見第 148 頁。

其他日本文人之佳句（襲用或模仿唐人佳句則是奈良平安文人的一種慣習，這在《江談抄》的記載中也多有談及）。這兩首詩既被藤原父子所襲用，且又被寫經生辛國人成用來練習書法，可知當時亦是流傳甚廣，膾炙人口。然其不見收入《懷風藻》，原因只能有一，即非平安本土文人之作品。二是此詩序之寫法與初唐極爲相近。詩序中"人取一字，各成二韻"的寫法，見王勃《夏日諸公見尋訪詩序》，其末語云"人探一字，四韻成篇"①；又見陳子昂《秋日遇荊州府崔兵曹使讌并序》，其末語亦有"人探一字，六韻成篇"②。由此可見，這種"探韻成篇"乃初唐文人宴會時一種流行的酬唱方式。

綜上所考，基本可以推測《七夕詩二韻并序》乃初唐某位佚名詩人之作品。這首詩或亦是其時寫經生所抄寫唐詩卷中的作品，由於大量采撷了平安文人所熟知之《文選》作品之"七夕"語典，淺顯易懂，因此成爲平安初期文人漢詩創作的典範之作。而其在中國，或許是由於用典太白，意境不高，隨着時間的推移，最終被擯棄於各類唐詩文集之外，反而不爲人所知了。

三

《正倉院文書》續續修十六帙三收《造東大寺司牒案》紙背文書上亦見有一段落書文字，其文如下：

千部用仁王疏反上。造大寺司牒岡本寺。奉請法花經壹佰玖拾部【千部之内者、橡表黄紙柒塗軸】、納横六合（無鏁）。帙壹佰玖拾枚【百卅二枚千部内、五十八枚以官一切經料借用】。竹帙百卅二枚千部内【錦緣緋、裏八十六枚、拾組卅六枚、紫緒】。繡帙五十八枚一切經料借者【錦緣緋、裏紫緒】。牒、依紫微中臺今月二日牒旨、奉請如前、故牒。天平勝寶二年三月三日、主典從八位下美努連（奧麻

---

① 參見四部叢刊本《王子安集》卷六，第60頁。
② 參見徐鵬校點《陳子昂集》（修訂本）卷二，上海古籍出版社，2013年，第47—48頁。

呂)、判官正七位下田邊史(真人)。(紙背)建部廣足(筆)。充糸井市人(筆)。若倭部益國(筆)。茨兄田万呂(墨)。鬼室小東人(墨、筆)。村國益人(筆)。巨世万呂(筆)。阿刀宅足(筆)(以下異筆)無導人之短、無説己之長。施人慎勿念、受施慎勿忘。世譽不足慕、唯仁爲紀綱。万里三春重歲華、訪酒追琴入仙家。林間探影逢明月、谷裏尋香值落花。千字文敕。萬里三春秋秋秋長。敕員外散騎侍郎周興嗣次韻。

此文書卷表書寫的是書寫一切經的記錄，留有"天平勝寶二年三月三日"之紀年，天平勝寶二年爲唐天寶九年(750)，按照當時對紙册卷軸處理規定，可知其卷背之墨筆領受記載當寫於三十年之後的780年左右，也就是日本寶龜十一年、唐建中元年左右。而"異筆"所書落書段落，則當寫於三十年之後的810年，也就是日本弘仁元年、唐元和五年左右了，當然也有可能更晚一些。

考落書中前一段文字"無導人之短，無説己之長。施人慎勿念，受施慎勿忘。世譽不足慕，唯仁爲紀綱"出自崔子玉《座右銘》，後錄"千字文敕""敕員外散騎侍郎周興嗣次韻"則是《千字文》之書題及卷頭。崔子玉《座右銘》收於《文選》，現存有空海自筆鈔本①。根據《編年稿》亦可看出，李善注《文選》和周興嗣次韻《千字文》是奈良平安文人最常抄寫備用的兩部漢籍，因此其相關内容經常被寫經生用來練字。兩段文字中間又錄了一首失題漢詩，現將其文整理於下：

  万里三春重歲華，訪酒追琴入仙家。林間探影逢明月，谷裏尋香值落花。

查此詩不見中日古典文獻所錄，當與上述落書詩一樣，又是一首全唐逸詩。

又，首句"万里三春"語，令人想起所錄韋承慶《南中詠雁詩》，其詩

---

① 參見《書道藝術》第十二卷《空海》，中央公論社，1975年。又，須田哲夫《崔子玉座右銘》，收《福島大學教育學部論集人文科學》31號之2，1979年11月，第23—32頁。

云:"萬里人南去,三春雁北飛。不知何歲月,得與爾同歸。"①韋承慶(640—706)是初唐時期的著名詩人,其詩歌也多爲平安文人所喜好,此詩前兩句還被收入了《和漢朗詠集》。不過,此落書詩是否爲韋承慶所作,現已無從考證了。

四

另外,筆者還在正倉院所藏舶來唐物中輯得二首唐物詩及一首銅鏡銘五言詩,現一併錄於下。

(1)人勝殘欠雜張四言詩(圖3):令節佳辰,福慶惟新。爕和玩載,壽保千春。

圖3 人勝殘欠雜張·北156

---

① 參見《全唐詩》卷四十六。不過,此詩之作者及本文均存在異説。《全唐詩》錄其本文及校語如下:"南中詠雁詩一作於季子詩。題作南行別弟。萬里人南去,三春(一作秋)雁北飛。不知何歲月,得與爾(一作汝)同歸。"第557頁。

（2）鳥毛篆書屏風四言詩（圖4）：主無獨治，臣有贊明。箴規苟納，咎悔不生。

圖4　正倉院鳥毛篆書屏風・南69

（3）金銀山水八卦背八角鏡銘（圖5）：

圖5　金銀山水八卦背八角鏡・南70—1

隻影嗟爲客，孤鳴復幾春。初成照膽鏡，遥憶畫眉人。舞鳳歸林近，盤龍渡海新。緘封待還日，披拂鑒情親。

這些唐物詩，或無多大文學價值，但却也反映出了唐人及日本古人對詩歌喜好的一面，折射出當時知識階層的品味風情。謹附錄於上，供大家參考。

另外要引起我們注意的是(3)金銀山水八卦背八角鏡銘詩，此鏡舊傳爲吉備真備所獻唐鏡，銘文與八卦相對應，詳考見藏内數太《正倉院八卦背鏡私考—特に金銀山水八卦背八角鏡について》①。陳尚君先生輯補《全唐詩續拾》卷五十六據沈從文《唐宋銅鏡》錄《唐八棱貼銀鍍金海上仙真八卦花鳥鏡銘》：" 舞鳳歸林近，盤龍渡海新。緘封待還歸，披拂鑒情親。隻影若爲客，孤鳴復幾春。初成照膽鏡，遥憶畫眉人。" 文字基本相同，但句子先後排列不同。正倉院鏡由於列有八卦方位，藏内數太據此斷出詩句先後順序，當以之爲正。另外再附言一句，《全唐詩續拾》據沈從文《唐宋銅鏡》錄出另一首《唐伯牙彈琴鏡銘》：" 獨有幽棲地，山亭隨女蘿。澗清長低篠，池開半卷荷。野花朝暝落，盤根歲月多。停杯無嘗慰，峽鳥自經過。"②此銘亦見東京國立博物館法隆寺別館藏同名唐白銅鏡。不過，這首銅鏡銘詩其實是南朝末隋初詩人江總之詩，原題《夏日還山庭》，已見收於《藝文類聚》卷三十六、《古詩紀》卷一百十五等，今後如有機會重新增訂《全唐詩》時，應將其删除。

（附）正倉院古文書所見漢籍書錄史料編年稿

本稿以東京大學文學部史料編纂所編《大日本古文書編年文書》（全二十五册）爲底本，將其中文書有錄漢籍書名（不含佛教經典）者繫年錄出，加以標目。另外，爲了方便閱讀，原文書中略字、手寫字者改爲正體字，標點略有改動。【】内文字爲原文雙行小字注，（）内文字爲原文小字

---

① 《正倉院紀要》第 2 號，1955 年，第 17—29 頁。
② 《全唐詩補編》錄《全唐詩續拾》卷五十六，中華書局，1992 年，第 1635—1636 頁。

旁注，漢籍書名下綫爲筆者所加。爲了便於查校，各文書末用〔〕標出原書册數及頁數，如〔大①381—383〕，爲《大日本古文書編年文書》第一册第381—383頁。另外，因《編年文書》數量繁多，本稿輸入時不免有錯誤或脱落處，懇請諸位在參考時按頁查對原書。亦可通過東京大學文學部史料編纂所網站予以查對，網站名"奈良時代古文書フルテキストデータベース"，網址如下：http：//wwwap.hi.u-tokyo.ac.jp/ships/shipscontroller。

神龜四年（開元十五年，727）文書、見録"烈女傳"。

●寫經料紙帳（正倉院文書・小杉本繪佛師外三）大般若分麻紙五千三百八十張【欠千廿張、定四千□百六十張】、端續分紙二百張、神龜四年三月廿三日、老人。同年十二月十四日受大般若料一萬張【五年四月一日反納紙二千六百張、大般若紙餘】。又廿九日受麻紙百六十張、法花經料。神龜五年正月十七日受大般若之端繼紙三百六十張【直紙】。又二月十二日、唯識論二卷、辯仲論三卷、雜集論十六卷、合廿一卷料紙三百册二張【直紙】。廿二日受上野紙七十張、廣方經料。三月六日受紙四百八十張【直紙】。端繼廿三張【唯識論十卷、烈女傳料】。又廿七日、自高屋赤萬吕手受紙五百八十張【直紙、論料】。同日受麻紙廿張【法花經、欠紙料】、又論表紙廿張【直紙】、四月廿四日受紙屋紙百張、五月廿二九月受直紙二百張、又四日二百張【直紙】。麻紙卅張、表料。五年九月廿六日受大般若分麻紙七百張之中【表紙百張】、又穀紙五百張、觀音紙分標紙六十張。大般若分紙一千一百六十張、神龜四年五月十六日、老人。理趣般若分受穀紙五百六十張、神龜四年七月廿二日、壬生子首。觀世音經・阿彌陀經合十卷分穀紙百張、八月四日、此經分之表紙、用大般若分麻紙五張、少書吏（下缺）。〔大①381—383〕

天平二年（開元十八年・730）文書、見録《白虎通》《離騷》《方言》《論語》《三禮儀宗》《漢書》《晉書》。

●寫書雜用帳（正倉院文書・續修十六裏書）第五帙【十卷】、第六帙【十卷】、（花船）第七帙【十卷、二卷花船以退】、第八帙【十卷】、第九帙

【十卷、寫一卷。末九卷、小長谷人萬呂。三年正月廿四日、安子亮】、第十帙【未寫、安志以退了、納安三】、第十一帙【十卷】、（吳原）第十二帙【寫四卷、吳原充一卷以退。末五卷、吳原充持退】、（未寫、新家）第十三帙（未寫人完十卷）。（二名）白虎通一帙【十五卷】、（二名）離騷三帙【帙別、十六卷】、（二名）方言五卷、（大屬）論語廿卷【本十一卷、九月十五日大屬宅進椋椅。寫十二卷、現十一卷、本九寫二】、（北）三禮儀宗三帙【文作。帙別、十卷。九月十五日大屬宅進椋椅】、新儀【一帙、十卷】。紙、軸、五十五、用。漢書表紙九十張【用】、晉書分麻紙三百九張【六十張充痒。現二百冊九張、用八十九張、殘六十一張】。漢書枚替分紙百卅張【用百八十九張、殘六十一張】用盡。漢書分餘紙九十五張【既高屋乞取】。淨衣廿三領之中、後加衣四【袴四。橡衣十二領、新家充一領。納細麻七領、此中裝潢充一領】。鑰取一領【高屋受衣一、袴一】。白麻四領。（衣）袴九【裝潢充一】後加袴四【裝潢充衣二、袴一。白髮五枚、人衣一。紙充直丁衣一。工二人充衣二、袴二】。（衣）冠布短十一枚【失殘寺、奴北理給衣一、袴一。十一月八日、又北理高屋之給衣一、於寺廢】。巾二枚。麻被三枚【一枚大屬殿進納、一枚裝潢受】。十一月十七日受經師被二枚【練】。湯被一。香二袋。釜一口。小刀八。天平二年七月四日高屋連赤麿。鋪設物、長疊二枚、短疊五枚、立薦二枚、苫二帙、箒四枚、長席一枚、短機九枝【四寺送附、安宿熊取、見五足】、辛樻七合【又須利一合】、腕三口、由加六口、叩戶二口、缶一口、壺二口、長機二枝、缶一口。記書外在袴十一、麻衣一領。更高屋受短疊五枚、長疊一枚、薦一枚。〔大①393—395〕

天平三年（開元十九年・731）文書、見録《晉書》。

●皇后宮職移（正倉院文書・續修十六）皇后宮職移。圖書寮。大初位上船花張善、上日壹佰拾玖、夕肆拾【九月上日十二、夕六。十月十夕四。四月廿五日夕十。五月廿夕五。六月廿四夕四。七月廿七夕十】。寫紙肆佰叄拾張【涅槃經第三帙、紙一百九十張。瑜伽論抄三卷、紙二百冊張】。少初位上安子兒公、上日壹佰陸拾壹、夕伍拾【十月十二、夕五。

十一月十、夕六。十二月廿八、夕八。正月十一、夕四。三月廿、夕三。四月十五、夕四。五月十九日、夕五。六月廿一、夕七。七月廿、夕八】。寫紙柒佰肆拾肆張【涅槃經第一帙、紙百九十二、第三帙、紙百九十張。瑜伽論抄二卷、紙百廿張。晉書第九帙、紙二百卌張】。少初位下辛金福、上日壹佰叁拾柒、夕肆拾伍【正月十一、夕二。二月廿七、夕十。三月廿六、夕七。四月十六、夕五。五月十九、夕六。六月十四、夕五。七月廿日、夕十】。寫紙陸佰壹張【涅槃經第四帙、紙百八十四張。實相槃若經五卷、卅張。瑜伽論抄二卷、紙百卌張四張。晉書第四帙、紙二百卅三張】。少初位下秦雙竹、上日壹佰叁貳、夕叁拾柒【九月十、夕三。十一月十五、夕八。十二月十、夕三。正月十五、夕七。二月八日、夕二。六月廿日、夕四。七月廿七、夕十】。寫紙伍佰柒拾玖張【涅槃經第一帙、紙百九十二。法華經八卷、紙百六十張。實相槃若經五卷、紙卅張。唯識論十卷、紙百七十七張】。右起去年八月一日、盡今年七月卅日、上日夕並寫紙如件、注狀故移、天平三年八月十日、正八位下屬勳十二等內藏伊美吉。〔大①442—443〕

●皇后宮職解（正倉院文書・續修十六）皇后宮職解 申書（或脫"生"）上日事 少初位上新家大魚 上日壹佰捌拾柒、夕貳拾【八月十六。九月十四。十月十五。十一月十九、夕三。十二月十八。正月十三。二月十二。三月十三。四月十二。五月十七、夕四。六月十八、夕六。七月廿日、夕七】寫紙玖佰叁拾玖張【勝幔經二卷、注金剛經般若經三卷、勝幔經疏一卷、金剛仙論二卷、合八卷、紙百七十二張。涅槃經第二帙、紙二百一張。瑜伽論略集十卷、紙百八十五張。瑜伽論抄三卷、紙二百十八張。晉書第十三帙、紙百六十三張】。右起去年八月一日、盡今年七月卅日、上日夕並寫紙等如件、注狀謹（以）解。（裏）天平三年八月十日、正八位下大屬勳十二等內藏伊美吉。〔大①444—445〕

天平四年（開元二十年・732）文書、見錄《文選》《文選音義》《漢書》。

●皇后宮職移（正倉院文書・續修十六）皇后宮職移 圖書寮（注、此文書書寫年月日不詳、文書性質與上大同、姑收於此。）大初位上船花張善、上日一百九十八、夕九十一【八月十七、夕六。九月十、夕十。十月廿、夕十九。十一月廿七、夕廿六。十二月十一、夕十。正月廿三、夕廿。二月廿七。三月廿五。四月廿八。五月廿。六月一。七月廿】。寫紙三百九十二張(五百八張)【涅槃經第一帙、紙百九十二。正法華二卷、紙五十六。最勝王經三卷、紙卌二(六)張。賢聖義一卷、紙二百卌四。賢聖義一卷、紙四張。文選上帙九卷、紙□□】。少初位上安子兒公、上日百十八、夕九十七【八月十八、夕十七。十月廿一、夕廿。十一月廿二、夕廿。十二月十九、夕九。正月廿三、夕廿一。七月十五、夕十】。寫紙三百五十四張【正法華經二卷、紙卌二。最勝王經三卷、卌二。華嚴經五卷、紙七十九張。涅槃經第二帙、紙二百張】。少初位下辛金福、上日二百廿七、夕九十六【八月廿七、夕十六。九月廿八、夕廿八。十月廿七、夕廿六。十一月廿九、夕六。十二月廿七。正月廿三、夕□。二月廿八。三月廿一。四月七。六月六。七月廿六、夕十五】。寫紙陸佰伍拾陸【涅槃經十五卷、紙二百九十三。正華經二卷、紙卌二。最勝王經二卷、紙卌二。金剛波若經四卷、卌八。文選音義七卷、紙一百八十一張。花嚴經三卷、紙六十張】。少初位下秦雙竹、上日一百八十二、夕五十一【八月十、夕十七。十一月十、夕十。十二月廿、夕十五。正月十、夕九。二月廿五。三月廿五。四月廿三。五月六月廿。七月廿七】。寫紙伍拾陸(三百卌二)【正法華經三卷、紙五十六張。

文選下帙五卷、紙一百廿。漢書二帙五卷、紙一百六十六】。〔大①443—444〕

天平五年(開元二十一年,733)文書、見錄《漢書》《文選音義》。

●皇后宮職移(正倉院文書・續修十六)皇后宮職移 圖書寮 大初位上船花張善、上日貳佰肆拾叁、夕一百五十。寫紙伍百九十一【最勝王經十卷、紙一百六十。悲華經十卷、紙一百九十五。入楞伽經十卷、紙一百七十。實錄十卷、紙六十六】。少初位上安子君、上日貳佰拾、夕百五。寫紙七百卅【正法花經十卷、紙一百九十二。最勝王經十卷、紙百六十。花手經十卷、二百五十三。大灌頂經十二卷、紙一百廿五張】。少初位下秦雙竹、上日一百二、夕卌二。寫紙一百六十張【漢書六卷、一百卅張。法花經八卷】。少初位下辛金福、上日一百九十一、夕百十。寫紙五百八十九張【大集經十卷、紙二百廿九。大法炬陀羅尼經六卷、紙一百八張。阿彌陀經廿卷、紙一百。藥師經七卷、紙七十七。文選音義三卷、七十五】。無位安曇連廣濱、上日一百廿一、夕九十三。寫紙五百六十五張【大集經十卷、紙二百張。大法炬陀羅尼經六卷、紙九十張。菩薩藏經十卷、紙二百十八張。大威德經四卷、紙五十七】。無位酒豊足、上日一百廿四、夕八十五。寫紙五百七十六【大集經十卷、紙一百八十六。大威德經六卷、紙一百十五。菩薩藏經十卷、紙二百十五。大法炬陀羅尼四卷、六十】。右起去年八月一日、盡七月卅日、上日並寫紙等如前、錄狀申送。五年八月十一日。〔大①476—477〕

　　天平十四年(天寶元年,742)文書、見錄《文選音》。

　　●優婆塞貢進解(正倉院文書·大橋本一)秦大藏連喜達【年廿七、右京四條四坊戶主】從六位下秦大藏連彌智庶子、梵本陀羅尼、佛頂陀羅尼、千手陀羅尼、般若陀羅尼、如意陀羅尼。讀經、涅槃經一部、法花經一部、最勝王經一部、梵綱經一卷、疏二卷、理趣經一卷(暗誦)、瑜伽菩薩地、中論一部、肇論一卷(上破文)、文選上帙音、脩行十二年。天平十四年十一月十五日大安寺僧菩提。〔大②315〕

　　天平十五年(天寶二年,743)文書、見錄《千字文》。

　　●寫疏所重紙帳案(正倉院文書·續續集十一帙一裏)(天平十五年ヵ)十月八日初充。(樂書)黃蓮千字文。敕員外散散摩。音第一連連尖卷卷天地玄(生性到還是月■■)。散音。音第第卷卷。千字文敕員外散騎騎(念外)并(并)論(還)。

　　天平十六年(天寶三年,744)文書、見錄《文選》。

　　●寫成唯識論掌中樞要校正注文(正倉院文書·續續集三十五帙三裏)茨田(久治麻呂)寫樞要。用卅張。三月七日一校檜前(万呂)。三月廿日二校鳥取益万呂未正(正了)。文選卷第一選。選文卷第一難難波

國攝津國三嶋上郡興福寺檢財帳一卷。〔大②358〕

●足万呂私書（正倉院文書・正集十七裹書）始天平十六年十月八日充私書事【足万呂私書也】。文選第四十五卷【筆一、墨頭】、上了、寫鬼室乎人。第七、上了、寫角勝万呂。第四、上了、寫蜂田在人。第八、上了、寫弓消狹人。第五十、上了、寫雀部少万呂。第九、上了、又同人寫雀部。第六、上了、寫阿刀秋万呂。第一、上了、寫建部石万呂。第二、上了、寫弓消佐比止。第三、寫。〔大②358〕

天平十七年（天寶四年，745）文書、見錄《文選音義》。

●經師等調度充帳（正倉院文書・續續修四十四帙十）天平十七年十二月二日、新參入經師小長谷真弓文忌、寸公麻呂二人、各給淨衣一具【給袴襑單衣袜衾裹及筆墨直錢、一人各百十文。一筆每六十文、一墨每五十文】。又古來小僧、吳原生人、忍坂成万呂、山部花、忍海新次、丈部小虫、忍海廣次、志紀昨万呂、錦部公万呂、錦部東人、已知荒石、合十一人、筆墨直錢一人各百十文給、充筆直六十文、墨直五十文也。又、文公万呂總一貫三百廿文也。又、一日夜、專自阿刀秋万呂手而受麻衾二幅、襑淨衣七領、即納秋万呂櫃也、之中麻被二條、襑淨衣四領者、官返上訖也。又、同日依綱國方給淨衣一具【知川村物福】。又、六人餘帛祐袴返上已訖也。三日、以阿刀息人麻淨衣借於山背野中也。三日、尾張張人筆墨直錢百十文受、一筆直六十文、充一墨直五十文、充合百十文也。五日、返上麻被二條、襑淨衣四領。又、三日古乎麻呂陀羅尼經題一千二卷寫奉也。五日、參入舍人國足万呂、河內里人、粟田船守合三人也、自外入來無垢淨光陀羅尼經一卷、即寫人尾張張人也。四日、田邊史生藥師經寫奉、經師丸部嶋守、漢淨万呂、既母建万呂、合三人。又、阿彌陀經寫奉、忍海新次受也。五日、受疊三枚也。五日、達沙牛甘、錦部大名、漢淨万呂、難万呂、古乎万呂、既母白万呂、既母建万呂、高市老人、阿悶葦人、宍人三田万呂、櫟井馬甘、合十一人、筆墨直錢一貫二百廿（十）文給、人別各百十文也、一筆充六十文、一墨充五十文也。又二日、借充麻被三條、借充山代野中也（返上）。五日、南樣佛所充墨端一折、即充調大山也。一日官一切經內紙卌八枚、借充田邊史生。藥師經三卷、阿彌陀一卷、合四卷、即知能登、忍海、忍人也。四日、下道朝臣直言文選音議(義)一卷、附下道朝臣福倍送遣也。(中略)。(異筆)天平十八年正月七日召大唐使已訖也。〔大⑧579—581〕

天平十八年(天寶五年,746)文書、見錄《文字辨嫌》《通俗文》《文選》。

●一切經間校帳(正倉院文書·續續修二十六帙五)十八年二月四日、四分律鈔第二【用六十三一校、檜前万呂、十五年寫者】。三月八日、十一面經疏一卷【用廿六張一校、原白万呂、二校丸部村君】。四月、多心經七百六十八卷【一校粟田船守、二校石村能(熊)鷹】。十八年三月給。尊勝琳林序一卷、用九十七(七十四)枚【一校、二校】。仁王經義疏二卷、用九十七張。起信論疏四卷、用百四張。文選上帙【九卷、欠第一】、用二百卅張。藥師經廿一卷、用二百七十九張【一校荒田井鳥甘、二校原白万呂】、十八年七月給。〔大⑧205—206〕

●校生手實(正倉院文書·小杉本雜一)始天平十八年三月廿三日校。起信論疏卷下【十九枚、一校、商長智万呂】、起信論疏卷下【末廿四枚、一校、商長】、以上建部。廿八日、法化七【十九、祖】、文字辨嫌、凡一千字、通俗文、伏虔。〔大②497—498〕

●經疏料紙受納帳(正倉院文書·續續修三十七帙二)(十八年)五月八日從宮來白紙二百張【文選上帙料、(異筆)受、能登忍人。判 田邊史、知志斐万呂】。〔大⑨66〕

●經師充本注文(正倉院文書·續續修二十三帙五裏書)四分戒本一卷【充餘馬養、十八年五月黃紙廿】。文選上帙、第二卷【充錦部大名】、第三卷【充万昆多智】、第四卷【充茨田久治万呂】、第五卷【充難万君】、第六卷【充高市老人】、第七卷【充大鳥祖足】、第八卷【充丸部嶋守】、第九卷【充志紀咋万呂】、第十【充既母建万呂】。〔大⑨209〕

天平十九年(天寶六年,747)文書、見錄《文選》。

●寫經疏充用注文(正倉院文書·正集四十一裏書)尊勝琳林序一

卷、用七十四張。仁王經義疏二卷、用九十七張。起信論疏四卷、用百四張。文選上帙【九卷、欠第一】、用二百卅張。充能登忍人。藥師經廿一卷、用二百九十七張、充能登忍人。八敬六念卌卷、或本一卷、合用二百七十六(十八年七月給)張。充玉祖公万呂。高丘王所願之經十六卷、用二百七十(十九年正月給)張。充能登忍人。六卷鈔九部、用三千六百五十張【空六、破卅五張】、又一部用、充能登忍人。理趣經七卷、用百卌張、充能登忍人。觀世音經百卷、用六百五十八張【空十二、破四】、充能登忍人。説無垢稱經二部、用二百張【空二】、充能登忍人。理趣經一百卷、用一千八百九十張、充能登忍人(十八年十二月給)。法華經十部、用一千八百五十、充秦秋庭(十八年十二月給)。花嚴經八十卷、用。充玉祖公万呂(十八年十二月給)。十一面經十一卷、用百廿九。金剛般若經一卷、用十四張。阿彌陀經一卷、用六張。右三經、合用百卅九張、充能登忍人(十八年十二月給)。

●間紙檢定並便用帳(正倉院文書・續續修二十八帙七)從天平十七年十月十一日以來充裝潢紙檢定帳。(中略)。文選上帙十卷【欠第一】料受二百卅張【既用】、【從宮來】裝潢能登忍人。天平十九年五月廿九日阿刀酒主、志斐、伊福來。〔大⑨367—369〕

天平二十年(天寶七年, 748)文書、見錄《經典釋文》、《新修本草》、《太宗文皇帝集》、《群英集》、《許敬宗集》等四十餘部漢籍外典。

●寫章疏目錄(正倉院文書・續修三十九)更可請章疏等、雜集論一帙【十六卷】、世親攝論二部【二帙二卷】、無性攝論二部【二帙廿卷、十卷者請留】、地持論一帙【八卷請留、已上第四櫃】。順正理論七帙【七十卷】、金剛般若論一帙【七卷】、起信論三卷【請留】、五門實相論五卷、二十唯識論一卷、法花論子注中卷、涅槃無名論表一卷【請留】、六門教授習定論一卷【已上第五櫃】。花嚴孔目六卷、料簡一卷、傳之記一卷、入法累品抄一卷、涅槃經疏十六卷、音義同異二卷、抄二卷、綱目二卷、法花疏十卷、略述一卷、要略一卷、字釋記一卷、料簡一卷、玄義一卷、疏談一卷、疏義記一卷、上下生一卷、金剛般若經疏十三卷、密嚴經疏四卷、両卷無量壽經宗旨一卷、疏五卷、綱目一卷、記二卷、隨願往生經記一卷、勝鬘經疏六卷【已上第六橱】。金錍經疏十五卷、梵綱經疏四卷、遺教經疏四卷、維摩經疏八卷、楞伽經宗要二卷【一卷疏】、疏十三卷、仁王經讚述二卷、如來藏經私記三卷、稱讚淨土經疏三卷、大品般若經料簡一卷、大惠度經宗要一卷、不增不減經疏一卷、理趣經疏一卷、般舟三昧經略記一卷、瓔珞經疏二卷、思益經疏二卷、大般若經對要一卷、大品般若經料文一卷、金錍經音義一卷、瑜伽論抄卅六卷、略纂三卷【已上第七橱】。起信論疏七卷【請】、新釋記【請】、一道章一卷【請】、二部章一卷【請】、私記一卷【請】、馬鳴生論疏一卷【請】、大因明論疏二帙【廿三卷章一卷、私記、請】、小因明論疏三卷【文軌師請】、抄一卷【請】、攝大乘論抄四卷【請】、弁中島論疏六卷、又疏四卷、地持論義記五卷【請】、初章觀文二卷、三論玄義一卷、六十二見義二卷、掌珍論料簡一卷【請】、門答二卷【請】、菩薩本持犯要記一卷【請】、大乘觀行門答一卷【請】、受菩薩戒法一卷【請】、雜集論疏十卷【請】、又記六卷【請、已上第八橱】。十地論義記二卷【請留】、又疏四卷【請留】、佛地論述本記八卷【請留】、集願文九卷【請留】、答難顯宗論一卷、法花論疏五卷【請留】、大智度論章門六卷【請留】、中觀論宗要一卷、木叉疏一卷【請留】、四分羯摩疏一卷【請留】、大乘三藏義一卷【請留】、佛性論疏五卷【請留】、又義一卷【請留】、往生論私記□卷【請留】、大乘觀行門三卷【請留】、諸經教迹一卷【請留】、龍樹菩薩和香法一卷【請留】、造房記一卷【請留】、明大乘理一卷【請留】、實相觀一卷【請留】、四品玄章義一卷【請留】、內典序一卷【請留】、歷代三寶紀十四卷【請留】、異部宗論述紀一卷【請留】、一切經要述一卷【請留】、能斷金剛般若經合論一卷【請留】、安樂集二卷【請留】、廣百論撮要一卷【請留】、諸經論序并翻譯時節一卷、曇吉寫新章一卷、大智度論釋一卷【請留】、法苑珠林一卷、三寶章一卷、三藏義一卷、顯揚論記一卷【請留】、唯識疏私記二卷【請留】、和靜論二卷【請留】、法累無差別論疏一卷【請留】、六現觀發菩提心義淨義合一卷【請留】、高僧傳要行抄一卷【請留】、無量壽經願生義一卷【請留】、三具足經翻譯記一卷、寶髻經翻譯記一卷、真言要訣六卷、葉婆國達摩菩提因緣一卷、序廻論翻譯記一卷【已上第九橱】。<u>經典釋文廿一卷【一帙】</u>、<u>新修本</u>

草二帙【廿卷】、太宗文皇帝集卅卷、群英集廿一卷、許敬宗集十卷、天文要集十卷、職官要録卅卷、庾信集廿卷、政論六卷、明皇論一卷、帝曆並史記目録一卷、帝紀【日本書】、君臣機要抄七卷、瑞表録一卷、慶瑞表一卷、帝德録一卷、帝德頌一卷、讓官表一卷、聖賢六卷、鈞天之樂一卷、十二戒一卷、安國兵法一卷、軍論昇中記、文軌一卷、要覽一卷、玉曆二卷、上金海表一卷、治臃疽方一卷、石論三卷、古今冠冕圖一卷、冬林一卷、黃帝針經一卷、藥方三卷、天文要集歲星占一卷、慧孛占一卷、天官目録中外官簿分一卷、黃帝太一天目經二卷、內官上占一卷、石氏星官簿讚一卷、太一決口第一卷、傅讚星經一卷、簿讚一卷、九宮二卷【一推九宮法、一遁甲要】。天平廿年六月十日、自平攝師手而轉撰寫取。十九年十月一日佐官僧臨照、大僧都僧行信、此二柱僧綱共知檢定。〔大③84—91〕

天平年間文書、見録《太一經》、《遁甲經》、《天文(石氏星經)》、《六壬式》、《(九章)算術》、《相地經》、《(墨子)五行記》、《占經》、《周易經》、《楪筮經》。

●官人考試帳(正倉院文書・續續修十九帙十一裏)陰陽師 中上 正上位下行陰陽師高金藏【年五十八、右京】、能【太一、遁甲、天文、六壬式、算術、相地】、日參佰玖、恪勤匪懈善、占卜效驗多者最。從七位下守陰陽師文忌寸廣麻呂【年五十、右京】、能【五行、占、相地】、日貳佰玖拾肆、恪勤匪懈善、占卜效驗多者最。陰陽博士、從六位下行陰陽博士縣兄麻呂【年卅三、右京】、(續修二十八)能周易經及楪筮、太一、遁甲、六壬式、算術、相地】日貳佰捌拾玖、恪勤匪懈善、占卜效驗多者最。天文博士、從六位下行天文博士王中文【年卅五、右京】、能【太一、遁甲、天文、六壬式、算術、相地】、日貳佰柒拾、恪勤匪懈善、占卜效驗多者最。漏刻博士、正中位上行漏刻博士池邊史大嶋【年五十七、右京】、能【匠】、日參佰拾壹、恪勤匪懈善、訪察精審、庶事兼舉最。

天平年間文書、見録《毛詩》、《論語》、《孝經》、《駱賓王集》。

●讀誦考試歷名(正倉院文書・續續修二十六帙五裏)佐日惣能法花經一部【音中、(異筆、下同)文上】。金姓大富法花經一部【中】。弓削宿彌月女法花經一部【中】。布勢朝臣黑世比女法花經一部【音中、文中】。飯盛少水法花經一部【中下】。平群加比女法花經一部【中下】。巨勢斐多臣阿佐女法花經一部【中】。止美首夷女法花經一部【中】。荒田井親女法花經一部【中】。物部連黑女法花經一部【音中】。久米(止止上)君五月唯識論一部。丹比真人氣、讀毛詩上帙、論語十卷、誦毛詩三部、孝經、駱賓王集一卷、百法論。佐紀方名女最勝王經一部【音中】。

天平勝寶二年(天寶九年,750)文書、見錄崔子玉《座右銘》、周興嗣《千字文》、《經典釋文》。

●造東大寺司牒案(正倉院文書・續續修十六帙三)(端裏書)千部用仁王疏反上。造大寺司牒岡本寺。奉請法花經壹佰玖拾部【千部之内者、橡表黃紙柒塗軸】、納櫃六合(無鑰)。帙壹佰玖拾枚【百卅二枚千部内、五十八枚以宮一切經料借用】。竹帙百卅二枚千部内【錦縁緋、裏八十六枚、拾組卅六枚、紫緒】。繡帙五十八枚一切經料借着【錦縁緋、裏紫緒】。牒、依紫微中臺今月二日牒旨、奉請如前、故牒。天平勝寶二年三月三日、主典從八位下美努連(奧麻呂)、判官正七位下田邊史(真人)。(紙背)建部廣足(筆)。充糸井市人(筆)。若倭部益國(筆)。茨兄田万呂(墨)。鬼室小東人(墨、筆)。村國益人(筆)。巨世万呂(筆)。阿刀宅足(筆)(以下異筆)無導人之短、無説己之長。施人愼勿念、受施愼勿忘。世譽不足慕、唯仁爲紀綱。〈●陳案、以上爲崔子玉『座右銘』文〉。万里三春重葳華、訪酒追琴入仙家。林間探影逢明月、谷裏尋香值落花。千字文敕。萬里三春秋秋秋長。敕員外散騎侍郎周興嗣次韻。〔大⑪176—177〕

●造東大寺司牒案(正倉院文書・續續修四十一帙五裏)答難顯宗論一卷。中觀論宗要一卷。大乘三藏義一卷。諸經教迹一卷。懲行路難一卷。諸經論序並翻譯時節一卷。曇吉寫新章一卷。三寶章一卷。三藏義一卷。三具足經翻譯記一卷。寶髻經翻譯記一卷。真言要決六卷。葉婆達摩菩提因縁一卷。序廻論翻譯記一卷。經典釋文廿一卷。以前疏、爲用本暫間奉請、乞察此趣、附使分借、今差舍人少初位上他田水主充使、

以牒。〔大⑪429—430〕

天平勝寳三年(天寶十年,751)文書、見録《歌林》。

●寫私雜書帳(正倉院文書・續續修十一帙七)五月十八日、來葛井主(根道)典紙一百張【梵綱經疏二卷料】。梵綱經本二卷【白紙】。橡紙柒軸綺緒。第一卷【充間人道嶋】。第二卷【阿刀宅足、鬼室小鬼人、充春日虫万吕】。水主。六月三日、來歌林七卷【玄番(蕃)頭王(市原王)書者】、收水主。七月廿九日、進送書十四卷【七卷本、七卷寫今、用紙百廿八帳、見請紙二百張】。般若咒法一卷【始充山口豊川、後充大友廣國】、次充竹野廣成。七俱胝經一卷。神符□□一卷。右經、玄蕃頭王私經者。〔大⑪474—475〕

天平勝寳八年(至德元年,756)文書、見録《雜集》、《孝經》、《頭陀寺碑文》、《杜家立成》、《樂毅論》、《(搨王羲之)書法》。

●東大寺獻物帳(正倉院文書)

奉爲 太上天皇捨國家珍寳等入東大寺願文 皇太后御製

妾聞、悠悠三界,猛火常流。杳杳五道,毒綱是壯。所以自在大雄、天人師佛。垂法鈎而利物,開智鏡而濟世。遂使擾擾群生,入寂滅之域。蠢蠢品類,趣常樂之庭。故有歸依則滅罪無量,供養則獲福無上。伏惟先帝陛下、德合乾坤,明並日月。崇三寳而遏惡,統四攝而揚休。聲籠天竺、菩提僧正,涉流沙而遠到。化及震旦,鑑真和上,漾滄海而遥來。加以天惟薦福,神祇呈祥。地不惜珍,人民稱聖。恒謂千秋萬歲,合歡相保。誰期幽塗有阻,閲水悲涼。靈壽無增,谷林搖落。隟駟難駐、七七俄來。荼襟轉積、酷意彌深。披后土而無徵,訴皇天而不弔。將欲爰託勝業,式資聖靈,故今奉爲先帝陛下,捨國家珍寳,種種翫好。及御帶牙笏弓箭刀劍,兼書法樂器等入東大寺,供養盧舍那佛及諸佛菩薩一切聖賢,伏願持茲妙福,奉翼仙儀,永馭法輪,速到花藏之寳刹。恒受妙樂,終遇舍那之法筵。將普賢而宣遊,共文殊而展化。仁霑百億,德被三千。又頌今帝陛下壽同法界,福類虛空。劫石盡而不盡,海水竭而無竭。身心永泰,動息常安。復乃天成地平,時康俗阜。萬姓奉無爲之化,百工遵有道之風。十方三界、六道四生,同霑此福,咸登妙果。

獻盧舍那佛(中略)。納物、雜集一卷【白麻紙、紫檀軸、紫羅縹、綺帶】、右、平城宮御宇、後太上天皇御書。孝經一卷【麻紙、瑪瑙軸、滅紫紙縹、綺帶】、右、平城宮御宇、中太上天皇御書。頭陀寺碑文並杜家立成一卷【麻紙、紫檀軸、紫羅縹、綺帶】。樂毅論二卷【白麻紙、瑪瑙軸、紫紙縹、綺帶】右二卷、皇太后書。以前四卷、裏衣香二袋【一重六兩二分、一重十一兩二分】、並白葛箱。(付箋)除物平宮御宇、後太上皇禮聘藤原皇后之日相贈信幣之物一箱(封)。書法廿卷。揭晉右將軍王羲之草書卷第一【廿五行、黃紙、紫檀軸、紺綾縹、綺帶】。同羲之草書卷第五【卅行、黃紙、紫檀軸、紺綾縹、綺帶】。同羲之草書卷第六【卌行、黃紙、紫檀軸、紺綾縹、綺帶】。同羲之草書卷第七【卌六行、黃紙、紫檀軸、紺綾縹、綺帶】。同羲之草書卷第八【卌四行、黃紙、紫檀軸、紺綾縹、綺帶】。同羲之草書卷第九【卌五行、黃紙、紫檀軸、紺綾縹、綺帶】。同羲之草書卷第十【廿五行、黃紙、紫檀軸、紺綾縹、綺帶】。同羲之草書卷第五十一【真草千字文二百三行、淺黃紙、紺綾縹、綺帶、(付箋)紫檀軸】。同羲之書卷第五十二【廿一行、黃紙、紫檀軸、紺綾縹、綺帶】。同羲之書卷第五十三【廿一行、黃紙、紫檀軸、紺綾縹、綺帶】。同羲之書卷第五十四【廿一行、黃紙、紫檀軸、紺綾縹、綺帶】。同羲之書卷第五十五【廿五行、黃紙、紫檀軸、紺綾縹、綺帶】。同羲之書卷第五十六【卌一行、黃紙、紫檀軸、紺綾縹、綺帶】。同羲之書卷第五十八【卌五行、黃紙、紫檀軸、紺綾縹、綺帶】。同羲之書卷第五十九【廿五行、黃紙、紫檀軸、紺綾縹、綺帶】。同羲之書卷第六十【卌七行、黃紙、紫檀軸、紺綾縹、綺帶】。同羲之扇書一卷【廿行、黃紙、紫檀花軸、碧地錦縹、綺帶】。裏衣香三袋【一袋小一斤七兩一分、一袋小一斤十三兩、一袋八兩二分】。右、並納銀平脫箱、箱亦納高麗錦袋。(中略)。右件、皆是先帝翫弄之珍、內司供擬之物。追感疇昔、觸目崩摧。謹以奉獻盧舍那佛、伏願用此善因、奉資冥助、早遊十聖、普濟三途。然後鳴鑾花藏之宮、住蹕涅槃之岸。天平勝寶八歲六月廿一日。從二位行大納言兼紫微令中衛大將近江守藤原朝臣仲麻呂。從三位行左京大夫兼侍從大倭守藤原朝臣永手。從四位上行正五位下兼中衛少將山背守巨萬朝臣福信。紫微大忠正五位下兼行左兵衛率左右馬監賀茂朝臣角足。從五位上行紫微少忠葛木連戶主。〔大④121—171〕

天平寶字二年（乾元二年，758）文書，見錄《大小王真蹟書》。

●孝謙天皇施入敕（正倉院文書）

敕、獻東大寺。大小王真蹟書一卷【黃半紙、面有大王書九行、七十七字。背有小王書十行、九十九字、兩端黏青褐紙、又胡桃褐紙裹、着紫綺帶、水精軸納】。右書法、以弈世之傳珍。先帝之玩好、遺在篋司、追感瞿然、謹以奉獻盧舍那佛。伏願、以此妙善、奉翼冥途。高遊方廣之通衢、恆演圓伊之妙理。天平寶字二年六月一日。紫微内相從二位兼行中衛大將近江守藤原朝臣（自署）【仲麻呂】。

天平寶字八年（廣德二年，764）文書，見錄"歐陽詢真蹟屏風"。

●御物目錄（雙倉北雜出用帳・東寺司）歐陽詢真蹟屏風壹具拾貳扇【並高四尺八寸半、廣一尺七寸半、納黃絁袋二口】右、依因八麻命婦今月十二日宣、借充道鏡禪師所【以天平寶字八年七月廿七日返上。收大僧都良弁。三綱少都維那聞崇。佐伯宿彌真守。造寺司判官美努連。大外記高丘連。左虎賁佐高麗朝臣廣山】。天平寶字六年十二月十四日主典阿刀連酒主。造寺司判官上毛野公真人。使内匠頭正四位下高麗朝臣福信。大僧都良弁。三綱上座法師安寬。都維那僧承天。可信法師法正。〔大④192—193〕

天平寶字中文書，見錄李善注《文選》。

●秦家主啓（正倉院文書・續修四十八）謹啓、消息事。一、法花經者、以當月廿三日始可奉。一、先日宣注文選、殷勤欲畫申人侍、紙食料筆墨等、備欲求請。一、經師闕所、尾張足人預欲仕奉申。一、若請暇退幸者、若奈良宮（京）可入坐事等、在道次可召。想心雖万端、不能書具載、伏乞部下消息、迺曲投一封、死罪頓首、謹言。四月廿日下愚秦家啓主。道守執下。

寶龜六年（大曆十年，775）文書，見錄《古文孝經》。

●(佐佐木信綱氏所藏)古文孝經序 孔安國 孝經者何也。孝者、人之高行。常、經也。自有天地人民以來、而孝道着矣。上有明王、則大化滂流、充塞六合。若其無也。斯道滅息、當吾先君。(大㉓317—318)

寶龜七年(大曆十一年,776)文書,見録《周禮》。

●丸部人主手實 丸部人主解 寫(了)阿毗曇毗婆沙論七帙(十卷)。用紙佰肆拾壹枚。一(十九)。二(十二)。三(十二)。四(十二)。五(十四)。六(十四)。七(十二)。八(十二)。九(十七)。十(十七、破一)。受紙百卌一枚(依員盡用)。寶龜七年二月九日、勘上氏成。(右裏)周禮曰、正月望雲氣、青爲蟲、白爲喪、赤爲兵、黑爲水、黄爲豊。〔大㉓363〕

天應元年(建中二年,781)文書,見録光明皇太后所獻書籍并《大小王真蹟書》《書法》等。

●御物目録(雙倉北雜出用帳・東寺司)三綱、大都維那僧惠瑶。天應元年八月十二日出、大小王真蹟一卷【黄紙半張、表裏書、兩端黏青褐紙、納白葛筥一合】。(別筆)八月十八日旦返納十二卷。書法廿卷【納平脱箱一合、其裝具及紙行數詳於獻入帳】。(別筆)八月十八日返納了。又時時御製書四卷【其裝具及紙行數詳於獻入帳、納白黑葛筥一合】。右、進於内裏。檢校使藤原朝臣家依、健部朝臣人上。造寺司次官桒原公足床。大判官佐伯宿彌福都理。少判官林忌寸稻麻呂。少判官大伴宿彌水通。主典多朝臣鷹養。三綱、上座大法師、大都那惠瑶、寺主善季。天應元年八月十八日返納物。雜集一卷【白麻紙、紫檀軸、右平城宮御宇】。孝經一卷【麻紙、瑪瑙軸、滅紫紙縹、綺帶。右平城宮御宇】。頭陀寺碑文並樂毅論杜家立成一卷【麻紙、紫檀軸、紫羅縹、綺帶】。樂毅論一卷【白麻紙、瑪瑙軸、紫紙縹、綺帶。二卷、皇太后御書】。裏衣香二袋【一重六兩二分、一重十一兩二分】、右並納白葛箱。書法廿卷。揚晉右將軍王羲之草書卷第一【廿五行、黄紙、紫檀軸、紺綾縹、綺帶】。同羲之草書卷第二

【五十三行、蘇芳紙、紫檀軸、紺綾縹、綺帶】。同羲之草書卷第三【卌行、黄紙、紫檀軸、紺綾縹、綺帶】。同羲之草書卷第六【卌一行、黄紙、紫

檀軸、紺綾縹、綺带】。同羲之草書卷第九【卅五行、黃紙、紫檀軸、紺綾縹、綺带】。同羲之草書卷第十【廿五行、黃紙、紫檀軸、紺綾縹、綺带】。同羲之草書卷第五十一【真草千字文二百三行、淺黃紙、紫檀軸、紺綾縹、綺带】。同羲之書卷第五十二【廿七行、黃紙、紫檀軸、紺綾縹、綺带】。同羲之書卷第五十四【廿一行、黃紙、紫檀軸、紺綾縹、綺带】。同羲之書卷第五十□【□五行、黃紙、紫檀軸、紺綾縹、綺带】。同羲之書卷第六十【卅七行、黃紙、紫檀軸、紺綾縹、綺带】。同羲之扇書一卷【廿行、黃紙、紫檀花軸、碧地錦縹、綺带】。裏衣香三袋【一袋小一斤七両一分、一袋小十三両、一袋八両二分】。右、並納銀平脱箱、箱亦納高麗錦袋。同日出物、合雜藥柒種。桂心壹拾斤【小】、人參壹拾斤【小】、芒消叁斤【小】、呵梨勒叁佰枚、檳榔子伍拾枚、畢撥壹拾両【小】、紫雪壹拾両。右、依左大臣（魚名）宣、出充造寺司。使藤原朝臣家依、健部朝臣人上。造寺司次官桒原公足床。大判官葛井連犬養。大判官佐伯宿彌福都理。少判官林忌寸稻麻呂。主典多朝臣鷹養。三綱、上座大法師善報、大都那惠瑤。〔大④199—202〕

天應二年（建中三年，783）文書，見錄《大小王真蹟書》。

●御物目錄（雙倉北雜出用帳・東寺司）天應二年二月廿二日返納。大小王真蹟書壹卷【黃半紙面有大王書九行七十七字、背有】小王書十行九十九字、両端黏青褐紙。□水精軸。使藤原朝臣鷹、健部朝臣持人上。造寺司長官吉備朝臣泉。大判官槻本連袞麿。少判官大伴宿彌夫子。主典廣井連嶋人。主典多朝臣鷹養。三綱、寺主大法師善季、大都維那僧惠瑤。〔大④203—204〕

延曆三年（興元元年，784）文書，見錄《（王羲之）書法》。

●延曆三年三月廿九日返納。羲之書法捌卷。一卷【五十四行、黃紙、紫檀軸、紺綾縹、綺带】。一卷【□□□、□紙、紫檀軸、紺綾縹、綺带】。一卷【卅六行、白紙、紫檀軸、紺綾縹、綺带】。一卷【卅四行、黃紙、紫檀軸、紺綾縹、綺带】。一卷【廿一行、黃紙、紫檀軸、紺綾縹、綺带】。一卷【□】。一卷【卅五行、黃紙、紫檀軸、紺綾縹、綺带】。一卷【廿五行、黃紙、

紫檀軸、紺綾縹、綺帶】。使藤原朝臣家依。〔大④204—205〕

●造東大寺王羲之書法返納注文案（正倉院御物出納文書・東大寺使解四）（表題）王羲之書法返納文書、壹卷。□（造）東大寺司、案、羲之書法捌卷、一卷【五十四行、黃紙、紫檀軸、紺綾縹、綺帶】。一卷【卅行、黃紙、紫檀軸、紺綾縹、綺帶】。一卷【卅六行、白紙、紫檀軸、紺綾縹、綺帶】。一卷【卅四行、黃紙、紫檀軸、紺綾縹、綺帶】。一卷【廿一行、黃紙、紫檀軸、紺綾縹、綺帶】。一卷【卅一行、黃紙、紫檀軸、紺綾縹、綺帶】。一卷【卅五行、黃紙、紫檀軸、紺綾縹、綺帶】。一卷【廿五行、黃紙、紫檀軸、紺綾縹、綺帶】。右、返納本倉已訖。延曆三年三月廿九日、主典正六位上大野我孫、少判官正六位上下道臣。三綱、上座、可信。〔大㉕附錄9—10〕

延曆六年（貞元三年，787）文書，見錄"歐陽詢真蹟屏風"、《（王羲之）書法》、《大小王書蹟》等。

●東大寺使解（正倉院御物出納文書・東大寺使解五）（表題）延曆六年廿六日珍財帳、壹卷。

（中略）。銅鉢四口【元盛沙金、今空】。屏風二帖【歐陽詢真蹟書】、又二帖【王羲之諸牒書】。花氈六十七枚【天平寶字三年四月廿九日、裝束御齊堂料出】。繡綾鞋八兩。紫糸結鞋一兩。緋糸刺納鞋一兩。銀薰（薰）爐一合。銀平脫梳箱一合【盛琴笙琵琶等絃】。玫瑰箸二雙。青斑鎮石十廷。金薄彩繪木鞘大刀子一口。人勝二枚。大小王真蹟書一卷。書屏風二帖【蟲喫緣】。記書五卷【一珍寶記。一種種藥記。一書屏風並氈等記。一書屏風記。一大小王真蹟書記】。以前、依太政官今月十三日符、曝涼香藥並雜物亦簡擇之、即以檢珍寶財帳爲本、時有疑似引獻物帳改正、亦依出帳定數、具件如前、謹解。延曆六年（異筆）廿六日。（下略）。

〔大㉕附錄31—32〕

延曆十二年（貞元九年，793）文書、見錄光明皇太后所獻諸書及"歐陽詢真蹟屏風"、《（王羲之）書法》、《大小王書蹟》等。

●東大寺使解（正倉院御物出納文書・東大寺使解七）（表題）曝涼目錄。東大寺使解、申曝涼香藥等事。合壹佰肆拾伍種、納廚子貳口、韓櫃叁拾合【收納廳院西雙北端】。御書廿五卷。記書五卷。(中略)。第一赤柒櫃厨子收納【雜集一卷。孝經一卷。頭陀寺碑文並樂毅論、杜家一卷。樂毅論一卷。大小王書共半紙背面書一卷。王羲之書法廿卷】(中略)。右、被大政官今月一日符稱、被右大臣(藤原繼繩)去五月廿九日宣稱、奉敕爲曝涼在彼寺香藥、宜遣件人等者、仍依旨令向彼寺、宜知此狀、聽使處分、其少僧都玄憐及三綱、與使共加檢校者、謹奉符旨、曝涼如件、謨解。延曆十二年六月十一日。(下略)。〔大㉕附錄34—53〕

弘仁十一年(元和十四年, 819)文書, 見錄《大小王真蹟》及《(王羲之)書法》。

●東大寺使解(正倉院御物出納文書・十雙倉雜物出入帳)弘仁十一年十月三日下、大小王真蹟小半紙【革納細筥】。真草書貳拾卷【納銀平薄平文筥、已上書本、直佰伍拾貫文、舊錢】。綫鞋肆兩。男綿鞋壹兩。紫絲鞋壹兩。已上、直錢參貫陸佰文、舊。三綱、上座都維那孝崇。寺主(別當)。使、散位正四位下藤原朝臣真夏、少監物從七位上大春日朝臣春野。右近衞少將從五位下和氣朝臣真綱。〔大㉕附錄64—65〕

齊衡三年(大中十年, 856)文書, 見錄光明皇太后所獻諸書。

●東大寺使解(正倉院御物出納文書・東大寺使解十五)(表題)雜物物實錄【齊衡三年六月廿五日曝涼使解】完。雜集□□(一卷)【□□(白麻)紙、□□(紫檀)軸、紫羅縹、綺帶】。右平城宮御宇後太上天皇御書。孝經一卷【麻紙、瑪瑙軸、滅紫紙縹、綺帶】。右□(平)城宮御宇□□□□□(中太上天皇)御書。頭□□〈●陳案、欠字當爲「陀寺」〉碑文並樂毅論、杜家立成一卷【□□□(麻紙、紫)檀軸、紫羅□(縹)、綺□(帶)】。樂毅□□(論一)卷【□(白)麻紙、瑪瑙軸、紫紙縹、綺帶】。右□(二)卷、皇太后御書。(中略)。右、以天平寶字元年潤八年廿四日獻物。以前、雜財物等實錄、申上如件。齊衡三年六月廿五日正六位上行中監物紀朝臣(自署、下同)柄成。使從五位下雅樂頭兼行備前介藤原朝臣貞敏。

左衞門佐從五位上兼行□。(下略)。〔大㉕附錄101—114〕

白居易園林文學對日本平安朝漢文學的影響
——以兼明親王爲中心

高兵兵（西北大學）

白居易的詩文集自日本承和年間（834—848）批量傳至日本後，即刻對日本文人産生了深刻的影響，詩人們在語句、體裁、題材、內容、思想等諸多方面紛紛效仿白居易作品。其後，這股"白"色旋風貫穿了整個平安時代。

日本平安時代很多漢文學家都是在白居易文學的熏陶下成長起來的，主要的如小野篁（802—852）、島田忠臣（828—891）、菅原道真（845—903）、紀長穀雄（845—912）、兼明親王（914—987）、慶滋保胤（？—1002）等。這些文學家不僅在詩文的形式、語句上對白居易大加模仿，而且在文學活動、生活方式以及思想境界等諸多方面，都表現出對白居易的追隨。其中，特別是白居易對自家園林的營造及樂居其中的閑適生活觀，對上述各位詩人都有過很大影響。本文將在梳理白居易園林文學對平安朝漢文學整體影響的基礎上，進一步以兼明親王的作品爲例，來闡述其具體的影響關係。

一、白居易園林文學對日本平安朝文學活動的影響

日本受白居易影響最典型的文學活動，當屬"尚齒會"。藤原明衡（990？—1066）編纂的平安時代漢詩文總集《本朝文粹》，卷九收錄了兩

篇關於尚齒會的詩序,即菅原是善作《暮春南亞相山莊尚齒會詩》和菅原文時作《暮春藤亞相山莊尚齒會詩》。現將兩篇詩序的開頭部分引用如下:

> 大唐會昌五年,刑部尚書白樂天,於履道坊閑宅,招盧胡六叟宴集,名爲七叟尚齒會。(《暮春南亞相山莊尚齒會詩》)
>
> 尚齒之會,時義遠哉。源起唐室會昌白氏水石之居,塵及皇朝貞觀南相山林之窟。傳來數百萬里,絶後九十三年。(《暮春藤亞相山莊尚齒會詩》)

"尚齒"爲尊重長者之禮,自古有之,而年長者爲此齊聚一堂、吟詩作賦而成"尚齒之會",則是白居易的專利。"會昌五年(845)三月二十一日,於白家履道宅同宴,宴罷賦詩","胡、吉、鄭、劉、盧、張等六賢,皆多年壽,予亦次焉,偶於弊居合成尚齒之會。七老相顧,既醉且歡,靜而思之,此會稀有。因成七言六韻,以紀之傳好事者。"連白居易自己都説"此會稀有",且是"偶成",可見是前無古人的。後世之人呢,雖然記得白居易曾舉辦過世間稀有的"尚齒之會"(如宋樓鑰《朱季公寄詩有懷真率之集次韻》中説:"香山尚齒當會昌,卧雲不羨坐岩廊。七人各列官與鄉,年德俱高世所臧。丙午同甲遥相望,清談生風相琅琅。耆英人物尤軒昂,賦詩遠追白侍郎。"),但這種聚會的形式本身,在中國似乎並没有被繼承下來。

而在日本,白居易會昌五年"尚齒之會"的形式、内容,則完全得到了效法和傳承,日本元慶元年(877)年三月,距白居易會昌五年尚齒會後僅僅三十二年,日本就有了第一次尚齒會。記録這次尚齒會的,正是《暮春南亞相山莊尚齒會詩序》。作者菅原是善(812—880),是菅原道真的父親,世稱"菅相公"。"南亞相"指大納言南淵年名(808—877),"亞相"是"納言"的中國式稱呼。"山莊"指南淵年名的別業"小野山莊"。小野山莊位於現在京都修學院離宫附近的赤山禪院境内,現立有"小野山莊舊跡"石碑及"我邦尚齒會發祥之地"石碑。

《暮春藤亞相山莊尚齒會詩序》記錄的是安和二年(969)日本史上第二次尚齒會的情形。作者菅原文時是菅原道真的孫子，"藤亞相"指此次尚齒會召集者藤原在衡(892—970)。"山莊"指藤原在衡的別業"粟田山莊"(亦稱"東山別業")。

　　距安和二年尚齒會一百餘年後的嘉寶二年(1095)，日本又出現了"和歌尚齒會"。漢詩與和歌合計，日本史上迄今已明確的，共舉辦過六次尚齒會。日本的尚齒會，基本上照搬了白居易尚齒會的形式，比如都是"七叟"，會期也都設在暮春三月，而且漢詩尚齒會上的作品也都是六韻十二句。但日本的尚齒會也有獨創之處，最大的不同就是陪同和觀看者"垣下"的存在。"垣下"的人數遠遠超過七老，而且他們也都賦詩，也同樣都是六韻①。

　　無論怎樣，白居易尚齒會在日本的繁衍和發展，都堪稱是中日文學交流史上的佳話。

　　下面再舉一個例子。由《本朝文粹》所收的詩序題目可知，日本文人非常注重文學活動的季節和時日。而在四季之中最值得一提的，要數"三月盡"及"九月盡"，僅《本朝文粹》所收詩序有《三月盡日陪吉祥院聖廟同賦古廟春方暮》(大江以言)、《三月盡日遊五覺院同賦紫藤花落鳥關關》(源順)、《秋盡日玩菊應令》(菅原道真)、《九月盡日惜殘菊應制》(紀長穀雄)、《九月盡日於佛性院惜秋》(源順)、《九月盡日侍北野廟各分一字》等等。"盡日"本來泛指月末，而單單重視"三月盡"和"九月盡"，是因爲它們代表着春天和秋天的終結，因此又叫"春盡""秋盡"。文人們在這一天宴集吟詠，就是爲了對美好季節即將結束表達惋惜之情。日本學者已經指出，"三月三十日""三月盡"或"春盡"，是白居易詩中常見的題材，表達的都是"惜春"之情；而日本詩歌中的"三月盡"正是源自白居易的影響；與此相比，"九月盡"是日本文人將白居易的"惜春"運用於"惜

---

① 關於日本尚齒會，後藤昭雄有詳盡的系列研究論文。中國讀者可參照後藤昭雄著、高兵兵譯《日本古代漢文學與中國文學》中"尚齒會的源流"一章(中華書局，2006年)。

秋"的結果①。

中國以"惜秋"爲題的詩文，到南宋才出現了華嶽的《惜秋二首》，可見日本古代詩人的"惜秋"概念是他們獨創出來的。中國人一向認爲"一年之際在於春"，春去之時當然需要珍惜挽留；而秋天是肅殺的，只會令人感到悲涼淒慘，所以古代的文人從來都只是"悲秋"。杜甫《大曆二年九月三十日》詩云："爲客無了時，悲秋向夕終。"就是說在秋天的最後一天，悲秋之情也即將得以結束了。而在日本，自古是春秋並重的，《萬葉集》中有"春秋之爭"組歌，《古今和歌集》中，秋歌的數量超過春歌，因此，詩人們才自然把"惜春"的感情也用來"惜秋"了吧。還有一點，日本詩人的"惜秋"常常是和欣賞"殘菊"聯繫在一起的，而日本詩人喜歡"秋盡惜殘菊"，就像白居易常常"春盡惜落花"一樣②。

通過以上"尚齒會"和"盡日"的例子，可以了解日本古代文人在文學活動上受白居易影響的一些基本情況。日本文人對白居易的接受，絶不是囫圇吞棗或簡單模仿，他們會以更適合本土的方式，對白居易的文學精神加以發展和創新。

二、白居易園林文學對日本古代文人生活態度及思想境界的影響

提到白居易園林文學所體現的生活態度及思想境界對日本文人的影響，人們最容易想到的恐怕要數《本朝文粹》卷十二所收慶滋保胤作《池亭記》了。"池亭"意爲水邊之宅，文中具體指慶滋保胤建於平安京六條

---

① 關於白居易"三月盡"以及其對日本文學的影響，可參考平岡武夫《白居易——生涯與歲時記》(朋友書店，1998年)中的"三月盡——白氏歲時記"一節、小島憲之《四季語——"盡日"的誕生》(《國語國文》46—1、1977年)，中村佳文《菅原道真"惜春詩"的形成——圍繞對白居易"三月盡詩"的享受》(《平安朝文學研究》35、1998年)、田中幹子《關於〈古今集〉中的季節到及辭去——三月盡意識的發展》(《中古文學》1997年3月)、太田鬱子《〈和漢朗詠集〉中的"三月盡""九月盡"》(《言語與文藝》91、1981年)等論文。

② 關於日本詩人"惜秋"及"賞殘菊"習慣與中國的差異，筆者以前曾做過論述(見高兵兵《雪·月·花——由古典詩歌看中日審美之異》中第四章"中日有異的'殘菊'"，三秦出版社，2006年)，在此就不再深究了。

的宅邸。《池亭記》中描寫的保胤宅邸的結構、景觀以及主人追求閑適的生活態度,與白居易《池上篇》所描繪的洛陽履道宅以及《草堂記》所描寫的廬山草堂生活,都有着諸多的關聯①。但不同的是,慶滋保胤在關心自身居住環境的同時,還涉及了整個平安京的生活和社會環境,體現了作者作爲官吏的社會責任感。同時,本篇還爲我們了解當時日本的社會生活提供了寶貴資料。

　　《本朝文粹》卷十二,還收録了一篇與慶滋保胤《池亭記》同題之作,即兼明親王所作《池亭記》。兼明親王的《池亭記》,更加明顯地體現着對閑適、幽隱生活的向往。慶滋保胤與晚年的兼明親王私交甚密,因此可以認爲,慶滋保胤的《池亭記》,從篇名到內容,都直接來自兼明親王的影響②。換句話説,兼明親王比慶滋保胤更早地接受了白居易生活態度的影響。關於兼明親王與白居易閑適生活的關係,將在後文詳述。

　　當然,兼明親王也並非日本最早接受白居易生活理想的人物。《本朝文粹》卷十二所收菅原道真的《書齋記》,也可以明顯看出白居易《池上篇》和《草堂記》的影響③。對比《書齋記》和《池上篇》的開頭部分:

　　　　東京宣風坊有一家。家之坤維有一廊。廊之南極有一局。(《書齋記》)
　　　　都城風土水木之勝在東南偏。東南之勝在履道里。里之勝在西北隅。西閈北垣第一第,即白氏叟樂天退老之地。(《池上篇》)

兩者均采用了由遠處逐漸接近目標的描寫手法,可謂相似至極。此外,《書齋記》中的:

----

　　① 關於慶滋保胤《池亭記》與白居易的關聯,日本學者金子彦二郎、堤留吉、大曾根章介、增田繁夫等人均有論述。
　　② 據大曾根章介《"池亭記"論》(山岸德平《日本漢文學史論考》,岩波書店,1974年)。
　　③ 關於《書齋記》受《草堂記》影響一事,據大曾根章介《"書齋記"雜考》(《王朝漢文學論考——〈本朝文粹〉研究》岩波書店,1994年)。關於《書齋記》與《池上篇》的關聯,據燒山廣志《菅原道真〈書齋記〉與白居易〈池上篇〉的比較考察》(其一)——白居易《〈池上篇并序〉試讀》(熊本大學《國語國文學研究》31,1995年)。

户前近側有一株梅。東去數步有數竿竹。每至花時,每當風便,可以優暢情性,可以長養精神。

這部分也與《池上篇》中下面所引部分有着神似之處。

每至池風春,池月秋,水香蓮開之旦,露清鶴唳之夕,拂楊石,舉陳酒,援崔琴,彈姜秋思,頹然自適,不知其他。

以上情況説明,菅原道真在對平安京宣風坊自家邸宅的認識上,受到了白居易洛陽履道宅的諸多影響①。不僅如此,菅原道真在贊岐做太守和被貶大宰府之後的生活中,也經常將自己與白居易的地方生活加以比照,受其影響頗深②。

《本朝文粹》卷一"雜詩"類收録的紀長穀雄的《山家秋歌》組詩八首中,也可以明顯看出白居易生活態度的影響。從内容上看,這組詩應爲題屏風畫詩,但重要的是,它雖爲題畫詩,表面寫景,而實爲述懷,表達了作者對世事的態度和平生的志向。在措辭及内容上,本篇與白居易《香爐峰下新卜山居草堂初成偶題東壁五首》(後四首或名《重題》)都有着很大的關聯③,整體上表現出對白居易廬山草堂生活的追捧。比對兩者,我們可以找出許多相同或近似的措辭:

山家秋歌	香爐峰下新卜山居草堂初成偶題東壁
厭浮名	逃名
試避喧喧毁譽聲	免見啾啾毁譽聲
三間茅屋	三間新草堂

---

① 見高兵兵《菅原道真的居住觀與白居易——平安京宣風坊宅與洛陽履道里宅》(勉誠出版《白居易研究年報》6,2005年)。

② 見高兵兵《菅原道真的居住觀與白居易——以地方生活爲中心》(福井大學言語文化學會《國語國文學》47,2008年)。

③ 據三木雅博《關於紀長穀雄的〈山家秋歌〉——白詩享受之一端》(《中古文學》第23期,1979年)。

續 表

山家秋歌	香爐峰下新卜山居草堂初成偶題東壁
送殘生	送老
藥圃荒涼手自耕	藥圃茶園爲産業
卧雲中	雲裏卧
休世夢	世事從今口不言
卜居山水	新卜山居（詩題）
不屑	不爭
扃澗户	雲生澗户
秋鶴	林鶴
計身安	心泰身寧是歸處
甘長住，誓不歸	官途自此心長别
泉聲枕上飛	灑砌飛泉，一泉……繞階流

菅原道真的《僧房屏風圖四首》的第二首《閑居》中也有"茅屋三間竹數竿，便宜依水此生安"，同樣可見白居易廬山草堂詩的影子，這恐怕也是紀長穀雄創作《山家秋歌》的契機之一吧。不過遺憾的是，不論是菅原道真還是紀長穀雄，對他們來説，白居易的廬山草堂，都只不過是"畫"中的理想境界。實際生活中，他們都不是白居易生活理念的實踐者，平安京内的貴族，一旦遠離京城，似乎就無法生存下去了。當然，日本後來也不是没有白居易生活理念的真正實踐者，那就是兼明親王！關於兼明親王對白居易閑適生活的追求及其實踐的情況，將在下節作專門闡述。

另外，在剛才介紹的菅原道真《書齋記》和慶滋保胤《池亭記》中，都出現了"東京"這一稱呼，而且在日本古代的漢詩文裏，還經常可以看到"洛陽""洛城"等字樣，如《本朝文粹》卷九大江以言《七言暮秋陪左相府宇治别業即事詩序》的開頭"雍州上腴，洛城南面，有一勝境，蓋乃左相府之别業矣"。

據説受唐"西京長安"和"東京洛陽"的影響，平安京的東西兩半，西半邊被稱爲"西京"或"長安"，東半邊被稱爲"東京"或"洛陽"，後來由於西半邊也就是"長安"一側地勢低窪，經常發水，不久便衰落了，而只有東半邊即"洛陽"一側得以發展起來，所以後來稱京都爲"洛陽"①。但我認爲，平安京後來只被稱作"洛陽"而不是"長安"，與白居易的影響不無關係。

《書齋記》的作者菅原道真，在離京赴贊岐（今四國香川縣）任地方官期間，也用到了"東京"這個稱呼：

> 冬夜九詠・不睡
> 不睡騰騰送五更，<u>苦思吾宅在東京</u>。
> <u>竹林</u>花苑今忘却，聞道外孫七月生。
> （《菅家文草》卷四）

看到道真的這首詩，馬上就會聯想到白居易的《六月三日夜聞蟬》：

> 乍聞愁北客，靜聽<u>憶東京</u>。
> 我有<u>竹林宅</u>，別來蟬再鳴。
> 不知池上月，誰撥小船行。

對照這兩首詩，都有對"東京"自家宅邸的思念，而且兩者在描寫宅邸特徵時都提到了"竹林"，可以肯定兩者之間有影響關係。白居易詩中的"東京"指的是洛陽，所以，菅原道真詩中的"東京"，也可以理解爲是對平安京的稱謂，而非僅指其東半邊。而且從贊岐的位置看，平安京（今京都）的確遠在東方。白居易與菅原道真，同樣身在他鄉，同樣對所愛的都城宅邸深深思念，在菅原道真心中，"東京"平安京，就相當於白居易心中的"東京"洛陽②。

白居易在詩中經常將長安和洛陽加以比較，表達他對洛陽的偏愛，如

---

① 見岸俊男《平安京與洛陽、長安》（《日本古代宮都研究》，岩波書店，1988年）。
② 見高兵兵《菅原道真居住觀與白居易——平安京宣風坊宅與洛陽履道里宅》（勉誠出版《白居易研究年報》6，2005年）。

"還如南國饒溝水,<u>不似西京</u>足路塵。"(《早春晚歸》)、"<u>西京</u>鬧於市,<u>東洛</u>閑如社。"(《菩提寺上方晚望香山寺寄舒員外》)、"水暖魚多似南國,人稀塵少勝<u>西京</u>。<u>洛中</u>佳境應無限,若欲諳知問老兄。"(《和敏中<u>洛下</u>即事》)等。白居易文學中的"洛陽",是一個氣候風景俱佳、宜於閑適生活的理想之地,這些都深深影響了古代日本文人。在《本朝文粹》卷十一所收橘在列《春日野遊和歌序》中有下面一節:

於時<u>嵩嶽</u>之西脚,<u>洛水</u>之東頭,嘯野煙之春光,各吟一句,酌山霞之晚色,皆醉數杯。

"嵩嶽"和"洛水"本是洛陽城南的代表性風景,見於白居易《八月十五夜同諸客玩月》"嵩山表裏千重雪,洛水高低兩顆珠"、劉禹錫《酬令狐相公見寄》"閑遊占得嵩山色,醉卧高聽洛水聲"等。而在橘在列的這篇序文中,則用來指代平安京東郊的"東山"與"鴨川",這種聯想無疑也是來自白居易①。將平安京稱作"洛陽",抑或將平安京的山川稱爲"嵩山""洛水",這些背後都有白居易文學的滋養。是白居易詩中對洛陽生活的無限贊美影響了日本文人,從而造就了他們自己的"洛陽"。

綜上所述,白居易的生活態度,特別是廬山草堂及晚年洛陽的閑適生活,對日本文人的影響非常大。下一節我們將通過兼明親王的事例,來進一步闡明白居易閑適生活對日本古代文人的影響。

三、兼明親王對白居易文學的接受情況概述

兼明親王是醍醐天皇(885—930)的第十六子,世稱"前中書王"。他博學多才,擅長詩文創作,格調高尚,作品散見於《本朝文粹》《扶桑集》《江談抄》等。

兼明親王曾一度做到了"左大臣"的高位,後遭陷害,被降爲閑職。

---

① 關於白居易詩中"嵩山""洛水"對日本漢詩的影響,詳見後藤昭雄《本朝文粹抄(二)》第六章《春日野遊和歌序》(勉誠出版,2009年)。

於是他在京西嵯峨野龜山腳下，建起了一座"草堂"，過起了閑適的生活。

《本朝文粹》收錄着兼明親王(914—987)的二十篇作品，其中，《遠久良養生方》《憶龜山二首》《兔裘賦》《池亭記》《山亭起請》等數篇，都是圍繞着閑適生活而創作的。這些詩文體現了兼明親王貫穿始終的人生理想，突出表現了作者追求閑適、隱居的生活志向。篇中反映的思想，不由得令人想到唐代大詩人白居易的生活態度。水竹泉石圍繞、詩書琴酒爲伴，春花秋月之時，或吟詠、或行樂，醉而臥、醒復吟，欣然自得，如入無何之鄉……這簡直就是白樂天再世！

兼明親王受白居易的影響至深。他對白居易的接受是全面的、本質的、深層次的。當然，兼明親王對白居易的接受，首先就體現在其詩文形式上，現舉兩例進行説明。

如《本朝文粹》卷一"雜詩"類所收的《江南曲·憶龜山二首》(題下注："效江南曲體")，乃完全效仿白居易《憶江南詞(三首)》而作。現各舉其中一首如下：

憶龜山　兼明親王
憶龜山，龜山久往還。南溪夜雨花開後，西嶺秋風葉落間。豈不憶龜山！

憶江南　白居易
江南好，風景舊曾諳。日出江花紅勝火，春來江水緑如藍。能不憶江南！

兩首詩在詩題、句式、用韻以及情感表達上，都非常近似，其間的影響關係是毋庸置疑的。白居易詩中的對偶句"日出江花紅勝火，春來江水緑如藍"，後被傳送千年，而兼明親王詩中的對偶句"南溪夜雨花開後，西嶺秋風葉落間"，也非常工整流暢，堪稱佳句。"南溪"指流經今京都西郊嵯峨野的大堰川(桂川)，"西嶺"指嵯峨野以北的嵐山。詩題中的"龜山"就位於"南溪"和"西嶺"之間，是兼明親王晚年隱居之地。關於兼明親王龜山隱居與白居易的關係，將在下節詳述。

除了上述這種一目了然的模仿關係,兼明親王還愛在詩序中毫不隱晦地表示其作品乃仿效白居易而作,如卷十二所收的《髮落詞》和《座左銘》的序文:

髮落詞　兼明親王

予病後,鬢髮盡白,亦欲落盡。感居易《齒落詞》,作《髮落詞》以安慰之。其辭曰。

座左銘并序　兼明親王

東漢崔子玉作《座右銘》,大唐白樂天述其不盡者,作《續座右銘》。本朝愚叟元謙光,拾其遺作《座左銘》云爾。

現將白居易《齒落詞》和《續座右銘》的序文也列出來,以便進行比較。

齒落辭并序　白居易

開成二年,予春秋六十六。瘠黑衰白,老狀具矣。而雙齒又墮,慨然感歎者久之。因爲《齒落辭》以自廣。其辭曰。

續座右銘　白居易

崔子玉《座右銘》,余竊慕之,雖未能盡行,常書屋壁。然其間似有未盡者,因續爲座右銘云。

如上所示,僅從序文中就可以看出兼明親王兩首作品與白居易作品之間的繼承關係,而且詩序在形式、內容上也都非常相近。

進一步對照《髮落詞》和《齒落辭》兩首詩,其影響關係及內容、形式上的相似也都是顯而易見的。而且,以作者自身的口吻與白髮或牙齒進行問答的手法,也完全相同。如對落齒和落髮的發問:"何棄吾去"與"孰謂而去",語氣完全一樣。再如"齒"和"髮"的回答中所講的:"昔君之壯也,血剛齒堅;今君之老矣,血衰齒寒。"與"當君少壯之日,血脈盈而髮黑長;及至老爛之齒,肌膚虛而鬢蒼浪","女長辭姥,臣老辭主;髮衰辭頭,葉枯辭樹。"與"魚勞尾頳，樹病葉秋。馬困而有玄黃，烏感而有白頭。……"其邏輯和表達方式都是相同的。還有"齒"和"髮"對作者的反問："君何嗟嗟"與"君何歎焉"，以及作者聽完"齒"和"髮"之言後所示的肯定："爾之言然"與"汝言是"，也都如出一轍。

只是兩者在風格與氣度上表現出不同的特色。白居易的作品偏於諷喻，表現出的多是自嘲和無奈；而兼明親王的作品中，更多了幾分凝重的思考及對現實的肯定。另外，《髮落詞》的結尾説："白盡之後，落盡之時，將絕簪纓之累，歸空門之岩扉。"這是作者志向的表白，而白居易《齒落辭》是没有這一部分的。

《座左銘》，篇名乃化用《文選》中崔瑗（字子玉）的《座右銘》，但體例上則更多模仿白居易的《續座右銘》。銘文均爲五言，且韻脚相同，兩者只是篇幅上有些出入，《續座右銘》是十五韻，《座左銘》是十韻。《座左銘》序中的"本朝愚叟元謙光"是兼明親王的自稱，"元謙光"是他爲自己取的中國式名字。日本古代文人很多都有中國名字和中國式官職稱謂。

以上例子還僅限於兼明親王對白居易詩文形式的模仿。但其實兼明親王一生的思想和生活態度，都有白居易的影子，尤其體現在對閑適生活的追求上。除了《憶龜山二首》在形式上完全模仿白居易的《憶江南》以外，其實誰也無法説出兼明親王具體是受白居易哪一首閑適詩的影響，而是他把白居易的生活態度吸收消化到骨子裏之後的自然流露！兼明親王是白居易閑適生活理念的真正實踐者。下面兩節將全面分析兼明親王對白居易閑適生活理念的追求和實踐的情況。

四、兼明親王的園林"池亭"及"龜山草堂"

從下引《本朝文粹》卷十二所收《池亭記》全文可以看出，兼明親王對閑適生活的追求，最初體現在他對"池亭"的營造上。

> 處高貴者，無登臨之暇，趨名利者，無遊泛之情。幽閑懶放之者，得虚無浮榮，富有風景焉。余少攜書籍，略見兼濟獨善之意。如今垂

老,病根漸深,世情彌淺,七不堪,二不可,并在一身。自從草創此亭,尤合心事矣。亭在曲池之北,小山之西,傍山臨流,結茅開宇。/亭中置筆硯一兩,而備居閑;攜弦歌十數,而當行樂。夏條爲帷,冬水爲鏡。南島之五大夫作老伴,東岸之一眼泉爲知音。況乎竹霧、蘋風、沙煙、波月、陰晴、顯晦,有不可形容者,蓋洞庭湖之一雲孫矣。/每至池水綠,岸葉紅,華前春暮,月下秋歸,一吟一詠,聊以卒歲,獨善之計,去此何求?/噫!人生多改,光陰不留,不知後日復在何處,不擊缶而歌,有大耋之嗟。然茫茫萬古,有賢人君子之終身在泥塗之中者。/吾無古人之德,位三品,齡半百,趨朝有官,歸家有亭,一日二日閑臥此亭,以送餘生,不復可乎?/因敘大概,書於亭之內壁,塵積雨淋,字銷點壞,誠謂之宜。後之觀者,與我同志,無隱焉,不知吾者,不可見之。己未之歲(指959"天德三年")十二月二日記之。

松竹池水圍繞、詩酒弦歌爲伴,每當良辰美景,便賦詩行樂。《池亭記》文中描寫的這種生活,有着太多白居易的影子,若不事先告知文章作者,恐怕真的會被認爲是白居易所作呢。特別是從"每至池水綠,岸葉紅,華前春暮,月下秋歸,一吟一詠,聊以卒歲。獨善之計,去此何求。"和"趨朝有官,歸家有亭。一日二日閑臥此亭以送餘生,不復可乎"。這兩部分看,親王在深受白居易《池上篇》影響的同時,對其"獨善"和"吏隱"思想也頗有心得。

但後來,似乎"池亭"已無法滿足兼明親王日益強烈的隱居志向了,於是他便在京城西郊嵯峨野(今京都嵐山一帶),爲自己找到了終老之地,建起了"龜山草堂"。親王對龜山草堂喜愛有加,經常在詩文中提及,最具代表性的當屬他模仿白居易《憶江南》所作的《憶龜山二首》(《本朝文粹》卷一)。前節曾引其中一首,在此再將兩首完整地舉出來:

憶龜山,龜山久往還。南溪夜雨花開後,西嶺秋風葉落間。豈不憶龜山。

憶龜山,龜山日月閑。沖山清景棧關遠,要路紅塵毀譽斑。豈不憶龜山。

"龜山"不像白居易的"江南",它離京城并不遙遠,且可以"久往還"。那麼,時常可以去的地方,爲什麼還需要"憶"呢？那是因爲"龜山日月閑"！龜山對於兼明親王,不僅僅是一處居所,而是他一生的志向和歸宿所在。與龜山的閑適形成鮮明對照的,是京城的"紅塵"與"毀譽",但作者畢竟是達官貴族,身不由己,不能完全擺脱世俗的拖累而常住龜山,他必須要"往還"於兩者之間。正因爲作者往來於這兩種完全相反的生活之間,非此即彼,所以他離開龜山住在喧囂的京城時,就會"憶"起龜山那閑適的生活吧。

《本朝文粹》卷十三所收兼明親王《祭龜山神文》中,記錄着他卜宅龜山的經過:

兼明年齡衰老,漸次休閑。爰尋先祖聖皇嵯峨之墟,請地於棲霞觀,占此靈山之麓。初求於易筮,吉也;問於相者,最也;取於中心,得也。三者相須,即披草萊,結茅茨。時時往來,棲息漸尚矣。

而《本朝文粹》卷一所收兼明親王《兔裘賦·序》中,也有類似的記載:

余龜山之下,聊卜幽居。欲辭官休身,終老於此。

平安京西郊的嵯峨野,乃嵯峨天皇故地①,地處幽靜,風景優美,是隱居的好去處,因此甚合兼明親王心意。於是他向地主棲霞寺購得土地,蓋了一座草堂。看來兼明親王經過了周密的計劃和詳細的考察,最終才建成了自己的這個"終老之地"。

---

① 嵯峨天皇於承和元年(834)遷於嵯峨野居住,離宮遺址即今大覺寺所在。嵯峨崩後就葬在此地,"嵯峨"之名取自中國長安北面的嵯峨山,天皇將自己陵寢的所在地比作了唐朝皇帝的山陵。

"龜山草堂"的具體位置，我們可以根據《本朝文粹》卷十二所收兼明親王《山亭起請》的開頭"東棲霞觀，西雄藏山"，或卷一《憶龜山》第一首中的"南溪夜雨花開後，西嶺秋風葉落間"，以及《遠久良養生方》的開頭"塢塞上，龜山傍"等內容而推測出來。"雄藏"和"遠久良"，都是"小倉"的諧音，指小倉山（今京都嵯峨野）。兼明親王因此而被稱爲"小倉親王"，龜山草堂亦被稱作"雄藏山莊"。"棲霞觀"最早是河原院左大臣源融（822—895）所建的別業，即現在"清涼寺"的所在。"南溪"指大堰川，"西嶺"指嵐山，可見兼明親王選中的是一個依山傍水的景勝之地。現在，京都嵐山嵯峨野有一個供遊人休息的"龜山公園"，據說就是兼明親王"龜山草堂"的舊址。

　　從《山亭起請》（卷十二）這一文章題目可知，兼明親王將此居稱爲"山亭"，不知是否有意區別於之前提到的"池亭"？且由《祭龜山神文》可知，龜山是一個缺水的高地，需要祭神祈雨。依此也可以判斷，"山亭"與"池亭"乃別有所指。而且，從《祭龜山神文》中的"時時往來"和《憶龜山》第二首中的"龜山久往還。"來看，兼明親王一定經常往來於"山亭"和"池亭"之間。

　　"往還"或"往來"與京城與京郊之間，是平安時代貴族典型的生活方式。平安時代的貴族都離不開都城生活，但同時，都城除了是花團錦簇的風雅之地，更多時候是一個政治鬥爭集中的傾軋之地。加上繁忙的公務，往往令人身心疲憊，因此，詩人們需要不時逃出這個樊籠去郊野透氣。但同時，他們又絕不情願長期住在京畿以外的"鄙俗之地"。因此像龜山這樣既可以逃離喧囂又可以隨時"往還"的地方，非常適合貴族構建山莊，以完成他們"隱居"的理想。上文提到過的源融，不也是在京城擁有宏偉的"河原院"[①]，同時又在嵯峨野擁有別業的嗎？

　　不過，對於兼明親王來說，無論是"池亭"還是"山亭"，建造它們的初

[①] 位於平安京（今京都）六條大路以北，西鄰鴨川，乃源融所造園林宅邸。現在京都鴨川河邊的"五條下"處，立有"河原院址"石碑。在古代，河原院一直以風景名勝著稱，常被用作文學創作的對象（如《本朝文粹》卷一源順作《河原院賦》），據說《源氏物語》中的"六條院"即以此爲原型。源融因營造了河原院，世稱"河原院左大臣"。一說其爲《源氏物語》中光源氏的原型之一。

衷都是爲了滿足"慵閑懶放"(《池亭記》)之志,他對白居易閑適生活境界的想往和追求是貫穿始終的。

五、兼明親王實踐白居易閑適生活理想的具體情況

前節已引過《池亭記》和《憶龜山》全文,下面將引《遠久良養生方》和《山亭起請》全文,以便我們更加系統地了解兼明親王接受白居易閑適生活理念的情況。根據引文的內容和大意,我用"/"符將其分成了若干個部分(前節引《池亭記》亦然)。

遠久良養生方

塢塞上,龜山傍。柴扉門,竹編牆。/
松有蓋,石有床。前有樹,後有篁。/
春之色,秋之光。花漠漠,月蒼蒼。
鶯百囀,雁一行。曉之興,晚之望。
雲眇眇,水茫茫。/詩兩韻,琴一張。
其苞何,橘飽霜。彼摘何,葵向陽。
薇一篋,筍一筐。膾一肍,酒一觴。/
卧而睡,起彷徨。荷露氣,桂風香。
癡王湛,慵嵇康。/任行樂,入坐忘。
擯俗地,無何鄉。心自得,壽無疆。

山亭起請

東棲霞觀,西雄藏山,中有茅茨,松柱三間。/排風封霞,無扃無關,詞客禪僧,隨往隨還。地與靈勝,天與幽閑,可以導積思,可以慰衰顏。/落花之朝,明月之夜,佳辰不可地忍,良夜不可徒過。把杯莫空傾,秉筆莫空記,詩勿問幾許韻,賦勿限若干字。/食取於飽,勿求滋味,酒取忘憂,不要痛醉。且述乃懷,各言爾志。秋燈許夜深話,春枕任日高睡。/或坐或行,沖黑徹明,寒養灶下,暖暴南榮。山雲不

厭,澗水無情,優矣遊矣,聊送吾之殘生。

根據引文的內容和大意,我用"/"符將其分成了若干個部分(前節引《池亭記》亦然)。因爲文中的每個部分,都能夠與白居易閑適生活的某種理念一一對應起來!特別是《遠久良養生方》,六個部分比較完整地體現了白居易閑適生活的各個方面。接下來,我將分別針對每個方面,將《池亭記》《遠久良養生方》及《山亭起請》的內容與白居易的詩文作一比較。

1. 茅茨三間

  塢塞上,龜山傍。柴扉門,竹編牆。(《遠久良養生方》)
  中有茅茨,松柱三間。(《山亭起請》)
  傍山臨流,結茅開宇。(《池亭記》)

三篇中的這部分語句,都是表現建造簡陋之居的。"竹編牆",見於白居易《香爐峰下新卜山居草堂初成偶題東壁》"五架三間新草堂,石階桂柱竹編牆"。"茅茨""三間""結茅",也都見於白居易詩,如"三間茅舍向山開"(《別草堂三絕句》),"草堂成,三間兩柱"(《草堂記》)等。日本詩人菅原道真的《詠樂天北窗三友詩》中也有"官舍三間白茅茨",或許同樣給兼明親王帶來過啟發。

2. 松竹泉石

  松有蓋,石有床。前有樹,後有篁。(《遠久良養生方》)
  南島之五大夫作老伴,東岸之一眼泉爲知音。況乎竹霧、蘋風、沙煙、波月。(《池亭記》)

接下來的這部分大都是描寫居住環境的,看來"松"與"竹"是兼明親王宅邸中必有的,另外"泉"與"石"似乎也是必備之景。這些都很容易讓人聯想到白居易所描寫的居住環境,"松"和"竹",白居易詩中有"新昌小院松當户,履道幽居竹繞池"(《吾盧》),"松張翠傘蓋,竹倚青琅玕"(《香爐峰下新置草堂即事詠懷題石上》)等。"石有床"也應該是模仿白居易住宅的布置,見《池上篇》"弘農楊貞一與青石三,方長平滑,可以坐卧"。

3. 良辰美景

  春之色,秋之光。花漠漠,月蒼蒼。鶯百囀,雁一行。曉之興,晚之望。
  雲渺渺,水茫茫。(《遠久良養生方》)
  落花之朝,明月之夜,佳辰不可地忍,良夜不可徒過。(《山亭起請》)
  每至池水綠,岸葉紅,華前春暮,月下秋歸。(《池亭記》)

如上所列,三篇文章中都出現了季節及其景物的排比。這也是受白居易的影響,我想,從下引白居易的兩段文章中可以看出其中的影響關係。

  每至池風春,池月秋,水香蓮開之旦,露清鶴唳之夕。(《池上篇并序》)
  每良辰美景,或雪朝月夕。(《醉吟先生傳》)

4. 詩書琴酒

  詩兩韻,琴一張。其苞何,橘飽霜。彼摘何,葵向陽。薇一篋,筍一筐。膾一胊,酒一觴。(《遠久良養生方》)
  把杯莫空傾,秉筆莫空記。詩勿問幾許韻,賦勿限若干字。……酒取忘憂,不要痛醉。且述乃懷,各言爾志。(《山亭起請》)
  亭中置筆硯一兩,而備居閑;攜弦歌十數,而當行樂。……一吟一詠,聊以卒歲。(《池亭記》)

與上述"良辰美景"相伴的,似乎必須是"詩書琴酒"。而這些都是白居易詩文中常見的,其中最典型的仍然要數《池上篇并序》和《醉吟先生傳》:

拂楊石,舉陳酒,援崔琴,彈秋思,頹然自適,不知其他。酒酣琴罷,又命樂童登中島亭,合奏霓裳散序。聲隨風飄,或凝或散,悠揚於竹煙波月之際者久之。曲未竟,而樂天陶然石上矣。(《池上篇并序》)

性嗜酒、耽琴、淫詩。凡酒徒琴侶詩客,多與之遊。好事者相過,必爲之先拂酒罍,次開詩篋。酒既酣,乃自援琴……抱琴引酌,興盡而歸。(《醉吟先生傳》)

有書有酒,有歌有弦。有叟在中,白須飄然。……或引一杯,或吟一篇。(《池上篇》)

5. 食飽眠足

臥而睡,起彷徨。荷露氣,桂風香。癡王湛,慵嵇康。(《遠久良養生方》)

食取於飽,勿求滋味;酒取忘憂,不要痛醉。……秋燈許深夜話,春枕任日高睡。(《山亭起請》)

此部分中常見的是類似於"困了就睡,餓了就吃"的怡然自適生活狀態的描寫。這其實就是白居易所追求的生活狀態!"食取於飽,勿求滋味",與白居易的"所須者衣食,不過飽與溫。蔬食足充饑,何必膏粱珍",(《贈內》)或"饑來止於飽,飽後復何思"。(《烹葵》)等詩句,意思完全相同。"秋燈許深夜話,春枕任日高睡",在白居易的詩中也多有類似表達,如"寂靜夜深坐,安穩日高眠。秋不苦長夜,春不惜流年",(《贈朴直》)"酒醒夜深後,睡足日高時",(《自問行何遲》)"朝憐一床日,暮愛一爐火。床暖日高眠,爐溫夜深坐"(《懶放二首呈劉夢得吳方之》)。"慵嵇康",白居易《秋齋》有"阮籍謀身拙,嵇康向事慵。"

6. 悠遊終老

　　任行樂,入坐忘。攇俗地,無何鄉。心自得,壽無疆。(《遠久良養生方》)
　　或坐或行,沖黑徹明。寒養灶下,暖暴南榮。優矣遊矣,聊送吾之殘生。(《山亭起請》)
　　一日二日閑臥此亭以送餘生,不復可乎。(《池亭記》)

　　如上所列,兼明親王在詩文的最後,都有表達希望能自由自在、自得其樂地終老一生的内容。或行樂,或坐忘,冷了就在爐邊安坐,熱了就在朝南的屋簷下曬太陽。這些也都是白居易生活態度。

　　《山亭起請》中的"優矣遊矣,聊送吾之殘生",與白居易《池上篇并序》中的"優哉遊哉,吾將終老乎其間",幾乎完全相同。"無何鄉"和"心自得"也都是白居易愛用的語句,在此僅各舉一例為證:"是非一以貫,身世交相忘。若問此何許,此是無何鄉。"(《偶作二首》)"行行弄雲水,步步近鄉國。妻子在我前,琴書在我側。此外吾不知,於焉心自得。"(《自餘杭歸宿淮口作》)

　　以上分六個方面,分析了兼明親王作品所反映的其對白居易閑適生活力行實踐的具體情況。由於篇幅有限,不能列舉白居易的更多作品進行比對,但我還是想再舉幾個例子,來闡明白居易對閑適生活的一貫追求,以及兼明親王對白居易閑適生活理念深刻而全面的把握。

　　食飽拂枕臥,睡足起閑吟。淺酌一杯酒,緩彈數弄琴。(《食飽》)
　　自哂此迂叟,少迂老更迂。家計不一問,園林聊自娛。
　　竹間琴一張,池上酒一壺。更無俗物到,但與秋光俱。(《閑居偶吟招鄭庶子皇甫郎中》)
　　日高始就食,食亦非膏粱。精粗隨所有,亦足飽充腸。

日午脫巾簪，燕息窗下床。清風颯然至，臥可致羲皇。
　日西引杖履，散步遊林塘。或飲茶一盞，或吟詩一章。
　日入多不食，有時唯命觴。何以送閑夜，一曲秋霓裳。(《偶作二首》)

結　語

　綜上所述，兼明親王的詩文，體現了他貫穿始終的生活理想。兼明親王受白居易的影響至深，其一生的思想和生活態度，都有白居易的影子，尤其體現在對閑適生活的追求上。文中提到，在兼明親王之前，菅原道真也深受白居易的影響，但道真對白居易的接受還停留於形式和表面，尤其在個人生活上，道真雖然也時刻拿自己與白居易作比較，但其實並未完全踐行白居易的生活理念。而兼明親王對白居易的接受是全面的、本質的、深層次的，尤其是在實際應用方面。兼明親王應該是日本古代文人中接受白居易最徹底的一位。

日傳《白氏文集》古抄卷六十五卷考異

查屏球（復旦大學）

日本金澤文庫藏《白氏文集》抄卷，形成於1231年①，是現存白居易文集最古之形態，原書七十卷，現存二十九卷，雖不到原書的一半，但保存了《白氏文集》古抄卷的基本形態，展示了紙抄時代文集的原始面貌，它不僅對於研究白集，而且對於研究紙抄時代書籍形態史都是彌足珍貴的史料，向來受到關注。以下僅將其六十五卷與現傳刊本進行比較，進而説明抄本向刊本轉化過程中書籍演變的一些特點。

一、白集的抄本與刊本

在唐代文人中，白居易是最注重保存個人文集的，他曾有五次編輯結集②，並將之分藏於各地寺院中，各集之序詳細地記録了每次結集的情況，其中《後序》一文記録白集在前集之後逐次增補的方法，本序除見於

---

① 惠萼會昌四年（844）訪問蘇州南禪院時與同行僧人合作抄録了《白氏文集》，於日本承和十四年（847）帶回，此後此書一直在博士家（菅家）流傳。鐮倉初期日本寬喜四年—貞永二年（1233），豐原奉重抄録部分（卷二十二、五十四、六十三等），又讓他人抄寫了全書，分別於日本嘉禎二年（1236）、建長四年（1252）在冷泉宫等處校點。這一抄本後爲金澤文庫收録，現殘存23卷，另外，金澤文庫還存有平安後期抄本（數種）以及江户時代流傳的各類手抄本，統稱爲金澤文庫舊抄本，參見瀨馬一川《金澤文庫本白氏文集影印本序》。

② 白居易於元和十年（815）《與元九書》（卷四十五）言："僕數月來，檢討囊袠中，得新舊詩各以類分，分爲卷首。自拾遺來，凡所適所感，關於美刺興比者，又自武德訖元和，因事立題，題爲《新樂府》者，共一百五十首，謂之諷諭詩。又或退公獨處，或移病閑居，知足保和，吟玩情性者一百首，謂之閑適詩。又有事物牽於外，情理動於内，隨感遇而形於歎詠者一百首，謂之感傷詩。又有五言七言長句絕句，自一百韻至兩韻者四百餘首，謂之雜律詩。凡爲十五卷，約八百首。"這只是自編的詩集初集，並未流行，亦當納入大集之中。

通行刊本外,又見於日本東大寺藏《白氏文集要文抄》①,其中有一些與傳世本不同的異文:

  元微之編次文集而敘之,凡五秩,每秩十卷,訖長慶三年(刊本作"二年")冬,號《白氏長慶集》。邇來復有格詩五十首(刊本無"五十首"三字),律詩三百首(刊本無"三百首"三字),碑、誌、序、記、表、贊共十首(刊本無"共十首"三字),以類相附,合爲五軸(刊本作"卷軸")。又從五十一以降,卷而第之。是時大和二年秋,予春秋五十有七,目昏頭白,衰也久矣。拙音狂句,亦已多矣。由茲而後,宜其絶筆。若餘習未盡,時時一詠,亦不自知也。因附《前集》報微之,故復序卷首云爾。

此處明言"從五十一以降,卷而第之。"即在保留原集基礎上,再在其後增補新作。新增之作也按詩文分卷的方式編排,各卷詩以格詩,律詩等詩體分類編卷,卷内各篇基本上以時序排列。現據花房英樹、平岡武夫、岑仲勉、謝思煒②等統計,以那波本爲基礎,將所收詩文構成與形成過程列表簡述:

集 名	詩 卷	文 卷	時 間	增加數
白氏長慶集（《前集》）	二十二卷 卷一至卷二十二（含卷二十一詩賦、卷二十二銘贊等）	二十八卷 卷二十三至五十	長慶四年春	2191 其中有長慶三年後詩文80首及部分長慶四年春之作,白氏於長慶三年先將之前相關作品交由元稹編輯,後有補充長慶三年及四年春的作品

---

① ［日］太田次男《東大寺宗性の『白氏文集要文抄』について》,《斯道文庫論集》四,第87—174頁,1965年。
② 參見［日］花房英樹《白氏文集の批判的研究》,中村印刷出版部,彙文堂書店,1960年版;［日］平岡武夫《白氏文集》,京都大學人文科學研究所,1971、1973年版;［日］太田次男《舊鈔本を中心とする白氏文集本文の研究》,勉誠社,1997年版。謝思煒《白居易集綜論》,中國社會科學出版社,2002年版。

續　表

集　名	詩　卷	文　卷	時　間	增加數
增五卷（附於前集後）	四卷（散於卷五十一、卷五十三至五十四）	一卷（10首，散於五十九至六十一）	大和二年秋	2541+350首（格詩50首、律詩290首、文10首）據《白氏長慶集後序》看，其中一部分也可能充入前集五十卷末中
後集十卷（新增五卷，與前五卷合編爲後集）	八卷（卷五十一至五十八）	二卷（卷五十九至六十）	大和九年（835）	2964+423（《東林寺白氏文集記》《題文集櫃》：前後七（六）十卷①，小大三千篇）
後集十五卷（增五卷）	四卷（卷六十一至六十四）	一卷（卷六十五）	開成元年（836）	3255+291（《聖善寺白氏文集記》）
六十七卷本（增二卷，與前五卷合編）	六卷（卷六十一至卷六十六，格詩卷六十一、六十二，律詩卷六十三、六十四、六十五、六十六）	一卷（卷六十七）	開成四年（839）	3487+232（《蘇州南禪院白氏文集記》）（將開成元年後作品統編，末兩卷六十六、六十七爲文）
後集二十卷（增開成四年以後詩二卷、文一卷）	二卷（卷六十八、六十九）	一卷卷七十	會昌二年（842）	約3691首+204首（**後集總數約1 500首**）
	新增三卷與前七卷混編，因內容、時間與卷五十九、六十接近，所以將以上卷六十七前移至卷六十之後，成六十一，以下依次下移成卷六十二至六十九（格詩卷六十二至卷六十三，律詩卷六十四、六十五、六十六、六十七、六十八、半格詩六十九）			

① 此七十或爲六十之誤。《白氏長慶集》卷三十《題文集櫃》："破柏作書櫃，櫃牢柏復堅。收貯誰家集，題云白樂天。我生業文字，自幼及老年。前後七十卷，小大三千篇。誠知終散失，未忍遽棄捐。自開自鑷閉，置在書帷前。身是鄧伯道，世無王仲宣。只應分付女，留與外孫傳。"由前後詩系年可定本詩約作於大和九年（835）至開成元年（836）間，白居易六十三四於洛陽爲太子賓客分司時。其時六十卷本編定，共收2 964首，近三千篇，與詩意相合。

續表

集　名	詩　卷	文　卷	時　間	增加數
那波本《後集》,詩十六卷(卷五十一至卷五十八、卷六十二至卷六十九),文四卷(卷五十九至卷六十一、卷七十),約3 648,少於白記43首				
續後集五卷	七十一卷本存詩57首		會昌五年（845）	3840 首, + 159, 少於白記 102 現存七十一本總量少於白記 145

　　白居易於會昌五年最後結集爲七十五卷,并分藏於洛陽聖善寺、蘇州南禪寺、廬山東林寺、外孫、姪子五處,見其《續後集序》:

　　白氏前著《長慶集》五十卷,元微之爲序。《後集》二十卷,自爲序。今又《續後集》五卷,自爲記。前後七十五卷,詩筆大小凡三千八百四十首。集有五本:一本在廬山東林寺經藏院,一本在蘇州南禪寺經藏内,一本在東都聖善寺鉢塔院律庫樓,一本付姪龜郎,一本付外孫談閣童。各藏於家,傳於後。其日本、新羅諸國及兩京人家傳寫者,不在此記。又有《元白唱和因繼集》共十七卷,《劉白唱和集》五卷,《洛下遊賞宴集》十卷,其文盡在大集内録出,别行於時。若集内無而假名流傳者,皆謬爲耳。會昌五年夏五月一日,樂天重記。

但是,其集在其身後流傳並未如他所願,這事已有多人研究,現以列表方式陳述相關的流傳過程記録。

時　間	關係人	文獻來源	傳　本　資　訊
會昌四年（844）	慧萼	金澤文庫本奥書	慧萼抄録南禪寺本
按:蘇州南禪寺最早入藏的《白氏文集》是六十七卷本,成於開成四年(839),慧萼所抄爲七十卷本,事在六十七卷本之後的五年。七十卷本成於會昌二年,慧萼會昌四年歸國,其間有可能見到補足三卷之七十卷本,此事表明白氏送藏於寺之本集事後多有增補。			

续表

時　　間	關係人	文獻來源	傳本資訊
大中三年 （849）	李商隱	刑部尚書致仕贈尚書右僕射太原白公墓碑銘并序	集七十五卷，元相爲序（按：元僅作五十序，表述錯誤，表明義山未見原書。七十五卷本爲家藏本）
日本平安 （877）	菅原道真	《暮春見南亞相山莊尚齒會》（《菅家文草》卷二）	大唐會昌五年，刑部尚書白樂天於履道坊閑宅，招**盧、胡**六叟宴集，名爲**七叟**尚齒會，**唐家愛憐此會希有，圖寫障子**，不離座右。有人傳送呈我聖朝（按：收有會昌五年作品的七十卷本）
（834—879）	都良香	《都氏文集·白樂天贊》	曰："集七十卷，盡是黃金。"
（？—897年）	藤原佐世	《日本國見在書目錄》	白氏文集七十、別集白氏長慶集廿七卷、總集元白唱和集二
（897—930）	醍醐天皇	《見右承相獻家集》（《菅家文草菅家後集》）	言："更有菅家勝白樣，從茲拋却匣塵深。"注曰："平生所愛，白氏文集七十卷是也。"
880	高駢	宋敏求《春明退朝錄》	唐白文公自勒文集成五十卷，後集二十卷，皆寫本，寄藏廬山東林寺①，又藏龍門香山寺，**高駢鎮淮南，寄語江西廉使取東林集而有之**，香山集經亂亦不復存（按：七十卷手訂本不存）
楊吳之初 （919—927）	楊澈匡白	《江州德化東林寺白氏文集記》（文作於楊吳太和六年[934]）	**匡集七十卷**……洎唐之季世，兵火四起，向來之美，殆爲煨燼餘，是固知東林者其已墜焉。……含毫嚢紙，愧懼煎恪。（《全唐文》卷九百十九）
		按：楊澈治九江爲政時，讓人重抄七十卷本入藏東林寺中②，表明七十卷在世上已經流行。

---

① 白居易《東林寺白氏文集記》《聖善寺白氏文集記》分記太和九年六十卷本、開成元年六十五卷分藏之事。

② 楊澈是楊行密第六子，其兄楊隆演即吳國王位後，於武義元年（919）封六弟楊澈爲鄱陽郡公，乾貞元年（927）楊溥稱帝又封楊澈爲平原王，後改爲德化王。《廬山記》云："《經藏碑》：又有一人物色題曰：'紀王。'寺僧曰：'其旁舊有其銜：江州刺史德化王楊澈也。文字剝落不□者，因粉飾而漫滅之。'今寺有下平林口田，皆其□施，故寺僧寫真列於二章之間，以示追奉。案唐史：澈無嘗封紀王，天佑十五年，徐知訓在揚州，爲朱瑾所殺，保大年，追封紀王。則其事蹟無接於二林者，蓋後人妄加之耳。"其事在宋時已不甚了然。

續 表

時　間	關係人	文獻來源	傳 本 資 訊
後唐長興元年（930）	李從榮	宋敏求（1019—1079）《春明退朝録》卷下	"其後履道宅爲普明僧院，後唐明宗子**秦王從榮又寫本實院之經藏，今本是也**（按：李從榮所抄本是京洛傳抄本）
後唐至北宋	宋庠（996—1066）	《過普明禪院（唐太子少傅白公舊宅）》（《元憲集》卷五）	一披龍藏集，無復欷亡篇（後唐明宗子秦王尹京曰特寫公文集一本，置經中，至今集本最善）。① 按：北宋以李從榮抄本爲最善。
北宋（1060）	宋敏求	宋敏求《春明退朝録》卷下	後人亦補東林所藏，皆篇目次第非真，與今**吴蜀摹版無異**。② 按：吴蜀刊本與東林寺重抄本爲同一形式，與李從榮重抄本不同。初刊底本或爲東林寺重抄本

　　東林寺藏本因高駢取走而得以外傳，楊澈重抄本或據此，與楊澈抄本相對應，北方後唐李從榮也抄過七十卷本，李從榮是後唐王子，以好文聞名③，於長興元年（930）爲河南尹，其抄寫白集約在此時，事在白居易身後（846）八十六年。此本在北宋有傳，宋人以普明院藏本最善，此本即由李從榮本抄録而來，後人推斷李從榮所抄之底本或是廬山東林藏七十卷本，但證據也不充足，且事在楊重抄之東林寺本十年後，所據東林寺本已非原初之本。楊、李兩人在南北二地都能抄録出白集，説明當時確實流行着一種七十卷本白集。抄本時代書籍的流傳有偶然性，不由編寫者意志決定。在日本平安朝流傳的，是白居易在世時出現的七十卷本，在晚唐、五代、北宋流傳的，是含有《續後集》的七十五卷大集本的整理本七十一卷本，這

---

①　宋庠《元憲集》卷五，文淵閣《四庫全書》版。
②　宋敏求《春明退朝録》，卷下，中華書局，1979年版，第42頁。其言"今本"，是指李從榮抄補的普明院藏本，宋敏求認爲是存舊貌者，應是秘閣中本，而又言今吴、蜀摹本則爲當時流行的刊印版。是否前者爲七十卷，後者爲七十五，似難斷定。
③　《新五代史》卷十五《李從榮傳》："長興元年，拜河南尹，兼判六軍諸衛事。從璟死，從榮於諸皇子次最長，又握兵柄。然其爲人輕雋而鷹視，頗喜儒，學爲歌詩，多招文學之士，賦詩飲酒，故後生浮薄之徒，日進諛佞以驕其心。"《册府元龜》卷二百七十："後唐秦王從榮爲詩，與從事高輦等更相唱和，自謂章句獨步於一時，有詩千餘首，號曰《紫府集》。既受元帥之命，即令寮佐及四方遊士至者，各試檄淮南書，陳已將廓清宇宙之意。"

兩種《白氏文集》與白居易手訂之本都是不同的。

　　宋敏求所説之"今本"及吴、蜀刊本都應出現於宋初，這些可能都是七十卷本，有的刊本可能補入了一卷或二卷補遺①，景祐四年（1037）杭州刊七十二卷本，也是其中一種，它們都保存了前後集的原貌。在北宋中期（1050左右）出現了改編過的前詩後筆的七十二卷吴本、蜀本。宋紹興（1131—1162）刊本（北圖藏，北京古典文學刊行社1955年景印）就是據此再編的，並將補遺部分合並爲一卷，成七十一卷本。明萬曆三十四年（1606）馬元調據宋紹興本整理再刊，成爲明清主要流行的刊本。宋人刊本傳到了高麗、朝鮮，至明成化二十一年（1485）朝鮮出版銅活字本（甲辰本）（後又據以上活字本又製刊板），日本元和四年（1618）那波道圓據朝鮮刊本而刊印成的活字本（那波本），成爲日本主要流行的傳本。雖然，其間多數刊本都已不存，但其衍變過程仍有綫索可尋。

　　各類刊本的底本都可追溯到後唐李從榮抄本，這一抄本可能又是李從榮據外傳之東林寺藏本與白氏家傳七十五卷殘餘之續集合編而成，事在933年前，距白居易去世已近百年，由補遺之一卷或二卷看，至少續後集五卷原貌已不存，這表明後世刊本從底本開始就已脱離了白集的原始狀態了。日本最初的《白氏文集》抄卷是由入唐僧惠萼於會昌四年（844）在蘇州南禪寺據白居易入藏的六十七卷本（或爲七十卷本）抄録的②，本書一直在日本曆任博士家收藏與轉録，豐重奉原抄本與惠萼抄卷的關係已見於各卷轉録的惠萼在抄録時所作的手記③。它雖然抄於1231年，但所據底本與會昌四年惠萼抄本有著直接相承的關係，更多地

---

　　① 晁公武《郡齋讀書志》卷四："前集五十卷，有元稹序，後集二十卷自爲序紀，又有續後集五卷，今亡三卷矣。……獨集後載聞李崖州貶二絶句，其言淺俗，似幸其禍敗者，余固疑非樂天之語，及以唐史考之，崖州貶時，樂天没將踰年，或曰浮屠某作也。"陳振孫《直齋書録解題》卷十六："案集後記稱前著長慶集五十卷元微之爲序，後集二十卷自爲序，今又續後集五卷自爲記，前後七十五卷，時會昌五年也。墓誌乃云集前後七十卷，當時預爲志，時未有續後集。今本七十一卷，蘇本、蜀本編次亦不同，蜀本又有外集一卷，往往皆非樂天自記之舊矣。"

　　② 白居易於《白氏後集》後十卷完成後，還特意送到廬山東林寺與之前的六十卷合藏，亦有可能送上新增三卷至南禪院入藏。

　　③ 參見日本廣島大學陳翀教授《慧萼東傳〈白氏文集〉及普陀洛迦開山考》（《浙江大學學報》，2010年第5期）；《善鄰國寶記》（嵯峨天皇條）（轉録於瀬一馬《重印白氏文集》抄卷説明）："唐國釋義空共慧萼法師泛海著大宰府……萼再入支那，乞蘇州開元寺沙門契元，勒事刻琬琰，題曰：日本首傳禪宗記，附舶寄來。"

保存了白氏手訂本之原貌，也保存了一些手抄文本在向印刷文轉變中易丟失的一些信息，可爲我們了解抄本向印本轉化的特點並可對現存版本作更精細的校勘與箋釋，其六十五卷是一個很好的例子。

二、古抄本六十五卷所存刊本之闕文與刊本底本的斷簡問題

古抄卷六十五卷相當於那波本六十五卷，紹興本、馬元調本的三十二卷，將刊本與抄卷比較，可以看出，刊本與抄本篇目排序、文字基本相同，這説明舊抄卷與刊本確爲同源而出，但差異也是存在的，其中最突出的就是抄卷與刊本所録詩的篇目、篇數有不同，舊抄本卷首標明："律詩一百首"，而各家刊本此卷僅有八十二首，古抄卷多出了十八首。與其他抄卷相比，以本卷篇數差異最大，此點亦爲江户時代學人指出，抄卷《醉中見微之舊詩有感》上有題曰："自《聽蘆管吹竹枝》至此折本無之。"於《宿醒》題上又有題曰："自'往來東道千餘騎'詩至此，折本無之，但篇目相舛淆之。"我們現在關心的是抄本與刊本這種差異是如何產生的。

我們先看看這十八首詩在抄卷中存在狀況：古抄卷中的《冬初酒熟二首》以下九首，刊本無（其中一首見於別處），之後越過八首於《路逢青州王大夫赴鎮立馬贈別》後又有十首也不見於刊本中，共有二組不見於刊本的佚詩。其具體目録如下，括號内注明在《唐音統籤》《香山詩集》的位置：

第一組：

1.《聽蘆管吹竹枝》(《唐音統籤》卷四百三十五，注曰據錢太史宋本補。《香山詩集》卷三十九補遺上作《聽蘆管》)

2.《初寒即事憶皇甫十》(《唐音統籤》卷四百二十九、《香山詩集》卷三十九補遺上作《初冬即事憶皇甫十》)

3.《小亭寒夜寄夢得》(《唐音統籤》卷四百二十九、《香山詩集》卷三十九補遺上作《小庭寒夜寄夢得》)

4.《除夜言懷兼贈張常侍》(《唐音統籤》卷四百四十四、《香山詩集》卷三十九補遺上同)

5.《送張常侍西歸》(《唐音統籤》卷四百四十四、《香山詩集》卷三十九補遺上同)

6.《和河南鄭尹新歲對雪》(《唐音統籤》卷四百四十四、《香山詩集》卷三十九補遺上同)

7.《吹笙內人出家》(《唐音統籤》卷四百四十四、《香山詩集》卷三十九補遺上同)

8.《醉中見微之舊詩有感》(《唐音統籤》卷四百四十四、《香山詩集》卷三十九補遺上，題爲《醉中見微之舊卷有感》)

9. 第九首《菩提寺晚眺》(載那波本六十四卷中，《唐音統籤》卷四百四十三、馬本三十一、《香山詩集》卷三十二題作《菩提寺上方晚眺》，文字略有異)

第二組：

1.《和楊同州寒食乾坑會後聞楊工部欲到知予與工部有敷水之期榮喜雖多歡宴且阻辱示長句因而答之》(《唐音統籤》《香山詩集》無)

2.《別楊同州後却寄》(《唐音統籤》卷四百五十三，注云：據錢太史宋本補。《香山詩集》卷三十九補遺)

3.《狐泉店前作》(《唐音統籤》四百五十三，《香山詩集》卷三十九補遺上)

4.《贈盧績》(《唐音統籤》四百五十三，《香山詩集》卷三十九補遺上)

5.《與裴華州同過敷水戲贈》(《唐音統籤》四百五十三，《香山詩集》卷三十九補遺上)

6.《西還壽安路西歇馬》(《唐音統籤》卷四百二十九、《香山詩集》卷三十九)

7.《(壽安)歇馬重吟》(《唐音統籤》卷四百四十四,《香山詩集》卷三十九補遺上)

8.《閑遊》(《唐音統籤》四百五十三,《香山詩集》卷三十九補遺上)

9.《池畔閑坐兼呈侍中》(《唐音統籤》卷四百二十九,《香山詩集》卷三十九補遺上)

10.《贈鄭尹》(《唐音統籤》四百五十三,《香山詩集》卷三十九補遺上)

刊本無這兩組詩,除了有一首見於別卷之外,其他十八首皆於刊本中缺失,這不是因爲抄本與刊本的編輯方式不同,而是緣於刊本之底本本身可能有缺失。作出這樣判斷的理由之一就是刊本此卷編排體例與前後卷有異。由古抄本及那波本的全書體例看,白氏編集各卷有過整齊化的安排,《白氏後集》是逐次增加的,但各卷大體保持了一致。我們將刊本與抄本卷首標示的首數列表比較如下:

卷數與類名	那波本首數	刊頁數	古抄卷首數	同　　異
卷五十一後序+格詩歌行雜體	凡五十七首	(26頁)		
卷五十二格詩雜體	凡六十首	(29頁)	六十一首	抄本多一首
卷五十三律詩	凡一百首	(26頁)	一百首	同
卷五十四律詩	凡一百首	(28頁)	一百首	同
卷五十五律詩	凡一百首	(24頁)		
卷五十六律詩五言七言	凡一百首	(26頁)		
卷五十七律詩五言七言	凡九十首	(24頁)		
卷五十八律詩五言七言	凡一百首	(25頁)		
卷五十九碑志序記表贊論衡書	凡十三首	(29頁)		

續　表

卷數與類名	那波本首數	刊頁數	古抄卷首數	同　　異
卷六十碑序解祭文記	凡十二首	（25頁）		
卷六十一銘志贊序祭文記辭傳	凡十八首	（36頁）		
卷六十二律詩	凡四十七首	（22頁）	四十七首	同
卷六十三格詩	凡四十七首	（20頁）		
卷六十四律詩	凡一百首	（26頁）		
卷六十五律詩	凡八十二首	（20頁）	一百首	抄卷多十八首
卷六十六律詩	凡一百首	（26頁）		
卷六十七律詩	凡七十五首	（22頁）		
卷六十八律詩	凡一百首	（24頁）	一百首	
卷六十九半格詩律詩附	凡九十五首	（32頁）		
卷七十碑記銘吟偈	凡九首	（18頁）		
卷七十一律詩五言七言	凡一百首	（22頁）		

　　由上表可見，在抄卷與刊本中，唯六十五卷不同。從編排體例看，抄本刊本六十四卷爲一百首，後六十六卷爲一百首，古抄本六十五卷也是一百首，聚百首律詩爲一卷，應是這組統一的體例。由白氏相關序文看，後集編輯順序是，先有後集十卷，再逐次有了六十五卷本、六十七卷與七十卷本。編至七十卷時，將新增三卷與原六十七卷合並重編，原末一卷（原六十七卷）文調爲六十一卷與第六十卷文相連，並將新增文加入此卷，使得本卷篇幅變得最大；再將新增詩分補續於末卷詩後成爲卷六十八、六十九。在後集後十卷中，六十二至六十七爲一個編輯單位，卷六十八至卷七十爲另一個。故卷六十二、六十三詩數相同，卷六十四、六十六相同，收詩數篇幅相近，卷六十四、六十五、六十六也應一樣，卷六十七處於末，難成整數，僅七十五首。如此看來，六十五卷原初應

是律詩一百首，刊本少十八首，可能是後人在轉錄過程中丟失了或其底本有缺失。

作出這一推斷的還有一個理由，這十八首詩在古抄本中是分兩組集中連排的，中間僅隔九首，這兩部分與前後詩在編年上是相連的，它們在刊本中應是整體性缺失，刊本所據之底本有斷簡或漏抄的跡象應是很明顯的。

以上的推論還可在古抄卷斷簡殘跡中得到重要的佐證，古抄本卷六十五第68首曰：

和楊同州寒食乾坑會後聞楊工部欲到知予與工部有敷水之期榮喜雖多，歡宴且阻辱示長句因而答之
往來東道千餘騎，新舊西曹兩侍郎（去年兄自工部拜同州，今年弟從常州拜工部）。家占冬官傳印綬，路逢春日助恩光。停留五馬經寒食，指點三峰過故鄉。猶恨乾坑敷水會，差池歸雁不成行。

這首詩不見於刊本紹興本、馬元調本，也不見於那波本等刊本，應是僅見於古抄卷的佚詩，由內容看，應是作於大和九年（835）在洛陽爲太子賓客時。題中所說"楊同州"，即楊汝士，"楊工部"爲楊虞卿，這一年白居易代楊汝士爲同州刺史，後因身體不便未赴任，楊虞卿也於本年底由常州刺史遷爲工部侍郎，兩人是白居易妻家兄弟。乾坑，地名，在沙苑西南，敷水，渭水支流，在華州華容縣西南，是京洛間通行的必經之地，本卷中還有《和同州楊侍郎誇柘枝見寄》《別楊同州後却寄》《羅敷水》等與本詩相關，詩的內容與白居易生平相合，其真實性不容懷疑。

此題在第78首詩題中又出現了一半，其爲《和楊同州寒食乾坑會後聞楊工部欲到知予與工部有宿酲》，詩曰：

夜飲歸常晚，朝眠起更遲。舉頭中酒後，引手索茶時。拂枕青長

袖，欹簪白接䍦。宿酲無興味，先是肺神知。①

此詩在刊本中是第 56 首，題目相同，"和楊同州寒食乾坑會後聞楊工部欲到知予與工部有宿酲"，文意費解，且與詩意不符。將此題與第 68 首題對照，不難見出這是與第 68 首題目迭合的結果。古抄卷還清楚地顯示這首被修改的痕跡，其先爲"宿酲"，後被塗抹改成此題。顯然，是後人據其他後出刊本所作的塗改，題目的字跡與詩之正文也不是一人手筆。其實，兩詩一對照就看出刊本題目反而是錯誤的。

從刊本錯誤產生的原因，還可爲這兩組詩在刊本中佚失之因找到答案。《和楊同州寒食乾坑會後聞楊工部欲到知予與工部有敷水之期榮喜雖多歡宴且阻辱示長句因而答之》長題在前，《宿酲》在後，其間相隔九首詩，而這九首詩又恰恰是馬本與那波本闕失，據此可斷，刊本所據之最初底本在此處殘闕了，上紙存長題之"和楊同州寒食乾坑會後聞楊工部欲到知予與工部有"二十二字，下紙開頭即是"宿酲"二字，整理者將兩殘紙接續起來，則形成了《和楊同州寒食乾坑會後聞楊工部欲到知予與工部有宿酲》一題。兩詩之間就是刊本所佚的第一組詩。由此類推，第二組也可能是由這類斷簡造成。當然，册頁裝訂中漏頁、殘破也會造成這一現象。由六十五卷中，二處整體性缺失的情況看，册頁裝脫頁的可能性更大。

又，《和楊同州寒食乾坑會後聞楊工部欲到知予與工部有敷水之期榮喜雖多歡宴且阻辱示長句因而答之》一詩既不見於《唐音統籤》，也不見於汪立名《香山詩集》中，此事表明胡震亨、汪立名所參考錢氏藏本是相同的，兩者收詩的存佚情況是相同的，同時，錢氏這一藏本也未能盡存古貌，其中也應有少量佚詩。這一情況可能很早就發生了，或許就在南宋刊

---

① 《香山詩集》卷三十二同，夜飲，汪本作"飲雨"。謝校曰：紹興本等前有"和楊同州寒食乾坑會後聞楊工部欲到知予與工部有"二十二字，蓋因脫落與前題相連。金澤本原題"宿酲"，後據折本塗改。白居易著，朱金城箋注《白居易集箋校》卷三十二，上海古籍出版社，1988 年，第 2214 頁。

印七十一卷本時。

　　刊本的這種整體性缺失，不僅發生在那波本中，紹興本、馬元調本同樣存在着這樣的問題，這一方面可證明日傳古鈔卷，來源遠比刊本古老，另一方面，也說明今傳諸種刊本具有同源性質，它們所據底本都是在原始抄卷缺省斷簡後重新拼接後才出現的。從這個意義上看，日傳古抄卷實謂最古之傳本，其中殘存的修改痕跡甚有價值。

三、由古抄卷推斷"錢太史宋刊本"

　　在現存刊本中，紹興本、馬本是前詩後筆本，《唐音統籤》所收白集是依體分類編排，已改變了白居易原書之體例，唯那波本保留前後集原始編排序列，故其與原始的白居易集距離較近，但由古抄卷《白氏文集》六十五卷錯簡、脫簡情況看，那波本也未能完全保持白集的原始面貌。與之相比，古抄卷更接近《白氏文集》的原始狀態，將此與刊本比較可見出抄卷到刊本的轉換過程。

　　古抄卷多出刊本的十九首詩中，有一首也見於刊本的別卷中，這就是第一組刊本佚詩中第九首《菩提寺晚眺》：

　　　　樓閣高低樹淺深，山光水色晚沉沉。嵩煙半卷青綃幕，伊浪平鋪綠綺衾。飛鳥滅時宜極目，遠風來處好開襟。誰知不離簪纓內，長得虛閑蕭灑心？

本詩見於紹興本（古典文學刊印）卷三十一，馬本卷三十一、那波本六十四卷中，題目爲《菩提寺上方晚眺》，第二句爲"山光水色暝沉沉"，末句爲"長得逍遙自在心"，文字略有異。同一首詩，在刊本與抄本中置於不同的卷中，這說明刊本與古抄卷並非同源，應各有所據。那波本卷六十四、六十五多爲大和八年、九年的作品（834），本詩所敘之事與三十一卷作品相合，兩類刊本各詩排序都同，本詩出現在這一卷中不應是錯置。不過，在刊本中，本詩之後接幾二組詞《楊柳詞》《浪淘沙》，時間不定，如此看來,本詩與他們合編在一起附綴於卷末,其位置本身就是不確定的。刊本卷標標明"凡百首",應是有心排列的結果,刊本的這樣安排顯然是出於百首整數的編輯體例,將編年模糊的作品置於卷末,湊成百首之數。古抄卷將本詩置入下卷,則出於更嚴格的編年,各自都不算是誤置。因此,刊本底本與抄本應出於不同的編輯方式,但差別不是太大,僅在個別詩篇有調整。這種狀況似乎不是後人調整,可能是白居易在不同時期不同的編排結果。古抄卷是七十卷傳本,成於白氏生前,那波本附七十一卷,其底本可能就是七十五卷殘闕本,應是出於白氏身後由他人調整而成的。這事說明白氏所留文集有多種形態,刊本的來源應不是單一的。

又,在古抄卷六十五卷中,二組刊本佚詩(除了《菩提寺晚眺》之外的十八首)又都見於汪立名編《白香山詩集·補遺》中,汪本所錄多據錢謙益絳雲樓藏宋本,此本已燒,無跡可求,但現存《唐音統籤》刊本中所收白居易詩也收錄了這兩組佚詩,分置於四百二十九、四百三十五、四百三十九、四百四十四、四百五十三,這些詩都置於每卷卷末,且注云:據錢太史宋本補。此處所云"錢太史宋本"應就是錢謙益所藏宋本。錢謙益(1582—1664)、胡震亨(1569—1645)屬同時代人,胡借閲錢書似有可能①。諸家考辨汪立名《白香山詩集》補遺實據此,今人謝思煒認爲其據是宋蜀本之補遺,然無實證。"錢太史宋本"存有古抄卷中這兩部分佚詩,與那波本、紹興本、馬本都不同,當是另一種刊本。

這些不存的刊本,成於何時?其能與古抄卷存詩相符,或許刊印年代更早。這一問題可在日本學人所作的《管見抄》中尋得一些綫索。《管見抄》原本抄於日本康元元年(1256)至正元元年(1259),重抄於永仁三年(1295),原十册,所存九册中抄錄白居易作品975篇②。其末錄有所據底

---

① 胡震亨(1569—1645)《唐音統籤》卷四百五十三:《夢得得新書》題下注:以下十首錢太史宋本補。錢太史當爲錢謙益,(1582—1664)。

② 清代錢侗、秦鑒等所輯《崇文書目輯釋》,亦記錄白集"今本"七十二卷,可證明此本確有流傳。

本之出版記録，如右。

據此可見《管見抄》所録之底本爲北宋宋仁宗景祐四年（1038）杭州刊本①，其爲七十二卷本，且曰"於元印板録略"，表明在此之前已有刊印，這應是白集早期刊本之一。宋敏求《春明退朝録》作於熙寧三年（1070），在此書印行後三十二年，宋氏言及當時流行兩種刊本，一爲"今本"，即直由李從榮抄本轉化而來，一是"吳、蜀摹版"，源自補抄的東林寺本。由刊地看，此處所記應爲前者。此本經衆家整理詳定，已有官板的權威地位，到南宋仍傳，晁公武《郡齋讀書志》卷四記："白居易長慶集七十一卷……前集五十卷，有元稹序，後集二十卷，自爲序紀。又有續後集五卷，今亡三卷矣。"其所見者爲七十二卷本，或即此。陳振孫《直齋書録解題》所言更詳：

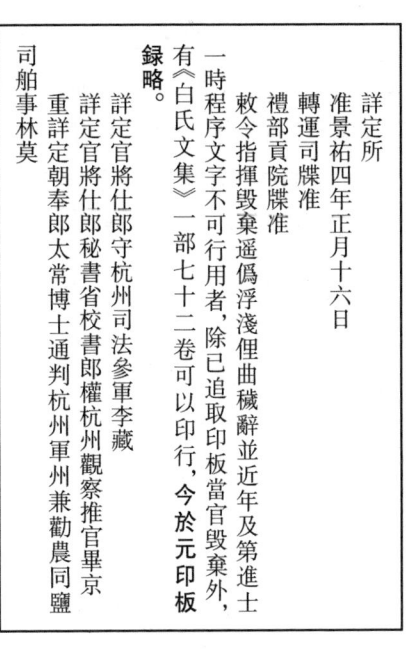

> 詳定所
> 准景祐四年正月十六日
> 轉運司牒准
> 禮部貢院牒准
> 敕令指揮毁棄遥僞浮淺俚曲穢辭並近年及第進士一時程序文字不可行用者，除已追取印板當官毁棄外，有《白氏文集》一部七十二卷可以印行，今於元印板録略。
> 詳定官將仕郎守杭州司法參軍李藏
> 詳定官將仕郎秘書省校書郎權杭州觀察推官畢京
> 重詳定朝奉郎太常博士通判杭州軍州兼勸農同鹽司舶事林莫

日本鎌倉抄卷《管見抄》所録宋景祐版《白氏文集》版記

《白氏長慶集》七十一卷，年譜一卷，又新譜一卷。……集後記稱前著《長慶集》五十卷元微之爲序，《後集》二十卷自爲序，今又《續後集》五卷自爲記，前後七十五卷，時會昌五年也。墓志乃云集前後七十卷，當時預爲志時未有續後集。今本七十一卷，蘇本、蜀本編次亦不同，蜀本又有外集一卷，往往皆非樂天自記之舊矣。

陳所見者爲七十一卷，與蘇本、蜀本不同，並説蜀本還有外集一卷，後者是

---

① 景祐四年杭州知州爲俞獻卿，《宋史》有傳："俞獻卿，字諫臣，歙人，少與兄獻可以文學知名，皆中進士第。"上述畢京，《宋詩紀事》卷十二收詩一首，注曰："京，官職方員外。"詩爲《和范公希文懷慶朔堂》："花木還依舊逕栽，春園不惜爲誰開，幾多民俗熙熙樂，似到老聃臺上來。"（《饒州府志》）

指七十卷之外另加一卷外集,還是七十一卷外再加一卷呢？顯然與晁公武所見之七十二卷是不同的,晁公武所記之七十二卷究竟是什麽狀態？《管見抄》所錄則保留了本書一些基本信息。

《管見抄》第九册 59 頁至 60 頁所錄内容爲《白氏文集》卷六十五中的詩,篇目如下,括號内標明在古抄卷中的序數:

1. 讀老子(1)
2. 讀莊子(2)
3. 讀禪經(3)
4. 感興二首(4、5)
5. 閑卧有所思二首(8、9)
6. 詩酒琴人例多薄命予酷好三事雅當此科而所得已多爲幸斯甚偶成狂詠聊寫愧懷(11)
7. 閑卧(16)
8. 新秋喜涼(18)
9. 初夏閑吟兼呈韋賓客(19)
10. 哭崔二十四常侍(20)
11. 老去(42)
12. 冬初酒熟二首(45)
13. 少亭寒夜寄夢得(50)
14. 除夜言懷兼寄張常侍(51)
15. 寄李相公(58)
16. 論親友(90)
17. 詔授同州刺史病不赴任因詠所懷(93)
18. 九年十一月二十一日感事而作(97)
19. 將歸渭村先寄舍弟(99)
20. 看嵩洛有歎(100)
21. 詠懷(101)

共二十一篇,占古抄卷的五分之一強,排列順序與古抄卷同,其中第 13、14 首不見於現行刊本,但見於古抄卷中,屬第一組佚詩中的兩詩。據此推斷景祐四年杭州刊本可能保存了與古抄卷相近的面貌。《唐音統籤》所言及的"錢太史宋本"與這一刊本可能有淵源關係,而與紹興本、那波本、馬本不同,故其中有其他刊本未存之詩。其產生早於紹興本百年左右,雖然晁公武還見到了,但在南宋紹興後(1131—1162)可能失傳了,故紹興刊本只能是以缺失之本爲底本,並成爲主要流行者。可見,由於受歷史劇變的影響,刊本也未能確保文集文本完整地流傳下來,刊本在演化、定型過程中存在對抄本整理與過濾的程序,先是最初七十二卷刊本已失去了三卷,後又失去一卷成七十一卷,再後由於殘損斷簡又佚去近二十首詩,刊本形態與原始文本也是漸行漸遠了。

綜上所述,日傳古抄卷的價值不只是可以爲文本校勘提供一個依據,更重要的是它還原了汪立名所收"遺詩"的來源,又清晰地展示了佚失的原因。同時,《管見抄》所錄之刊序與詩目,可與古抄卷對照,多少反映了已佚之七十二卷之原貌。

參考資料
一、古抄卷《白氏文集》六十五卷與馬本、那波本目錄對照表

1. 馬元調本三十二卷	那波本六十五卷	古抄卷	繫年
2.《讀老子》	《讀老子》	《讀老子》	大和八年(834),63 歲,洛陽,太子賓客
3.《讀莊子》	《讀莊子》	《讀莊子》	同上
4.《讀禪經》	《讀禪經》	《讀禪經》	同上
5.《感興二首》 6.	《感興二首》	《感興二首》	同上
7.《問鶴》	《問鶴》	《問鶴》	同上
8.《代鶴答》	《代鶴答》	《代鶴答》	同上

續表

9.《閑臥有所思二首》 10. 2	《閑臥有所思二首》	《閑臥有所思二首》	大和九年(835),64歲,洛陽,太子賓客
11.《喜閑》	《喜閑》	《喜閑》	大和八年(834),63歲,洛陽,太子賓客
12.《詩酒琴人例多薄命予酷好三事雅當此科……成狂詠聊寫愧懷》	《詩酒琴人例多薄命予酷好三事雅當此科……成狂詠聊寫愧懷》	《詩酒琴人例多薄命予酷好三事雅當此科……成狂詠聊寫愧懷》	同上
13.《寄明州于駙馬使君三絕句》 14. 2 15. 3	《寄明州于駙馬使君三絕句》	《寄明州于駙馬使君三絕句》	同上
16.《閑臥》	《閑臥》	《閑臥》	同上
17.《春早秋初因時即事兼寄浙東李侍郎》	《春早秋初因時即事兼寄浙東李侍郎》	《春早秋初因時即事兼寄浙東李侍郎》	同上
18.《新秋喜涼》	《新秋喜涼》	《新秋喜涼》	同上
19.《初夏閑吟兼呈韋賓客》	《初夏閑吟兼呈韋賓客》	《初夏閑吟兼呈韋賓客》	大和九年(835),64歲,洛陽,太子賓客
20.《哭崔二十四常侍》	《哭崔二十四常侍》	《哭崔二十四常侍》	大和八年(834),63歲,洛陽,太子賓客
21.《奉酬侍中夏中雨後遊城南莊見示八韻》	《奉酬侍中夏中雨後遊城南莊見示八韻》	《奉酬侍中夏中雨後遊城南莊見示八韻》	同上
22.《送兗州崔大夫駙馬赴鎮(唐人絕句作送崔駙馬赴袞州)》	《送兗州崔大夫駙馬赴鎮(唐人絕句作送崔駙馬赴袞州)》	《送兗州崔大夫駙馬赴鎮(唐人絕句作送崔駙馬赴袞州)》	同上

续表

23.《少年問》	《少年問》	《少年問》	同上
24.《問少年》	《問少年》	《問少年》	同上
25.《代琵琶弟子謝女師曹供奉寄新調弄譜》	《代琵琶弟子謝女師曹供奉寄新調弄譜》	《代琵琶弟子謝女師曹供奉寄新調弄譜》	同上
26.《代林園戲贈》	《代林園戲贈》	《代林園戲贈》	同上
27.《戲答林園》	《戲答林園》	《戲答林園》	同上
28.《重戲贈》	《重戲贈》	《重戲贈》	同上
29.《重戲答》	《重戲答》	《重戲答》	同上
30.《早秋登天宮寺閣贈諸客》	《早秋登天宮寺閣贈諸客》	《早秋登天宮寺閣贈諸客》	同上
31.《曉上天津橋閑望偶逢盧郎中張員外攜酒同傾》	《曉上天津橋閑望偶逢盧郎中張員外攜酒同傾》	《曉上天津橋閑望偶逢盧郎中張員外攜酒同傾》	同上
32.《八月十五日夜同諸客玩月》	《八月十五日夜同諸客玩月》	《八月十五日夜同諸客玩月》	同上
33.《對晚開夜合花贈皇甫郎中》	《對晚開夜合花贈皇甫郎中》	《對晚開夜合花贈皇甫郎中》	同上
34.《醉遊平泉》	《醉遊平泉》	《醉遊平泉》	同上
35.《題贈平泉韋徵君拾遺》	《題贈平泉韋徵君拾遺》	《題贈平泉韋徵君拾遺》	同上
36.《酬皇甫郎中對新菊花見憶》	《酬皇甫郎中對新菊花見憶》	《酬皇甫郎中對新菊花見憶》	同上
37.《夜宴醉後留獻裴侍中》	《夜宴醉後留獻裴侍中》	《夜宴醉後留獻裴侍中》	同上
38.《和韋庶子遠坊赴宴未夜先歸之作兼呈裴員外》	《和韋庶子遠坊赴宴未夜先歸之作兼呈裴員外》	《和韋庶子遠坊赴宴未夜先歸之作兼呈裴員外》	同上

續 表

39.《集賢池答侍中問》	《集賢池答侍中問》	《集賢池答侍中問》	同上
40.《楊柳枝二十韻》	《楊柳枝二十韻》	《楊柳枝二十韻》	同上
41.《答皇甫十郎中秋深酒熟見憶》	《答皇甫十郎中秋深酒熟見憶》	《答皇甫十郎中秋深酒熟見憶》	同上
42.《老去》	《老去》	《老去》	同上
43.《送宗實上人遊江南》	《送宗實上人遊江南》	《送宗實上人遊江南》	同上
44.《和同州楊侍郎誇柘枝見寄》	《和同州楊侍郎誇柘枝見寄》	《和同州楊侍郎誇柘枝見寄》	同上
45.《冬初酒熟二首》 46.	《冬初酒熟二首》	《冬初酒熟二首》	同上
47.《送姚杭州赴任因思舊遊二首》 48.	《送姚杭州赴任因思舊遊二首》	《聽蘆管吹竹枝》（《香山集》卷三十九補遺上作《聽蘆管》）	同上 無繫年
49.《寄李相公》	《寄李相公》	《初寒即事憶皇甫十》（《香山集》卷三十九補遺上作《初冬即事憶皇甫十》）	大和九年（835），64歲，洛陽，太子賓客 大和八年
50.《冬日平泉路晚歸》	《冬日平泉路晚歸》	《小亭寒夜寄夢得》（《香山集》卷三十九補遺上作《小庭寒夜寄夢得》）	大和八年（834），63歲，洛陽，太子賓客 開成元年
51.《利仁北街作》	《利仁北街作》	《除夜言懷兼贈張常侍》（《香山集》卷三十九補遺上同）	大和九年（835），64歲，洛陽，太子賓客 大和八年

續表

52.《洛陽堰閑行》	《洛陽堰閑行》	《送張常侍西歸》（《香山集》卷三十九補遺上同）	同上 大和九年
53.《過永寧》	《過永寧》	《和河南鄭尹新歲對雪》（《香山集》卷三十九補遺上同）	同上 大和九年
54.《往年稠桑曾喪白馬題詩廳壁今來尚存又復感懷更題絕句》	《往年稠桑曾喪白馬題詩廳壁今來尚存又復感懷更題絕句》	《吹笙內人出家》（《香山集》卷三十九補遺上同）	同上 無繫年
55.《羅敷水》	《羅敷水》	《菩提寺晚眺》（馬本三十一、《香山集》卷三十九補遺上題多"上方"兩字，文字同。）	同上 大和八年
56.《路逢青州王大夫赴鎮，立馬贈別》	《路逢青州王大夫赴鎮，立馬贈別》	《醉中見微之舊詩有感》	同上 大和九年
57.《和楊同州寒食乾坑會後聞楊工部欲到知予與工部有宿酲》	《和楊同州寒食乾坑會後聞楊工部欲到知予與工部有宿酲》	《送姚杭州赴任因思舊遊二首》	同上
58.《和劉汝州酬侍中見寄長句因書集賢坊勝事戲而問之》	《和劉汝州酬侍中見寄長句因書集賢坊勝事戲而問之》	《寄李相公》	同上
59. 60.《池上二絕》	《池上二絕》	《冬日平泉路晚歸》	同上
61.《白羽扇》	《白羽扇》	《利仁北街作》	同上

續 表

62. 《五月齋戒罷宴徹樂聞韋賓客皇甫郎中飲會亦稀又知欲攜酒饌出齋長句呈謝》	《五月齋戒罷宴徹樂聞韋賓客皇甫郎中飲會亦稀……長句呈謝》	《洛陽堰閑行》	同上
63. 《閑園獨賞（因夢得所寄蜂鶴之詠因成此篇以和之)》	《閑園獨賞（因夢得所寄蜂鶴之詠因成此篇以和之)》	《過永寧》	同上
64. 《種柳三詠》 65. 2 66. 3	《種柳三詠》	《往年稠桑曾喪白馬題詩廳壁今來尚存又復感懷更題絕句》	同上
67. 《偶吟》	《偶吟》	《羅敷水》	同上
68. 《池上即事》	《池上即事》	《路逢青州王大夫赴鎮立馬贈別》	同上
69. 《南塘暝興》	《南塘暝興》	《和楊同州寒食乾坑會後聞楊工部欲到知予與工部有敷水之期榮喜雖多歡宴且阻辱示長句因而答之》①	同上
70. 《小宅》	《小宅》	《別楊同州後却寄》（《香山集》卷三十九同）	同上 大和九年
71. 《諭親友》	《諭親友》	《狐泉店前作》（《香山集》卷三十九同）	同上 大和九年

---

① 《香山集》題同馬本。往來東道千餘騎，新舊西曹兩侍郎。家占冬官傳印綬，路逢春日助恩光。停留五馬經寒食，指點三峰過故鄉。猶恨乾坑敷水會，差池歸雁不成行。（佚）

續　表

72.	《龍門送別皇甫澤州赴任韋山人南遊》	《龍門送別皇甫澤州赴任韋山人南遊》	《贈盧績》（《香山集》卷三十九同）	同上 大和九年
73.	《劉蘇州寄釀酒糯米李浙東寄楊柳枝舞衫偶因嘗酒……寄謝之》	《劉蘇州寄釀酒糯米李浙東寄楊柳枝舞衫偶因嘗酒……寄謝之》	《與裴華州同過敷水戲贈》（《香山集》卷三十九同）	大和八年（834），63歲，洛陽，太子賓客 大和九年
74.	《詔授同州刺史病不赴任因詠所懷》	《詔授同州刺史病不赴任因詠所懷》	《西還壽安路西歇馬》（《香山集》卷三十九同）	大和九年（835），64歲，洛陽，同州刺史 大和九年
75.	《寄楊六侍郎（時楊初授戶部予不赴同州）》	《寄楊六侍郎（時楊初授戶部予不赴同州）》	《壽安歇馬重吟》（香山集卷三十九同）	同上 大和九年
76.	《韋七自太子賓客再除秘書監以長句賀而餞之》	《韋七自太子賓客再除秘書監以長句賀而餞之》	《閑遊》（《香山集》卷三十九同）	同上 大和九年
77.	《酒熟憶皇甫十》	《酒熟憶皇甫十》	《池畔閑坐兼呈侍中》（《香山集》卷三十九同）	同上 大和九年
78.	《九年十一月二十一日感事而作（其日獨遊香山寺）》	《九年十一月二十一日感事而作（其日獨遊香山寺）》	《贈鄭尹》（《香山集》卷三十九同）	同上 大和九年
79.	《即事重題》	《即事重題》	**《和楊同州寒食乾坑會後聞楊工部欲到知予與工部有宿酲》**	同上
80.	《將歸渭村先寄舍弟》	《將歸渭村先寄舍弟》	《和劉汝州酬侍中見寄長句因書集賢坊勝事戲而問之》	同上

續　表

81.《看嵩洛有歎》	《看嵩洛有歎》	《池上二絶》	同上
82.《詠懷》	《詠懷》	《白羽扇》	同上
83.《詠老贈夢得》	《詠老贈夢得》	《五月齋戒罷宴徹樂聞韋賓客皇甫郎中飲會亦稀……長句呈謝》	開成二年(837),洛陽,太子少傅
84.		《閑園獨賞(因夢得所寄蜂鶴之詠因成此篇以和之)》	
85.		《種柳三詠》	
86.		《偶吟》	
87.		《池上即事》	
88.		《南塘暝興》	
89.		《小宅》	
90.		《諭親友》	
91.		《龍門送別皇甫澤州赴任韋山人南遊》	
92.		《劉蘇州寄釀酒糯米李浙東寄楊柳枝舞衫偶因嘗酒……寄謝之》	
93.		《詔授同州刺史病不赴任因詠所懷》	
94.		《寄楊六侍郎(時楊初授户部予不赴同州)》	
95.		《韋七自太子賓客再除秘書監以長句賀而餞之》	

續表

96.		《酒熟憶皇甫十》	
97.		《九年十一月二十一日感事而作（其日獨遊香山寺）》	
98.		《即事重題》	
99.		《將歸渭村先寄舍弟》	
100.		《看嵩洛有歎》	
101.		《詠懷》	
102.		《詠老贈夢得》	

二、古抄卷書影

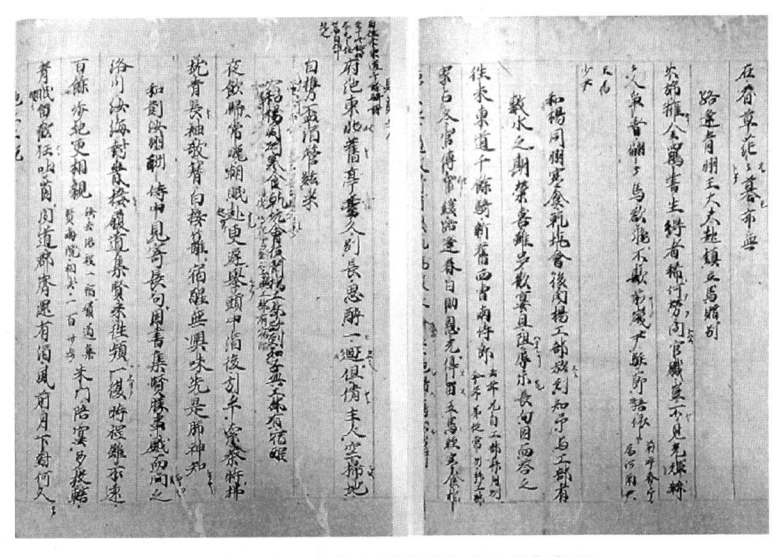

日本金澤文庫藏古抄卷《白氏文集》書影

宋紹興刊本《白氏文集》書影

文淵閣《四庫全書》本明馬元調編《白氏文集》書影

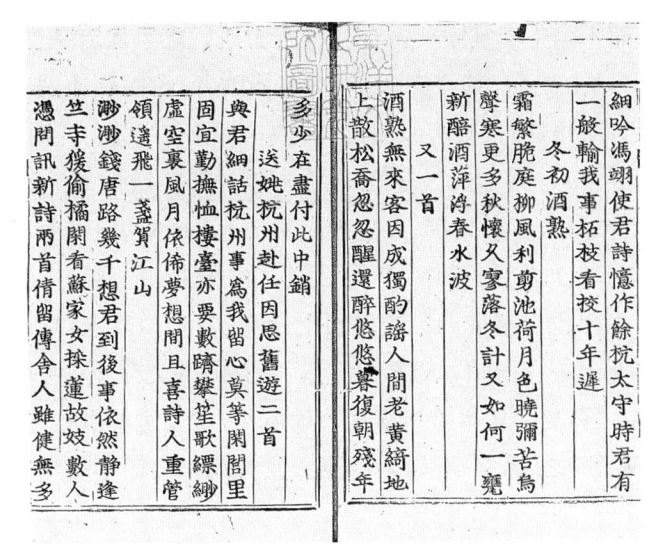

細吟馮翊使君詩憶作餘杭太守時君有
一般翰我事拓枝看挍十年遲
冬初酒熟
霜繁脆庭柳利剪荷池曉月色彌苦鳶
聲寒更多秋懷久家落冬計又如何一甕
新醅酒萍泙春水波
又一首
上散松喬忽忽醒酣諧人間老黃綺地
酒熟無來客因成獨酌還悠悠暮復朝殘年
多少在盡付此中銷
送姚杭州赴任因思舊遊二首
與君細話杭州事爲我留心莫等閒
固宜勤撫恤樓臺亦要數躋攀
盧空裏風月依俙夢想間且喜詩人重管
領遙錢唐路幾千想君到後事依然靜
渺渺飛一蓋賀江山
竺寺獲偷橘閒看蘇家採蓮妓
憑問訊新詩兩首倩傳舍人雖健無多

日本那波道圓編《白氏文集》書影

【善鄰國寶記】凡三卷。日本臨濟宗僧瑞溪周鳳撰。搜集中、韓、日三國交通之始,以迄日本後小松天皇明德三年(1392)之記事及往來之文書而成。卷中之部分記載,係後人加以追補者。續篇有《續善鄰國寶記》一卷、《續善鄰國寶外記》一卷、《善鄰國寶別記》一卷等。本書與《續善鄰國寶記》《續善鄰國寶外記》二書,皆收於改定史籍集覽第二十一冊、續群書類從第三十輯上。(倭版書籍考第四、群書備考第十七、本朝高僧傳卷四十二)

晁公武《郡齋讀書志》卷四:"白居易長慶集七十一卷,右唐白居易樂天,太原人,貞元十七年進士,中拔萃科,元和初制策一等,調盩厔尉,入翰林爲學士,太和中遷刑部侍郎,會昌初以刑部尚書致仕。居易以文章精切,然最工詩。初頗以規諷得失,及其多更下偶俗好,當時士人爭傳,雞林國賈相率篇易一金。在杭州自類詩稿,分諷諭、閒適、感傷、雜律四類,《前集》五十卷,有元稹序,《後集》二十卷自爲序紀,又有《續後集》五卷,今亡三卷矣。予嘗謂樂天進退以義,風流高矣。與劉禹錫遊,人謂之'劉白',而不陷八司馬黨中;與元稹遊人謂之'元白',而不蹈北司黨中;又與楊虞卿爲姻家,而不陷牛李黨中。嗚呼叔世有如斯人之髣髴者乎？獨集後載《聞李崖州貶》二絶句,其言淺俗,似幸其禍敗者,餘固疑非樂天之語,及以唐史考之,崖州貶時,樂天没將踰年,或曰浮屠某作也。"陳振孫《直齋書録解題》卷十六:"《白氏長慶集》七十一卷、年譜一卷,又新譜一卷。唐太子少傅太原白居易樂天撰,案集後記稱前著《長慶集》五十卷,元微之爲序,《後集》二十卷,自爲序,今又《續後集》五卷,自爲記,前後七十五卷,時會昌五年也。墓志乃云集前後七十卷,當時預爲志,時未有《續後集》。今本七十一卷,蘇本、蜀本編次亦不同,蜀本又有外集一卷,往往皆非樂天自記之舊矣。年譜維揚李璜德劭所作,樓大防參政得之以遺吳郡守李伯珍諫議刻之,余嘗病其疏畧抵牾,且號爲年譜而不繫年,乃別爲新譜刊附集首。"

日藏朝鮮刊五卷本《歐蘇手簡》考

汪　超（武漢大學）

　　金程宇先生主編《和刻本中國古逸書叢刊》（鳳凰出版社，2012年版）收入兩種四卷本《歐蘇手簡》，分別由內閣文庫和立命館大學芳村弘道教授庋藏。夏漢寧先生《〈歐蘇手簡〉校勘》（中山大學出版社，2014年版）之底本、參校本所用數種日本、朝鮮刻本，亦以四卷本爲主，而未曾利用五卷本。在此之前，學界也多以爲《歐蘇手簡》只有四卷本，如云："《歐蘇手簡》四卷，國內（包括臺灣）久已失傳，今存兩個版本，皆由鄰邦重刻，即日本天明本、朝鮮宣祖朝本。"①又或云："《歐蘇手簡》四卷，包括了歐陽修和蘇軾的尺牘各二卷，書首有金元之交的文人杜仁傑所作的序。此書國內不傳，而在韓國、日本則有刊本多種。"②事實上，《歐蘇手簡》遠不止兩個版本，國內亦有明刊本流傳。黃裳先生提及該書，稱："書凡四卷，明初刻，十行，二十二字。大黑口，四周雙邊。前有真止軒老人杜仁傑序。"他並以爲該書爲"元人手輯刊行，而明初翻刻者。疑書尾當有刊書跋語，已爲書估抽去，以充元板。刻法樸茂，信是初明開板。""《歐蘇手簡》之刻當在成化前也。"③筆者於日本國會圖書館偶見該館所藏景泰元年（1450）朝鮮刊五卷本《歐蘇手簡》。該本雖不及來燕榭所藏刊刻精良，又晚於朝鮮甫州刊本，然亦是成化之前梓行，早於朝鮮宣祖朝本及所知各和刻本。且於其卷五得題名蘇軾尺牘、小品15篇，《全宋文》未載；題名蘇軾七絕詩1首，《全宋詩》亦未載。今略述如下：

---

① 祝尚書《〈歐蘇手簡〉考》，《中國典籍與文化》2003年第3期。
② 朱剛《關於〈歐蘇手簡〉所收歐陽修尺牘》，《武漢大學學報》2012年第3期。
③ 黃裳《來燕榭書跋輯存（六）》，《收藏家》2006年第10期。

一、五卷本的版本特徵與著錄流傳

該本凡五卷，每頁十行，行十九字。雙魚尾，四周單邊，有界。版心上署卷名"歐一""歐二""蘇簡一""蘇二""蘇三"，下鐫頁數。該書卷四闕最末一頁，同卷裝訂次序也有誤，是使用時應該注意的。卷五別錄蘇軾、林逋、顏真卿等尺牘、小品。卷五後又單獨收錄韓愈書簡兩篇。卷首有杜仁傑序，卷末附信柬活套以及朝鮮清州教授楊洵跋文。自韓愈書簡起，其書版心僅刻頁書，不題書名。楊洵跋文不長，且錄於此：

尺牘，末藝也，若無益於聖教。然古之人拳拳致意於此者，以其羽翼於人倫世道故爾。夫朋友親戚，人倫之所重，其或遠處而不以朝夕相親，則戀慕之情、慶吊之意苟非尺牘，無以見其性情之正也。古人所謂千里面目，豈虛言哉？其所以通彼此、敘情懷，無如歐蘇二老手簡。然舊本剜缺，學者病焉。今監司相國命儒生繕寫，令遊手梓榟以圖永傳其用，意之美不可不敘也。景泰庚午閏正有日承訓郎清州教授官楊洵謹跋。

跋文爲景泰庚午閏正月作，是書亦當刊於本年，即景泰元年。楊洵跋後，又有刻手、監修諸人官銜、姓名，如次：

刻手　性義
都邑户長李　洤
貢生田　洵
監書成均生員吴季昌
奉訓郎牧判官田桐生
奉訓郎都事金保之
嘉善大夫都觀察黜陟使兼判清州牧事權克和

此執事諸人姓名次序，尊者居左、卑者次右，不同於別國刊本。由此可知該本爲淸州（今屬韓國忠淸北道）所刊。韓人李仁榮曾藏一朝鮮宣祖朝（1567—1608）刊本，亦即祝尚書先生《〈歐蘇手簡〉考》中提及者。成書於1944年的李仁榮《淸芬室書目》著錄如下：

> 《歐蘇手簡》四卷一册。無序跋。卷一首題"與梅聖俞""東坡先生"。卷三首題"與司馬温公""東坡先生"。宣祖朝刊。木板。四周單邊，有界。十行，二十字。匡郭長20.0【米+厘】乃至21.0【米+厘】，廣15.5【米+厘】。黑口。尾有"萬曆十六年戊子二月買得"墨書。按：隆慶乙亥字本《考事撮要》淸州、洪州、穀山、醴泉等處藏此册板①。

據此李仁榮雖知有淸州、洪州、穀山、醴泉諸本，實亦未見過原書。"卷一首題'與梅聖俞''東坡先生'"云云，當爲筆誤。今檢《考事撮要·册板目錄》，該書附於《八道程途》下，道郡地名下所列册板，均只有書名，而無詳細卷數、刊刻年月等信息。忠清道淸州下列舉《古文精粹》《歐蘇手簡》等書名②。淸州所藏册板，當即此五卷本。今韓國僅見醴泉刊四卷本，藏於奎章閣③。醴泉，乃甫州舊郡名，所謂醴泉本，即甫州洪武本，詳後。而淸州五卷本則似僅存於日本。

該書何時傳入日本，殆不可考。卷首杜仁傑序上鈐有一枚篆文"御本"陽文朱印，由此可知該本曾經德川家康收藏④。1616年家康逝世後，"掌管駿府文庫鎖鑰的羅山奉遺命將其中的日本舊籍和貴重書册移交江

---

① 李仁榮《淸芬室書目》，張伯偉《朝鮮時代書目叢刊》第八册，中華書局，2004年，第4644—4645頁。
② ［朝鮮］魚叔權《考事撮要·書册市准·册板目錄·書册印紙數》，張伯偉《朝鮮時代書目叢刊》第三册，中華書局，2004年，第1443頁。
③ 文燦《朝鮮時代册板目錄研究——以〈考事撮要·八道程途〉所載中國本册版爲中心》，南京大學2007年碩士學位論文，第193頁。
④ 該藏書印承芳村弘道老師提示，特此申謝。

户御文庫……這些本子稱爲'駿府御讓本',加蓋篆文'御本'朱印。"①該本大約就是移交給江户御文庫的善本。同頁右下角原鈐兩枚篆字陽文朱印,然只能辨認各半枚,有"鄭氏"與"遂初"四字,卷中又有"佛"字陽文圓印。各係何人藏印,俟考。

二、前四卷與黄裳藏明初刊本、朝鮮甫州洪武本、和刻正保本同源

楊洵稱"然舊本剜缺,學者病焉",因而請儒生繕寫、刻工鎸板。該五卷本的底本應該就是朝鮮清州原有之"舊本",只是已無法確證其究竟是何本。但清州本前四卷與黄裳藏本、朝鮮甫州洪武二十六年(1393)刊本、日本正保二年(1645)刊本較爲相似,極有可能同出一源,而天明元年(1781)刊本則與其有較大不同。

1. 黄裳藏本。黄裳先生在《來燕榭書跋輯存(六)》提供了該本卷一首頁的書影。該頁刻有《與梅聖俞》尺牘一首有奇。以五卷本與該書影比觀,可以發現一些細節上的相似:其一,卷首均鎸"歐蘇手簡卷之一",而和刻本則與此不同。其二,寫給同一受書人的不同尺牘,中間不再以"又"字區分,而僅另起一段。五卷本卷一首頁的《與梅聖俞》兩通尺牘連刻,當爲手民之誤。其卷中其他書簡與黄裳藏本編輯方式一致。其三,二者均采用了相同的異體字。如"它腸藴此,欲寫未能"之"它",和刻正保本與天明本皆作"他"。在字形上,五卷本亦與黄裳藏本接近,如"承惠詩并序"的"承","推今較古,何下彼此哉"的"哉"字,二者字形相同,和刻正保本與天明本則異於此。

但五卷本也有與黄裳藏本不同之處,如第一首尺牘中"但恐荒淫不及而文雅過之也"的"荒",黄裳藏本作"老"。第二首尺牘中"某自解官,觸事不快"的"某",黄裳藏本作"其"。從上下文語義而言,五卷本的改動是

---

① 牛建强《江户時代中國文化對日本之影響——側重於江户前中期狹義的文化考察》,《暨南學報》2008年第1期。

有道理的。

因此，似可推知五卷本與黃裳藏本有一定的淵源關係，但五卷本應該更晚出。在刊刻過程中，五卷本對舊本的錯誤曾作修訂。若能將該本與黃裳藏本作比較，應該可以發現更多關聯。"遺憾的是，這個也許是海內孤本的明初刻本，人們已難得一見真容。"①

2. 朝鮮甫州洪武本。該本今藏韓國首爾大學奎章閣，館方定之爲元刊本，雖不確，亦去元不遠。該本卷末另頁刻刊刻時間及主事者，其首行云："洪武貳拾陸年癸酉六月　日甫州官開板"，"武"字略闕而可見。該本左右雙邊，雙魚尾，頁十行、行二十字，共四卷，合爲一册。全書刊刻不如他本精美，其中又有明顯的遞修痕跡，封三最右側書有"嘉靖乙丑端午改裝於昇平"等字。該書卷首亦有杜仁傑序文，書首鈐"京城大學圖書"朱文篆印，卷二以下多處蓋有"觀音"朱文長印，印文拙劣，似童蒙戲爲之。

五卷本與該本大同小異，其同者：次文順序，分篇斷章全同；受書人姓名、官名等稱謂全同，以此觀之，五卷本與甫州本應該有淵源。至於其不同者，僅爲個別字詞的差別，這些異文可提供校勘者參考。但也偶有此誤彼對，此失彼確者，如卷首杜仁傑序文，"亦皆自二老理意中來"之"中"字，甫州本作"申"，五卷本不誤。又如卷一《與杜祁公》其一，"自揚求潁"之"揚"字，甫州本不誤，五卷本誤作"楊"。但類似的手誤，二者皆不多見。

3. 和刻正保本。正保二年刊本大約是最易得見的四卷本《歐蘇手簡》。長澤規矩也《和刻本漢籍文集》及金程宇《和刻本中國古逸書叢刊》均曾據內閣文庫所藏正保本影印該書。該本日本國會圖書館、東京大學圖書館、兵庫縣龍野歷史文化資料館等處均有皮藏，是諸和刻本的祖本。該本四周雙邊，黑口，雙魚尾，頁八行、行十七字，共四卷，卷各爲一册，凡四册。筆者亦曾在日本公文書館內閣文庫調閱此書，以之與五卷本的前四卷比勘，發現二者略有異同。

---

① 黎清《〈歐蘇手簡校勘〉：一部具有文獻價值的著作》，《鄱陽湖學刊》2014年第5期。

其一，次文順序相同，偶見分篇斷章之異。正保本的次文順序與朝鮮五卷本前四卷完全相同。但在尺牘的具體分合上，有三處差異。如卷一，歐陽修《與章伯鎮》簡，朝鮮五卷本將"某昨以目病爲梗，求潁自便"以下至"瞻望徒勞，千萬保重"自爲一簡。而正保本以該簡拼接於前文"惟冀自愛，以副瞻禱"之後，與前簡合爲一篇。卷三蘇軾《與程公密》簡，正保本只有一首，而五卷本亦將"窮途棲屑，獲見君子，開懷抵掌，爲樂未央"以下斷爲另一首。類此者，卷三《與周文之》（正保本作"《與周文子之》"）亦是五卷本以爲兩首者，而正保本合之爲一。

其二，尺牘標題的受書人人名、官名之異同。二者比較，不但有五卷本受書人不誤，而正保本誤書者，又有五卷本不題受書人稱謂而正保本爲其添加者。試略舉數則：所收歐陽修尺牘《與滕子京待制》，正保本作"《與滕子京待御》"；《與曾宣靖公》，正保本作"《與曾宣清公》"；《與吳正憲公》，正保本作"《與吕正憲公》"。蘇軾尺牘《與毛澤民》，正保本作"《與毛澤民推官》"；《與封守朱振》，正保本作"《與封守朱根》"；《與彦正》，正保本作"《與彦正判官》"；《與姜唐佐》，正保本作"《與姜唐佐秀中》"。爲避煩雜，兹不更舉。總體而言，受書人之異，蘇軾簡多於歐陽修簡。

其三，正文文字略有異同。如歐陽修《與焦殿丞》之二，云"數日大熱"，正保本作"數日太熱"；《與王懿敏尚書》云"新歲晴和，不審尊體何似"，正保本作"新歲晴和，不審尊體何以"。蘇軾《與陳輔之》首句直接道"昨日承訪"，正保本則云"某啓，昨日承訪"。《與姜唐佐》之二，書末云"適沐不即答，悚息"，正保本則云"適沐不即答，悚息頓首"。諸如此類，可知兩本在歐陽修簡多是文字方面的異同，而蘇軾簡則有書儀上的差異。

其他方面，如前述歐陽修《與梅聖俞》的兩通書簡，正保本從朝鮮五卷本，而不同於黄裳藏本。正保本前有目録，字形上也小有差異。不過從總體上説，正保本與朝鮮五卷本前四卷的眉目依稀相似，雖有所別，却非南轅北轍，可以推測二者同出一源。

至於天明元年刊本，不但晚出，且吉松潤甫校刊時，參考了通行的歐蘇文集，已經與通行本大體相同，而次文順序、編輯特點等亦與正保本有別。本文不再與之對比。

三、朝鮮清州本的第五卷及其附錄

　　五卷本的第五卷與全書附錄韓文、活套，均爲四卷本所未見，當系清州刊本的執事者匯抄而成。卷五首行題"歐蘇手簡卷五""東坡先生"，共錄各類文章42篇，其中雜有歐陽修、林逋、顏真卿、范仲淹等人的文章。故而蘇軾書簡、序跋、記文等共38篇，其中15篇未見於孔凡禮先生《蘇軾文集》以及《全宋文》所收蘇軾文，且見一首蘇軾佚詩。佚文、佚詩以外，其餘23篇蘇文與通行本亦可參校。

　　該卷前15篇均無標題，受書人爲"教授户曹"、伯原、"致政承奉"、"致政宣德年丈"、佚名（《全宋文》作"某宣德"）、佛印。其中"伯原"即朱長文，卷五收錄寫給他的尺牘有11首，而僅1首見於此前發現的蘇文。第16通受書人爲"惠林廣惠禪師"（通行本作"惠林廣慧禪師"），但"軾再拜惠林廣惠禪師丈下"被誤植到前首寫給佛印的書簡"不宣"之後。第17篇題《與雪齋言上人》。第18篇《與惠山清順上人》，此篇亦失載。其後爲《與參寥大師》。第20篇爲《書淵明歸去來辭與卓契順》，即《全宋文》之《書歸去來詞贈契順》。以下乃《答錢濟明》《與金山寶覺手書》《與龍井辯才老師》《謝魯元翰寄暖肚餅》《超然臺賦後》《惜花行後》《題司馬溫公布衾銘後》。《惜花行後》乃蘇軾《惜花》詩後的自注文。第28篇爲《戒殺生文》，此文全接《題司馬溫公布衾銘後》。其後《雜書》兩篇，其一未曾見於已知蘇文，其二是《書蜀公約鄰》。《書蜀公約鄰》見於《全宋文》，然該卷所收者多出"書之美者，莫如顏魯公，書法之壞，自魯公始；詩之美者，莫如退之，詩格之變，自退之始。必有以予爲知言者"41字。此41字承續前文文意，兼論書論詩，或可備世人觀東坡書、詩觀念之側面。第31篇《題劉景文所收文忠公墨跡》，此跋文即《題劉景文所收歐陽公書》。之後又有《題逸少帖》《跋李康年篆心經》《題趙杭屏風》（按："杭"爲"扤"之誤。）《跋卜居圖後》。續接歐陽修《上呂申公手書》（按：即熙寧五年的《與呂正獻公》），然未署作者。其後爲林逋《與梵才大師》，署"林和靜先生"（按："靜"爲"靖"之誤。）；顏真卿《上李大保》，署"顏魯公"，又接以范仲淹所作顏真卿贊文（按：題曰《范希文贊》）并《顏真卿留友人》（按：即《寒食帖》）書。最後以蘇軾《與章舍人》《秦太虛題名記》結束本卷。本卷末題"歐蘇手簡卷第五終"。

卷五所收傳世蘇軾書簡，多有異文。如其第19首《與參寥大師》，以之與孔凡禮編《蘇軾文集》所收比較，差異如下：

編　號	《蘇軾文集》	五卷本《歐蘇手簡》
1	某啟	軾啟
2	亦以不一別太虛、參寥爲恨	亦以不別大虛、參寥爲恨
3	思念二公不去心	思念二公不忘心
4	所以開諭獎勉者至矣	所以開諭將夫勉者至矣
5	情義之厚	情意之厚
6	見寄數詩，及近編詩集，詳味	見寄數詩，及近篇，得一嘗味
7	此已焚筆硯、斷作詩	比來焚筆硯、斷作詩
8	故無緣屬和	故無緣續和
9	然時復一開，以慰孤疾	然時復一開，以慰孤寂
10	殊不相妨	初不相妨
11	自愛，不宣	惟萬萬自愛

試看以上十一處異文，1、11兩例均是書儀方面的區別，並無大礙。4、10兩處，《歐蘇手簡》所錄顯然不如《蘇軾文集》符合表達習慣。2、8兩處，在語意上並無優劣之別，"大""太"二字古可通用。3、5、9三處，則《蘇軾文集》用字於意爲長。例7"比來"二字更優。例6則內容有別，《歐蘇手簡》稱參寥所寄爲詩及文，《蘇軾文集》稱東坡收到詩及詩集。此亦不能起東坡與參寥於九泉而問之者。故《歐蘇手簡》不少異文雖不如通行蘇集所收者通順意長，或許更能體現蘇軾文集傳抄、編校的過程，自具參考價值。

我們再看五卷本的附錄部分，這個部分與卷五單列，版式與前五卷相同，唯其以單行小字加注。然大小字均爲每行十九字。卷五末頁留空，別板起刻韓愈《答田弘正僕射書》《與華州李尚書》兩文，凡三頁；再以另一板起刻活套，凡十頁。活套以《致賻奠狀式》起，次以《慰人父母亡疏》（附封皮）、《父母亡答人慰疏》、《慰人祖父母亡啟狀》、《祖父母亡答人啟狀》。每個活套下，並以小字按喪服禮制對不同情況詳加說明。如《慰人父母亡疏》題下出小字注云："慰嫡孫承重者同。"書信活套，在敦煌遺書中頗有保存。至宋代《翰墨大全》所收已然蔚爲大觀，而明代日用類書更多有書信活套。該書附錄部分展示了朝鮮前期日常應用文的活套文化，同時回應了編者"戀慕之情，慶吊之意苟非尺牘，無以見其性情之正也"的重刊、增選目的。

四、題名蘇軾的散佚詩文輯考

五卷本《歐蘇手簡》卷五所錄各類文章凡42篇，其中15篇題爲蘇軾所作者，未見於蘇軾別集以及《全宋文》，1首題爲蘇軾所作的詩亦不見於《全宋詩》。今依次輯錄，略事考述如下：

1. 軾啟：傾仰積歲，偶緣吏役，將獲瞻奉，喜慰可量。過辱箋教，禮意兼重，伏讀悚怍。比日履茲酷暑，起居佳勝。舟中伏暑病倦，裁答草略，必蒙情恕，餘非面莫究也。軾再拜教授戶曹閣下。【按】此爲《手簡》卷五第一篇。

2. 軾啟：近劉景文轉示手書，適以治冗，逾月不得裁答，恐怍不已。再辱書誨，仰服敦大，未遂譴責。比日伏惟起居佳勝。軾衰病迂拙，推行荒政，多所觸忤，日俟汰逐而已。示諭過重，祇益其疾，悚息悚息。未緣會集，思仰日深，乍暖，更冀以時自重。不宣。軾再拜伯原教授閣下。【按】此爲《手簡》卷五第二篇。"治冗"二字小字并書，似手民所爲，後文亦有類此者。劉景文，即劉季孫（1033—1092），祥符（今河南開封）人，景文其字也。與蘇軾善，因軾之薦知隰州，仕至文思副使。《全宋詩》存詩33首。故後，蘇軾有《乞賻贈劉季孫狀》。伯原，即朱長文（1039—1098），字伯原，人稱樂圃先生。吳郡（今江蘇蘇州）人，嘉祐四年（1059）進士，有《樂圃餘稿》《吳郡圖經續記》等。蘇軾元祐元年（1086）六月二十五日有

《薦朱長文劄子》。《全宋文》録蘇軾與朱長文尺牘兩通,其一亦見於五卷本《手簡》之卷五,原次於本文之後。朱長文曾任蘇州教授,此文當是此間與蘇軾往還者。

3. 軾啟:再辱累紙,眷與隆厚,感服不可言。比日履茲畏暑,起居佳勝。凡百如昨,郡事既不能甚簡,而開西湖、修六井等役亦復紛然。長吏權輕,須事事委曲措置,乃能應法而經久也,以此亦頗不閒。然勤拙之分耳,未由一笑。臨書憫憫,謹奉布謝萬一。不宣。再拜伯原先生足下。【按】此爲《手簡》卷五第四篇。熙寧四年(1071)蘇軾通判杭州。次年,與杭守陳襄共修西湖六井,然其事在是年秋。江南仲秋,暑氣未消,謂"履茲畏暑"亦非必不可能者。

4.《東都賦》久與作者爭先,自然不朽。如僕掛名托附,爲寵可也。豈有待於此哉?適苦冗甚,故未暇下筆,專在鄙懷也。明叟知復舊物,未聞歸報,有稽馳賀。因見爲道此,幸甚。軾再拜。【按】此爲《手簡》卷五第五篇。朱長文曾作《東都賦》,並請蘇軾作跋,其賦今不存。蘇軾《與朱伯原(一)》:"示喻欲令作跋尾,謹當如教,顧安能爲左右輕重耶!適苦冗迫,少暇當作致之。"①張景修《朱長文墓誌銘》:"作《東都賦》,自視不減班、張、太沖輩,前宰相蘇公嘗薦先生曰:'稱述歷代京邑之盛,莫如國家汴都之美,深有可觀焉。'客有使之獻者,先生曰:'此吾少時也,今老矣,尚何賦爲哉!'"②朱夢炎《朱長文行實記》亦云:"長文早歲作《東都賦》……。"③王覿,字明叟,泰州如皋(今江蘇如皋)人,名列"元祐黨人",但元祐以後多有奏彈蘇軾之論。朱長文既云《東都賦》乃少作,該尺牘作稱其"久與作者爭先"由來有自。

5. 軾啟:辱手教,承起居佳勝。知往會稽程文,預爲越士之賀也。回轅必遂歡奉,喜慰可量。適在天竺山中,裁謝草略。不宣。軾再拜伯原先生足下。【按】此爲《手簡》卷五第六篇。朱長文赴紹興程文事,待考。

―――――――――
① 蘇軾《與朱伯原(一)》,《全宋文》,上海辭書出版社、安徽教育出版社,2006年,第89册,第132頁。
② 張景修《朱長文墓誌銘》,《全宋文》第93册,第222頁。
③ 朱夢炎《朱長文行實記》,《全宋文》第355册,第33頁。

6. 軾啟：企遲西還，真以日爲歲，辱書感慰無量。比日起居佳勝。區區非面莫既。入夜草草。不陳。軾再拜伯原先生足下。　　須舡已差下柱間，奉候知之。軾再拜。【按】此爲《手簡》卷五第七篇。

7. 軾啟：辱教，伏承起居佳勝。長篇爲賜，詞韻雄拔，足爲衰腐光寵。然所稱借，自顧初無仿佛者。恐終非所宜有耳。藏之巾篋，永以爲好而已。病中裁謝不謹。軾再拜伯原先生足下。【按】此爲《手簡》卷五第八篇。"而已"二字小字并書。

8. 軾愚闇無狀，兩以罪廢，愧懼自屏，不復自通於知舊，豈謂不遺。遠遣紀綱，未致厚意。感怍之懷，無以云喻。衰疾勉赴嶺表，亦粗自丈持，不煩深念。區區具宣德書中，照悉幸甚。軾再拜。【按】此爲《手簡》卷五第九篇。

9. 軾忽發二瘡，楚痛方甚。臥而答教，必恕草草。公在此，乃以病不出。慚負可量。略能起坐，便出見也。軾又白。【按】此爲《手簡》卷五第十篇。蘇軾病瘡，亦見於東坡寫給其他人的書信，如《與趙仲修（一）》《與王文玉（三）》均曾提及罹患瘡病，且患病時間不同，説明蘇軾有瘡病史。

10. 軾啟：辱教字，又獲新什，連收瓊玖，知幸瘡痛方甚，殊無聊賴，欲和答未能，但有愧佩。旦夕瘡冗痛稍定，當力疾出見。匆匆不宣。軾再拜伯原先生足下。【按】此爲《手簡》卷五第十一篇。

11. 軾啟：久不與問，愧仰增積。專使遺書，具聞起居佳勝，感慰兼集。伏暑未闌，未復後會，萬萬以時保練。人還布謝。不宣。軾再拜致政承奉閣下。【按】此爲《手簡》卷五第十二篇。致政承奉，即以承奉郎致仕者。具體受書人，待考。

12. 軾啟：久不通問，愧負不可言。忽辱專使，遠惠手書，具審比來尊體佳勝。軾罪大責薄，親舊鄙遠，獨公曲敦土契。存問加厚，感激已已。會合無期，千萬保頤，以慰區區。不宣。軾再拜致政宣德年丈閣下。【按】此爲《手簡》卷五第十三篇。

13. 《與惠山清順上人》。軾啟：久別，未聞高論，思企日與俱積，即日春暄，未審法履何如？余日到東坡之下，杜門高枕，斷絕世累，爲念湖山深遠。無往來之人，久未達尺書，是所恨也。惠山道士崔雲者，予一見即有相交之志，雲亦有是念，二人之心相合，於是相約云。大抵世間人之交道，有始而無終，此慎之大者。初愛其爲人，約而交之，後其友人，倘有不肖之事，則衆人指而笑曰：“某人之交可乎？”於是愧現於顏，厭生於心，此疏遠之漸也。若一約平生之友，則雖有不肖之事，宜當諭之以誠，愧而遠去，可謂人乎？又相交之人，或老或病，或遭艱危之時，盡皆疏遠可乎？倘有危窘之時，宜當著力扶之，若不如是，故人誠信之意，無以知之。又人有詐佞者，不喜他人之交遊，以彼此妄誕之言，使他疏之。若聞違心之言，則其心即曰：“彼人者，平生莫逆之友，豈有如是之事？”及其相見，必須問之，知其真否。今之人，雖是所愛親戚朋友，聞他人詐媚之言，便以爲然，怨結於心。後雖相見，和顏好語，似不改其舊，心中含怨，漸而疏之。此朋友中誠之大者。又人好從新而棄舊，若有勝他之人，不論新而相交可矣。以爲新交之爲人，勝舊交，而棄之平生之友，可謂人乎？古傳云：“人無信不立。”是言也，成人之最急者乎？於是各自相誡。共約青山，白首終老之計。後數年，予卜居東坡之下，欲不失期。崔雲者，不知今在何處？以昔日相約之意不合，久別若是者。柳見予不肖歟？柳彼有始而無終歟？予今也無不肖之事，又無老病艱危之事，又無佞人之言，使之相難。彼自疏遠，始知崔雲者無信任也。崔雲之事，陳於足下者。足下亦知崔雲久矣云。且雪堂春物可觀，足下本來無事，行裝一布衲一藜杖而已。來扣柗扉，不足憚，并成一絕，別幅寫寄，不宣，再拜。

幽居興味有誰知，斗覺平生萬事非。牢落江村相識少，上人何日打柗扉。【按】此爲《手簡》卷五第十八篇。“世累”“足下亦知崔雲久矣”之“足下”二字小字并書。道士崔雲，待考。惠山清順，蓋蘇軾通判杭州時所識僧人，然多稱之爲“北山清順”。蘇軾有《是日宿水陸寺寄北山清順僧二首》《僧清順新作垂雲亭》等詩文。《（咸淳）臨安志》卷七十一有小傳。雪堂，乃蘇軾謫居黃州時所建，則此文當作於其時。

14.《誡殺生文》。殺胎卵之罪，又甚殺生。或云雞鴨有無雄而卵者，雖抱之以生，數日輒死。若此者，雖殺無害，是大不可者。彼若無知覺性，而能生乎。若有性者，乃是一佛。【按】此爲《手簡》卷五第二十八篇。此似殘文，戒殺胎卵生之意，蘇軾《與朱鄂州書》中亦曾提及：“佛言殺生之罪,以殺胎卵爲最重。六畜猶爾,而況於人。"①

15.《雜書》。二月十二日夜夢湖西上,夢中亦自其爲夢也。湖上有大殿,其東一殿,題其額云:"彌勒下生。"夢中云是僕昔年所書,衆僧往來行道。大半相識,辯才、海月皆在,相見驚喜,僕散步策杖,謝諸人曰:"夢中來遊,不及帶。"既覺忘之,明日得芝上人信,乃復理前夢,因書以寄芝。十五日軾書。【按】此爲《手簡》卷五第二十九篇。"散步"二字小字并書。辯才、海月皆蘇軾在任杭州通判時交遊的僧人。

雖然我們無法斷定這十多篇文章的來源,《手簡》本身的隱含讀者屬於中下層文人,朝鮮五卷本《手簡》的編者更非宗匠大儒,且刊於地方。凡此都難免讓我們對以上散佚詩文的作者是否真是蘇軾有所疑慮。但鄙意以爲這些文章非常有可能確如編纂者所示,爲蘇軾佚篇。吉光片羽,彌足珍貴。

其一,從佚文内容看,多有形跡可尋。各佚文中涉及的人物,其可考者,皆與蘇軾有交遊,而其涉及的事情也符合蘇軾的活動軌跡。如寫給朱長文的信中,提到朱作《東都賦》,雖然該賦已佚,但朱氏墓志銘、行實記均有所載。且傳世的蘇軾寫給朱長文的尺牘中,也提到長文要求東坡爲其《東都賦》作跋。蘇軾寫給朱長文的這些書信,稱朱長文"教授"或"先生",也符合朱氏官止於蘇州教授的事實。又如開西湖、修六井諸事,的確是在蘇軾杭州通判任上所爲。而與清順的尺牘,味其文意,當是貶謫黃州之後招友攜遊。15 篇佚文的時間跨度不小,又涉及日常生活的諸多層面,或許其中存有魚魯之失,但筆者没有發現明顯的作僞痕跡。

其二,從佚文用語看,較符合蘇軾的語用習慣。在這些佚文中,有 13 篇是尺牘,其中"起居佳勝"凡 6 見,"尊體佳勝"出現 1 次。我們通過上海辭書出版社發行的《全宋文》檢索系統檢索,發現《全宋文》中共有 328 次"起居佳勝",除去 1 次爲校記中出現者,該短語共 327 見,蘇軾一人就使用過 236 次。又如"非面莫究"雖只見 1 次,但《全宋文》"非面莫……"的句式凡 41 見,蘇軾一人使用過 21 次。再如"裁答"一詞,《全

---

① 蘇軾《與朱鄂州書》,《全宋文》第 87 册,第 335 頁。

宋文》凡32見,蘇軾使用12次。這雖不能坐實爲蘇軾獨有,但起碼證明15篇佚文的遣詞與蘇軾語言習慣高度吻合。

其三,《手簡》卷五的蘇文多有蘇集通行明刊本失收者。如其書卷五第3篇,受書人爲朱長文,就不見於通行的明代成化、萬曆間所刊蘇軾別集。《全宋文》是據《寶真齋法書贊》卷一二輯得。又如該卷第十四篇,亦不見於通行明刊蘇集,《全宋文》據《(咸淳)臨安志》卷八八、《(淳祐)臨安志》卷七輯得。通行本失收,《手簡》卷五中反而收錄,至少説明該卷中蘇文的來源并不同於通行本。

有一處細節,頗堪玩味。該卷第十五、十六兩篇,受書人爲"惠林廣惠禪師"。第十五篇《全宋文》據《蘇文忠公全集》卷六一題名《與佛印》之七,並注云:"此尺牘,《播芳大全》題作《與惠林(東之誤)廣慧禪師三帖》之第一帖,不知孰是。"①第十六篇《全宋文》據《五百家播芳大全文粹》等輯出,又注云:"原爲三帖,此爲第二帖,第一帖即《與佛印七》。"②而《手簡》正是兩帖連刊,且在第十五篇尾明白無誤地寫道:"軾再拜惠林廣惠禪師丈下。"這説明該卷蘇文的來源與通行本並不相同。考慮到《手簡》刊行於明代中前期,年代較早。朝鮮文人又素重蘇文,"高麗文人開始接觸蘇軾及詩集應是在蘇軾去世後不久。……蘇軾及其詩文傳入高麗後,被全面接受,特別是高麗時代的詩風完全追隨蘇軾詩風。高麗人對蘇軾推崇備至,將其視爲謫仙,將其語視爲仙語,已遠遠超過了對李白和杜甫的熱情"。③ 相當於宋元之際的高麗高宗時代,就已經有蘇軾詩文集的朝鮮刊本。蘇軾既在朝鮮有如此大的影響力,《手簡》編者或許曾經見過一種與通行明本並不相同的蘇軾文集。

其四,異文的大量存在,説明《手簡》卷五來源不同於通行蘇集。關於這一點,筆者在《日藏朝鮮刊五卷本〈歐蘇手簡〉考》中已經舉過數例。如《書蜀公約鄰》較《全宋文》所收者多出"書之美者,莫如顔魯公,書法之壞,自魯公始;詩之美者,莫如退之,詩格之變,自退之始。必有以予爲知

---

① 蘇軾《與佛印》其七,《全宋文》第89册,第4頁。
② 蘇軾《與惠林廣慧禪師帖》,《全宋文》第89册,第166頁。
③ 劉豔萍《韓國高麗文學對蘇軾及其詩文的接受》,《延邊大學學報》2008年第4期。

言者"41字。又如《答錢濟明》則較通行本少43字等等。至於其他個别字詞之異,全卷更多。

其五,《手簡》卷五收録的佚文以外之文章皆有出處。一個最明顯的例證是題爲《范希文贊》的贊文,其文曰:"顔公唐朝第一等人,而饘粥不足,夫子所謂'君子固窮'者歟?"。該文同樣不見於通行的范仲淹别集。樓鑰《廣德軍范文正公祠記》云:"其跋《乞米帖》云:'顔魯公唐朝第一等人,而饘粥不繼,非所謂君子固窮者歟?'"①文字雖然不完全相同,但説明編纂者録文是有所本的。

總而言之,所見題爲蘇軾佚文的作品在内容上、語言上均與蘇軾行跡、習慣較爲吻合;其收録的文章,多有所本,且與通行本有不少差别。私意以爲,《手簡》卷五的編纂者曾經見過不同與通行本的其他蘇軾文集。雖然不能確定《手簡》卷五蘇文的來源,但其中收録的15篇佚文、1首佚詩,爲蘇軾所作的可能性極大。退一萬步講,即便是僞作,也可以爲蘇軾研究提供參考。

五、朝鮮清州刊五卷本的價值

五卷本《歐蘇手簡》雖然是朝鮮地方刊本,主事者並非朝鮮文宗大儒,但其學術價值却不容忽略。

首先,該本保存了題爲蘇軾所作的佚文佚詩。蘇軾作爲兩宋文壇的代表人物,其佚文歷來頗受關注,幾乎絶少可能遺漏。《全宋文》編成以後,宋文的輯佚工作已然展開,蘇軾的佚文却不多見。近年來,宋文輯佚的最大成果就是九州大學東英壽教授發現天理圖書館所藏歐陽修佚簡。此次所得15篇題爲蘇軾所作尺牘、短文,筆者認爲内容上可與蘇軾其他尺牘及受書人朱長文等行藏印證。雖然尚不清楚這些文章的來源,但蘇軾文章自東坡身前已經在朝鮮半島流傳,景泰年間所能見到的蘇集也不全同於今日通行諸本。或當爲蘇軾佚文,吉光片羽,足以説明朝鮮清州五

---

① 樓鑰《廣德軍范文正公祠記》,《全宋文》第265册,第2頁。

卷本《歐蘇手簡》的文獻價值。

其次，該本較和刻本更接近原貌，有助於我們了解歐蘇文集的編纂過程。朱剛先生據正保本認定，《歐蘇手簡》中的歐陽修尺牘來自一個"並不是我們所熟悉的南宋周必大編《歐陽文忠公集》"①。而朱先生也認爲該書的蘇軾尺牘，來自《永樂大典》卷 11368 "簡"字下所抄《蘇東坡集·書簡》②。且該五卷本的刊刻年代早於蘇軾文集的通行版本。因此，《歐蘇手簡》保存了歐蘇文集的非通行本樣貌，四卷本本身就具有相當的文獻價值。

值得注意的是，朝鮮清州刊本是早於和刻正保本將近兩個世紀的刊本。前文已經比較過二者在尺牘受書人及書簡分篇中的差異，朱剛先生發現的正保本"少量文字上的錯訛"③，該本恰恰全部不誤。如前文所舉歐陽修尺牘《與滕子京待制》《與曾宣靖公》《與吳正憲公》，皆正保本誤刊。又有歐陽修《與沈待制》《與沈内翰》之"沈"，正保本皆作"沉"，雖然二者在别處多有可通，但作爲姓氏却不宜誤書。再如歐陽修《與王懿敏尚書》，正保本誤作《與三懿敏尚書》，此則望而可知之誤，五卷本亦不誤。

蘇軾《與毛澤民》《與彦正》《與姜唐佐》等尺牘，正保本皆加上了受書人的稱謂，且誤將"與姜唐佐秀才"刊作"與姜唐佐秀中"。准正保本歐陽修尺牘受書人稱謂經過後人整理之例，其蘇軾尺牘也可能據通行本做過修改。故而，五卷本反映了更接近於原貌的，未經通行版本修纂人處理之前的歐蘇尺牘，有助於我們了解歐蘇别集的修纂過程。

再次，該本所存異文，可資校勘。除去書儀及個别文字的不同，該本所收文章的部分内容與通行本有較大差别。如前文提到的蘇軾《書蜀公約鄰》，雖已見於《全宋文》，然該卷所收者多出 41 字，可備一觀。又如卷五《答錢濟明》，該文見於《蘇軾文集》及《全宋文》。《全宋文》等所據萬曆本《蘇文忠公全集》卷五十三該尺牘末尾所説乃嶺南造酒事，成化本《東坡七集·續集》卷六將其獨立成篇。五卷本中，該文亦有嶺南造酒之

---

① 朱剛《關於〈歐蘇手簡〉所收歐陽修尺牘》，《武漢大學學報》2012 年第 3 期。
② 朱剛《東坡尺牘的版本問題》，《中國典籍與文化論叢》2010 年第 12 輯。
③ 朱剛《關於〈歐蘇手簡〉所收歐陽修尺牘》，《武漢大學學報》2012 年第 3 期。

事,可知《東坡七集》之誤。但文中"兩兒子曾拜見否"以至"一一封内,必不罪也",共43字,却爲五卷本所無。該本刊刻於明代中前期,與通行的《四部叢刊》影元刊《歐陽修集》時代較近,又早於通行的成化、萬曆年間所刊《蘇軾文集》。故,其與通行歐蘇文集的異文,足資校勘。

復次,該本爲我們提供了明代中前期,朝鮮半島中下層文人的文化觀念、經典作家接受、漢文學習等情況的實例。通過楊洵的跋文,我們不難發現其幫助朝鮮文人寫好往還信件的目的。通過附録的活套,我們還可以窺見朝鮮中下層文人的吊喪儀俗。通過該本的卷五,我們可以發現歐蘇之外,受到高度關注的唐宋作家。例如林逋、顔真卿的認可度竟然可以越過諸多雄踞文壇的唐宋經典作家,而與歐陽修、蘇軾同册。實在讓筆者驚訝! 而附録部分,單獨刊刻韓愈書簡的現象,也讓我們再次發現了韓文公在朝鮮文人心中的地位。至於其卷五雜收尺牘以外的文體,則使我們對朝鮮中下層文人文體觀念不甚嚴明的現象,有了一個新的認識。而這些話題,可能都是可以從五卷本《歐蘇手簡》繼續出發,深入探討的。

作爲一種不同於通行本的地方刊本,朝鮮清州刊《歐蘇手簡》爲我們帶來的驚喜或許不僅僅是發現蘇軾的散佚詩文,爲蘇軾研究提供新見材料;或許也不僅是可以校核異文,尋覓歐蘇别集編纂過程的蛛絲馬跡。而更在於促進我們重新思考東亞漢籍環流過程中,刊本時代的文獻流衍,及其背後的文學與文化信息。

日藏吴正子箋注劉辰翁評點
《李長吉歌詩》簡論

奧野新太郎（岡山理科大學）

一、前　言

　　唐代詩人李賀（字長吉，791—817）的詩集歷代有許多種類刻抄本、評點本和注釋本。其中現存最早的注釋本是吴正子箋注劉辰翁評點《李長吉歌詩》四卷外集一卷（文中稱之爲《評注本》），是元後至元丁丑（1337）年①由復古堂所出版的南宋吴正子（？—1273？②）注釋本與宋末元初劉辰翁（1232—1297）評點本的合刻本③。作爲校勘材料，《評注本》的價值次於兩種宋刊本④；作爲注釋資料，《評注本》是現存最早的注釋，提供了後世李賀研究的重要基礎，其價值又毋庸贅言。李賀是唐代的一位著名詩人，國内外已有大批相關研究論著，校勘方面的成果也很多。可是學者主要關注李賀作品本身，關於各種相關資料本身的研究還不充分，雖然《評注本》是李賀研究的最基本的資料之一，可是相關研究却極少。

　　《評注本》的最大特點就是它有幾種異本，其中含有屬於在日本傳存

---

　　①　《評注本·卷首》有寫於"至元丁丑"的復古堂識語，後揭野原康宏校本《凡例》看至元丁丑是公曆1277年。但是劉將孫《刻長吉詩序》稱其父爲"先君子須溪先生"，可知劉辰翁評點本出版時須溪已殁，然後復古堂再與吴正子注本合刻。"至元丁丑"應當是元後至元三年。

　　②　據劉磊《南宋吴正子卒年考》的推斷。

　　③　《評注本》卷首記載復古堂識語："李長吉詩，舊藏京本、蜀本、會稽本、宣城本，互有得失，獨上黨鮑氏本銓次爲勝，今定以鮑本而參以諸家。箋註則得之臨川吴西泉；批點則得之須溪先生，典觀評論，並附其中。齋居暇日，會粹入梓。庶幾觀者瞭然在目。至元丁丑二月朔日，復古堂識。"明本没有這條識語。

　　④　李賀詩集現存著兩種宋本，一本是北宋宣城本，另一本是南宋蜀刻本。日本的李賀研究主要以宣城本爲底本。

的所謂"域外漢籍"。我們查看了《評注本》的異本,就能發現不少文字異同及其相關問題。《評注本》是李賀研究的一部基本資料,所以歷代校勘李詩者都參照過該書,但是,《評注本》本身的文字有不少異同,還沒確定,這不是一大問題嗎？本文通過日藏《評注本》異本的校勘工作,探討《評注本》的文字方面的幾個問題。先説本文的結論,歷代使用《評注本》的所有研究在文字方面上都需要再加研討。

二、《評注本》的各種刻抄本,及其相關的前人研究

本文查閲的《評注本》有如下四種：

明本(底本)：劉須溪評點九種書本《李長吉歌詩》,刻本,日本國立國會圖書館藏。

江户本：傳林羅山①(1583—1657)舊藏《唐李長吉歌詩》,抄本,日本國立國會圖書館藏。這本由三個人抄寫,其中一位是林氏②。書中散見空格。後人在劉辰翁圈點上再加圈點。

京大本：傳足利義政③(1436—1490)舊藏《唐李長吉歌詩》,抄本,日本京都大學附屬圖書館藏。書中散見空格。有脱葉,缺卷一《河南府試十二月樂詞并閏月》的《五月》到《閏月》、外集《漢唐姬飲酒歌》。由於後人重新裝訂,頁序倒錯。文字旁邊用片假名記入大量"訓讀"文字。

官板：江户時代昌平坂學問所文政元(1818)年刊本《唐李長吉歌詩》,刻本,所謂官板。其影印收於長澤規矩也編《和刻本漢詩集成·唐詩》第五輯④。

這些四種刻抄本資料,一種是中國刊行的,其他三種是日本抄寫或刊

---

① 名忠,一名信勝,號羅山。江户時代初期的幕府儒官,任歷代德川將軍的侍講。
② 據野原校本《凡例》。
③ 日本室町幕府第八代征夷大將軍。這抄本可以在京都大學電子圖書館貴重資料畫像上閲覽。[http://m.kulib.kyoto-u.ac.jp/webopac/RB00013130](2016.12.9)
④ 汲古書院,1975年。

行的(以後稱之爲日藏三種)。除了文字之外,兩者之間還有較大不同點,就在於卷首的附錄資料。明本卷首記載劉辰翁總評二則、杜牧《李長吉歌詩敘》、李商隱《李賀小傳》、陸龜蒙《書李賀小傳後》;日藏三種的卷首没有杜序、李傳和陸文,有劉評二則和復古堂識語。

作爲校勘資料,日藏三種的文字都有相當價值,然而可惜的是,中國學者看《評注本》時,還没注意到這些日藏資料①,甚至日本學者也不太注意。本文校勘時以明本爲底本,與日藏三種進行工作。加之,對於有文字不同的地方,本文還參照了宋本(宣城本)的文字爲參考。校勘結果詳見於文末的《附表》。

國内外已有幾篇相關《評注本》的研究成果:

周金標《吴正子〈箋注李長吉歌詩〉三題》,載於《淮陰師範學院學報·哲學社會科學版》2010年4月,第32卷

劉磊《南宋吴正子卒年考》,載於《江海學刊》2014年第5期

童岳敏《日藏〈李長吉歌詩〉抄本及批點本考述》,載於《文獻》2014年1月第1期

(日)野原康宏《官板李長吉歌詩·至元刊本唐李長吉歌詩·足利本唐李長吉歌詩》,載於《未名》第23號,2005年

(日)野原康宏《李賀詩集校本》(全2册:校本篇、索引篇),颶風の會,2014年

前人主要研究的是:(1)注家吴正子的生平,(2)吴正子注和劉辰翁評點的特徵,(3)《評注本》的異本。除此之外,劉辰翁評點研究也有使用《評注本》的,可是那些不能看做研究《評注本》本身的,所以本文置之不論。

與本文密切相關的是野原康宏和童岳敏的成果。野原最早介紹京大本(他稱爲足利本)和江户本,他指出:江户本是官板的底本,看得出"(至元刊本)—江户本—官板"的系譜,京大本也可能屬於同一系譜。可

---

① 比如,上海古籍出版社於2015年作爲《國學典藏》系列之一而出版的《李賀詩集》(徐傳武校點)"以清摘藻堂本《箋注評點李長吉歌詩》爲底本",閲覽其文字來看,摘藻堂本好像屬於明本系統,没有反映日藏刻抄本裏面的文字異同。

是着眼於空格部分,京大本與江戸本有的部分一致,有的部分不同,所以兩者之間的關係還有不明確的地方。野原所編的《李賀詩集校本》是以北宋宣城本爲底本,用宋元明時的刻抄本(含京大本、江戸本和明本在内)和總集校訂文字,本文多受啟發,可惜,它没用官板。童岳敏也介紹京大本(他稱爲室町寫本),指出"鈔本的底本是我國宋元時期刻抄本的可能性比較大","此本可能更接近吴正子本的原貌"。他提了《秦王飲酒》《上雲樂》《昌谷詩》而分析文字不同,説"雖然室町本部分内容已經散佚,但鈔本還是有相當的校勘價值"。

童岳敏指出的非常重要,可惜的是他的研究還不全面的。總括這些前人研究而説,《評注本》在文字方面上還没有充分的學術探討。

三、分析《評注本》的文字

(1) 日藏三種的文字

我們先探討明本與日藏三種之間的文字關係。總覽日藏三種的文字,尤其是兩種抄本的,就能發現不少好像因寫錯而出現的文字異同。可即使這樣,日藏三種的文字值得探討的確有很多。

看《附表》就可知,四種《評注本》之間有甚多文字不同。其中如1017、1044、1049、2061、2079、2107、2111、3114、3115、3130、3134、3137、3140、3149、3152、3157、3160、3161、3165、3167、4187、4192、4214、5226、5229,這些例子有明本與日藏三種之間文字不同,可日藏三種之間文字一致的現象。這暗示了明本的文字通過後人改變,可能不再保存着《評注本》的原貌。還有值得注意的是,這些例子裏,日藏三種的文字與北宋宣城本一致的不少。我們應該如何理解這個現象呢？這暗示《評注本》的文字本來與宋本較近,可是由於後人的改變和抄錯等各種原因,到了明本其文字與宋本就遠得多了。李賀版本研究還没注意到這件事。通過本文的工作就可以指出,元末刊行的《評注本》的李詩文字和宋本之間的"距離"比我們一般所以爲的更近,因此我們需要改變對《評注本》的認識和評價。還有一個重要的是,我們用《評注本》探討或校勘李賀詩時,只看一種並不夠的。

　　按照這點，我們在此試試看前人的校勘工作。清代王琦《李長吉歌詩彙解》是最通行的李賀詩集之一，收於世界書局所刊《中國學術名著·中國文學名著》系列、上海古籍出版社所刊《中國古典文學叢書》系列等。王琦參照各種版本（含《評注本》）校訂李詩文字，時時作校記。比如《彙解》卷一《走馬引》（1044）的王琦校記說"'截雲'，吳本作'裁雲'"，卷一《南園十三首·其四》（1049）說"'因遺'，吳本作'因遣'"，卷二《黃頭郎》（2061）說"'玉瑟'，吳本作'玉琴'"。王琦所說的"吳本"正指《評注本》。王琦的校記這樣指出，可是我們看《附表》就能發現，《走馬引》日藏三種作"截"字，明本作"裁"字；《南園十三首·其四》日藏三種作"遺"字，明本作"遣"字，《黃頭郎》日藏三種作"瑟"字，明本作"琴"字，由此可知王琦參閱的"吳本"正是明本或明本系列的①，所以他所指出的"吳本作某"其實不過是"明本作某"，王琦看的并不一定是"吳本"本來的文字，以後我們看王本時應該注意這個事實。

　　王琦是清人，他親眼所見的材料當然有限制，我們不能責備他的校勘工作不夠。但是，這樣的情況到現在還沒改變。比如於2012年出版的吳企明《李長吉歌詩編年箋注》②是最新的李賀詩集校注本，其《前言》說"王琦《解》所使用的吳正子、《唐文粹》、《文苑英華》諸本，不再另行參考"，可知吳氏沒有注意本文所討論的《評注本》異本問題。再看其校勘的情況，卷五《走馬引》的校記說"截雲，吳本作'裁雲'"，卷四《南園十三首·其四》的校記說"吳正子本作'因遣'"，卷六《黃頭郎》的校記說"吳正子本、黃評本作'玉琴'"，由此可見吳氏校本也沒有加深對《評注本》文字的研討，幾乎沒有進步。雖然李賀研究已多，可是李賀詩的校勘工作還有許多需要加以探討的問題，用《評注本》的校訂工作和校記都需要再加研討。

---

　　① 王琦本卷首記載《評註諸家姓氏爵里考》："吳正子，字西泉，時代爵裏未詳。"可是府穀堂《識語》寫明"臨川吳西泉"，可知吳正子是江西臨川人。王琦爲何說吳正子"爵里未詳"？如果王琦只看明本的話，明本沒載復古堂《識語》，所以王琦不能得知吳氏爵里是有道理的。

　　② 中國古典文學基本叢書，北京：中華書局，2012.2。

（2）官板和兩種抄本之間的文字不同

細看日藏三種的文字，從《附表》可知，日藏三種之間也有不少文字不同，而且這裏有一个傾向，就是刻本和抄本之間的不一致。如2105、2107、3141、3164、4186、4195、4199、4214、4215，這些例子，兩種抄本的文字一樣，可是抄本與刻本不同。我們詳看這些例子，令人注目的是2107。《惱公》有"嬌嬈粉自紅"句，關於"嬌嬈"，吳正子注云"樂府有《董嬌嬈曲》，杜詩'佳人屢出董嬌嬈'"。京大本將本文和注文的"嬌嬈"均作"嬌饒"，江戶本也一樣，可是江戶本注文的"嬌嬈曲"作"矯饒曲"。"矯"可能是"嬌"的抄錯。注目"饒"字的話，看來詩和注文的文字異同相互聯動而改變。從此可以推到，這些刻本和抄本之間的文字異同未必是抄錯，而是故意或者有據而改變的。

在此我們再詳看官板文字。官板這一本其實是查閱多種舊版作校勘而成書的，那裏有編者的校訂和改變，是因官板中有其他本沒有的校記而可知。比如，卷一《河南府試十二月樂詞‧二月》有劉辰翁評語"本言別意，苦入蒿里"，官板的欄外有校記"一本'一作悲蒿里'五字無"。看其他本，京大本和明本果然沒有"一作悲蒿里"五字，只江戶本有。看"'一作悲蒿里'五字無"這句子的詞序，不是漢語語法，而是用日語語法來寫的，所以這條校記應當是日本人寫的。還有官板《南園十三首‧其六》的欄外有校記"一本無註"，看其他本，明本果然沒有吳注①。從此可知，校訂官板的人參閱了幾種《評注本》，其文字反映了編者校訂的成果，所以官板的文字不一定是《評注本》本來的原貌。官板是在日本最通行的《評注本》版本，所以這個問題不能忽視，可是日本學界的注意還不夠。

官板是通過校訂而成的，那麼，官板的校訂者參照了京大本嗎？筆者看其可能性不大。日藏三種的外集末都記載了劉辰翁總評②，官板和江戶本寫到：

初疑外集未必其作，亦自多有好語。四□詩不如前兩卷，□□不

---

① 上海古籍出版社版《李賀詩集》也沒有吳注，而未備校記。
② 明本和四庫全書本沒有這二條總評。

如三四卷。豈敢厭多□□□少□□□。

長吉詩□□眉帶□,增益得所明麗動人,非厚塗澤比也。然□年過三十,將不及此,吾評不妄。(官板和江户本連空格都一致。)

京大本寫到:

□□□□□□□□□□□語。四卷詩不如前兩卷,此□(文?)不如三四卷。豈敢厭得意身少□□□。

長吉詩如畫眉帶鬢,增益得所明麗動人,非厚塗澤此也。然使年過三十,將不異此,吾評不妄。(劃綫文字官板作空格)

如果官板的校訂者參照京大本的話,官板的總評中的空格部分能填文字。加之,兩者之間也有文字異同。所以官板很可能没參照京大本,江户本也没有參照京大本。那樣的話,江户本和京大本之間的文字一致現象更值得深討。從外集末評語來看,江户本和官板一樣,跟京大本不同;從詩歌文字來看,江户本和京大本一樣,跟官板不同。日藏三種的互相關係我們還要進一步探討。

(3) 京大本的文字和校記

日藏三種之内最有特徵的是京大本。從《附表》可知,四種《評注本》之間唯有京大本有的文字異同,如 1011、1024、1040、1041、1043、1047、1058、2066、2085、2088、2107、3133、3141、3145、3146、3148、3154、3159、3162、3165、3167、4177、4183、4188、4191、4194、4199、4200、4211、4216、4219、5226、5228、5231、5237。一看就能推到,其中不少異同可能是由於字形相似而抄錯的,如 1047 的"攀"與"舉"、3146 的"故"與"胡"、3159 的"睿"與"脣"等。但其中有值得注意的,如 2066、3167、4191、5226("珮"字)的字,京大本與其他三種不同,却與宣城本一致。只有京大本有的異同,抄錯的可能性比較高。可是既然與宋本一致,我們就不能簡單斷定這些文字是抄錯。

就京大本文字的準確性來看,除了詩歌文字之外,注文中也有重要的例子。如外集《南園》有題下注："鮑欽正云：此篇第一卷所脱。"鮑欽正應當是吳正子校訂李詩時参閱的"鮑本"之鮑氏①。鮑欽正是什麼人？他是北宋的鮑慎由，一名由，字欽止（《宋史》卷四四三有傳）。《南園》題下注的"鮑欽正"是錯字，應當寫爲"鮑欽止"，只有京大本果然寫"鮑□止"，寫得很準確。按照這兩點，京大本的文字（含評註文字）雖然有多個錯字，可還有甚多值得加以探討的餘地。

另有一個重要的就是京大本中的校記。京大本的李詩文字旁邊時時有校記，這些校記可以分爲兩種，第一種是"某歟"之類，第二種是"某イ②"和"一作某"之類。第一種是校訂者的推斷，第二種是校訂者参閱異本而記錄的校記，我們要注重後者。第二種之中，有與其他本一致的是1043、1047、3154、4183、4199、4216；與其他本不同，但却與宋本一致的是4210；没有哪本一致的是1058。1058《南園十三首·其十三》的"嵐"字，京大本的該字的旁邊有校記"蠻イ"，可是其他李賀詩集都没有作"蠻"的。這暗示京大本成書或抄寫時期或其稍後日本可能有現在已經散佚的《評注本》或者其他李賀詩集。留在京大本上的校記給李賀版本研究和日本李賀接受研究提供貴重材料。

此外，京大本中記入的大量日語"訓讀"文字（用片假名寫）也是解釋李賀詩的重要資料。如卷一《南園十三首·其五》的"若箇書生萬户侯"，京大本"若箇"旁邊記入訓讀爲"カクノゴトシ（如此）"。"若箇"這個詞，其實現代學者的理解各種各樣的。葉葱奇、荒井健和原田憲雄都闡釋爲"哪個"，鈴木虎雄和齋藤晌都釋爲"幾個"，漆山又四郎釋爲"如此"③。京大本的訓讀會補强漆山之説。另一個例子，卷二《勉愛行·其二》的"欲將千里別"，京大本"將"字旁邊寫"ヲクラント（送）"，京大本訓讀把此"將"字的意思釋爲動詞（同"送"）。但是現在學者都把這"將"字看做

---

① 《評注本》外卷卷首有吳正子注説："京師本無後卷，有後卷者鮑本也。"
② "イ"是表示"異本（日語念 i-hon/イーホン）"的記號。"某イ"意味着"異本作某"。
③ 参閱了葉葱奇《李賀詩集》，人民文學出版社，1998 年。荒井健《李賀》，中國詩人選集 14，岩波書店，1959 年。原田憲雄《李賀歌詩編》全 3 册，東洋文庫 645、649、651，平凡社，1998—1999 年。鈴木虎雄《李長吉歌詩集》全 2 册，岩波書店，1961 年。齋藤晌《李賀》，漢詩大系 13，集英社，1967 年。漆山又四郎《譯註李長吉詩集》，東明書院，1933 年。

介詞,京大本爲什麼這樣解釋呢？這"將"字的解釋問題其實與該詩的文字異同有關。《勉愛行·其二》的第二聯"欲將千里別,持我易斗粟",有本"我"作"此"(2099)。王琦《彙解》云："舊本皆作'持我',似與下文'索米'①犯複。一本註云'我一作此',今從之。"現代學者都同意王琦而取"此"字,把"此"看做指示上文"千里別"的代詞。京大本作"我"字,而且"ヲクラント"這個訓讀也是根據作"我"的本文而作的。加之,"持我易斗粟"句下有劉辰翁評語："非深愛,不能到此兄弟情。此語甚悲別其弟。"這例子含有幾個問題。詩的本文到底是作"此"或者"我"？劉辰翁的評語據哪個本文而寫入的呢②？如果作"我"的話,《其二》的第二聯該如何理解？爲了考慮這些問題,京大本的訓讀有益參考的資料。這樣,京大本的訓讀真是耐人斟酌的。

（4）其他問題

如上所述,《評注本》的注釋和評點也有文字異同。除此之外,值得注意的是連圈點也四種之間有不同的地方。比如卷二《金銅仙人辭漢歌》：

畫欄桂樹懸秋香,三十六宮土花碧。（明本）
畫欄桂樹懸秋香,三十六宮土花碧。（官板）
畫欄桂樹懸秋香,三十六宮土花碧。（江戶本）
畫欄桂樹懸秋香,三十六宮土花碧。（京大本）

卷二《勉愛行·其二》：

荒溝古水光入刀,庭南拱柳生蠐螬。（明本）
荒溝古水光入刀,庭南拱柳生蠐螬。（官板）
荒溝古水光入刀,庭南拱柳生蠐螬。（江戶本）

---

① 此詩下文有"索米王門一事無"句。
② 本文討論的《評注本》文字問題影響到李賀詩劉辰翁評點研究,因爲劉辰翁評點附於《評注本》的本文,那麼劉辰翁評點所根據的李賀詩本文到底是如何,這是極大問題。

荒溝古水光入刀,庭南拱柳生蟠蟉。(京大本)

卷三《賈公閭貴壻曲》:

燕語踏簾鈎,日虹屏中碧。(明本)
燕語踏簾鈎,日虹屏中碧。(官板)
燕語踏簾鈎,月虹屏中碧。(江戶本)
燕語踏簾鈎,日虹屏中碧。(京大本)

如上所舉,各種《評注本》之間存在劉辰翁圈點的異同[1]。劉辰翁是宋末元初的評點大家。他兒子劉將孫《刻長吉詩序》説"先君子須溪先生,於評諸家詩,最先長吉",因而李賀詩評點在劉辰翁所有的評點工作之中最受到學者重視,學界有不少相關研究。可是學者用《評注本》研究劉辰翁李賀詩評點時,往往不在乎其版本方向,有的時候只看四庫全書本[2]。衆所周知,評點是評語和圈點成爲一體的東西,因此圈點當然也是重要的研究對象。既然《評注本》除了文字之外圈點也有異同,以後研究劉辰翁李賀詩評點者一定需要查閱日藏刻抄本而審核異同。如此,《評注本》的日藏刻抄本,除了李賀研究之外,會影響到其他研究領域,真是問題甚多、價值極高的資料。

四、總　結

總括本文所討論的内容,《評注本》是李賀研究的最基本資料之一,可是它本身幾乎没經過學術探討,因此相關問題極多。本文查閱《評注本》的日藏異本,就發現了其文字具有甚多要詳細探討的問題,待内外學者更進一步研究。加之,學界從來没注意《評注本》異本的存在,從此以

---

[1] 圈點異同也要全體調查,因爲各種本之間的圈點異同關係也會提供爲了考慮這四種的相互關係的參考信息。這個問題期以改稿而論。

[2] 四庫本删除圈點,只存評語。

後，前人的校勘工作之中的"吴正子本作某"這樣校記都需要重新研討。總之而說，國內外的李賀研究之中，《評注本》本身的研究意外地成爲其中一個重大空白。

此外，日藏《評注本》關係到劉辰翁評點研究、域外漢籍研究、李賀詩日本接受史研究等相關領域，給我們提供了豐富材料和研究課題。

附表：《評注本》李賀詩文字校勘表（稿）

＊以明本爲底本，查閱其他《評注本》刻抄本。把與明本不同的文字圈上。抄本的空格除外。

＊詩題前的數碼是李賀詩的作品號碼（據原田憲雄《李賀歌詩編》）。

＊最後的"宣城本"欄目只爲參考而設，并不意味著此表校勘《評注本》與宣城本。

＊表格裏不記異體字、俗字、通用字等（如"閑"與"間"、"凉"與"涼"、"踏"與"蹈"等）。

明　本	官　板	江户本	京大本	宣城本
1001　李憑箜篌引				
夢入神山教神嫗	夢入神山教神嫗	夢入神⃝仙⃝教神嫗	夢入神山教神嫗	夢入神山教神嫗
1011　送沈亞之歌				
紫絲竹斷驄馬小	紫絲竹斷驄馬小	紫絲竹斷驄馬小	⃝絲乙紫⃝竹斷驄馬小	紫絲竹斷驄馬小
1015　春坊正字劍子歌				
鸊鵜淬花白鷴尾	鸊鵜淬花白鷴尾	⃝鶻鵜淬花白鷴尾	鸊鵜淬花白鷴尾	鸊鵜淬花白鷴尾
1017　雁門太守行				
半捲紅旗臨易水	半⃝卷紅旗臨易水	半⃝卷紅旗臨易水	半⃝卷紅旗臨易水	半⃝卷紅旗臨易水
1020　蘇小小墓　＊墓宣城本作歌				
松如蓋	松如蓋	松⃝中蓋	松如蓋	松如蓋
1023　緑章封事				
休令恨骨填蒿里	休令恨骨填蒿里	休⃝今恨骨填蒿里	休令恨骨填蒿里	休令恨骨填蒿里

續　表

明　本	官　板	江戶本	京大本	宣城本
1024　河南府試十二月樂詞				
（題）河南府試十二月樂詞	河南府試十二月樂詞	河南府試十二月樂詞	河南府試十二月樂|歌|	河南府試十二月樂|辭|
1025　河南府試十二月樂詞二月				
宜男草生蘭笑人	宜男草生蘭笑人	宜男草生|蒲|笑人	宜男草生蘭笑人	宜男草生蘭笑人
1029　河南府試十二月樂詞六月				
炎炎紅鏡東方開	炎炎紅鏡東方開	炎炎紅鏡|裏|方開	缺葉	炎炎紅鏡東方開
1032　河南府試十二月樂詞九月				
月綴金鋪花脈脈	月綴金鋪|光|脈脈	月綴金鋪|光|脈脈	缺葉	月綴金鋪|光|脈脈
1033　河南府試十二月樂詞十月				
缸花夜笑疑幽明	|釭|花夜笑|凝|幽明	|釭|花夜笑疑幽明	缺葉	|釭|花夜笑|凝|幽明
1034　河南府試十二月樂詞十一月				
宮城團廻凜嚴光	宮城團|圓|凜嚴光	宮城團廻凜嚴光	缺葉	宮城團廻凜嚴光
戰却凝寒作君壽	戰却凝寒作君壽	|却天|凝寒作君壽	缺葉	|却天|凝寒作君壽
1039　秋來				
恨血千年土中碧	恨血千年土中碧	恨血千年土中碧	恨血千年土中|碧壁歟|	恨血千年土中碧
1040　帝子歌				
涼風雁啼天在水	涼風雁啼天在水	涼風雁啼天在水	涼風雁|帝|天在水	涼風雁啼天在水
1041　秦王飲酒				
宮門掌事報一更	宮門掌事報一更	宮門掌事報一更	宮門掌事報|二|更	宮門掌事報一更
1043　李夫人				
翩聯桂花墜秋月	翩聯桂花墜秋月	翩聯桂花墜秋月	翩|然聯イ|桂花墜秋月	翩聯桂花墜秋月
1044　走馬引				
玉鋒堪裁雲	玉鋒堪|截|雲	玉鋒堪|截|雲	玉鋒堪|截|雲	玉鋒堪|截|雲

续 表

明　本	官　板	江户本	京大本	宣城本
1047　南園十三首其二				
黄桑飲露窣宫簾	黄桑飲露窣宫簾	黄桑飲露窣宫簾	黄[乘桑イ]飲露窣宫簾	黄桑飲露窣宫簾
長腰健婦偷攀折	長腰健婦偷攀折	長腰健婦偷攀折	長腰健婦偷[舉]折	長腰健婦偷攀折
1049　南園十三首　其四				
因遺戎韜一卷書	因[遣]戎韜一卷書	因[遣]戎韜一卷書	因[遣]戎韜一卷書	因[遣]戎韜一卷書
1056　南園十三首　其十一　*篇末明本欠吴注,官板頭注云"一本無註"。				
白畫千峰老翠華	白[畫]千峰老翠華	白[畫]千峰老翠華	白[畫]千峰老翠華	白[畫]千峰老翠華
1057　南園十三首　其十二				
輕綃一疋染朝霞	輕綃一[匹]染朝霞	輕綃一疋染朝霞	輕綃一疋染朝霞	輕綃一疋染朝霞
1058　南園十三首　其十三				
遥嵐破月懸	遥嵐破月懸	遥嵐破月懸	遥[嵐嵐イ]破月懸	遥嵐破月懸
2061　黄頭郎				
玉琴調青門	玉[瑟]調青門	玉[瑟]調青門	玉[瑟]調青門	玉[瑟]調青門
2066　馬詩二十三首　其五				
大漠山如雪	大漠山如雪	大漠山如雪	大漠[沙]如雪	大漠[沙]如雪
2079　馬詩二十三首　其十八				
秖今捨白草	秖今[培]白草	秖今[培]白草	秖今[培]白草	秖今捨白草
2084　馬詩二十三首　其二十三				
武帝愛神仙	武帝愛神[僊]	武帝愛神仙	武帝愛神仙	武帝愛神仙
2085　申胡子觱篥歌 并序				
（序）本亦世家子	本[自]世家子	本[自]世家子	本亦世家子	本亦世家子
（序）送奉官北郡	[遂]奉官北郡	送奉[宫]北郡	送奉官北郡	送奉官北郡
烈點排空星	烈點排空星	烈點排空星	烈點[掛]空星	烈點排空星

日藏吳正子箋注劉辰翁評點《李長吉歌詩》簡論　　279

續　表

明　本	官　板	江戶本	京大本	宣城本
2088　湖中曲					
燕釵玉股照青渠	燕釵玉股照青渠	燕釵玉股照青渠	燕釵玉股照青藁	燕釵玉股照青渠
2089　黃家洞					
山潭晚霧吟白黿	山潭晚霧唅白黿	山潭晚霧吟白黿	山潭晚霧吟白黿	山潭晚霧吟白黿
2099　勉愛行二首送小季之廬山　其二					
持我易斗粟	持此易斗粟	持我易斗粟	持我易斗粟	持我易斗粟
2102　公莫舞歌并序					
橫眉麤錦生紅緯	橫楣麤錦生紅緯	橫眉麤錦生紅緯	橫眉麤錦生紅緯	橫楣麤錦生紅緯
項莊掉箾攔前起	項莊掉箾攔前起	項莊掉箾欄前起	項莊掉箾欄前起	項莊掉箾攔前起
2105　昌谷北園新筍四首　其三					
家泉石眼兩三莖	家泉石眼兩三莖	家泉十眼兩三莖	家泉十眼兩三莖	家泉十眼兩三莖
2107　惱公					
嬌嬈粉自紅	嬌嬈粉自紅	嬌饒粉自紅	嬌饒粉自紅	嬌饒粉自紅
江圖畫水漢	江圖畫水漢	江圖畫水漢	江口畫水漢	江圖畫水漢
陂陀梳碧鳳	陂拖梳碧鳳	陂拖梳碧鳳	陂拖梳碧鳳	陂拖梳碧鳳
腰裏帶金蟲	腰裏帶金蟲	婑裹帶金蟲	婑裹帶金蟲	婑裹帶金蟲
月分娥黛破	月分蛾黛破	月分娥黛破	月分娥黛破	月分蛾黛破
琉璃疊扇烘	琉璃疊扇烘	琉璃疊扇烘	瑠璃疊扇烘	琉璃疊扇烘
長弦怨削菸	長絃怨削菸	長弦怨削菸	長弦怨削菸	長絃怨削菸
鉤絛辮五總	鉤絛辮五總	鉤絛辮五總	鉤絛辨五總	鉤絛辮五總
犀株防膽怯	犀株防膽怯	屏株防膽怯	犀株防膽怯	犀株防膽怯
河橋閡禁鍾	河橋閡禁鐘	河橋閡禁鍾	河橋間禁鍾	河橋閡禁鐘
2111　感諷五首　其一					
小姑具黃粱	小姑具黃梁	小姑具黃梁	小姑具黃粱	小姑具黃粱
懸官踏殣去	懸官踏飡去	懸官踏飡去	懸官踏飡去	懸官踏飡去

續表

明　本	官　板	江户本	京大本	宣城本
2109　感諷五首　其二				
寒食搖楊天	寒食搖|揚|天	寒食搖楊天	寒食搖|揚|天	寒食搖|揚|天
2110　感諷五首　其三				
月午樹立影	月午樹立影	月午樹|無|影	月午樹|無|影	月午樹|無|影
2111　感諷五首　其四				
荷擔出門去	荷擔出門去	荷|檐|出門去	荷擔出門去	荷擔出門去
3114　追和何謝銅雀妓				
歌舞且潛弄	歌|聲|且潛弄	歌|聲|且潛弄	歌|聲|且潛弄	歌|聲|且潛弄
3115　送秦光祿北征				
箭射攙搶落	箭射攙|槍|落	箭射攙搶落	箭射攙|槍|落	箭射攙搶落
風吹雲路火	風吹雲路火	風吹雲路|大|	風吹雲路火	風吹雲路火
太常猶舊寵	太常猶舊寵	|大|常猶舊寵	太常猶舊寵	太常猶舊寵
寶玦麒麟起	寶玦|騏驎|起	寶玦|騏驎|起	寶玦|騏驎|起	寶玦|騏驎|起
虎鞹先蒙馬	虎鞹先蒙馬	虎|光|蒙馬	虎鞹先蒙馬	虎鞹先蒙馬
魚腸且斷犀	魚腸且斷犀	魚腸|具|斷犀	魚腸且斷犀	魚腸且斷犀
蠻頰北方奚	蠻|額|北方奚	蠻頰北方奚	蠻頰北方奚	蠻頰北方奚
正室擘鸞釵	正室擘鸞釵	正室擘鸞|釵|	正室擘鸞釵	正室擘鸞釵
3119　謝秀才有妾縞練改從於人秀才引留不得後生感憶坐人製詩嘲謝賀復繼四首　其一				
竹葉剪花裙	竹葉剪花|裙|	竹葉剪花|裙|	竹葉剪花裙	竹葉剪花裙
月明啼阿姊	月明啼阿姊	月明啼阿|姊|	月明啼阿娣	月明啼阿|姊|
3124　巴童答				
龐眉入苦吟	龐眉入苦吟	|庬|眉入苦吟	龐眉入苦吟	庞眉入苦吟
3125　代崔家送客				
行蓋柳煙下	行蓋柳煙下	行|盡|柳煙下	行蓋柳煙下	行蓋柳煙下
3128　將發				
護落將行去	護落|村|將去	護落將行去	護落將行去	護落將行去

續　表

明　本	官　板	江戶本	京大本	宣城本
3129　追賦畫江潭苑四首　其一				
露指臺城迥	路指臺城迥	露指臺城迥	露指臺城迥	路指臺城迥
3130　追賦畫江潭苑四首　其二				
寶袜菊衣單	寶秣菊衣單	寶秣菊衣單	寶秣菊衣單	寶秣菊衣單
3131　追賦畫江潭苑四首　其三				
鞦垂粧鈿粟	鞦垂粧鈿粟	鞦垂粧細粟	鞦垂粧鈿粟	鞦垂粧鈿粟
3133　潞州張大宅病酒遇江使寄上十四兄				
疎桐墜綠鮮	疎桐墜綠鮮	疎桐墜綠鮮	疎桐墜緣鮮	疎桐墜綠鮮
3134　難忘曲				
亂繫丁香梢	亂係丁香梢	亂係丁香梢	亂係丁香梢	亂繫丁香梢
3135　賈公閭貴壻曲				
分花對袍縫	分花對袍縫	分花對袍縫	公花對袍縫	分花對袍縫
日虹屏中碧	日虹屏中碧	月虹屏中碧	日虹屏中碧	日虹屏中碧
3137　王濬墓下作				
秋梨遶地紅	秋藜遶地紅	秋梨遶地紅	秋梨遶地紅	秋梨遶地紅
松栢愁香澁	松柏愁香澁	松柏愁香澁	松柏愁香澁	松栢愁香澁
3140　馮小憐				
金朝值幾錢	金朝直幾錢	金朝直幾錢	金朝直幾錢	金朝直幾錢
3141　贈陳商				
祇今道已塞	祇今道已塞	祇今道已塞	祇今道已塞	祇今道已塞
旁苦無存尋	旁苦無存尋	旁古無存尋	旁古無存尋	旁古無存尋
李生師太華	李生師大華	李生師大華	李生師太華	李生師太華
3142　釣魚詩				
秋水釣紅渠	秋水釣紅渠	秋水釣江渠	秋水釣紅渠	秋水釣紅蕖
3143　奉和二兄罷使遣馬歸延州				
(詩題)延州	延州	廷州	延州	延州

續　表

明　本	官　板	江戶本	京大本	宣城本
3145　題趙生壁				
冬暖拾松枝	冬暖拾松枝	冬暖拾松枝	冬 煐 拾松枝	冬暖拾松枝
日煙坐蒙滅	日煙 生 蒙滅	日煙坐蒙滅	日煙坐蒙滅	日煙坐蒙滅
木蘚青桐老	木蘚青桐老	木蘚青桐老	木 蘇 青桐老	木蘚青桐老
3146　感春				
胡琴今日恨	胡琴今日恨	胡琴今日恨	故 琴今日恨	胡琴今日恨
3148　河陽歌				
(詩題)河陽歌	河陽歌	河陽歌	河陽 飲	河陽歌
3149　花遊曲并序				
冷花寒露姿	冷 死 寒露姿	冷 死 寒露姿	冷 死 寒露姿	冷花寒露姿
3152　胡蝶舞				
(詩題)蝴蝶舞	胡 蝶舞	胡 蝶舞	胡 蝶舞	胡 蝶飛
東家蝴蝶西家飛	東家 胡 蝶西家飛	東家 胡 蝶西家飛	東家 胡 蝶西家飛	東家 胡 蝶西家飛
3153　梁公子				
種柳營中暗,題書賜館娃	種柳營中暗,題書賜館娃	種柳營中 題,暗 書賜館娃	種柳營中暗,題書賜館娃	種柳營中暗,題書賜館娃
3154　牡丹種曲				
檀郎謝女眠何處	檀郎謝女眠何處	檀郎謝女眠何處	檀郎謝女 眠眠イ 何處	檀郎謝女眠何處
3157　秦宮詩并序				
玉刻麒麟腰帶紅	玉刻 騏驎 腰帶紅	玉刻 騏驎 腰帶紅	玉刻 騏驎 腰帶紅	玉刻 騏驎 腰帶紅
內屋深屏生色畫	內屋深屏生色畫	內 臺 深屏生色畫	內屋深屏生色畫	內屋深屏生色畫
3159　楊生青花紫石硯歌				
傭刓抱水含滿脣	傭刓抱水含滿脣	傭刓抱水含滿脣	傭刓抱水含 睿	傭刓抱水含滿脣
3160　房中思				
玉鶯聲斷續	玉 鑾 聲斷續	玉 鑾 聲斷續	玉 鑾 聲斷續	玉 鑾 聲斷續

新發現的幾種《文鏡秘府論》傳本

盧盛江（南開大學）

　　作爲日本人編撰的中國詩文論著作，《文鏡秘府論》對於研究中國六朝至唐詩文論，特別是研究這一時期的作詩法，有着特別重要的價值。《文鏡秘府論》傳本的研究，又是其他研究包括理論研究的基礎。《文鏡秘府論》的傳本，六十年前日本小西甚一曾作過調查。他載録有19種，其中抄本18種，版刻本1種[①]。1984年，日本汲古書院影印出版六地藏寺藏《文鏡秘府論》，卷末附月本雅幸所著"解題"又列有一傳本目録，除小西甚一所列19種之外，又列5種[②]。加上小西甚一列出的19種，共爲24種。這24種，除江户刊本（即"版本"）外，有23種是古抄本。這是當時所知最詳盡的《文鏡秘府論》傳本目録。

　　但是，這個目録並不完備。據我多年的調查，發現日本還有幾種傳本。以前一直認爲，《文鏡秘府論》的傳本特別是古抄本都藏於日本。因爲這部書的編撰者空海就是日本高僧，自空海於平安弘仁年間寫成《文鏡秘府論》，它的流傳一直在日本。但據我的調查，日本之外也有《文鏡秘府論》的古抄傳本。新發現的幾種古抄傳本，對於研究《文鏡秘府論》，有着重要的意義。

---

　　① 小西甚一《文鏡秘府論考·研究篇》（上）（日本京都：大八洲出版株式會社，1948年）載録19種：1.宮内廳本，2.成簣堂本，3.三寶院本，4.醍醐寺甲本，5.醍醐寺乙本，6.醍醐寺丙本，7.高山寺甲本，8.高山寺乙本，9.高山寺丙本，10.仁和寺甲本，11.仁和寺乙本，12.新町三井家本，13.寶壽院本，14.寶龜院本，15.正智院甲本，16.正智院乙本，17.正智院丙本，18.天海藏本，19.江户刊本或稱版本。

　　② 月本雅幸《六地藏寺本解題》（《六地藏寺藏善本叢刊》第7卷，日本汲古書院1984年）載録以下5種：1.月本雅幸爲之"解題"的六地藏寺本，2.田中穰氏藏本，3.慶應義塾大學藏本，4.蓬左文庫本，5.彰考館藏本。

一

新發現的傳本，是松本文庫本，豹軒藏昭和寫本，義演抄本，楊守敬本。此外，小西甚一未見到的六地藏寺本也很重要。下面就這幾個傳本本身分別作一介紹。

松本文庫本。藏京都大學人文科學研究所東洋學圖書室松本文庫。全六帖，共表紙粘葉裝，高26.3厘米，寬19.1厘米，各卷封面外題左上角墨書"秘府論　天""秘府論　地"……，右下角墨題"恭畏"，表紙裏頁有"京都大學 928901 圖書"字樣紅色方印，內第一頁標題下有"松本文庫"紅色方印。天卷末題"文鏡秘府論"，地、東、南卷末題"文鏡秘府論　一校了"，西卷末題"一校了"，北卷末題"文鏡秘府論　北　一校了"。每半葉9行，每行17字左右，行楷抄寫，有假名點和返點。封面所題"恭畏"爲江户初名僧，可知爲江户初之前寫本。

豹軒藏昭和寫本，現藏京都大學文學部圖書室。全六卷，另附《文筆眼心抄》，共分作三册，高28.6厘米，寬16.3厘米。每半葉12行，各行18字左右，有假名點和返點。這是鈴木虎雄（號豹軒）原藏本，從字體看，可能即爲鈴木虎雄自筆校寫。這個本子據高山寺本校正。最有價值的是鈴木虎雄的夾注夾批。卷序爲"天地東南西北"。內有欄眉和欄腳批注，校以"宫內省本"，"京都木版本"，地卷注"此一卷以南山正智院藏古寫本一卷校訂"，東卷注"此一卷以拇尾高山寺所藏古寫本校合"，封面裏頁有京都大學藏書印，日期爲"昭和29·3·31"即1954年。

義演抄本。藏京都醍醐寺。殘天、東、西、南、北5卷。共表紙粘葉裝。正文料紙鳥子。天、東、西、南各卷高24.3厘米，寬17.6厘米，有白界，界高20.6厘米，寬2厘米。北卷高24.3厘米，寬17.5厘米。天卷34葉，東卷30葉，南卷52葉，西卷54葉，北卷40葉。每半葉7行，各行17字左右。天、東、西、南各卷有假名點、返點，北卷無點。天、東、西、南各卷尾題各爲"文鏡秘府論　天"、"文鏡秘府論　東"……北卷尾題"對屬法"，天卷末頁裏書："天正廿載林鐘上浣，於金剛輪院南窗寫功終，莫令散失矣\座主義演。"東卷末頁裏書:"時天正廿稔姑洗上澣求御作内外之論章願早速寫功之周備\染禿毫勿出閫之外矣\准三宮義演。"南卷末頁裏書:"天正廿年暮春下旬書定畢,座主(花押)(義演)出之。"西卷末頁裏書:"於時天正廿載孟夏上浣,以證本馳禿筆耳\義演"。北卷末頁裏書:"天正廿歲朱明中旬,此一卷以　大師御筆奉書寫了(花押)(義演)記之。"天正二十年爲1592年,此本爲是年義演所寫。

　　楊守敬本。楊守敬自1880年起五年間作爲駐日公使隨員在日本訪書,是第一個訪知《文鏡秘府論》的中國人。他從日本帶回二個本子,一個是江户刊本,另一個就是這個古抄本,這個古抄本原爲日本狩谷棭齋藏本,因爲是楊守敬從日本訪尋而得,漂洋過海,攜回中國,使中國有了唯一的一個本來應當屬於中國的傳本,我們因此把它稱之爲"楊守敬本"。此本原藏故宫大高殿,1930年儲皖峰作《文二十八種病》,曾用這個本子作過校勘。抗戰期間,此本和故宫其他文物一並南遷,數度遷徙,漂泊萬里。筆者費盡周折,輾轉南北,方在臺灣臺北外雙溪故宫博物院尋得它的蹤跡。此本寫於日本鐮倉時期。殘東、西二卷一册。封面題署:"古抄文鏡秘府論"。内第1葉陽面正中題署:"文鏡秘府論古抄零本二卷",其左稍小字題:"此亦狩谷望之所藏,有棭印也"。左下角有小長方八方印,印文爲:"棭齋",右下角有方形印章,印文爲:"星吾海外搜得秘笈"(楊守敬字惺吾)。第1葉裏頁有楊守敬像,左上方有小長方印,印文爲:"星吾七十歲小像",左下角有陰文方印,文爲:"楊守敬印"。正文東卷27葉,西卷爲殘卷,包括封面33葉,文至"第二十五落節""又詠春詩曰"。西卷封面左上解題署"文鏡秘府論西",右下角墨書"紹惠"二字。正文每半葉7行,各行十六、七字。無點。

　　六地藏寺本。此本藏茨城縣水户市郊的六地藏寺,1930年1931年間在該寺的經藏書庫被發現。雖發現於小西甚一之前,但小西甚一没有見到這個傳本。有日本汲古書院影印本。該影印本附月本雅幸"解題",對此本有介紹。此本6帖,粘葉裝,楮交斐紙,每葉6行,各行十五、六字。高24.9厘米,寬16.9厘米。月本雅幸據該本的書寫風格、訓點的假名字體及雁點等推測,其抄寫年代當在室町中期。有墨筆加假名點、返點、聲點等訓點。西卷的假名較其他各卷略粗而墨色略淡，爲另一種筆致。訓點標記的時間和正文抄寫時間大體同時，此本大正十五年至昭和三年平泉澄博士有過調查，有根據調查所給與的"乙86"的序號。各卷封面右上角貼有當時調查的標簽。原書蠹蝕極甚，近年經遠藤諦之輔氏的修補，用極薄的和紙全部粘附補强，並保持原貌。原天卷第3葉和第4葉錯簡，今已復原。各卷覆加有大約江户時代補的封面，覆加的封面無外題。原有的封面地卷有"文鏡秘府論"，西卷有抹消幾個字痕跡，此外也没有外題。除天卷外，各卷封面都有墨筆梵文"am"。內題及尾題各卷均完備，作"文鏡秘府論天"等。東卷末尾有識語："右此論真言宗文體之龜鏡，貴哉吾大師，非釋家爲棟梁，又是儒家奥穴也，哀哉爲末資而作文，不知烏焉馬迷徒狂醉酒肆而不仰三地之遺風耳，仍寫之矣，土龍\惠範　五十九。"南卷末尾有識語："右此論真言宗文體之龜鏡，貴哉吾大師，唯非爲釋種靈苗，又是孔門之玄關也，哀哉爲其流派未淩波瀾悲之至不如之耳，仍寫之，土龍\惠範五十九。"惠範（1461—1537）爲室町中期住六地藏寺的學僧。這個識語和正文的筆跡不同，和1984年日本汲古書院影印出版《六地藏寺善本叢刊》第1卷《六地藏寺惠範上人資料》所收惠範手書真跡相比，這個識語不當是惠範自筆，大約是惠範囑别的僧人書寫的。惠範識語自稱"五十九"，這一年爲永正十六年（1519）。往前推溯不久，當是正文抄寫的年代，這和根據書風及假名字體的推斷一致。

二

新發現這幾個傳本，以及小西甚一未見到六地藏寺本，有着重要的價值。這主要的，是使我們對《文鏡秘府論》的傳本系統有更准確更全面的認識。

關於《文鏡秘府論》的傳本系統，小西甚一《文鏡秘府論考》已有研究①。小西甚一《研究篇》（上）第二章第二節專門討論了《文鏡秘府論》

---

① 小西甚一《文鏡秘府論考》《研究篇》（上），日本京都：大八洲出版株式會社1948年出版；《研究篇》（下），日本東京：株式會社大日本雄辯會講談社1951年出版；《考文篇》，日本大日本雄辯會講談社1953年出版。

諸本系譜的建設。他把《文鏡秘府論》區分爲初稿本和再治本。按照他所作的系譜，就他所用的本子，屬初稿本系統的有三寶院本所校證本、信範所用本、寶龜院本（地東）；屬比較純粹的再治本系統的有醍醐寺甲本、醍醐寺丙本、仁和寺甲本、仁和寺乙本、（報恩院本）①、寶龜院本（天）。屬比較不純但混合程度較小的再治本系統的有高山寺甲本、正智院甲本、三寶院本、天海藏本、成簀堂本、新町三井家本、宮内府本、高山寺乙本、高山寺丙本、正智院丙本；屬混合程度較大的不純粹的再治本系統的有寶壽院本、正智院乙本、醍醐寺乙本、版本即江户刊本。他還繪有一個細致的系譜圖。小西甚一《文鏡秘府論考》，包括《研究篇》（上、下）和《考文篇》是《文鏡秘府論》研究的一個里程碑，他對傳本系統的研究也是開創性的。

但是，新發現幾個傳本，以及小西甚一未能見到的六地藏寺本，使我們對《文鏡秘府論》的傳本系統有更准確更全面的認識。

這主要的是對"證本"系統有更明確的認識。

《文鏡秘府論》"證本"是曾經流傳而未見留存的一個傳本。現在所能掌握的，是現存傳本中保留的痕跡。保留"證本"材料最多的，是三寶院本和天海藏本。另外，義演抄本西卷以"證本"作底本，宮内廳本、高山寺甲本和成簀堂本也各保存了"證本"一二處材料②。這些抄本的眉注和行間夾注，常可見"證"、"證本"字樣，比如天卷序"兩漢辭宗"句，三寶院本在此句"宗"字旁注"宇證本"，可知此處之"宗"字，"證本"作"宇"字。又比如東卷《二十九種對》"第九交絡對""或謂此中餘屬於載"句旁，三寶院本、天海藏本均有行間夾注"已下二行證本注也"，二行至"舉以例也"，

---

① 仁和寺本表紙裏書"六卷之内，地北兩卷缺了。先年以醍醐寺報恩院本書寫了"，因此知仁和寺本是據報恩院本書寫的。這個本子，小西甚一稱之爲"報恩院傳來本"。此本今已不存。仁和寺本藏日本京都仁和寺。

② 《文鏡秘府論》三寶院本，全六卷，藏日本和歌山縣高野山三寶院，抄於平安末期。天海藏本，全六卷，藏日本京都延曆寺叡山文庫，抄於江户末期。宮内廳本，全六卷，藏東京宮内廳書陵部，抄於平安末保延四年（1138）或稍前，有日本東方文化學院1927年影印本公開發行。成簀堂本，又稱觀智院本，殘地卷，藏東京禦茶水圖書館（お茶の水圖書館），抄於平安末期，有日本古典保存會1935年影印本公開發行。高山寺甲本，亦稱長寬寫本，全六卷，藏日本京都拇尾高山寺，抄於平安末長寬三年（1165）。義演抄本已見前。

可知自"或謂"至"舉以例也"二行"證本"作雙行小字注。又如西卷《文二十八種病》"第四鶴膝""或曰如班姬詩云"句,三寳院本眉注"證本下書之",説明自"或曰如班姬詩云"句至另起一段的"劉氏云鶴膝者"之前這一段文字,"證本"書寫格式與別本不同。從這樣一些痕跡,可以知道"證本"的一些情況。

關於"證本",小西甚一也有論述,但他所列的,只有三寳院本所校證本、信範所用本和寳龜院本①。信範所用本今不存,無法知其詳。三寳院本所校證本只是三寳院本所用的證本材料,本身並不成爲一個傳本。這樣,在小西甚一那裏,屬於證本的實際只有寳龜院本一個傳本。它構不成一個證本系統,因此小西甚一只把證本作爲初稿本系統。而事實上,從新發現的幾個傳本,以及小西甚一之後發現的其他本子來看,"證本"在歷史上形成了一個獨立的傳本系統,它並不附屬於初稿本系統。

小西甚一未能見到的傳本,有的就屬於證本系統。典型的是六地藏寺本。從現存"證本"材料看,六地藏寺本與之多處相合。一、地卷5處"證本"異文,六地藏寺本有4處與"證本"相合②。二、東卷"證本"作小字注文的17處,六地藏寺本有16處與"證本"相合③。三、"證本"沒有

---

① 《文鏡秘府論》寳龜院本,殘天地東三卷,藏日本和歌山縣高野山寳龜院。抄於嘉元元年(1303)。
② (1)三寳院本及成簣堂本地卷《十七勢》"有開情作","開"右注"閑證"(《文鏡秘府論匯校匯考》(盧盛江校考,中華書局2006年出版,以下簡稱《匯考》,)第365頁[一](指校記[一],下同。)。説明此處"開"字"證本"作"閑"字。(2)三寳院本地卷《十七勢》"昌齡寄驩州詩云""詩云"左注"證本"(《匯考》第365頁[二])。説明"詩"字後之"云"字爲"證本"所有,別本無。(3)成簣堂本地卷《十七勢》"大賢本孤立,有時起絲綸"句眉注"證本"(《匯考》第317頁[五])。當指此行之"本"字、"絲"字從"證本"。(4)成簣堂本地卷《十七勢》"陰雲暮淒淒"眉注"證本"(《匯考》第377頁[二])。當指此句中"淒淒"二字依"證本"。另有本作"萋萋"。
③ (1)宫内廳本、三寳院本、天海藏本東卷《二十九種對》篇目"亦名正名對亦名正對"右注"以下證本注也"(《匯考》第679頁[二])。説明此處之"亦名正名對亦名正對"一句"證本"作注。(2)三寳院本、天海藏本東卷"第一的名對""堯舜皆古之聖君"右注"已下證本注也","用鸞皆爲正對也"右注"已上注也"(《匯考》第691頁[二七])。説明自"堯舜皆古之聖君"至"皆爲正對也""證本"作注。(3)東卷"第六異類對""又如以早朝偶故人非類是也"天海藏本句下,三寳院本"是也"二句右左,注"已上一行證本注也"(《匯考》第728頁[一八])。説明"又如以早朝偶故人非類是也"一句"證本"作注。以下同。(4)三寳院本、天海藏本東卷"第九疊韻對""鬱律棱層是"。右注"以下五字證本注也"(《匯考》第746頁[八])。(5)三寳院本、天海藏本東卷"第十五字對""金扉石家即是"右注"此一行六字證本是注也"(《匯考》第772頁[一〇])。(6)三寳院本、天海藏本東卷"第十七側對""英彥與桂酒"右注"已下一行證本注也"(《匯考》第778頁[六])。(7)三寳院本、天海藏本東卷"第十七側對""桓山與荆樹"(轉下頁)

"水渾""火滅"二病①。現存傳本中，只有二個本子沒有抄錄"水渾""火滅"二病，六地藏寺本是其中之一。這是六地藏寺本屬"證本"一系的最重要的根據之一。四、"第八正紐""……名犯正紐者"句下，和"證本"一樣，有"傍紐者如貽我青銅鏡……名犯傍紐也"26字②，這也是一處重要證據。五、西卷"證本"10處"下書之"，六地藏寺本有7處和別的本子一樣另行別書，這可能是根據内容作了校改，但仍有3處未另分行，和"證本"一樣"下書之"③。六、西卷"證本"的其他異文還有5處，六地藏寺本有3處與之相合④。

———————

（接上頁）右注"已下一行證本注也"（《匯考》第779頁[九]）。（8）三寶院本東卷"第二十三偏對""全其文彩"右注"已下三行證本注也"，三行至"亦有其例"，"亦有其例"右注"已上注"（《匯考》第796頁[七]）。（9）三寶院本東卷"第二十三偏對""此例多矣"右注"已下三行證本注也"，三行至"亦名聲類對"（《匯考》第797頁[一二]）。（10）三寶院本東卷"第二十五假對""或有人以推薦偶拂衣之類是也"右注"此一行證本注也"（《匯考》第803頁[二]）。（11）三寶院本東卷"第二十六切側對""浮鐘是鐘"右注"已下一行證本注也"（《匯考》第811頁[三]）。（12）三寶院本東卷"第二十七雙聲對""金谷與首山義別"右注"此一行證本注也"（《匯考》第811頁[四]）。（13）三寶院本、天海藏本東卷"第二十八疊韻側對""此即首尾不對之詩"右注"已下一行證本注也"（《匯考》第818頁[一四]）。（14）三寶院本、東卷"第二十九總不對對""此總不對之詩"右注"已下ノ三行證本注也"，三行至"疊韻即疊韻對"（《匯考》第824頁[四]）。（15）三寶院本東卷《筆劄七種言句例》"又云春可樂秋可哀"右注"已下八字證本注也"（《匯考》第851頁[九]）。（16）三寶院本東卷《筆劄七種言句例》"下句皆十一字是也"右注"已下皆證本注也"（《匯考》第852頁[二七]）。

① 西卷"第九水渾病"一段開頭三寶院本注"以下行證本無也"，宮内廳本注"此水火二病篇立無也又證本無也故且正之可"，高山寺甲本注"以下行證本無之故且正之可"（《匯考》第1102頁[一]）。又"第十火滅病"一段末尾注"以上證本無也"（《匯考》第1110頁[八]）。說明"水渾""火滅"二病（即"第九水滅病"至"因以名焉"）爲"證本"所無。

② 三寶院本西卷"第八正紐""……名犯正紐者"一行與"又一法凡入……"一行之間注"傍紐者如貽我青銅鏡結我羅裙裾結裾是雙聲之傍名犯正紐也證本有之"（《匯考》第1045頁[八]）。說明"……名犯正紐者"與"又一法凡入……"之間"證本"還有"傍紐者……名犯傍紐也"一段話。

③ （1）三寶院本、天海藏本西卷"第一平頭""秋月照緑波"眉注"證本此詩相次而書之不別書之草本亦然"（《匯考》第923頁[三]），說明"秋月照緑波"這首詩，"證本"和"草本"都未另行別書，而是相次而書之，即緊接上文之下書寫。（2）三寶院本西卷"第二上尾""衰草蔓長河"眉注"此詩下可書之證本如此"（《匯考》第938頁[三]）。說明"衰草蔓長河"這首詩"證本"在上文之下書寫。下同。（3）三寶院本西卷"第二上尾""四座且莫喧"眉注"證本此詩下書之"（《匯考》第941頁[九]）。

④ （1）三寶院本西卷"第二上尾""亦不異此耳"，"異"字用朱筆劃掉，右注"累"字（三），左注"證本異字也"（《匯考》第941頁[四]）。說明此處"累"字"證本"作"異"字。（2）三寶院本西卷"第八正紐""亦名小紐或亦名爽切病"右注"以下證本注也"（《匯考》第1039頁[一]）。說明此句"證本"作注。（3）三寶院本西卷《文筆十病得失》"庶可免夫"下注"矣或證本"（《匯考》第1255頁[二一]）。說明此處"夫"字"或本"及"證本"作"矣"字。

發現六地藏寺本屬證本系統，也就發現寶壽院本屬證本系統①。六地藏寺本是寶壽院本的忠實轉寫本。六地藏寺本全六卷，寶壽院本殘天東卷。就天東卷比較，這兩個本子不但有大量獨有的異文，而且訓點完全一樣，什麼地方低一字、二字或高一、二字書寫，什麼地方單行，什麼地方雙行書寫，這樣的書寫格式極其相似，甚至相應頁碼每一行的字、字數，相對應的部分，每一行從哪個字開始，到哪個字爲止，都一模一樣。六地藏寺本標有的眉注，寶壽院本都有。這些都爲這兩個本子獨有。寶壽院本不存西卷，無法比較。它的東卷，六地藏寺本和"證本"相合的 16 處異文（見前引），寶壽院本也與之完全相合。

就是説，屬"證本"的已有兩個本子。但是，兩個本子未必能形成一個系統。這就涉及月本雅幸之後新發現的幾個本子。

楊守敬攜回古抄本也屬"證本"—寶壽院本—六地藏寺本一系。楊守敬本殘東、西二卷。前面説到，"證本"没有"水渾""火滅"二病，現存傳本中没有抄録這二病的，只有二種，一種是六地藏寺本，另一種就是楊守敬本。這是楊守敬本屬"證本"系統最重要的根據。此外，西卷"第八正紐""……名犯正紐者"句下，和"證本"一樣，有"傍紐者如貽我青銅鏡……名犯傍紐也"26 字。西卷"第二上尾""亦不異此耳"和"證本"一樣作"異"字。西卷"第八正紐""亦名小紐或亦名爽切病"一句和"證本"一樣作注。西卷"證本"有 10 處"下書之"，楊守敬本有 6 處與之相合②。

楊守敬本在一些重要之處都和六地藏寺本異文相同。特別是西卷"第八正紐""從一字紐之得四聲是正也"以下至"凡入雙聲者皆名正紐"一段（《匯考》第 1043 頁），諸本訛脱錯亂，頗多異文，就其大者有三種類型，楊守敬本和六地藏寺在同一類型。比如，"從一字紐之得四聲，是正也"句下，宫内廳本、高山寺乙本、三寶院本、天海藏本均誤衍"若元阮願

---

① 《文鏡秘府論》，殘天東卷，藏日本和歌山縣高野山寶壽院，抄於鐮倉中期。
② 分别爲（1）"第一平頭""秋月照緑波"一詩，（2）"第二上尾""衰草蔓長河"一詩，（3）"第二上尾""四座且莫喧"一詩，（4）"凡詩賦之體"至"此即是也"，（5）"第三蜂腰""劉氏云蜂腰者"以下，（6）"第四鶴膝""或曰如班姬詩"以下。

月是若元阮願硯等字來"14字,而楊守敬本和六地藏寺本均無這14字。"又一法凡入雙聲者""入"字下數本衍"銅鏡結我羅裙裾"7字,楊守敬本和六地藏寺本均無此7字。這一段,"是正也"下"若元阮願月"5字,"若元阮願月是正"以下至"等字成雙聲是也"26字,"家嫁是"以下至"正紐者也","結裾是雙聲之傍名犯傍紐也"12字,許多本作大字本文,而楊守敬本和六地藏寺本均作小字注文。前面提到,這一段文字中,"證本"有"傍紐者如貽我青銅鏡……名犯傍紐也"26字,楊守敬本和六地藏寺本一樣,也有這26字"證本"異文。

這個本子的東卷和寶壽院本、六地藏寺本一樣,17處"證本"作注文的地方,楊守敬本也有16處作雙行或單行小字注文。還有其他許多異文與寶壽院本、六地藏寺本均同。只稍舉它們獨有的數例異文,如"第六異類對""不問多少所作成篇""成"字均闕,而眉注"成篇イ"。"第九疊韻對""放暢千般意","暢"下均有小字"或曠"。"第四聯綿對""嫩荷荷似頰殘河河似帶"10字,"第十八鄰近對""上是義……鄰近寬"21字,只有這三個本子作雙行小字注文。另外,楊守敬本和寶壽院本、六地藏寺本、寶龜院本這四個本子還有一些獨有的異文①。如"第十三奇對""漆與四是數名又兩字各是雙聲對"14字,"參與軫者同是二十八宿名"11字,"第十五字對""山椒即山頂也池筱傍池竹也此義別字對"17字,"第十六聲對""蔦草屬聲即與飛鳥同故以對蟬"13字,"第十七側對""英彦與桂酒即字義全別然形體半同是"16字,"第廿七雙聲側對""金谷與首山字義別同雙聲對"12字,"第廿八疊韻側對""優遊與聖政義非正對字聲勢疊韻"14字,這四個本子均作雙行小字注文。這進一步證明楊守敬本與寶壽院本、六地藏寺本爲同一系。

還有義演抄本。這個本子的西卷應屬證本。這有二點根據。一是在一些重要之處與六地藏寺本異文相同。特別是"第八正紐""從一字紐之得四聲是正也"以下至"凡入雙聲者皆名正紐"一段(匯考第1043頁),諸本訛脱錯亂,頗多異文,前面已經説過,就其大者有三種類型,六地藏寺與

---

① 寶龜院本屬證本,已爲小西甚一所證明,已見前説。

楊守敬本在同一類型。而義演抄本和六地藏寺本、楊守敬本一樣，同爲一類。證本和六地藏寺本有一些共有的異文，如"傍紐者如貽我青銅鏡……名犯傍紐也"26字，這26字證本異文，義演抄本也有。這既證明義演抄本與六地藏寺本爲同一類，也證明它們是同爲證本一類。義演抄本和六地藏寺本還有其它一些共有的異文①。這是一方面的根據。另一方面的根據，義演抄本西卷卷末有題記"於時天正廿載孟夏上浣\以證本馳禿筆耳\義演"，明確指出"以證本馳禿筆"，說明義演抄本抄寫主要依據的，不是別的本子，而是證本。這一題記，正可與六地藏寺本互爲印證，表明它們同爲證本。只有一處可疑，即水火二病。前面說過，證本和六地藏寺本均無水、火二病，但義演抄本校錄了這二病全文。可以這樣解釋。即義演抄本是一較晚的本子，它主要依據證本，同時不可能不參校其它本子，水、火二病的異文太重要了，參校其它本子的時候，有可能把這樣的重要異文校錄進去。義演抄本有水、火二病，"闕偶病"以下的順序，却未按三十種病排列，而仍按二十八病，即"第十一闕偶病""第十二繁説病"順至最後一病爲"第二十八駢拇者"。它仍是依照"證本"二十八病之序。

　　一些異文，和證本相合，又爲義演抄本西卷和六地藏寺本共有，説明它們同屬證本一類。但義演抄本和六地藏地本之間也有不少異文並不一致。它們有聯系又有區別。從時間上看，它們一前一後(六地藏寺本寫於1519年，義演抄本寫於1592年)，但互相之間不會是承傳和被承傳的關係，而當是以某一更早的屬證本系統的本子爲共有的祖本。它們分屬證本系統内不同的子系統。

　　松本文庫本也很值得注意。這個傳本和江户刊本、維寶箋本、祖風會本有密切關係。江户刊本、維寶箋本和祖風會本是研究《文鏡秘府論》者

---

① 如"第二上尾""此是詩之疣急避"句的"急"字，二本均作"忽"字(參《匯考》933[二〇])。"第五大韻""良無盤石固，虚名復何益"句"盤"字，二本爲同一類，均作"槃"(參《匯考》1106[四])。"第十一木枯病""須宵乃妙"句"須"字，二本均作"論"字(參《匯考》1114[七])。"第二十二長解鐙病"，"元兢曰擷腰解鐙並非病"句中"元兢"，二本均作"元氏"(參《匯考》1150[八])。

熟悉的①,這四個本子有一些共有乃至獨有的異文。天卷韻紐圖,"皇晃璜鑊禾禍和",均作"皇晃璜鑊戈果過","光廣珖郭戈果過",均作"光廣珖郭禾禍和"(參《匯考》第 53 頁[二])。《詩章中用聲法式》"七言三平聲","二人拂鏡開珠幕","珠"均作"朱"(參《匯考》第 184 頁[三])。東卷《文二十九種對》"第一的名對""豔采花中出","豔采"均作"豔彩"(參《匯考》第 691 頁[一九])。"第六異類對""但解如此對並是大才","此"均作"是"(參《匯考》第 726 頁[三]),等等。西卷、南卷、北卷也有不少例子。小西甚一《研究篇》只討論了江户刊本,没有討論另外三個本子。其實《文鏡秘府論》傳本系譜中,另外三個本子特别是松本文庫本應該有其位置。

松本文庫本和江户刊本、維寶箋本、祖風會本一樣,和寶壽院本一六地藏寺本一系證本有密切而微妙的關係。也有幾處和證本痕跡相合,如東卷"第九疊韻對""鬱律禾棱層"五字(參《匯考》第 746 頁[八]),"第十五字對""金扉石家即是"六字(參《匯考》第 772 頁[一〇]),都和證本一樣作小字注。西卷"第八正紐""名犯正紐者也"以下,和證本一樣有"傍紐者如貽我青銅鏡……名犯傍紐也"26 字(參《匯考》第 1045 頁[八])。證本痕跡大部分,則與這幾個本子不合。但有意思的是,與三寶院本夾注說明過的證本痕跡不合,却與寶壽院本、六地藏寺本諸多共有甚至獨有的異文。前面已經論證過,寶壽院本、六地藏寺本屬證本系統。這兩個本子,與三寶院本校録所說明的證本的帶特徵性的異文基本相合,在這些異文之外,還有一些與這些異文形式相似的異文,比如,大字正文作雙行小字注。松本文庫本等四個本子,正是與寶壽院本、六地藏寺本的異文多處相合,而且是多處和那些與證本形式相似的異文相合。特别是西卷,如"第十三闕偶病""謂八對皆無……因以名焉"17 字(參《匯考》第 1120 頁[四]),"第十四繁説病""謂一文再論……或名疣贅"17 字(參《匯考》

---

① 《文鏡秘府論》江户刊本,江户寬文、貞享間(1661—1684)刊。維寶箋本即維寶撰《文鏡秘府論箋》,作於 1736 年,日本高野山持明院藏古抄本(現藏日本高野山大學圖書館);有《真言宗全書》第 41 卷版刻本,日本真言宗全書刊行會,1936 年。《文鏡秘府論》祖風會本,祖風宣揚會弘法大師全集刊本,日本吉川弘文館,大正十二年(1923)刊行。

1123 頁［五］），"第十五齟齬病""若犯上聲，其病重於鶴膝，……犯上聲是斬刑，去入亦絞刑" 37 字（參《匯考》第 1127 頁［四］），"第二十二長解鐙病""池牖二字意相連……故曰長解鐙之病也" 41 字（參《匯考》第 1150 頁［一二］），"第二十四相濫""崔氏云相濫者……或云兩目一處是" 89 字（參《匯考》第 1159 頁［四］），各本作大字正文，而松本文庫本等四個傳本都和六地藏寺本一樣作雙行小字注。這樣的地方在西卷有 15 處之多。還有其它一些與寶壽院本、六地藏寺本獨有的異文。這些大字正文作小字注的異文，可能也是證本痕跡，不過三寶院本沒有注明罷了。

　　松本文庫本等四個本子可能還與草本參校過。南卷有一條，在《論文意》"若清濁相和，名爲落韻"句下，有和六地藏寺本一樣的注"故李概音序曰上篇名落韻下篇通韻"，注下附注 5 字"以草木如此"（參《匯考》第 1381 頁［五］），"以"疑爲"御"誤，"木"當爲"本"誤，注當爲"御草本如此"。這條注，只有這幾個本子和六地藏寺本有載錄，說明它們參校過草本，也進一步說明這個本子和六藏寺本有密切關係。松本文庫本和江戶刊本等四個本子地卷還有 4 條草本異文：1.《十四例》題下都有"皎公詩議新立八種對十五例具如後十五例"的注；2.《十四例》篇立都有"十四避忌之例"一目；3.《十四例》正文都有"十四避忌之例，詩曰，何況雙飛龍，羽翼縱當乖，又詩曰，吾兄既鳳翔，王子亦龍飛"這三十一字的全文；4.《八階》題下都有"文筆式略同詩格轉變爲八體後采八階"的注。每條下都還附有"御草本如此"之類的注，說明這題下注是草本異文。地卷這幾條草本異文未見於六地藏寺本。

　　新發現的幾個傳本，包括小西甚一未能見到的六地藏寺本，使我們對《文鏡秘府論》傳本系統的認識更爲清晰，更爲全面。這幾個本子，加上原來人們所知道的寶龜院本和寶壽院本，使我們確信，歷史上存在一個證本系統。它還使我們知道，還有一些傳本與證本系統有密切關係，證本影響了其他系的傳本。

三

和其他系本子相比，證本一系的傳本，新發現的幾個傳本，包括六地藏寺本，有很多異文[1]。何以那麼多異文？可能有傳抄者的疏誤，但大量的不能這樣解釋，應該有更爲重要的原因。

一個重要原因，可能因爲空海自筆"草本"原稿有的地方文字比較亂，《文鏡秘府論》的修改補寫，都直接在"草本"原稿上進行的。這從三寶院本保留的"草本"痕跡可以看出。比如前面提到的三寶院本西卷"第十五齟齬病者"夾注"元氏云競於八病之別爲八病……"一條"草本"異文，這條注不是寫在正文行間，而是寫在頁邊，並且全文用朱綫劃掉，異文之下又朱筆加注(參《匯考》第1126頁[二])。又如三寶院本"第二十三支離"一頁，也是在頁邊空白處注"詩式六犯一犯支離二犯缺偶三犯相濫四犯落節五犯雜亂六犯文贅"(參《匯考》第1153—1154頁[二])。再如三寶院本"第二十九相重"也是在"遊雁比翼翔歸鴻知接翮"一行之右頁邊之空欄注"四聲指歸雲又五言詩體義中含疾有三一曰駢拇二曰枝指三曰疣贅異本"，並用細綫引至相距甚遠的"第三十駢拇者"一行(參《匯考》第1179頁[九])。此外如西卷對"枝指"補釋的一長段話(參《匯考》第1182頁[七])，所補的崔融論"涉俗病"的例證(參《匯考》第1171頁[二])[2]。

"草本"的字體可能也較隨意。一些字可能用楷體，但也有行書體，而且大部分用的可能是草體。小西甚一《文鏡秘府論考·研究篇》

---

[1] 比如前面提到的，東卷17處作小字注文的。特別是西卷"第八正紐""從一字紐之得四聲是正也"以下至"凡入雙聲者皆名正紐"一段(《匯考》第1043頁)，"從一字紐之得四聲，是正也"句下無"若元阮願月是若元阮願硯等字來"14字，"又一法凡入雙聲者""入"字下無"銅鏡結我羅裙裾"7字；這一段，"是正也"下"若元阮願月"5字，"若元阮願月是正"以下至"等字成雙聲是也"26字，"家嫁是"以下至"正紐者也"，"結裾是雙聲之傍名犯傍紐也"12字，許多本作大字本文，而楊守敬本和六地藏寺本均作小字注文；這一段另有"傍紐者如貽我青銅鏡……名犯傍紐也"26字。

[2] 筆者有專文分析這一問題，參拙稿《文鏡秘府論"草本"考》，《國學研究》第20卷，北京大學出版社2007年12月。

（上）的分析和舉例是對的。比如，地卷《十體》的"菁華體""今秖言青田即可知鶴"句，此句中的"知"字，宫内廳本、高山寺甲本、高山寺乙本、正智院丙本等作"知"，而成簀堂本、三寶院本、寶龜院本、醍醐寺乙本，另外還有松本文庫本、江户刊本、維寶箋本都作"出"（參《匯考》第 458 頁[四]）。作"出"當誤，之所以誤，是因爲"知"字草體與"出"相似。如南卷《論文意》王昌齡文中："獨有其日月以清懷也。"此句中"獨"字，宫内廳本、高山寺丙本作"揭"，而三寶院本、高山寺甲本、醍醐寺甲本、六地藏寺本作"獨"（參《匯考》第 1164 頁[二]）。南卷《論文意》皎然文中："少卿以傷别爲宗，文體未備。"句中"别"字，宫内廳本、高山寺丙本，三寶院本、六地藏寺本作"子"，宫内廳本注異字、醍醐寺甲本、仁和寺甲本、義演抄本、江户刊本、維寶箋本均作"别"（參《匯考》第 1395 頁[九]）。這兩處都因草體字形相近而有誤。

　　書寫比較隨意，行草和草體兼用，這大概是空海的書寫習慣。空海是著名書法家，他的一些書法作品，就寫得灑脱舒放，常常不拘格套。空海自筆"草本"未存，《文鏡秘府論》的空海真跡未存，但他有其他真跡存世。他的現存真跡，有的格式比較整齊，如《聾鼓指歸》、《與本國使請共歸啓》，有的則不太講究行距間隔，如《大日經開題》。《大日經開題》真跡，有以爲傳空海筆，神田喜一郎、中田勇次郎、飯島太千雄則以爲爲空海真跡①。即使傳空海筆，也當是忠實的仿空海原有筆跡和模樣。從這篇作品看，空海書寫時是很不循規蹈矩的。字體大小不一，注文本是小字，又有比注文更小的字。同是正文，寫著寫著字體又小下去，像是注文，而注文寫著寫著字體又大了起來，像是正文，分不清是當作大字正文，還是當作小字雙行或單行注文。有些地方，和同頁另一半更小的字相比，似當作大字正文，和另一頁更大的字相比，似又當作小字注文。有些地方，清楚看出是小字雙行注文，但有的像是初寫時有遺漏爾後補加上去的，既然是遺漏補加，則似當作大字正文，但這些文字字體很小，又似當作小字注文。

---

① 　分見神田喜一郎《書道全集》（日本：平凡社 1931 年）、中田勇次郎《弘法大師真跡集成》（日本：法藏館，1975 年）、飯島太千雄《空海大字林》（日本：大日本雄辯會講談社，1983 年）。

很多地方都是一句文字，可以接在另一句之下，而又用長長的細綫遠遠的勾過來。有許許多多的删改符號，有的意思容易弄清，有的地方則不易弄清。有些地方可以看清是被删掉，有些地方則弄不清到底是删去的内容呢，還是補加的内容。空海書寫時有這樣的習慣。他編撰《文鏡秘府論》，有些地方照錄中國詩文論著作原文，不加改動，而有些地方則改動甚大。他在東卷《論對》、西卷《論病》也說他寫這些卷時是"開合俱舉""載刀之繁，載筆之簡"，曾"删彼數卷重迭"云云，東、西二卷是他對中國詩文論著作删改最多的地方。而且，空海只是就著"草本"原稿删改，直接在原稿上，或施於朱筆細綫，或加文於頁邊空白之處，而又以朱筆細綫引至正文之内，或在正文行間加大段注文，等等。這種直接在原稿上，哪些地方修改，哪些地方删除，後人直接從原稿上看得見，這種方法，日本學人稱之爲"見せ消ち"的方法。空海編撰修改《文鏡秘府論》，大量的用的是"見せ消ち"的方法。

而且，可能只有地卷卷首（可能還有地卷正文）另行抄正過，此外，空海"草本"用"見せ消ち"的方法修訂後的稿子，都沒有自己另行抄寫。"草本"原稿這樣亂，如果修改後，空海再親筆抄正，情況也要好得多，但空海似乎也沒有這樣做。他的地位，他的性格，都決定了他不會這樣做。他是大師，他要做的，只是把《文鏡秘府論》寫下來。他修改過，也只會就著原稿，用"見せ消ち"的方式，删削補加。至於抄正謄清，那不是大師的事，而是他的弟子，或其他別人的事。現在找不到修改後空海親筆抄正的《文鏡秘府論》的本子，也沒有任何材料提到說他有這個本子。他沒有留下修訂後又親筆抄定的本子，只留下滿紙修改痕跡的"草本"原稿，就象我們看到的《大日經開題》的原稿真跡一樣。

後人傳寫《文鏡秘府論》，面對的就是這樣的"草本"。原稿比較亂的地方，看不清是否删去，看不清書寫格式。是抄錄，還是舍棄，寫作大字正文，還是雙行小字注文，很大程度上要由抄寫者來判斷選擇。另外，《文鏡秘府論》是漢籍，空海一輩的日本文人要看懂大概沒問題，但要後人也順利地看懂，却非易事，因此要加訓點，要適當的補釋。那麼，加什麼訓點，哪些地方需要補釋，也取決於抄寫者。原稿比較亂，看不太清的地方，後來抄寫者有的保留這句話,有的保留那句話,删改的内容有的保留得多一點,有的保留少一點,有的抄成這樣,有的則抄成那樣,有的還給予補釋訂正。就是説,後來傳抄本上的痕跡,很多不是空海留下的,而是傳抄者自己留下的。在長篇大著裏,留有後來傳抄者選擇補釋訂正的痕跡只是局部地方(至於訓點則往往是全篇都有),但畢竟留下了不是空海自己留下的痕跡。

　　了解了這一點,就容易理解,新發現的幾個本子,主要是證本一系的傳本,何以那麽多異文?了解異文的來由,對於判斷這些異文何者爲是,何者爲非,對於校勘文字,一段文字,當作正文還是當作小字注文,這些在有的傳本中作小字注文的文字,是否當作大字正文?是原作者所作,還是後人補,對於原典考證,都是很重要的。當然,這些問題需要另文專門討論。

京都大學附屬圖書館藏寫本
《七經孟子考文》發微

顧永新(北京大學)

　　《七經孟子考文補遺》(以下簡稱《考文補遺》),日本江户時代古學派學者山井鼎考文、物觀補遺,是《四庫全書》中僅有的兩部由外國人纂集的經學著作之一,在日中兩國學界都產生了相當大的影響,也是中日學術交流史上的珍貴文獻。日本中國學家狩野直喜先生撰有《山井鼎與七經孟子考文補遺》一文①,考證作者生平、成書經過及傳入中國始末,資料翔實,論證充分,堪爲不刊之論。狩野先生高度評價其書:"夫學人操簡著書,固非爲一時一國。德川氏之政治,雖文教勃興,鴻碩輩出,著作如林,而求其有功於經籍之校勘,使中外皷篋之儒,至今猶蒙其澤者,未若此書也。"據篇首大正丙寅(十五年)題識,狩野先生致力於《考文補遺》的研究並撰述此文的緣起是"去年夏,購得享保年間西條侯儒臣山井鼎撰之《七經孟子考文》(以下簡稱《考文》),此書乃侯裔孫某子爵之舊藏,實山井手定獻進本也"②。這個經狩野先生手購進的"山井手定獻進本"今藏京都大學附屬圖書館(以下簡稱京大本)。

---

　　① 狩野直喜《山井鼎與七經孟子考文補遺》撰於大正十五年丙寅(1926),發表在《內藤博士還曆祝賀支那學論叢》(京都:弘文堂書房,1926年),翌年編入氏著《支那學文藪》(京都:弘文堂書房,1927年)。中文譯本見於江俠庵編譯《先秦經籍考》,更名《〈七經孟子考文補遺〉考》,1931年由商務印書館出版。
　　② 《〈七經孟子考文補遺〉考》,《先秦經籍考·雜考類》,第257頁。

一

　　京大本《考文》一百九十九卷,32 册,包括《周易》十卷 3 册、《尚書》二十卷 3 册(附《古文考》一卷)、《毛詩》二十卷 6 册、《左傳》六十卷 6 册、《禮記》六十三卷 10 册、《論語》十卷、《古文孝經》一卷 2 册、《孟子》十四卷 2 册。每册前襯頁鈐"西條邸圖書記"朱印,知其原藏西條藩主在江户的府邸;首葉鈐"京都帝國大學圖書"印記,另有入藏標記"311484/大正 14.10.13",知其入藏時間爲大正十四年(1925)10 月 13 日。有關其書購進及入藏經過,蘇枕書先生已有充分的研究,現據以臚述如下:
　　京大圖書館書目卡片明確記載了是書的購入時間、版本類型、開本大小及内容構成、購買價錢等信息:

　　　　文學部購入,大正十四年十月十三日,酒井宇吉。寫,和,大。《周易》三卷、《尚書》三卷、《毛詩》六卷、《左傳》六卷、《禮記》十卷、《論語》二卷、《孝經》一卷、《孟子》二卷。1000,000。

　　不難看出,此處卷數實即册數[①],只是《(古文)孝經》附在《論語》之後,合爲一册,並未獨立成册。酒井宇吉乃東京一誠堂第一代主人,《一誠堂古書籍目録》第十一"漢文、和漢詩文、詩作書類之部"著録"山井鼎稿本《七經孟子考文》,全三十二册",標價"壹千三百圓",運費三元。
　　此外,狩野先生在《半農書屋日記》中也記載了他促成購入《考文》以及開展相關研究的始末:

　　　　(大正十四年八月)八日。東京一誠堂主人攜《七經孟子考文》至,索價千金。命留之於家,擬與同僚議,買入於大學。請内藤教授共覽,君以爲書中似有係山井自寫者。

[①] 參見拙作《經學文獻的衍生和通俗化》第四章第四節"《七經孟子考文補遺》考述",北京大學出版社,2014 年。

十四日。午後久保檜谷翁至，倉石生至，示以原本《七經考文》。

十六日。午前小川博士琢治攜其二子至，觀《七經孟子考文》。

（九月）十三日。午前訪矢野博士。予數日以來考《七經孟子考文》入中國事，欲託搜討長崎文獻也。

十四日。午前上學，仍考《七經孟子考文》入中國始末。

廿日。傍晚至大學，見斯文學會研究部諸人，講説《七經孟子考文補遺》入中土始末。

（十二月）十二日。上學。夜至支那學會講演山井鼎《七經孟子考文》入中土始末①。

由日記可知，狩野先生十分重視此書，至少和内藤湖南、倉石武四郎、小川琢治、矢野仁一、久保檜谷等知名學者進行品鑑、研討，最終促成京大圖書館購入。同時，亦可見其相關研究的重點是《考文補遺》傳入中國始末及其影響，至是歲十二月業已完成②。

二

享保三年（1718），山井鼎受聘於紀州藩支藩伊予（愛媛縣）西條藩主松平賴渡（西條侯），爲記室。五年秋③，請命於侯，並得到其師荻生徂徠的具體指導④，與同門根本遜志前往下野國足利郡之足利學校，校勘那裏

---

① 狩野直喜《春秋研究》附録《半農書屋日記》，みすず書房，1994年，第273—276、280頁。

② 以上參考蘇枕書《關於京大附圖所藏〈七經孟子考文〉寫本》（"京都讀書記"之二十六），《南方都市報》2016年4月10日第18版。

③ 狩野先生未能考證出山井鼎和根本遜志前往足利學校的時間。京都大學人文科學研究所藏山井鼎手校閩本《禮記注疏》卷五二首題識："享保庚子秋九月廿四日，與友生伯恪來於足利，以學校所藏'五經正義'校讎，《中庸》篇補磨滅。學校本，金澤文庫之本也，其後上杉憲實寄附當學云，蓋宋板也，中華所希有之物，而於我邦得見之。恨不離羈絆，終其功也。得再就當學補其闕，斯餘之志也。君彜又記於足利學校。"吉川幸次郎先生最早注意到這條材料（《東方文化研究所善本提要・經部・十三經注疏》，《吉川幸次郎全集》第17卷，築摩書房，1985年，第566頁）。末木恭彦先生根據山井鼎手校閩本識語，認爲山井和根本的足利之行前後有兩次，第一次是享保五年（1720）九月，停留時間較短；第二次是七年八月至九年春近三年的時間（《〈七經孟子考文〉考》，《徂徠と崑崙》，春風社，2016年，第92—93頁）。

④ 宇佐美灊水撰，瀧川龜太郎校注《雜著》，大東文化學院編輯部，1938年，第10頁。

收藏的古寫本、活字本及諸多宋、元、明刻本，積勤三年，精心結撰《考文》一書①，十一年謄寫完畢，獻之西條侯，這個進獻本就是前揭京大本②。西條侯十分重視是書的學術價值，命製副本二，一通存紀州藩，一通進呈幕府，這兩個副本今分別藏於天理大學圖書館和宮内廳書陵部，由此可見京大本無疑是《考文》存世寫本中最早、最接近山井鼎原稿面貌的本子，其學術價值和文獻價值不言而喻。十三年七月，幕府將軍吉宗命徂徠之弟、東都講官物觀爲《考文》再作《補遺》，與其事者有石川之清③、三浦義質、④木村晟⑤及宇佐美灊水⑥。十五年十二月十七日寫定進呈⑦，一般認爲這個進呈本就是宮内廳書陵部所藏寫本《考文補遺》。但其書後有物觀識語，作於十六年四月，其文有曰：

> 西條書記山鼎，嘗搜足利學書以撰前書也。茲者臣觀與諸生等復校足利學書，敢掇其所闕失，爲之《補遺》。平直清以校正監焉云爾。享保十有六年歲次辛亥孟夏之日物觀謹識

這條識語爲他本所無，非常重要，一來可以推知十五年十二月《考文補遺》雖已進呈，參與其事者也受到賞賜，但校訂、謄録工作全部完成恐已到翌歲四月；二來可以知悉《補遺》之與《考文》的關係，物觀等所做的工作是"復校足利學書"，旨在拾遺補闕；三來可以説明幕府出資刊行是書⑧，

---

① 末木恭彥先生以爲《考文》的性質實爲山井鼎奉西條藩主之命因有足利之行，《考文》乃其集足利之行前後所進行的校勘工作之大成的調查報告（《〈七經孟子考文〉考》，第90頁）。
② 除了狩野先生認定之外，《圖書寮典籍解題·漢籍篇》之《考文》解題亦作如是説（大藏省印刷局，1960年，第45頁）。
③ 石川大凡（？—1741），名之清，江户中期儒者，師事徂徠。又據《雜著》瀧川龜太郎校注，石川字叔潭，號嘿齋（第11頁）。
④ 三浦竹溪（1689—1756），名義質，通稱平太夫，江户中期儒者，師事徂徠。又據《雜著》瀧川龜太郎校注，三浦字子彬，號竹溪（第11頁）。
⑤ 木村梅軒（1702—1753），江户中期儒者，名晟，字得臣，師事徂徠。
⑥ 據宇佐美灊水《雜著》，當時將《考文》所參校的古書全部由足利學運至江户，在物觀家中進行校勘工作。三浦和宇佐美、石川和木村兩兩一組對校，物觀判定異文之是非，另有室師禮（據瀧川龜太郎校注，名直清，號鳩巢），官儒。我們認爲，當即物觀《考文補遺》卷首序和卷末識語所謂"講官平直清"時而奉命前來探詢（第11頁）。
⑦ 狩野先生援引《德川實記》確切地認證進呈時間（第268頁）。
⑧ 據宇佐美灊水《雜著》，幕府"命官書肆刊行，頒賜刊刻費用三百金"（第11頁）。

當與寫定進呈同時進行,因爲初刻本在物觀題識僅兩月之後即六月告竣,如果不是同時進行,兩月之間絕對無法完成卷帙浩繁的《考文補遺》的刊刻。此即享保十六年六月初刻本《考文補遺》,一百九十九卷,32 册(昌平坂學問所舊藏,今藏内閣文庫,1—3 册《周易》十卷;4—6 册《尚書古文考》一卷、《尚書》二十卷,7—12 册《毛詩》二十卷,13—18 册《左傳》六十卷,19—28 册《禮記》六十三卷,29—30 册《論語》十卷、《古文孝經》一卷,31—32 册《孟子》十四卷。以下簡稱初刻本)。

三

爲了揭示京大本的校勘價值及其對於認識《考文》和《補遺》關係的重要意義,我們將京大本與初刻本進行比勘,一則可以確認物觀等所做補遺工作的性質及其份量,二則可以窺見《補遺》之於《考文》在總體架構和具體内容上的沿襲或改易,三則可以評騭是非,論定《考文》和《補遺》的文獻價值。總體而言,從前揭京大本和初刻本卷數、册數及其分佈狀況來看,二者全同,這絶非偶然,説明《拾遺》總體框架一仍《考文》之舊,刻意保持原有體系,未嘗更改;也就是説,《補遺》所做的拾遺補闕或糾謬正譌是在《考文》固有框架之内完成的。初刻本卷首《七經孟子考文補遺敘》,署"享保十有五年歲在庚戌暮春之日東都講官臣物觀謹識",出自物觀,當然是京大本《考文》所無,其文有曰:

> 茲者西條侯謄寫山鼎《七經孟子考文》以進,戊申(十三年)孟秋政府俾臣觀校其所撰。臣與講官平直清及諸生等,放鼎目録,采輯校讎書若干卷、援引書若干卷以校,如鼎之舊。……但前書頗有所遺漏,臣愚昧掇拾于校讎之際,敢補前書之闕,以繫各條後,題曰"補遺",每條各四目:曰經,曰註,曰《釋文》,曰疏,放前書之舊。其句中字或闕,註每句下。"謹按""正誤"條闕本名,註每條下,並嵌以"補遺"別之。

這可以和前揭物觀書後識語相印證，其中都有兩個共同的關鍵詞，一是《考文》實有闕失，所以才有"補遺"之作的必要性；一是一仍其舊，《補遺》力圖保持《考文》的整體框架和編纂體例不變。這兩點實際上也反映了物觀等所做工作的性質和特點。參與其事者還有講官"平直清"，如前所述，當即室師禮，初刻本《補遺》卷端署"東都講官物觀纂修"、"石之清校""平義質、木晟同校"，未署"平直清"銜名。

京大本首荻生徂徠《七經孟子考文敘》，署"享保十有一年丙午正月望郡山教官物茂卿題"，五行十四字，初刻本行款亦同。徂徠序後收入別集《徂徠集》①，三者文本雖大略相同，但還是存在着異文。

1. "自衛反魯"，初刻本不誤，京大本魯誤曾，可能抄者隨即注意到了，在"曾"字聲符"㑓"和形符"曰"之間補加四點水，與"魯"字異體"䱉"相近，別集本"魯"逕作"魯"。

2. "下毛之野有野參議遺址"下京大本有"浮屠所守，而學官之名尚在"十一字，別集本、初刻本闕如。別集本下作上。

3. "而較之明清本"，別集本、初刻本清作諸。下文"又獲七經《孟子》古本，及《論語》皇疏較之""紀藩羽林將公聞而俾錄上其所較"，初刻本同，別集本較作校。

4. "生喜如拱璧"下京大本有"又慮所托匪人，職乖其業，藐如以睞，更十年，而雨溉蠹蝕之弗顧，雖反求之，殆將失也"三十三字，別集本、初刻本闕如。

5. "紀藩羽林將公"，別集本同，初刻本作"西條侯"；下文"將公之幕"，別集本脫"之"字，初刻本作"侯之府"。

6. "而嘉生之體其心"，別集本同，初刻本嘉作喜。

分析上述異文，可以推知京大本所反映的當即物茂卿（徂徠）序原貌，或即初稿。別集本次之，雖然編定於徂徠身後，但文稿當出自其手訂（從

---

① 《徂徠集》卷九 3b—5b，早稻田大學圖書館柳田文庫藏心齋橋筋唐物町南（大阪）文金堂寬政三年（1791）刊本。

No5 來看,當成於奏進紀州藩和幕府之先),如No2、4分別刪省與序文主旨關聯不十分緊密的十數字和三十餘字;訂正明顯誤字,No1改曾爲魯,No3改清爲諸。當然,也有編刊過程中造成的文字譌誤,明顯的例證就是"(《考文》)凡三十有二卷",京大本、初刻本同,而別集本和宇佐美灊水《雜著》二誤三;①他如No2下誤上,徂徠意謂足利學校所在之下野國足利郡小野篁遺址,作下是也。初刻本所出最晚,不但没有經過徂徠本人修訂,而且還有出自他人之手的改動,因爲徂徠和山井先後於享保十三年正月去世,而西條侯命製副本,奏進紀州藩和幕府,是在他們死後。也就是說,初刻本異文所反映的文本改易當非徂徠本人所爲,或發生在副本製作過程中,或發生在《補遺》編纂、寫定過程中(從異文性質和初刻本刊刻質量來分析,在刊刻過程中無意造成的可能性並不存在),主要有三個方面:一是内容有所刪省,如No2、4;訂正譌誤,如No1、3,皆同於別集本,知初刻本所據乃徂徠後來修訂稿;二是對於西條藩主松平賴渡的稱謂,因其進呈對象不同而有所變更,如No5京大本是山井鼎進呈西條藩本,對象是支藩藩主本人,"紀藩羽林將公"乃近衛中少將的"中國風異稱"②,故稱"將公";③初刻本是進呈紀州藩和幕府本,對象分別是大名和將軍,故稱爵位;三是刊刻進程中還是產生了新的誤字,如No6嘉誤喜。

次《七經孟子考文·凡例》,九行二十字,初刻本行款亦同。異文如下:

  7."《爾雅》《孟子》,古不列之經;經之者,自十三經始,輓近之稱也。"京大本夾注:"再按:《文獻通考》云:直齋陳氏《書/錄解題》始以《語》《孟》同入經類。"初刻本夾注:"按:《國史經籍志》云:'唐

---

  ① 松雲堂主野田文之助(《山井崑崙と七経孟子考文の稿本について》,《東京支那學報》第一號,1955年6月,第206頁)以及末木恭彦先生也都認同三十三卷說(《〈七経孟子考文〉考》,第91頁)。從京都大學附屬圖書館、天理大學圖書館、宫内廳書陵部所藏稿本《考文》來看,均爲三十二卷,由是知三當作二。
  ② 末木恭彦《〈七経孟子考文〉考》,第98頁。
  ③ 日本學者西田太一郎認爲"紀藩羽林將公"是指紀藩藩主德川宗直,說詳氏著《荻生徂徠》(岩波書店"日本思想大系"本,1973年)。末木先生通過考證松平賴渡和德川宗直的職官,已糾正其說(《〈七経孟子考文〉考》,第98頁)。

定註疏/始爲十三經.'未詳其所據也。"

8. "今據所校以補之也",初刻本脫"也"字。

9. "又別標補闕目,充其原所闕字,以朱圍別之",初刻本"圍"之下夾注:"今係/重圍。"

10. "又嘗閱唐玄宗八分書墨刻《孝經》亦爾",初刻本夾注:"所謂石/臺《孝經》。"

11. "但《論語》《孟子》無疏",初刻本"疏"下有"可校"二字。

12. "故今別校《經典釋文》",初刻本無"故"字,"今"下有"復"字。

13. 京大本《凡例》後提行低二字迻錄山井鼎享保十一年識語十二行,其文有曰:

> 臣鼎伏惟古者右文之代,六十州皆有學,足利/學廼亦下野州學,巋然獨存,其所講習皆漢唐/古書,蓋歷數百年弗替也。中值喪亂,爲浮屠窟/宅,守者盲聾相承,古籍異書往往散逸。及乎近/世洛閩之學盛行,而人不貴古學,遂令其僅存/者束之高閣,多爲風雨蟲鼠所蝕壞,誠所謂美/玉蘊於碔砆,精鍊藏于鑛樸,庸人視以忽焉者,/豈不悲乎?所幸天之未喪斯文,今搜之於將亡/之間,而海外絶域乃獲中華所無者,錄以傳於/將來,不亦喜乎?此其所以不辭勞苦,矻矻從事/於斯也。/享保十一年丙午月日臣鼎謹識。

初刻本並無山井識語,或以山井進呈的對象是西條侯,故而奏進紀州藩和幕府時旋即刪去。實際上,這條識語記述了足利學庋藏漢唐古書的歷史沿革,以及朱子學盛行,束書不觀的學風所造成的影響,從而揭示了山井所從出之古學派的學術取向,以及孜孜矻矻、遍校群經的學術旨趣和敬業精神。如此重要的識語,倘無京大本則湮沒無聞矣,對於認識山井鼎其人、其書皆不無遺憾。至於其他異文,猶有足資考證者。如No7山井本意是想說明"十三經"形成的階段性問題,如《孟子》在中國傳統目錄分類法中一直隸屬於子部儒家類,真正進入經書序列則始自宋代,陳振孫《直齋書錄解題》是比較早把《孟子》著錄爲經書的書目(之前尚有尤袤《遂初堂書目》），所以京大本原注是十分確切的（題曰"再按"，似前此還有按語，從略）。而初刻本改易當出自物觀等，援引明人焦竑説，殊爲不當，且説法本身似是而非，因爲唐代頒定的經書是九經（《易》《書》《詩》、三禮、三傳和《孝經》《論語》《爾雅》十二種）。№9、10 乃補充説明，№8、11、12 乃表達方式的微調，亦無可無不可也。

次《校讎經文》，列舉參校諸本，並無異文，知物觀等並未擴大校勘所取材的範圍；次《援引書目》，列舉考訂異文所引諸書，初刻本於《文獻通考》下有《國史經籍志》；《容齋隨筆》下有《經籍會通》；（夾注："胡元瑞/《筆叢》載。"）《字彙》下有《續字彙》。可見，《補遺》所取材的範圍略有擴大。次《七經孟子考文‧總目》，臚列各經冊數、葉數，及全書冊數、葉數。其中，《毛詩》陸册，貳佰捌拾玖葉，初刻本玖作捌；《孟子》貳册，玖拾陸葉，初刻本陸作柒；一增一減，總葉數並無變化。我們分析，這還止是《考文》原本的葉數，並不包含《補遺》，所以只能理解爲山井統計數字稍有差誤，《補遺》予以訂正。

次本文。京大本卷端題"七經孟子考文周易"，次行低二字署"紀府分藩京兆家文學　山井　鼎　謹輯"。初刻本書題則分作兩層：首行與京大本同，次行署作者銜名則改作"西條掌書記山井鼎　謹輯"，當亦出自進呈對象不同之考慮。三行頂格題"補遺"，四行低八字署"東都　講官　物　觀　纂修"，五、六、七行分别低十四字署"石　之清　校、平　義質、木　晟　同校"。初刻本與京大本不僅行款全同，皆爲九行二十字；版式亦基本相同，四周雙邊，白口，單魚尾，魚尾上方記書名"七經孟子考文（補遺）"，下方記經名、卷次、葉次。"經""注""疏""補遺"以黑地白文出之。可見，《補遺》之於《考文》確是盡力倣效，因仍舊式。我們比勘了第1册《周易》卷首、卷一、卷二部分，異文如下：

14."臣之所校，參政本多伊豫守藤原忠統藏也"，初刻本"伊豫守藤原忠統"作"豫州藤原忠統家"，當亦根據不同的進呈對象而做的改動。

15. "周易上經乾傳第一（空五字）王弼註"（古本、足利本），初刻本脱"王弼註"三字。

16. "'反復道也',道上有之字,二本、足利本共同"（乾·考異·經），初刻本下出《補遺》："一本無／也字。"

17. "（象曰）'反復皆道也',皆下有合字,二本、足利本同"（乾·考異·注），初刻本復作覆。新按：毛本確作覆,知初刻本所改是也。

18. "'而下曰乾元亨利貞'下一本有也字"（乾·考異·注），初刻本一作二。

19. "'他皆倣此',六行倣作放"（乾·考異·疏），初刻本倣作傚。新按：毛本倣誤傚,知初刻本所改是也。

20. "'其相終竟空曠',九行"（乾·考異·疏），初刻本脱其、曠二字，"九行"作"五葉左九"。

21. "'躍於在淵',四行"（乾·考異·疏），初刻本四上有左字。

22. "'上九亢陽之至,大而極盛',七行"（乾·考異·疏），初刻本脱"上九"二字,七上有左字。

23. "'而礎柱潤',二十葉左五行"（乾·考異·疏），初刻本無"二十葉"三字。

24. "'感應之事應',二十一葉左一行"（乾·考異·疏），初刻本無"二十一葉"四字。

25. "'貌恭心狠','狠本作恨,細註云：當作狠。今本從之'"（乾·考異·疏），初刻本"本作"無本字,"從之"作"作狠"。

26. "'故心或之也',或作惑。謹按：一行之内多或字,惟此或爲然"（乾·考異·疏），初刻本"爲然"作"作惑"。乾卦經、注、疏文[考異]之後出《補遺》,分列經（2條）、註（7條）、疏（1條）異文。

27. "(彖曰)'與剛健爲耦',上有而字,三本同"(坤・考異・注),初刻本上字之上有與字。

28. "'求安難矣'下二本有哉字,足利本作難哉"(坤・考異・注),初刻本無"二本"二字,"足利本"上有"一本"二字。

29. "(初六)'而後積著者也',三本、足利本積著上有至字"(坤・考異・注),初刻本積下無著字。

30. "'則以初爲潛',一本則作故,潛下有也字,三本同"(坤・考異・注),初刻本故下有"二本"二字,字下無"三本同"三字。

31. "(六五)'以文在中也',也上足利本有者字"(坤・考異・注),初刻本"足利本"上有"二本"二字,"者字"下出《補遺》:"中上一本有其字。"

32. "(上六)'故戰于野'下三本有也"(坤・考異・注),初刻本三作二。

33. "(《文言》)'疑盛乃動,故必戰'下三本有也"(坤・考異・注),初刻本三作二。

34. "(《文言》)'非陽而戰'下三本、足利本共有也"(坤・考異・注),初刻本也下有字字。

35. "'乾之所貞,利於萬事','貞作利',謹按:正德、嘉、萬三本利字闕字,崇禎本強補作貞,當以宋板爲正也"(坤・考異・疏),初刻本闕下無字字,是也。

36. "'自此已上,論坤之義也'"(坤・考異・疏),初刻本坤下有元字,"元之"二字擠佔一格,顯係後來修版。坤卦經、注、疏文[考異]之後出《補遺》,分列經(3條)、注(2條)、疏(2條)異文。

37. "(六四)'往吉,無不利'下三本有也"(屯・考異・注),初刻本下出《補遺》:"故曰往吉,一本無曰字。"

38. "(六五)'大貞之凶'下三本有也"(屯・考異・注),初刻本六五作九五,是也。屯卦經、注、疏文[考異]之後出《補遺》,分列經(2條)、注(2條)、疏(1條)異文。

39. "'蒙,亨,以亨行,時中也',時上有得字,三本、足利本同"

（蒙·考異·經），初刻本下出《補遺》："一本也作矣。"

40."（六四）'故曰吝也'，一本吝作咎。謹按：爻象註合"（蒙·考異·注），初刻本合作同。

41."'童蒙悉來歸己'"（蒙·考異·疏），初刻本己誤已。蒙卦經、注、疏文［考異］之後出《補遺》，分列經（1條）、注（4條）、疏（2條）異文。

42. 需卦經、注、疏文［考異］之後出《補遺》，分列經（1條）、注（1條）、疏（1條）異文。

43."'能惕，而後可以獲中吉'，能作皆。但萬曆與崇禎本同，中吉下三本有也字"（訟·考異·注），初刻本出文而作然，校語"能作皆。但萬曆與崇禎本同。中吉下三本有也字"作"三本、宋板能作皆。三本吉下有也字。萬曆與崇禎同"。新按：毛本王注確作然，知初刻本所改是也。訟卦經、注、疏文［考異］之後出《補遺》，分列注（2條）異文。

44."（六三）'輿尸之凶'下三本有也字"（師·考異·注），初刻本下出《補遺》："宜獲輿尸之凶，/宜下二本有其字。"師卦經、注、疏文［考異］之後出《補遺》，分列注（4條）、疏（1條）異文。

45."（六三）'二爲五應'，宋板、足利本應作貞"（比·考異·注），初刻本"宋板"上有"二本"二字。

46."（九五）'以顯比而居下位'，［正誤］下當作王"（比·考異·注），初刻本下出《補遺》："據二本，/宋板、足利本。"

47."欲外比也^{十八葉
右八行}"（比·考異·疏），初刻本"十八"作"十九"。比卦經、注、疏文［考異］之後出《補遺》，列出注（2條）異文。

48."'故得既雨既處'，一本故下有曰字，三本處下有也字"（小畜·考異·注），初刻本"故下有曰字"作"得作曰"。

49."（初九）'得義之吉'下，三本有者也二字"（小畜·考異·注），初刻本下出《補遺》："得下二/本有其字。"

50."'畜之極也'，足利本也上有者字"（小畜·考異·注），初刻本"足利本"上有"二本"二字。

51. "'三不害己,己故得其血去除',$_{右七行}^{二十五葉}$作三不能害,故得云云。[謹按]:有能字無二己字"(小畜·考異·疏),初刻本刪去[謹按]云云,"三不能害,故得云云"作"三不能害己,故得其血去除"。新按:核之足利學舊藏八行本(宋板),知初刻本所改是也。

52. "'其惕出故',$_{上}^{同}$"(小畜·考異·疏),初刻本"同上"作"二十五葉右七行"。

53. "'非是總爲之辭',$_{行}^{八}$"(小畜·考異·疏),初刻本"八行"上有右字。小畜經、注、疏文[考異]之後出《補遺》,分列注(3條)、疏(3條)異文。

54. 泰卦經、注、疏文[考異]之後出《補遺》,分列經(1條)、注(2條)、疏(1條)異文。

55. "'象曰拔茅貞吉',二本茅下有茹字"(否·考異·經),初刻本茅作茅,是也。否卦經、注、疏文[考異]之後出《補遺》,分列經(1條)、注(1條)異文。

56. "'以其當九五之剛',$_{左九行}^{四十二葉}$當下有敵字。[謹按]:正、嘉二本當下磨滅,闕一字。萬曆、崇禎本刊去似非"(同人·考異·疏),初刻本磨作印,"刊去似非"作"無闕爲非"。同人經、注、疏文[考異]之後出《補遺》,分列注(4條)、疏(2條)異文。

57. "'巽順含容之義也',$_{右三行}^{四十六葉}$"(大有·考異·疏),初刻本義作儀。新按:毛本正作義,《考文》原本不誤,初刻本誤改。

58. "'火性炎上是照耀之物',$_{上}^{同}$作'火又在上,火是照耀之物'。[謹按]:性炎作又在,是上有火字"(大有·考異·疏),初刻本"同上"作"四十六葉右三行",刪去[謹按]云云。

59. "'初不在二位',$_{行}^{九}$"(大有·考異·疏),初刻本九上有右字。大有經、注、疏文［考異］之後出《補遺》，分列經（1條）、注（1條）異文。

60. 豫卦經、注、疏文［考異］之後出《補遺》，分列經（1條）、注（1條）異文。

對上述本文部分的異文進行分析，我們可以得出以下結論：其一，《考文補遺》一書主體部分實爲《考文》，《補遺》所佔份額極小，而且整體架構也都是《考文》固有的，未嘗改易。這一方面說明《考文》原本校勘質量很高，留給《補遺》的空間有限；另一方面也說明《補遺》編纂宗旨在於因仍其舊，拾遺補闕，無意於另起爐竈，喧賓奪主。

其二，物觀等所做的補遺工作約有以下數端：補闕，主要是在各卦［考異］之後出以"補遺"，補充《考文》失校之經、注、疏異文，另有附於［考異］相關條目之下的"補遺"，如№16、31、37、39、44、46、49，補充說明除了［考異］所揭示的異文之外的其他異文或其他版本信息。需要說明的是，補闕類異文在《補遺》中所佔比例最大，數量最多，但所補經、注文的異文基本上都是虛字損益，無關宏旨，校勘價值並不大，所以我們毋寧理解爲山井原本無意出校。正譌，包括《考文》錯譌脱衍，如№29、35、36、55分別衍著字、衍字字、脱元字、茅誤苐；誤記底本，如№17、19、43；誤標出處，如№20、21、22、38、47、53、59；誤（失）校古本，如№18、28、32、33、45、48、50；誤（失）校宋板，如№51；删省繁冗，如№58［謹按］内容完全是重複解説宋板異文的，故初刻本删去，甚得其宜；整齊體例，如№23、24，因上文已分別出現"二十葉""二十一葉"字樣，根據體例，此處可省；№52、58標示出處曰"同上"，初刻本改爲明確註明葉數、行數，以求體例統一；變換表達方式，如№25、26、43、56對《考文》的表達方式皆有改變，力求簡省明確，形式統一整飭。當然，也有《考文》原本無須改易而初刻本擅作更改者，如№27，根據體例，整句之上或之下有異文，可以不出單字；№34根據山井行文規律，也下不必加字字；№40山井"［謹按］：爻象註合"，意爲咨作咎恰與爻辭《小象》的王注契合，不當改作同；№56《考文》原作"磨滅"及"刊去似非"，意思明確，且能反映版本遞承關係，不必改動。此外，亦有山井誤校而《補遺》未嘗更正者,如№25《考文》記宋板"狠本(初刻本删本字,實則未必)作恨,細註云:當作狠",實際上足利學舊藏八行本(宋板)正文確作恨,但夾注:"當作很。"王念孫《讀書雜志》:"恨讀爲很……很,違也……則是皆讀爲怨恨之恨,而不知其爲很之借字矣。"山井乃至物觀等不明恨通很之義,皆不免以今繩古,誤認作狠。

其三,初刻本儘管刊刻質量上乘,但通過與京大本比勘,亦可見其疏漏、訛誤,如№15初刻本無"王弼註"三字,由撫本、建本、岳本來看,均署王弼注,則古本、足利本當亦如是,知其誤脱。再如№20"其""曠"二字和№22"上九"二字當係初刻本有意删削,知其識見較之山井爲下矣。又如№57"巽順含容之義也",毛本即作義,初刻本誤改作儀,此乃《考文》原本不誤而初刻本誤改者;№41己、已、巳互譌是初刻本(乃至一般刻本)常見的現象,但京大本書寫極其標準,可見其態度之嚴謹精細,一絲不苟。

《群書治要》所載《慎子》研究

潘銘基(香港中文大學)

一、《群書治要》之成書與流傳

《群書治要》五十卷,唐魏徵等奉敕撰。隋末唐初,天下方定,唐太宗李世民欲以古爲鑒,明治亂之道。唐太宗以爲類書如《皇覽》等"隨方類聚,名目互顯,首尾淆亂,文義斷絶,尋究爲難"[1],因而命魏徵等博采群書,以治要爲目的,編撰《群書治要》一書。於是魏徵乃率群臣編撰《群書治要》,修書者包括魏徵、虞世南、褚亮、蕭德言等。

《群書治要》之編撰,用意乃在"昭德塞違,勸善懲惡"[2],希望君主可以史爲鑒,從典籍所載治國之要道以見爲國者之所應爲。然而,歷代典籍衆多,"百家踳駮,窮理盡性,則勞而少功,周覽泛觀,則博而寡要"[3]。魏徵等遂於群籍之中,擇其"務乎政術"[4]者,"以備勸戒,爰自六經,訖乎諸子,上始五帝,下盡晉年,凡爲五袠,合五十卷,本求治要,故以治要爲名"[5]。是以其於經史諸子百家之中,皆擇取其與治道相關者,臚列其文,以爲天子借鑒。

兩唐書俱未載《群書治要》之成書年份,惟《唐會要》云:"貞觀五年九

---

[1] 魏徵奉敕撰、尾崎康、小林芳規解題《群書治要》,汲古書院,1989年),第一册,序,第10頁。本文所載《群書治要》,除非特別注明,否則悉據此本。
[2] 《群書治要》,第一册,序,第5頁。
[3] 《群書治要》,第一册,序,第7頁。
[4] 《群書治要》,第一册,序,第7頁。
[5] 《群書治要》,第一册,序,第10頁。

月二十七日,祕書監魏徵撰《群書政要》,上之。"①可知貞觀五年(631)爲《治要》書成之時。魏徵《群書治要·序》謂此書"爰自六經,訖乎諸子;上始五帝,下盡晉年。凡爲五帙,合五十卷"②。可知《群書治要》原書五十卷。《舊唐書·經籍下》載"《群書理要》五十卷"③,《新唐書·藝文志》載"《群書治要》五十卷"④,皆同。此後,《群書治要》漸有佚失,南宋時陳騤所編《中興館閣書目》載爲十卷⑤,《宋史·藝文志》所載同爲"十卷"⑥。阮元謂"《宋史·藝文志》即不著録,知其佚久矣"⑦,今見《宋志》尚有著録,阮説可商。《宋志》以後,公私書目俱不載《群書治要》,蓋已散佚。

《群書治要》有重要之文獻價值,尾崎康《群書治要解題》云:

これらの群書は、經史はほぼ後漢以前の著作であるが、晉書が當時未撰の通行の唐修晉書のはずはなくて、六朝時代に十八家が撰したといわれるものの一であり、同じく、漢書注が顔師古以前のものであり、また子書には魏吴晉代のものまでを含む。初唐に編纂が行われたのであるから、依據した本はそれ以前、おそらくは六朝後期の寫本で、本文に今本と異同があることは當然であろう。

---

① 王溥《唐會要》,中華書局,1955 年,卷三六,第 651 頁。案:《唐會要》作"群書政要"者,蓋避唐高宗李治諱。

② 《群書治要》,第一册,序,第 10 頁。

③ 劉昫等《舊唐書》,中華書局,1975 年,卷四七,第 2035 頁。案:《舊唐書》作"理"者,蓋避唐高宗李治諱。案:譚樸森(P. M. Thompson)著有《慎子逸文》一書,研治《慎子》,卓然有成。惟其中謂《群書治要》有不同名稱,或作"政要",或作"理要",却未有指出當爲避唐高宗李治名諱之事。(參自 P. M. Thompson. *The Shen Tzu Fragments*. London: Oxford University Press, 1979, p. 64.)

④ 歐陽修、宋祁《新唐書》,中華書局,1975 年,卷五九,第 1536 頁。

⑤ 案:陳騤《中興館閣書目》今佚,趙士煒有輯本。此條據王應麟《玉海》所引《中興書目》,其云:"十卷,秘閣所録唐人墨蹟。乾道七年寫副本藏之,起第十一,止二十卷,餘不存。"(王應麟:《玉海》(元至元慶元路儒學刻明遞修本),卷五四《藝文》,頁 29a。)譚樸森云,"The last catalogue in which it was listed, the Chung Hsing Kuan Ke Shu Mu (1178), knew only a fragment (chuan nos. 11 - 20)."(*The Shen Tzu Fragments*, p. 65.)譚樸森以《群書治要》於宋代載録漸少,並謂《中興館閣書目》爲《群書治要》於中國本土之著録,恐未必然。編於元代之《宋史》,同樣載録《群書治要》十卷,或爲同一本子,方爲《群書治要》在中國之最後著録。

⑥ 脫脫等《宋史》,中華書局,1977 年,卷二〇七,第 5301 頁。

⑦ 阮元《群書治要五十卷提要》,載阮元《揅經室集》,中華書局,1993 年,外集,卷二,第 1216 頁。

十一世紀以降の宋刊本に先行する經史子の寫本はほとんど傳存しないから、七世紀以前の寫本、それも敕命を奉じて祕府の藏書を用いたこの五十卷の本文は、各書とも抄出であってもすこぶる貴重である①。

據尾崎康所言，《群書治要》保留不少古文獻之唐前鈔本。其時房玄齡等修撰之《晉書》尚未成，所見者當爲十八家晉書；《漢書》注亦皆顏師古以前之舊注；子書皆六朝以前作品。《群書治要》摘錄諸書最爲珍貴之部，采用六朝後期寫本（即公元 7 世紀以前）入文，吉光片羽，彌足珍貴。尾崎氏所言是也，此正《群書治要》之價值所在。

魏徵《群書治要》雖在國內久佚，惟在日本却有流傳。日人藤原良房（804—872）《續日本後紀》仁明天皇"承和五年六月壬子"下云："天皇御清涼殿，令助教正六位上直道宿禰廣公讀《群書治要》第一卷、有五經文故也。"②承和五年（838）即唐文宗開成三年，正值日本之平安時代（794—1192），此爲日本人閱讀《群書治要》之最早記載。準此，《群書治要》此前已告傳入日本。除了仁明天皇（810—850，833—850 在位）以外，平安時期尚有另外三名天皇曾讀過《群書治要》，分別是清和天皇（850—880，858—874 在位）、宇多天皇（867—931，889—897 在位）、醍醐天皇（885—930，897—930 在位）。由是觀之，《群書治要》應在平安時代之日本皇室廣爲流傳。本文援引之九條家本《群書治要》即爲平安時代中期之抄本，反映了此時傳鈔、閱讀是書之風尚。

清嘉慶年間，《群書治要》流傳回國③，阮元據茲收入《宛委別藏》④。今《四部叢刊》《續修四庫全書》本《群書治要》悉據此本影印。《宛委別藏》本《群書治要》收入日本天明（1781—1788）刻本，惟據細井德民所言：

---

① 尾崎康《群書治要解題》，載《群書治要》，第七册，第 473 頁。
② 藤原良房奉敕撰《續日本後紀》，佚存書坊，1883 年，卷七，頁 4b。
③ 尾崎康《群書治要解題》云："群書治要は天明七年に尾張藩て刊刻され、その寬政三年修本か同八年（1796）に清國へ運はた。"（尾崎康《群書治要解題》，載《群書治要》，第七册，第 473 頁。寬政三年，即清仁宗嘉慶元年，《群書治要》卷子本於此時返遣中國。
④ 阮元所輯《宛委別藏》，共收宋元鈔本三十六種，及其他稀見難得之書。阮元仿《四庫全書》模式，每部撰寫提要，並收入《揅經室外集》。

"我孝昭二世子好學,及讀此書,有志校刊。幸魏氏所引原書,今存者十七八,乃博募異本於四方,日與侍臣照對是正。"①知天明刻本乃日人對照魏徵所引原書重新校刊之本。類書之作用乃保存文獻被引録時之舊貌,今細井等學者據所引原書回改,致使天明刻本未有保留《群書治要》之原貌矣。是以清人阮元、王念孫等所見《群書治要》,皆是嘗經回改之天明刻本。

其實,島田翰《古文舊書考》已嘗言日本金澤文庫藏有《群書治要》卷子本。金澤文庫本書寫於日本鎌倉時代(1192—1333),約當中國宋元之間,較之天明刻本爲近古。島田翰云:"予以元和活字刊本對校祕府卷子本,稍有異同。"②又云:"乃知卷子本不但有異同,又可以知舊本之卷第矣。"③可見島田翰亦嘗對勘二本,以爲有別。島田翰又嘗對勘二本,以爲"活字本之根於此書亦可知也"④,即天明刻本出於金澤文庫本,然而天明本又嘗據原書回改,大大減低唐宋類書徵引古籍所能起之校勘作用。又如前文所言,有平安時代中期九條家十三卷殘本,現藏東京國立博物館。此十三卷本《群書治要》原傳自九條家,乃平安時代中期根據唐代鈔本寫成,此本爲《群書治要》現存最古之手鈔本,列之爲日本"國寶"。筆者於2016年2月曾親赴東京國立博物館特別觀覽室,獲館方批准親閱此本之卷二十二、卷三十七,得以仔細觀察其中筆跡、破損、校改、注音、訓點等情況,收獲良多,謹此致謝⑤。

由是觀之,倘用《群書治要》勘證古籍,必須以九條家本(最古)、金澤文庫本(最全)爲主,天明刻本爲輔。島田翰《古文舊書考》云:"是書所載,皆初唐舊本,可藉以訂補今本之訛誤者,亦復不鮮。"⑥其言是也。本

---

① 細井德民《刊群書治要考例》,載《群書治要》,商務印書館,1936年,考例,第1頁。
② 島田翰《古文舊書考》,上海古籍出版社,2014年,卷一《群書治要四十七卷》,第77頁。
③ 《古文舊書考》,卷一《群書治要四十七卷》,第79頁。
④ 《古文舊書考》,卷三《聚分韻略五卷》,第258頁。
⑤ 筆者赴東京國立博物館觀覽九條家本《群書治要》,得學芸企畫部主任研究員惠美千鶴子女士(EMI Chizuko)提供許多有關此本收入東京國立博物館之資料。又蒙君波妙子女士(KIMINAMI Taeko)擔任翻譯工作,使事情可順利完成。此外,學芸研究部熊頼加女士(KUMA Yorika)在筆者申請前往東京國立博物館觀覽此本的過程中,多番協助,在此一併致謝!
⑥ 《古文舊書考》,卷一《群書治要四十七卷》,第79頁。

文之撰，其旨在於考察各本《群書治要》之文獻價值，首論其概要，次之以其勘正《慎子》之例，復論九條家本與金澤文庫本之關係。

二、平安時代九條家本《群書治要》之概要

九條家本《群書治要》僅存十三卷，現藏日本東京國立博物館。據是澤恭三《群書治要について》所載，成立於1950年之文化財保護委員會開始討論哪些文化財産將受到特別保護，九條家本《群書治要》即在此列。至1952年，此本終列爲日本國寶重要文化財。平安中期九條家本《群書治要》原藏東京赤板之九條公爵府内，在1945年之空襲中，九條家遇襲變爲灰燼。至於《群書治要》，原藏府邸内之一處倉庫中。倉庫内之書架上空箱處處，其中一箱貴有"書第百十五"和"群書治要"標記。箱内藏有卷物十五卷，各卷破損情況嚴重，並無表紙、無軸，亦有蟲損痕跡、鼠害等。此中十三卷爲《群書治要》。九條家本《群書治要》及後收入東京國立博物館，並於昭和二十七年（1952）獲指定爲"國寶"。據尾崎康所言，九條家本最初只有卷二十二、卷二十六完成修復①；時至今天，其可見者則爲七卷，此可見東京國立博物館修復之勤矣。據東京國立博物館學芸企畫部主任研究員惠美千鶴子表示，九條家本《群書治要》抵東京國立博物館時，部分紙張與表紙脱落，雖然尚屬卷狀，惟亟待修復。據筆者目測，各紙表面有水漬、蟲害，在館方重新裱褙以後，已能回復古書寫卷之遺風矣。惟館方之修復仍有不盡善處，今據二例言之。一爲各紙之黏合。即以本人親覽之卷三十七爲例，據《治要》各本推之，此卷當有二十八紙，惟今存者僅十九紙②，當中存頁並不全數相連，而今復修以卷狀出之，仿如前後相續，實則不然。此誠卷子鈔本修復者今後當多注意之事。二爲"裏書"之處理。據是澤恭三所言，九條家本卷三七第一紙"裏書"（第一紙之背面）有云："此文表書之筆者之銘、尚後滋眼院殿也、判同前。"③惟據筆者

---

① 尾崎康《群書治要とその現存本》，載《斯道文庫論集》第25號（1990），第134頁。
② 案：此十九紙者，包括十八紙全頁，以及一紙僅存十一行。
③ 是澤恭三《群書治要について》，載《MUSEUM》110號（1960年5月），第17頁。

親赴東京國立博物館所見,卷三十七第一紙背頁並無文字,此文則在修復以後補貼在卷三十七末紙末句。倘無是澤恭三在 1960 年所撰之文,實不知此句原在第一紙"裏書"。在 1986 年,東京和京都兩所博物館的"日本美術名寶展"曾展出卷二十二。在 1990 年,九條家本《群書治要》卷二十二乃"日本國寶展"之第 95 號展品。2013 年 2 月,東京國立博物館復展出卷二十二。2017 年 2 月 14 日至 3 月 12 日,九條家本《群書治要》卷三十一亦將作展覽。

太田晶二郎《"群書治要"の殘簡》①提及《群書治要》殘簡數片,其中包括卷三十《晉書》部分之四十二行殘簡、卷三七《孟子》部分之斷簡三行,以及卷三五《文子》部分之殘簡三行。其中後者即九條家本《群書治要》之部分,尾崎康曾引及太田氏之文並略加討論。《群書治要の殘簡》爲太田氏於 1951 年 4 月 12 日所發表之報告,當時九條家本《群書治要》尚未被日本文化財保護委員列爲"國寶・重要文化財",乃現今可見最早關於平安時代九條家本《群書治要》之論述。

九條家本《群書治要》各卷以紫、淺藍、茶等深淺不同之各色染色紙,以及一種在紙張剛漉成之際,加入有顏色之纖維以呈現如雲朵般紋樣之花紋紙連接而成。抄者在紙上施以金泥界欄,筆致優雅而端正,爲和樣化書風,日本學界以之爲書跡珍寶,並斷定爲平安時代中期(11 世紀)抄本。九條家本《群書治要》現存十三卷,有關各卷存佚之具體狀況,是澤恭三《群書治要について》②、尾崎康《群書治要とその現存本》③述之如下:

卷　次	切斷欠佚枚數	現存枚數
二十二*	卷尾欠	三十一
二十六*		三十一

---

① 太田晶二郎《群書治要の殘簡》,載《日本學士院紀要》第九卷第一期(1951 年),第 41—48 頁。
② 是澤恭三《群書治要について》,第 16 頁。
③ 尾崎康《群書治要とその現存本》,第 134 頁。案:據尾崎康所言,其所載此表實本諸是澤恭三之文,故雖謂二人同載此表,實則爲是澤恭三所撰也。

續　表

卷　次	切斷欠佚枚數	現存枚數
三十一*	第一紙欠	二十三
三十三*		二十六
三十五*	第二、三紙欠 第十二至二十紙迄九紙欠 第二十六、二十七紙（獻上）	十五
三十六*	第二十紙以下欠	二十
三十七*	第五、九紙（獻上） 第十四至十七紙迄四紙欠 第二四、二五、二六紙 第二七紙之内十行	十九
四十二	第一紙欠、第十一紙（獻上）	二十三
四十三	第十四紙（獻上）	十七
四十五	第十二紙（獻上）	二十六
四十七	第二十八紙（獻上）	二十八
四十八	第三紙（獻上）	二十六
四十九		二十七

（以上各卷篇號後之"＊"號爲筆者所加，代表該卷已修復完畢，並由東京國立博物館掃描存放於"e-Museum"網站，可供研究者參考。）

今考《群書治要》各卷長度不一，至於九條家本各卷之長度，就今所能見之七卷而論，卷二十二有 31 紙、卷二六有 31 紙、卷三十一有 24 紙、卷三十三有 26 紙、卷三十五有 29 紙、卷三十六有 28 紙、卷三十七有 28 紙。惟就上表所見，今見九條家本各卷皆有散佚，部分原因不明，亦有因藏書者奉獻權貴（上表列爲"獻上"[1]者）而殘缺不全。以卷三十七爲

---

[1] 據是澤恭三、尾崎康所列，平安時代中期九條家本《群書治要》共有十紙題有"獻上"二字，分別是卷三十五之第二十六、二十七紙，卷三十七之第五、九紙，卷四十二之第九、十一紙，卷四十三之第十四紙，卷四十五之第十二紙，卷四十七之第二十八紙，卷四十八之第三紙。今東京國立博物館"e 國寶"網站可供瀏覽此本之七卷，包括以上所欠十紙之卷三十五、卷三十七；然而，卷三十五之第二十六、二十七紙，今實可見於"e-Museum"網站內。準此，卷三十五所缺紙當爲第二十八、二十九紙，是澤恭三、尾崎康所言或誤。又據尾崎康所言，此"獻上"之十紙乃時任權大納言之九條道房（1609—1647）於寬永二年（1625）上獻後水尾天皇（1596—1680，1611—1629 在位）。

例,其中第一紙裏書載有此卷爲藤原頼忠(謚號廉義公,924—989)所書,而第二十三紙裏書則寫着九條兼孝(1553—1636)將卷三十七部分(第二十四紙、第二十五紙、第二十六紙、第二十七紙之其中十行)贈與梅庵大村由己(約1536—1596)之事①。此處雖未有題作"獻上",惟可見九條家將此珍貴筆跡比作禮物,贈予他人,致使今所見九條家本《群書治要》多有缺佚。太田晶二郎《群書治要の殘簡》討論《群書治要》殘簡數種,其中提及平安時代中期至後期所書寫之殘簡四十二行(《晉書》),以及《孟子·告子》篇斷簡三行,二本今俱藏於日本奈良縣天理市天理大學附屬天理圖書館,尾崎康載之於九條家本《群書治要》之下。此亦可以補充説明九條家本《群書治要》散佚之情況。又九條家本各卷某紙之背頁亦間有"裏書",可助揭示此本之流傳情況及其佚失之因由。

平安時代九條家本《群書治要》所用料紙高27.1厘米,紙長54.7厘米,每行寬度2.2厘米②。尾崎康以卷二十二爲例,以爲此卷有金界,界高20.5厘米,界幅寬度爲2.3—2.4厘米。每行21字。一紙21行,然而第一紙只有20行③。就今見七卷而言,如能得見第一紙者皆爲20行④。九條家本《群書治要》僅餘十三卷,其中七卷(卷二十二、卷二十六、卷三十一、卷三十三、卷三十五、卷三十六、卷三十七)可透過日本"e國寶"⑤網站瀏覽;至於所不見之六卷,據東京國立博物館表示,乃因保存狀態較差,有待修復,不供外界瀏覽。

至於九條家本《群書治要》抄成之年代,今可據各卷之避諱情況得其端倪。卷二十二避唐太宗李世民名諱,"民"字缺末筆。尾崎康云:"なお、'世'字は欠畫しないが、'民'字は多く末畫を欠き、その上で右に

---

① 卷三十七第二十七紙裏書云:"此以前三枚半别之而梅庵號由己遣之、爲覚如此兼孝書之。"
② 是澤恭三《群書治要について》,第16頁。
③ 尾崎康《群書治要とその現存本》,第135頁。
④ 案:今可見第一紙者,分别爲卷二十二、卷二十六、卷三十七。其餘各卷皆未能得見第一紙,或第一紙有所殘缺,故未可推知其總行數。
⑤ 九條家本《群書治要》。http://www.emuseum.jp/detail/100168/000/000?mode=detail&d_lang=zh&s_lang=zh&class=&title=&c_e=&region=&era=&century=&cptype=&owner=&pos=57&num=8

'人'と傍記する場合がある。"①據尾崎康所言,此卷載"世"字有缺筆,"民"字缺末筆,或於"民"字右旁標記"人"字,此皆其避唐太宗李世民名諱之證。島谷弘幸進一步推測,以爲九條本乃從唐寫本轉抄而來②。除卷二十二外,卷三十三引《晏子》,其中如"人得其利"(第十紙),今《晏子春秋・問下》作"民得其利"(4.5),則屬改字避諱。卷三十七引《孟子》"民有飢色"(第一紙),"民"字缺末筆,避李世民名諱。準此,是九條家本所據之底本俱避唐太宗諱。

又卷三十一第二十四紙引《鶡子》"智者理之"(24/3,金澤文庫本29/482—483)句,今本《鶡子》作"智者治之",鍾肇鵬云:"《群書治要》作'理之'。蓋避唐高宗李治諱,改'治'爲'理'。"③然考諸九條家本《群書治要》,"治"字或避或不避,與"民"字幾乎皆避顯有差異,然則九條家本《治要》者,蓋能保持初唐舊貌之本子也。

三、《群書治要》所載《慎子》及其校勘《慎子》用例

《慎子》一書,《史記・孟子荀卿列傳》謂慎到著"十二論",《集解》引徐廣注:"今《慎子》,劉向所定,有四十一篇。"④《漢書・藝文志》著録爲四十二篇⑤。至宋代《崇文總目》,《慎子》仍記爲三十七篇⑥。可是,王應麟云:"《漢志》四十二篇,今三十七篇亡,唯有《威德》《因循》《民襍》《德立》《君人》五篇。滕輔注。"⑦可知南宋之時,《慎子》只餘下五篇,與今本

---

① 尾崎康《群書治要とその現存本》,第135頁。
② 島谷弘幸《群書治要(色紙)》,載《日本の國寶》第44號(1997),第104頁。
③ 鍾肇鵬《鶡子校理》,中華書局,2010年,第13頁。案:九條家本《群書治要》卷三十一下文引《鶡子》有"治者""治志治謀"之文,不避高宗名諱,乃後世傳鈔回改所致。惟上引之文作"理"者,乃其原來避諱改字之證。
④ 司馬遷《史記》,中華書局,1982年,卷七十四,第2347頁。
⑤ 班固《漢書》,中華書局,1962年,卷三十,第1735頁。
⑥ 案:陳振孫《直齋書録解題》謂《崇文總目》言《慎子》三十七篇。(陳振孫《直齋書録解題》,上海古籍出版社,1987年,卷十,第292頁。)
⑦ 王應麟《漢藝文志考證》,上海古籍出版社據文淵閣《四庫全書》本影印,1987年,卷六,頁18a。

接近。及至明代,《慎子》五篇本盛行,陶宗儀《説郛》本、《子彙》本等皆其例。至萬曆年間,慎懋賞注《慎子》,只有内、外篇,各段落皆無標題,自言:"今纔數篇,闕略頗多,予走四方,自書肆以及士大夫藏書之家,索之勤矣。全書卒不可得,故爲輯其可知者,而不可考者闕焉。"①據此,可知慎氏此本乃自輯之者,並非襲自原書。王叔岷更直斥此本之非②。清人整理《慎子》者,以嚴可均、錢熙祚最爲重要。因《群書治要》自日本傳回中國,二人俱就當中所引《慎子》進行校勘。嚴可均云:"余所見明刻本亦皆五篇。今從《群書治要》寫出七篇,有注,即滕輔注。其多出之篇,曰《知忠》,曰《君臣》。其《威德篇》又多出 253 字,雖亦節本,視陳振孫所見本爲勝。"③錢熙祚云:"今以《治要》爲主,更據唐宋類書所引,隨文補正。"④二人所本俱爲《群書治要》,惜乎前者罕有所見,後者雖有精校,却删去滕輔注,未竟全功。

《群書治要》所引典籍,包括經、史、子三部共 65 種。卷一至卷十爲經部,卷十一至卷三十爲史部,卷三十一至卷五十爲子部。經部引書十三種,史部五種,子部四十八種,其中又以《漢書》所被徵引最多,共八卷。全書共五十卷,今缺第四卷、第十三卷、第二十卷,實存四十七卷⑤。其中卷三十七即載有《慎子》之文。譚樸森(P. M. Thompson)云:

Chüan 37 contains extracts purportedly from seven different p'ien of the Shen Tzu. These extracts alone account for more than half of the attested material under discussion and make the Ch'ünShu Chih Yao potentially the most important single source for the fragments of the

---

① 慎懋賞《慎子考》,載《慎子三種合帙》,廣文書局,1975 年,第 17 頁。
② 王叔岷以爲此本"竊疑即慎懋賞所僞託,借以光大其先人慎到耳。故研究《慎子》之學,決不可據《四部叢刊》景印明慎懋賞本。(王斯睿《慎子校正》,即據此本)"(王叔岷《先秦道法思想講稿》,中研院中國文哲研究所,1992 年,第 175 頁)。
③ 嚴可均《慎子敘》,載嚴可均:《鐵橋漫稿》(光緒乙酉長洲蔣氏重刊本),卷五,頁 17a。
④ 錢熙祚《慎子跋》,載慎到:《慎子》(守山閣叢書本),頁 1a。
⑤ 詳參《"昭德塞違,勸善懲惡"——論〈群書治要〉所引先秦諸子與治國之道》,載《諸子學刊》,第 299—300 頁。

medieval *Shen Tzu*.①

據譚樸森所言,《治要》卷三十七録有《慎子》,《治要》乃《慎子》輯佚工作之重要資料來源。《慎子》爲法家著述,而《群書治要》采録法家典籍四部,"儒家思想仍是貫串全書"②。大抵《治要》所采仍從王道仁政之治國大道着眼,並非法家之刑名之學。舉例而言,《治要》引《慎子》"聖人有德,而不憂人之危也"(37/7/104)、"立天子以爲天下也,非立天下以爲天子也;立國也,非立國以爲君也;立官長以爲官也,非立官以爲長也。法雖不善,猶愈於無法。"(37/11/142)③就此二句觀之,《治要》所引《慎子》俱見以德治爲本,以法治爲輔之治國理念。

今考《群書治要》卷三十七引用《慎子》七篇,其概略如下:

金澤文庫本序次	書　名	篇　名
第七紙	慎子	威德
第八紙	慎子	威德
第九紙	慎子	威德
第十紙	慎子	威德
第十一紙	慎子	威德、因循
第十二紙	慎子	因循、民雜
第十三紙	慎子	民雜、知忠
第十四紙	慎子	知忠、德
第十五紙	慎子	德、君人、君臣

至於《群書治要》所引《慎子》,約有以下特點:

---

① P. M. Thompson. The Shen Tzu Fragments. London: Oxford University Press, 1979, p. 63 - 64.
② 潘銘基《"昭德塞違,勸善懲惡"——論〈群書治要〉所引先秦諸子與治國之道》,載《諸子學刊》第十一輯(2014 年),第 319 頁。
③ 本文所引《群書治要》除非特別注明,否則悉據金澤文庫本。括號( )内數字爲東京汲古書院 1991 年據宮内廳所藏金澤文庫本《群書治要》之卷、紙、行。又案:平安時代九條家本雖爲最古,然就其所引録《慎子》而言,缺第九紙,故本文所依據主要爲足本之金澤文庫本。九條家本第九紙乃於寬永二年(1625)"獻上"予後水尾天皇。

1.《慎子》本屬法家典籍,多非全節取用,而只録用其與治國相關之文。舉例而言,《群書治要》引《孟子·梁惠王上》1.4"寡人願安承教"章,原文文末有"仲尼曰:'始作俑者,其無後乎!'爲其象人而用之也。如之何其使斯民飢而死也"諸句,惟《治要》捨此孔子話語,並不引用。又如《群書治要》引《孟子·公孫丑上》3.6"人皆有不忍人之心"章,原文文末有"凡有四端於我者,知皆擴而充之矣。若火之始然,泉之始達。苟能充之,足以保四海;苟不充之,不足以事父母"諸句,惟《治要》亦未加采用。

2.《威德》篇不題篇名。此篇《群書治要》九條家本、金澤文庫本、駿河版、宛委別藏本俱嘗載之,皆不題篇名。王叔岷云:

> 《治要》本缺篇名,明陶宗儀《説郛》本、周子義《子彙》本並標"威德一"三字,清張海鵬《墨海金壺》本、錢熙祚《守山閣叢書》校本並標《威德》篇名。孫毓修《慎子内篇》校文第一節,亦標《威德》篇名,校云:"題依《治要》補。"不知《治要》本無題(篇名)。其校文多本錢熙祚之説,錢氏標《威德》篇名之後,即據《治要》校此篇首句,孫氏蓋誤以錢氏所據《治要》有《威德》篇名,遂未檢原書而臆説耳。錢本之有篇名,蓋據明本補之也①。

王氏所言是矣。據《治要》諸本所見,《治要》系統皆無《威德》之篇名,有篇題者蓋從明本補足。許富宏云:"《説郛》本、《子彙》本、《百子全書》本作'威德一'。《治要》本脱此篇目。慎懋賞本無題。"②其言是也。

3.《德》篇之篇名。此篇《群書治要》九條家本(37/11)、金澤文庫本(37/14)、駿河版(37/14b)皆題作《德》,並以"立天子者,不使諸侯疑焉"爲句;宛委別藏本始題作《德立》,正文仍作"立天子者,不使諸侯疑焉"(37/12b)。其中九條家本、金澤文庫本慣於書寫篇題以後,空一格,而接之以該篇正文。舉例而言,九條家本篇題《知忠》後空一格,接之以該篇

---

① 王叔岷《〈群書治要〉節本〈慎子〉義證》,載《臺灣大學文史哲學報》第32期(1983年12月),第1—2頁。
② 《慎子集校集注》,第2頁。

正文,即"亂世之中"云云(37/10)。然則篇題《德》後空一格,接之以"立天子者"云云(37/11),即表明篇題僅有"德"字。《慎子集校集注》云:"名曰'德立',意即善立爲德。"①是其以"德立"爲篇名矣。《説郛》本、《子彙》本、《墨海金壺》本、《百子全書》本《慎子》皆以"德立"爲篇名。宛委别藏本《治要》每多回改原書,失却《治要》存舊之真,此亦一例。

4.《群書治要》引用典籍每多兼引其注,其引用《慎子》亦不例外。今考《治要》所引注釋,例不注明其注釋者,然據其文與馬總《意林》所引《慎子》排比對讀,知《治要》所引《慎子》之注釋乃係滕輔注。嚴可均云:"滕輔,東漢人。《藝文類聚》六十有漢滕輔《祭牙文》,亦作滕撫,又作騰撫。《後漢書》:滕撫,字叔輔,有傳。《元和姓纂》'騰'本'滕'氏,因避難改爲騰氏。後漢相騰撫。蓋滕、騰一姓,輔、撫一聲,故二文隨作矣。東晉亦有滕輔。《隋志》:梁有晉太學博士《滕輔集》五卷,《録》一卷。亡。《舊》、《新唐志》皆五卷。《慎子注》爲漢爲晉未敢定之。"②嚴氏指出有二滕輔,一爲漢人,一爲晉人,未能定。譚樸森云:

There are two reasons for identifying this commentary as that of Teng Fu. The first is that the *Shen Tzu* in the official collections of the Tang dynasty in the eighth century, which in all probability descended from the copy known to Wei Cheng in the seventh, was the Teng Fu *Shen Tzu*. The second is that the few extracts in the *I Lin* which are commentary in common with the *Chun Shu Chih Yao Shen Tzu*③.

譚樸森亦指出《群書治要》所引《慎子》注釋當屬滕輔,究其原因,一爲《舊唐書·經籍志》所載《慎子》題爲滕輔注,二爲《意林》所引《慎子》亦爲滕輔注本。譚樸森並没有考察滕輔當爲漢人或晉人。徐漢昌云:

---

① 《慎子集校集注》,第47頁。
② 《慎子敘》,載《鐵橋漫稿》,卷五,第17a—b頁。
③ The Shen Tzu Fragments, p. 69.

兩《唐書》均著録晉人《滕輔集》五卷。嚴可均不能定注《慎子》者爲漢爲晉。若以晉時尚清談、重黄老之情況言，及後漢之滕撫一生戎馬觀之，以晉之滕輔爲較可能也①。

徐氏從兩人行誼着眼，以爲滕輔當爲晉人，言或近是。《隋書·經籍志》亦只載録《慎子》十卷，而無滕輔注。考《群書治要》所載典籍，與《隋志》之載録關係密切，至若《治要》所載注釋，亦多當世名家②，今《隨志》"慎子"條下無録注釋之本，則滕輔雖似爲晉人，仍未必是爲的論。

5. 據許富宏所言，今傳本《慎子》主要有四個系統。一爲"子彙本系統"，此本分爲五篇，題爲《威德一》《因循二》《民雜三》《德立四》《君人五》。二爲"群書治要本系統"，有七篇，首篇無"威德"二字，有注。三爲"説郛本系統"，有五篇，題爲《威德一》《因循二》《民雜三》《德立四》《君人五》，有滕輔注。四爲"慎懋賞本系統"，在篇數、正文、注文、附録，均另成體系。③ 其中《治要》載文七篇，較諸"子彙本系統"和"説郛本系統"所載更多，且彌爲近古，自必更加可靠。

6. 九條家本《群書治要》只引《慎子·威德》之片段（因缺此卷第五紙）,《因循》《民雜》之片段（因缺此卷第九紙），《知忠》《德》《君人》《君臣》等。此因《群書治要》九條家本卷三十七第五紙、第九紙已佚，在寬永二年（1625）"獻上"予後水尾天皇之列。

汪辟疆云："書鈔在六朝唐初最盛，但鈔而不類，故與類書不同。今存者如《群書治要》《意林》，皆可看。亦因其保存古書至多也。"④《群書治要》所以爲後世學者重視，除保存久佚之古籍外，亦因其所采用各書遠較今日所見爲古。阮元謂"如《晉書》二卷，尚爲未修《晉史》以前十八家中之舊本"⑤。尾崎康亦云："晉書か當時未撰の通行の唐修晉書のはすは

---

① 徐漢昌《慎子校注及其學術研究》，嘉新水泥公司文化基金會，1976年，第41頁。
② 案：《群書治要》所載注釋，"例必名家，如《論語》用何晏《集解》，《史記》用裴駰《集解》，《老子》用河上公注"。詳參拙著"昭德塞違，勸善懲惡——論〈群書治要〉所引先秦諸子與治國之道"，第317頁。
③ 參《慎子集校集注》，前言，第12—20頁。
④ 《讀書説示中文系諸生》，載汪辟疆《汪辟疆文集》，上海古籍出版社，1988年，第48頁。
⑤ 永瑢等《四庫全書總目》，中華書局，1965年，附録，第1852頁下。

なくて、六朝時代に十八家か撰したといわれるものの一てあり。"①皆言《群書治要》所録《晉書》二卷，彌爲近古。考今本《晉書》修撰於貞觀二十年（646）②，唐太宗命房玄齡、褚遂良等重撰《晉書》，並以臧榮緒《晉書》爲底本，参以"十八家晉書"及其他晉人典籍而成。《群書治要》成於貞觀五年，其時《晉書》未撰，所采資料尤其珍貴。

今人整理《慎子》卓然有成，可堪名家，惟其中所采《群書治要》，皆爲嘗經回改之《四部叢刊》本，而非九條家本、金澤文庫本、駿河版等彌爲近古之本子。徐漢昌《慎子校注及其學說研究》所引《治要》，據其凡例，乃係商務《四部叢刊》初編本③。許富宏《慎子集校集注》所據《治要》爲《叢書集成初編》本，即《四部叢刊》本④。王叔岷《〈群書治要〉節本〈慎子〉義證》所據亦爲"《四部叢刊》景印日本天明七年刊本"⑤，則諸家所據《治要》似皆有未備。誠如前文所論，倘用《群書治要》勘證古籍，必須以九條家本（最古）、金澤文庫本（最全）爲主，天明刻本（即《四部叢刊》本所據者）爲輔。準此，《群書治要》所引《慎子》，實有重新校勘之必要。

王念孫《讀書雜志》校勘古籍，成就卓越，其校讎古籍之法衆多，其一爲比勘唐宋類書徵引典籍與今本之異同。就《讀漢書雜志》而言，王念孫即用《初學記》《北堂書鈔》《群書治要》《藝文類聚》《白帖》《太平御覽》等類書作爲旁證，其中用《群書治要》者約有26次。王念孫所用《群書治要》，乃係阮元《宛委別藏》據日本天明刻本，即今《四部叢刊》本⑥。《讀書雜志》利用《群書治要》校理古籍，多所創獲。王念孫《讀書雜志》云：

---

① 尾崎康《群書治要解題》，載《群書治要》，第七册，第473頁。
② 王溥《唐會要》云："二十年閏三月四日詔，令修史所更撰《晉書》，銓次舊聞，裁成義類，其所須可依修五代史故事，若少，學士量事追取。於是司空房玄齡、中書令褚遂良、太子左庶子許敬宗摹其事。"（《唐會要》，卷六十三，第1091頁。）又《修晉書詔》敕於"貞觀二十年閏二月"。（宋敏求編《唐大詔令集》，商務印書館，1959年，卷八十一，第467頁。）
③ 徐漢昌《慎子校注及其學說研究》，嘉新水泥公司文化基金會，1976年，第6頁。
④ 許富宏《慎子集校集注》，中華書局，2013年，例言，第1頁。
⑤ 王叔岷《〈群書治要〉節本〈慎子〉義證》，第1頁。
⑥ 王念孫撰寫《讀書雜志》在清嘉慶年間，其時可見《群書治要》，惟清嘉慶元年流傳回國之天明刻本而已，故王念孫所據當是此本。

"凡《治要》所引之書,於原文皆無所增加,故知是今本遺脱也。"①此可證《群書治要》之校勘作用也。下文即以《群書治要》卷三十七所載《慎子》爲例,説明利用《群書治要》校勘古籍之重要性,並論《群書治要》諸本優勝之處。又《群書治要》引書只删不增,故可用以探究其引用典籍之訛誤與脱文。詳情如下:

A. 脱文

例1:《威德》"則見者皆走"句

《慎子》	衣之以皮倛,則見　者皆走②
九條家本	衣之以皮倛,則見之者皆走
金澤文庫本	衣之以皮倛,則見之者皆走
駿河版	衣之以皮儠,則見之者皆走
宛委別藏本	衣之以皮儠,則見之者皆走

案:《慎子》"見"下無"之"字,《群書治要》諸本有之,王念孫謂《群書治要》引書於原文皆無所增加,則有"之"字者是矣。許富宏注:"'見'下,《治要》本有'之'字。"③《慎子》正文亦可據之增"之"字矣。

例2:《威德》"言有常事也"句

《慎子》	百工之子,不學而能者,非生巧也,言有　常事也
九條家本	百工之子　不學而能者,非生巧也,言有其常事也
金澤文庫本	百工之子　不學而能者,非生巧也,言有其常事也
駿河版	百工之子　不學而能者,非生巧也,言有其常事也
宛委別藏本	百工之子　不學而能者,非生巧也,言有其常事也

---

① 王念孫《讀書雜志》,江蘇古籍出版社,2000年,志九之九,第13b頁,總第839頁下。
② 以下排比對讀之文,不另出注,各本之所據如下。《慎子》據許富宏《慎子集校集注》(中華書局,2013年),此書《慎子》底本爲錢熙祚《守山閣叢書》本。至於《群書治要》諸本,九條家本據東京國立博物館"e-museum"所載,金澤文庫本據東京汲古書院1989年本,駿河版據東京大學東京文化研究所漢籍善本全文影像資料庫所載,宛委別藏本則據上海古籍出版社1995年版。
③ 《慎子集校集注》,第7頁。

案：《慎子》"有"下無"其"字，《群書治要》有之，當據補。錢熙祚既據《群書治要》輯錄《慎子》，此處失校。許富宏本諸錢氏，因亦無校，二者俱佚。

例 3：《民雜》"民雜處而各有所能者不同"句

《慎子》	民雜處而各有所能　　者不同,此民之情也
九條家本	民雜處而各有所能,所能者不同,此民之情也
金澤文庫本	民雜處而各有所能,所能者不同,此民之情也
駿河版	民雜處而各有所能,所能者不同,此民之情也
宛委別藏本	民雜處而各有所能,所能者不同,此民之情也

案：《慎子》"所能"二字不重，《群書治要》重之，當據補。錢熙祚云："原刻'所能'二字不重，依《治要》補。"①錢說是也。許富宏云："'所能'，《說郛》本、《子彙》本、慎懋賞本、《四庫》本、《墨海金壺》本、《百子全書》本均脫。"②許氏並據《群書治要》"所能"二字校正《慎子》之文。

例 4：《民雜》"易爲下則莫不容,容故多下"句

《慎子》	易爲下　則　莫不容,　容　故多下,多下之謂太上
金澤文庫本	易爲下,則下莫不容;莫不容、故多下;多下之謂大上
駿河版	易爲下,則下莫不容;莫不容、故多下;多下之謂大上
宛委別藏本	易爲下,則下莫不容;莫不容、故多下;多下之謂大上

案：《慎子》"則"下無"下"字，"不容"下無"莫不"二字；《群書治要》各本有之，當據補。錢熙祚多據《群書治要》校補《慎子》，於"則莫不容"下無校語，失校；許富宏一遵錢說，亦未有任何校語。又，《民雜》"易爲下則莫不容"下原無"莫不"二字，錢熙祚云："原刻脫此句'莫不'二字，依《治要》補。"③許富宏云："'莫不'，《子彙》本、慎懋賞本、《四庫》本、《墨

---

① 《慎子》(《守山閣叢書》本)，第 3b 頁。
② 《慎子集校集注》，頁 30。
③ 《慎子》(《守山閣叢書》本)，第 3b 頁。

《群書治要》所載《慎子》研究　337

海金壺》本、《百子全書》本均脱。"①二説是也。

例5:《民雜》"若君之智最賢"句

《慎子》	若　君之智最賢,以一君而盡贍下則勞,勞則有倦,倦則衰
金澤文庫本	若使君之智宸賢,以一君而盡贍下則勞,勞則有倦,倦則衰
駿河版	若使君之智最賢,以一君而盡贍下則勞,勞則有倦,倦則衰
宛委別藏本	若使君之智最賢,以一君而盡贍下則勞,勞則有倦,倦則衰

案:《慎子》"若"下無"使"字,《群書治要》諸本有,當據補。《民雜》"若君之智最賢"句,錢熙祚云:"原刻脱'使'字,依《治要》補。"②許富宏云:"'使',《説郛》本、《子彙》本、慎懋賞本、《四庫》本、《百子全書》本無。"③二説並是。

例6:《德》"臣兩位國不亂者,君在也"句

《慎子》	臣兩位　國不亂者,君　在也
九條家本	臣兩位而國不亂者,君猶在也
金澤文庫本	臣兩位而國不亂者,君猶在也
駿河版	臣兩位而國不亂者,君猶在也
宛委別藏本	臣兩位而國不亂者,君猶在也

案:《慎子》"臣兩位國不亂者,君在也"句,《群書治要》各本"位"下有"而"字,"君"後有"猶"字,當據補。今考《群書治要》各本俱有"猶"字,句作"君猶在也",《慎子》各本俱無"猶"字,錢熙祚、許富宏皆無説。觀乎下文《治要》作"親猶在也",而《慎子》諸本作"父在也",仍無"猶"字,二處仍當據《治要》本補上"猶"字。王叔岷謂:"一九七三年十一月至七四年初,湖南長沙馬王堆漢墓中發現甲、乙本帛書《老子》,乙本卷前有古佚書《經法》《十大經》《稱》《道原》四種,其中《稱》篇之文詞,往往與

---

① 《慎子集校集注》,第30頁。
② 《慎子》(《守山閣叢書》本),第4a頁。
③ 《慎子集校集注》,第36頁。

《治要》所載《慎子》有關,最爲可貴。"①至於此處"猶"字,王氏云:

> 古佚書《稱》云:"臣有兩位者,其國必危。國若不危,君臾存也。失君必危,失君不危者,臣故駐(佐)也。子有兩位者,家必亂。家若不亂,親臾存也。〔失親必〕危。失親不亂,子故駐(佐)也。"兩臾字帛書原作申,聞唐蘭氏定爲臾,云:"據《慎子》,帛書臾字當讀爲猶。"蓋是。"臣故、子故"兩故字,亦與猶同義。②

據王説,馬王堆帛書《稱》兩"臾"字即"猶"字,則《治要》諸本引《慎子》皆有之,實有存舊之功。又,錢熙祚以爲原刻"脱'而'字",當,"依《治要》補正。"③許富宏云:"'而',《説郛》本、《子彙》本、慎懋賞本、《四庫》本、《百子全書》本無。"④二説並是。

B. 訛誤

例7:《威德》"百姓准上而比於下,其必取己安焉"

《慎子》	地雖不憂人之貧 ,伐木刈草 必取己富焉,則地無事也
九條家本	
金澤文庫本	地雖不憂人之貧也,伐木刈草,必取己富焉,則地無事矣
駿河版	地雖不憂人之貧也,伐木刈草,必取己富焉,則地無事矣
宛委別藏本	地雖不憂人之貧也,伐木刈草,必取己富焉,則地無事矣
《慎子》	聖人雖不憂人之危 ,百姓准上 而比於 下,其必取己 安焉
九條家本	人 危也,百姓准上,而比於其下,必取己必安焉
金澤文庫本	聖人雖不憂人 危也,百姓准上,而比於其下,必取己必安焉
駿河版	聖人雖不憂人 危也,百姓準上,而比於其下,必取己 安焉
宛委別藏本	聖人雖不憂人之危也,百姓準上,而比於其下,必取己 安焉

---

① 王叔岷《〈群書治要〉節本〈慎子〉義證》,第1頁。
② 王叔岷《〈群書治要〉節本〈慎子〉義證》,第10頁。
③ 《慎子》(《守山閣叢書》本),第5b頁。
④ 《慎子集校集注》,第50頁。

《群書治要》所載《慎子》研究   339

案：此句錢熙祚、許富宏無說。今本《慎子》"於"下無"其"字，"其"字在"下"字後。許富宏《慎子集校集注》以"其"字屬下句，斷爲"百姓准上而比於下，其必取己安焉"。證之以前文"必取己富焉"句，《慎子》此處仍當以"必取己安焉"爲句；校之以《群書治要》諸本，皆同。由是觀之，今本《慎子》當誤倒"其下"二字爲"下其"，後人不識，而以"其"字屬下句，蓋誤。

例8：《威德》"所以一人心也"句

《慎子》	法雖不善，猶愈於無法，所以一人心也
九條家本	法雖不善，猶愈於無法（所以一人心也）
金澤文庫本	法雖不善，猶愈於無法（所以一人心也）
駿河版	法雖不善，猶愈於無法（所以一人心也）
宛委別藏本	法雖不善，猶愈於無法（所以一人心也）

案：據《群書治要》諸本，《慎子》"所以一人心也"句爲滕輔注文。錢熙祚於"所以一人心也"句下云："《治要》以此句爲注文。"①許富宏云："'法'字下原有'所以一人心也'，注文訛爲正文。"②二人所論是也。

例9：《威德》"此所以塞願望也"句

《慎子》	使得美者，不知所以德；使得惡者，不知所以怨，此所以塞願望也
九條家本	使得美者　不知所以賜，得惡者　不知　　所以塞怨望
金澤文庫本	使得美者　不知所以賜，得惡者　不知所以怨，此所以塞怨望
駿河版	使得美者　不知所以賜，得惡者　不知所以怨，此所以塞怨望
宛委別藏本	使得美者　不知所以賜，得惡者　不知所以怨，此所以塞怨望
《慎子》	
九條家本	使不之上也
金澤文庫本	使不之上也

---

① 《慎子》（《守山閣叢書》本），第2b頁。
② 《慎子集校集注》，第18頁。

| 駿河版 | 使不　　上也 |
| 宛委別藏本 | 使不　　上也 |

案：《慎子》作"願望"，《群書治要》諸本作"怨望"。王叔岷以爲《群書治要》作"怨望"者爲是，作"願望"者誤也。其云：

《子彙》本、慎懋賞本、《墨海金壺》本、《守山閣》本皆作"此所以塞願望也"。"怨望"，複語，《史》《漢》中習見，願字誤。①

據此，《慎子》當改"願"爲"怨"，王説是也。今見九條家本、金澤文庫本《治要》俱作"怨"，益證王説不誤。錢熙祚云："《治要》願作怨，與《御覽》六百三十八引此文合。"②許富宏云："'願'，《治要》本作'怨'。"③二人却未有隨之校改，未是。

例 10：《知忠》"守職之史"句

《慎子》	守職之史，人務其治　而莫敢淫偷其事
九條家本	守職之吏，人務其治，而莫敢淫偷其事
金澤文庫本	守職之吏，人務其治，而莫敢淫偷其事
駿河版	守職之吏，人務其治，而莫敢淫偷其事
宛委別藏本	守職之吏，人務其治，而莫敢淫偷其事

案：《慎子》作"史"，《群書治要》諸本作"吏"。錢熙祚於《知忠》篇首注云："此篇原刻全脱，依《治要》補。"④於"守職之吏"下云："吏原作史。"⑤《慎子》傳本既無《知忠》，而《治要》諸本皆作"吏"無作"史"者，則錢氏所言"原作"云云，實未知所指。至許富宏《慎子集校集注》不知錢氏

---

①　王叔岷《〈群書治要〉節本〈慎子〉義證》，第 4 頁。
②　《慎子》(《守山閣叢書》本)，第 2b 頁。
③　《慎子集校集注》，第 18 頁。
④　《慎子》(《守山閣叢書》本)，頁 4a。
⑤　《慎子》(《守山閣叢書》本)，頁 4b。

之誤,而謂"'吏',《治要》本作'史'"①,幾欲習非成是矣。王叔岷以《治要》所引《慎子》爲據,以爲"吏未誤爲史,錢氏失檢"②,其說是也。

四、略論《群書治要》所錄滕輔注之特色

魏徵等編撰《群書治要》之時,爲了便於君主閱讀,援引典籍時每多兼引其注,《慎子》亦不例外。今《治要》載錄《慎子》七篇,其中《德》篇無滕輔注,餘下六篇俱嘗引及。又,其所引注釋,多爲當世名家,如所采《論語》注舍鄭玄而用何晏《集解》,采《史記》用裴駰《集解》,錄《漢書》時雖未有顏師古注而所載注釋與後來師古所用者相近。《治要》所載《慎子》文辭簡約,且經魏徵等人選鈔,薈萃精華,滕輔注能使後之讀者閱讀《慎子》之文。究其特色,約有以下數端:

1. 訓釋字義

滕輔注釋《慎子》之時,有訓釋難字,如《威德》"易之以玄緆"句,滕輔注:"緆,謂細布。"指出"緆"是一塊細布。又,如《威德》"民無羨財"句,滕輔注:"羨猶溢也。"

2. 串講大義

滕輔注亦是有隨文釋義,串講《慎子》原文之例。如《因循》"天道因則大"句,滕輔注:"因百姓之情,遂自然之性,則其功至高,其道至大也。"《慎子》原文簡約,指出君主順應天道則大,滕輔串講句意,增字釋文,意謂順應百姓之性情,順遂自然大道,自能成就大功業,此乃最大上之道。據滕輔串講之義,而《慎子》之意更明。又,《因循》"化則細"句,滕輔注:"化使從我,物所樂,其理禍狹,其德細小也。"《慎子》原文只有三字,謂人爲改變天道因循則功用變小,滕輔串講句意,言改變人性和自然之道以順從我,是人們所樂爲的,惟此等做法乃心胸狹小之表現,成就之德業自必不高。

---

① 《慎子集校集注》,第42頁。
② 王叔岷《〈群書治要〉節本〈慎子〉義證》,第8頁。

3. 補充文意

注釋《慎子》之時，滕輔時有用"故"云云一語，以補充前文，並作解説。如《民雜》"民雜處而各有所能，所能者不同，此民之情也"，滕輔注："故聖人，不求備於一文也。"此因《慎子》之文以爲人各有所長，是以滕氏注文謂聖人不用同一標準對人求全責備。又，如《知忠》"孝子不生慈父之義"句，意謂孝子并不一定生在慈父之恩義之下，滕輔注："六親不和有孝慈也。"補充説明六親不和更能彰顯子孝和父慈。同篇後文"忠臣不生聖君之下"句，意在表明忠臣不一定生於聖明君主統治之時，滕輔注："國家昏亂有貞臣也。"補充説明國家昏亂時更能彰顯臣子之忠貞。

4. 總括前文

雖未知滕輔爲何人，然其注解目光鋭利，能把握《慎子》原文之重點，其中在總括前文一項尤爲明顯。如《民雜》言及君主應重用人材，不應負上所有責任：

> 君之智、未必寂賢於衆也，以未寂賢，而欲以善盡被下，則不瞻矣。若使君之智寂賢，以一君而盡瞻下則勞，勞則有倦，倦則衰，衰則復反於不瞻之道也。是以人君自任而躬事，則臣不事事矣。是君臣易位也，謂之倒逆，倒逆則亂矣。人君任臣而勿自躬，則臣事事矣。是君臣之順，治亂之分，不可不察。

此文謂君主之智，未必比群臣高明。然欲以此未必最賢之智，而事事皆未他人做得更好，並不可能。即使君主最高，而只憑一己之力做好所有事情，便會非常勞苦而疲倦，致使才智衰竭，智謀因而不足。因此，君主如果事事親躬，臣子便不會各司其職了。若此，便是君、臣易位，顛倒錯位。是以君主任用臣子而不必事事親躬，臣下便會各司其職，盡責完成任務。準此，即爲君臣和順、治世和亂世之區別所在。滕輔注："所謂任人者逸，自任者勞也。"實言簡意賅，總結前文。滕輔指出善於任人用之，可使君主輕鬆自在；反之，不善任用人材，事必親躬，君主自必勞苦不堪。

5. 援引典籍

今所見滕輔注數量雖然不多，仍可見其注釋《慎子》之時，有援引典籍以解釋其中字義。例如《威德》"衣之以皮倛"句，滕輔注："荀卿曰：'仲尼之狀，面若蒙倛。'"①滕注所引荀卿云云，見《荀子·非相》，其意在於援引《荀子》之文，以解《慎子》正文之"倛"字。

五、略論九條家本與金澤文庫本《群書治要》之關係

金澤文庫本《群書治要》原本藏於日本宮內廳書陵部，珍而重之，罕人能及。至1989年，東京汲古書院據昭和十六年版（1941）複製底本再行複印成書出版，金澤文庫本《群書治要》遂得爲學界普遍使用。在平成二十七年（2015）六月，《群書治要》與《〈杜氏〉春秋経伝集解》《世説新語》《太平御覽》《論語注疏》《史記》等六部漢籍加入了"宮内庁書陵部收藏漢籍集覽"②之計劃，其書影和全文影像皆可供讀者閱覽。此中全文影像掃描十分清晰，使金澤文庫本《群書治要》終可易於利用。然而，鈔寫於平安時代之九條家本《群書治要》才是此書最古之本。日本所藏諸部《群書治要》之中，只有九條家本獲評爲"國寶"，③其重要性自比金澤文庫本

---

① 案：今本《慎子》正文作"倛"，此下無注。《治要》九條家本、金澤文庫本皆作"倛"，引滕注亦作"倛"；駿河版、宛委別藏本皆作"㒱"。王叔岷云："㒱，《説文》作䫏，云：'䫏，醜也。今逐疫有䫏頭。'段注：'此舉漢事以爲證也。《周禮》方相氏注云：冒熊皮者，以驚敺疫癘之鬼，如今魌頭也。'《藝文類聚》十八、《長短經·是非篇》、《文選》宋玉《神女賦》及王子淵《四子講德論》李善注引此文，㒱皆作倛。《荀子·非相篇》：'仲尼之狀，面如蒙倛。'楊注：'倛，方相也。'并引《慎子》此文亦作倛。此文滕注引《荀子》作㒱，蓋依此正文作㒱改之也。㒱乃倛、䫏之合體，別體又作魌也。《守山閣》本此文作倛，疑據《藝文類聚》《長短經》《文選注》改之。"（王叔岷《〈群書治要〉節本〈慎子〉義證》，第2—3頁）。王氏未見《治要》九條家本、金澤文庫本，而只見《四部叢刊》本，遂以爲《慎子》滕注引《荀子》作"㒱"者，乃因《慎子》正文而改。據王氏所云，知唐代（《藝文類聚》《長短經》《文選》注）引文皆作"倛"，而《群書治要》固爲唐代典籍，且九條家本、金澤文庫本能存其舊，仍作"倛"字。

② 案："宮内庁書陵部收藏漢籍集覽"之網址：http：//db.sido.keio.ac.jp/kanseki/T_bib_search.php。

③ 據2015年9月之資料，在日本國寶之中，其中"書跡·典籍"共有224件，東京國立博物館所藏平安時期九條家本《群書治要》即屬其一。

有過之而無不及。較諸金澤文庫本而言，九條家本《群書治要》字體秀麗，書寫工整，東京國立博物館向以漢文書法珍品將之收藏。上文提及九條兼孝以三枚半紙贈予大村由己，亦足證此本之美術價値。更有甚者，九條道房於寬永二年（1625）將九條家本《群書治要》之十紙獻予後水尾天皇，皆是此本極爲珍貴之明證。譚樸森云：

> Categories i and ii (Interpolations deleted and Errors corrected) appear to be the work of the scribe himself or of a proof-reader and the corrections may safely be taken to reflect the directly ancestral manuscript. ①

據譚樸森分析，金澤文庫本《群書治要》有五類校改資料，其中第一種情況是刪去竄入之語，第二種是改正錯字。至於金澤文庫本未被校改前之狀態，部分卷帙與九條家本文字大抵相同。此外，亦有部分金澤文庫本之校改，恰與九條家本原文相同。凡此種種，皆可證二者關係密切。

尾崎康以卷二十二爲例，以爲金澤文庫本《群書治要》與九條家本之訓點幾乎一致，而且金澤文庫本之校勘結果亦與九條家本極爲接近。因此，尾崎康推斷二本屬同一系統，關係密切②。二本多於相同位置注音，而注音文字亦相同。例如（1）"旰晥"二字，九條家本旁注讀爲"妄見反，五計反"（12/15），金澤文庫本與之同（249/247）。（2）"愕"字，九條家本夾注讀爲"五故反"（22/2），金澤文庫本與之同（272/429）。（3）"詆"字，九條家本夾注讀爲"都禮"（27/3），金澤文庫本與之同（284/526）。

除卷二十二外，其他各卷亦可見九條家本與金澤文庫本關係密切。如卷三十一引《鬻子》原句當作"是以禹朝廷間可以羅雀者"，九條家本卷三十一第二十四紙分作三行，第一行爲前文及"是以禹朝廷間可以"，第二行爲"羅省"，第三行"者"字連後文。金澤文庫本卷三十一第二十九紙便分列於 480、481、482 三行。如此分行，正可見九條家本與金澤文庫本

---

① The Shen Tzu Fragments, p. 182.
② 尾崎康《群書治要とその現存本》，第 135 頁。

屬同一系統,抄寫者在書寫金澤文庫本時,必曾參考九條家本或與此本系統相同之本子方始下文。

又如卷三十六引《商君書》之《權脩》篇,九條家本作"權脩"(5/5),金澤文庫本亦作"權脩"(372/89),惟金澤文庫本於二字之旁有校語,改作"修權"。及後駿河版、宛委別藏本皆作"脩權",亦諸本據金澤文庫本校語而校改之也。今《商君書》此篇題作"修權"。《群書治要》諸本唯九條家本、金澤文庫本爲誤,他本皆不誤,反之亦可證二本關係密切矣。

至於卷三七引《慎子》之文,亦可見九條家本與金澤文庫本關係密切,今舉例如下:

例 11:《群書治要·慎子·威德》"必取己必安焉"句

《慎子》	天雖不憂人之暗　,闔戶牖必取己明焉,則天無事也;地雖不憂人之貧
九條家本	
金澤文庫本	天雖不憂人之闇也,闔戶牖必取己明焉,則天無事也。地雖不憂人之貧也
駿河版	天雖不憂人之闇也,闔戶牖必取己明焉,則天無事也。地雖不憂人之貧也
宛委別藏本	天雖不憂人之闇也,闔戶牖必取己明焉,則天無事也。地雖不憂人之貧也
《慎子》	伐木刈草　必取己富焉,則地無事也;聖人雖不憂人之危
九條家本	人　危也,
金澤文庫本	伐木刈草,必取己富焉,則地無事矣。聖人雖不憂人　危也
駿河版	伐木刈草,必取己富焉,則地無事矣。聖人雖不憂人　危也
宛委別藏本	伐木刈草,必取己富焉,則地無事矣。聖人雖不憂人之危也
《慎子》	百姓准上　而比於　下,其必取己　安焉,則聖人無事也
九條家本	百姓准上,而比於其下,　必取己必安焉,則聖人無事矣

續　表

金澤文庫本	百姓准上，而比於其下，　必取己必安焉，則聖人無事矣
駿河版	百姓準上，而比於其下，　必取己　安焉，則聖人無事矣
宛委別藏本	百姓準上，而比於其下，　必取己　安焉，則聖人無事矣

　　案：據上文"必取己明"、"必取己富"，知《治要》引此文當作"必取己安"。《慎子》、駿河版《治要》、宛委別藏本《治要》皆無"必"字，是矣。九條家本、金澤文庫本皆有"必"字，並誤。今觀金澤文庫本《治要》，見此"必"字之上有"✗"符號，意爲校改者（清原教隆①，1199—1265）建議將"必"字删去。此删改結果，即爲駿河版所據，故無"必"字。金澤文庫本乃祖九條家本而來，故爲二本原文並誤。

例12：《群書治要·慎子·威德》"立國也"句

《慎子》	故立天子以爲天下　，非立天下以爲天子也
九條家本	故立天子以爲天下也，非立天下以爲天子也
金澤文庫本	故立天子以爲天下也，非立天下以爲天子也
駿河版	故立天子以爲天下也，非立天下以爲天子也
宛委別藏本	故立天子以爲天下也，非立天下以爲天子也
《慎子》	立國君以爲國　，非立國以爲君也；立官長以爲官　，非立官以爲長也
九條家本	立國　　　也，非立國以爲君也；立官長以爲官也，非立官以爲長也
金澤文庫本	立國　　　也，非立國以爲君也；立官長以爲官也，非立官以爲長也
駿河版	立國君以爲國也，非立國以爲君也；立官長以爲官也，非立官以爲長也
宛委別藏本	立國君以爲國也，非立國以爲君也；立官長以爲官也，非立官以爲長也

---

　　① 案：金澤文庫本《群書治要》卷三十七末云："爲進上辛酉勘文參花之次申出、蓮華王院寶藏御本加交點了、依越州使君尊閤教命而已、直講清原（教隆花押）。"此即清原教隆於校點後之題記。

案：九條家本、金澤文庫本《群書治要》無"君以爲國"四字，《慎子》及其他諸本《群書治要》皆有之。金澤文庫本《群書治要》於"立國"下校補"君以爲國"四字，即爲及後駿河版之所據。《群書治要》諸本以九條家本最古，前謂金澤文庫本與此本關係密切，此處唯二本爲誤，益可證之。

例 13：《群書治要·慎子·威德》"慧不得兼官"句

《慎子》	故欲不得干時， 愛不得犯法 ，貴不得逾親
九條家本	故欲不得干時（必於農隙也），愛不得犯法（當官而行），貴不得踰親
金澤文庫本	故欲不得干時（必於農隙也），愛不得犯法（當官而行），貴不得踰親①
駿河版	故欲不得干時（必於農隙也），愛不得犯法（當官而行），貴不得踰規
宛委別藏本	故欲不得干時（必於農隙也），愛不得犯法（當官而行），貴不得踰規
《慎子》	禄不得踰位，士不得兼官，工不得兼事
九條家本	禄不得踰位，慧不得兼官，工不得兼事
金澤文庫本	禄不得踰位，慧不得兼官，工不得兼事
駿河版	禄不得踰位，惠不得兼官，工不得兼事
宛委別藏本	禄不得踰位，惠不得兼官，工不得兼事

案：《慎子》作"士不得兼官"，九條家本、金澤文庫本《群書治要》"士"作"慧"，駿河版、宛委別藏本作"惠"。王叔岷據宛委別藏本爲文，其曰：

> 《說郛》本、《子彙》本、《墨海金壺》本、《守山閣》本惠皆作士，當從之。惠字涉上文"必由惠"而誤，上文"工不兼事，士不兼官"。《韓非子·用人篇》："使士不兼官。"《淮南子·主術篇》："工無二伎，士不兼官。"（又見《文子·下德篇》）皆作士。又《韓非子·難一篇》："明主之道，一人不兼官，一官不兼事。"②

---

① 金澤文庫本校改"親"爲"規"。（37/151）
② 王叔岷《〈群書治要〉節本〈慎子〉義證》，第 5 頁。

王氏舉證極豐，以爲當如《慎子》作"士"，其言是矣。諸本之中，唯九條家本、金澤文庫本《治要》誤作"慧"字，亦可見二本之關係矣。

六、結　　論

汪紹楹云："古類書可用以來校理古籍，但是它的本身也有待於校理。"①唐以前之書籍流傳，只靠手抄，字體自不如刻版印刷穩定。因此，類書之異體字或錯別字亦每每可見。後人校理類書時，又往往據錯誤之原典更改類書，是以今日所見類書，亦非全數可靠。九條家本《群書治要》雖然極爲珍貴，然其中亦有訛誤之處，借他本異文對校可知。本文可總之如下：

（1）魏徵等《群書治要》於中國久佚，在日本廣爲流傳，自清代回流中國以後，傳者漸衆，却不得善本。就《群書治要》現存諸本言之，當以平安時代中期之九條家本最古，金澤文庫本最全，如能並用二本校勘傳世典籍，功莫大焉。然後世校勘《慎子》者，如錢熙祚、王叔岷、許富宏等，皆只據《四部叢刊》本（即祖於天明本之宛委別藏本）爲文，實有待進一步深入考證。

（2）《群書治要》自傳入日本以後，地位舉足輕重，平安時期之天皇多誦習之。今所見九條家本《群書治要》，即爲其時之重要傳本。九條家本雖因戰火、自然災害、上獻等致使只餘下十三卷，但其文化意義却是毋庸置疑。日本文化財保護委員會列此本爲日本國寶，便可見其重要性。

（3）清人錢熙祚以《群書治要》爲本，輯錄並校勘《慎子》，用力甚多，考證翔實，功亦大矣。錢氏所據自爲天明本《治要》無疑，惟今取《治要》諸本證之，則見錢氏失校者亦不在少數。後者如《慎子集校集注》每據錢校入文，亦似未有直追《治要》諸本，稍失之矣。

（4）據本文分析，《群書治要》諸本引用《慎子》時，雖與今本《慎子》序次相同，唯多《知忠》《君臣》兩段文字，足證《治要》本與明清本《慎子》

---

① 歐陽詢撰、汪紹楹校《藝文類聚》，上海古籍出版社，1999年，前言，第13頁。

（除慎懋賞本外）相去不遠。至於其引用《慎子》之文，則間與傳本《慎子》稍有不同，多爲《慎子》脫誤所致。

（5）九條家本《治要》與金澤文庫本關係密切，系統相近。據本文考證，九條家本成於平安時代中期，金澤文庫本則成於鎌倉時期，而九條家本於鎌倉中期嘗經校改、訓點，金澤文庫本亦然。今觀金澤乂庫本及其校改結果，仿如校勘者取九條家本爲底本勘正而來，其校勘成果則與後來之駿河版《群書治要》如出一轍。此可補《群書治要》流傳史研究之一隅。

正倉院文書所見日本入唐蒐書資料
——以第十二次遣唐使爲例

王　勇（浙江大學）

一、不可思議的寫經數

　　無論古今東西，書籍的越境傳播，大抵會遭遇語言的阻隔，需要藉助"翻譯"的手段。然而在東亞，由於漢字的表意性特徵，文字足以超越音聲的壁壘，使視覺交際成爲可能。因此，經由"書籍之路"傳入日本的漢文書籍，可以直接供識字階層閱讀，并通過抄寫而擴大讀者群。

　　就佛教書籍而言，奈良時代（710—794）設立了大量公私寫經機構，夜以繼日地抄寫傳自中國大陸及朝鮮半島的經書章疏，從而形成規模巨大的一切經抄寫事業。

　　據日本史籍記載，日本開始抄寫一切經不遲於飛鳥時代（592—710），即天武天皇二年（673）三月"聚書生，始寫一切經於川原寺"[1]。雖然此次寫經規模不得而知[2]，但可以斷定天武天皇不滿足於一切經的數量，僅僅兩年後即"遣使於四方，覓一切經"[3]。

　　奈良時代迎來遣唐使的最盛期，直接從唐朝傳入的書籍量急速增加，最典型的例子是入唐僧玄昉帶回整部一切經。玄昉隨第九次遣唐使於養

---

[1]　《日本書紀》卷二十九、天武天皇二年（673）三月是月條。
[2]　在此二十餘年前的白雉二年（651），天武天皇曾"於味經宫，請二千一百餘僧尼，使讀一切經"（《日本書紀》），推知天武二年的寫經不會少於二千一百卷。
[3]　《日本書紀》卷二十九、天武天皇四年（675）十月三日條。

老元年（717）入唐，留學將近二十年後，天平七年（735）"隨大使多治比眞人廣成還歸，齎經論五千餘卷及諸佛像來"①。

玄昉帶回日本的"經論五千餘卷"，推測是俗稱"開元藏"的唐開元年間的一切經。其主要依據是，開元十八年（730）智昇編撰《開元釋教錄》（簡稱"開元錄"或"開元藏"），其中"現定入藏錄"②共著錄一〇七六部五〇四八卷，卷數與玄昉攜歸的"五千餘卷"大致吻合。

據傳玄昉入唐後，"唐天子尊昉，准三品令着紫袈裟"③，多達"五千餘卷"的一切經，單靠個人之力難以短時間內抄完，大概是玄昉回國前玄宗皇帝作爲褒獎而餽贈的一份大禮，體現了唐朝對於傳播佛教文化的積極態度。

如果以上推演無誤，那麼在智昇編撰《開元釋教錄》後僅僅五年，入唐僧玄昉便將其悉數傳回日本，可以説 8 世紀東亞書籍流通之規模與速度遠遠超乎我們的想象。更令人驚異的是，這部書目龐大的一切經傳到日本後，馬上由光明皇后主持的寫經所接手抄寫。這批新寫經因爲附有光明皇后天平十二年（740）五月一日的《願文》④，通常稱作"天平十二年經"或"五月一日經"、"光明皇后願經"等，抄寫時間則始於玄昉歸國的翌年（736）九月⑤。

開元年間的唐本一切經東傳，無論數量還是質量，均是史無前例的，因此極大地刺激和推動了奈良時代的寫經事業。大約二十年後，天平寶字五年（761）正月二十五日《奉寫一切經所解》記錄"合奉寫大小乘經、律、論、賢聖集、別生、疑僞並目錄外經惣五千三百卅卷"。此時日本一切

---

① 《續日本紀》卷十六、天平十八年（746）六月十八日條"玄昉卒傳"。
② 《開元釋教錄》卷十九爲大乘經律論入藏錄、卷二十爲小乘經律論及賢聖集傳入藏錄。
③ 《續日本紀》卷十六、天平十八年（746）六月十八日條"玄昉卒傳"。
④ 如奈良國立博物館藏《阿闍世王經》卷末所附《願文》如下："皇后藤原氏光明子奉爲尊考贈正一位太政大臣府君、尊妣贈從一位橘氏太夫人，敬寫一切經論及律。莊嚴既了，伏願憑斯勝因，奉資冥助，永庇菩提之樹，長遊般若之津。又願上奉聖朝恆延福壽，下及寮采共盡忠節。又光明子自發誓言，弘濟沈淪，勤除煩障，妙窮諸法，早契菩提。乃至傳燈無窮，流布天下，聞名持卷，獲福消灾，一切迷途，會歸覺路。天平十二年五月一日記。"該卷系寫經生吳原生人抄於天平十四年（742）。
⑤ 正倉院文書《寫經請本帳》載："自天平八年九月廿九日，始經本請和上所。"東京大學史料編纂所《大日本古文書（編年之七）》，東京大學出版會 1987 年覆刻版，第 54 頁。

經數達"五千三百卅卷",較之《開元釋教錄》著録的"五〇四八卷"多出二八二卷,這是個令人難以置信的數字。

與此同時,天平八年(736)九月二十九日,光明皇后發願以玄昉攜歸唐經爲藍本的抄經事業,經過約二十年持續努力,總卷數達到約七千卷之鉅,也遠超《開元釋教錄》的入藏錄數。我們禁不住要問:既然奈良時代的一切經以唐本爲圭臬,其總數爲何能凌駕於同時期唐朝的一切經之上?

關於産生如此巨大落差的原因,雖然國内外學術界尚未予以足夠的重視,但有些日本學者已經給出了部分答案。如山本幸男、山下有美氏等學者指出,光明皇后的願經一方面以玄昉攜歸唐經爲底本抄寫,另一方面收錄被《開元釋教錄》摒棄在外的別生經、僞疑經、錄外經等,由此在總數上超過了唐開元一切經①。

此説不無道理,唐智昇在編撰《開元釋教録》時,入藏門檻定得很高,且重視梵本而輕忽本土,連道世《法苑珠林》那樣的名著也拒之門外;相比之下,日本方面的入藏條件就比較寬鬆,除了前述別生經、僞疑經、錄外經之外,唐、新羅乃至日本本土高僧撰寫的章疏類也極力搜刮采錄。

正如先學們所指出的那樣,唐與日本之"一切經觀"的差異,是造成兩國一切經數落差的重要原因。本文希冀在此基礎上再推進一步,即以8世紀中葉第十二次遣唐使爲例,通過解析入唐前準備的闕書目錄(《可請本經目録》)與回國後遞呈的蒐書目録(《奉寫一切經所解》),從一個新的角度探討唐代佛書東傳的軌跡,破解奈良一切經數量巨大之謎。

二、《奉寫一切經所解》

飛鳥時代開啓端倪的寫經機構,至奈良時代在律令制度框架下發展,逐步形成職責明確、功能齊全、制度完備的"寫經所"——除了朝廷運營

---

① 有關這個問題參見:(1)山本幸男:《玄昉將來経典と「五月一日経」の書寫(上)》,《相愛大學研究論集》第 22 號,2006 年 3 月;(2)山本幸男:《玄昉將來経典と「五月一日経」の書寫(下)》,《相愛大學研究論集》第 23 號,2007 年 3 月;(3)山下有美:《五月一日経における別生・疑僞・録外経の書寫について》,《市大日本史》第 3 號,2000 年 5 月。

的寫經所，還有皇親、貴族、寺院等設立的同類機構。

"奉寫一切經所"（原稱"奉寫一切經司"）係直屬朝廷、爲天皇服務的官營寫經機構，"解（Ge）"則是日本律令制度中下級遞呈上級的上行官方文書體裁。在整個奈良時代，奉寫一切經所發出數量衆多的"解"，所以一般在文書前冠以"某年某月某日"加以區別。

據前揭天平寶字五年（761）正月二十五日《奉寫一切經所解》，當時一切經的總數爲"五千三百卅卷"，時隔二個月後的三月二十二日，又有發出一通《奉寫一切經所解》，内容是爲了追加抄寫"合大小乘經論賢聖集別生並目録外經總一百七卷"，要求朝廷支給紙張、筆墨等。也就是說，在天平寶字五年（761）三月二十二日的時間點，日本官方的一切經數達到五四三七卷，比《開元釋教録》的入藏録多出三八九卷。

這通《奉寫一切經所解》不僅完整列出擬追加抄寫的"一百七卷"書目及用紙量，而且透漏出這批新書係由遣唐使攜帶回國的重要信息。爲了接下來敘述方便，先將這通文書照録如下①（數字編號及☆印、★印係引用者所加）：

  奉寫一切經所解　　申後寫加經事
  合大小乘經論賢聖集別生並目録外經總一百七卷
    用紙一千八百卅二張
  大乘經　廿六卷
  大乘論　一卷
  小乘經　一卷
  小乘論　卅七卷
  賢聖集　千卷②
  別生經　九卷

---

① ［日］東京大學史料編纂所：《大日本古文書（編年之四）》，東京大學出版會1987年覆刻版，第496頁。
② 此處"千"字，據後文目錄當爲"十"之誤寫。

目録外經　十二卷①

　　右　目　錄

大乘經

　　（01）方廣大莊嚴經　十二卷　　　　二百六十六紙
　　（02）大乘方廣總持經　一卷　　　　十四
　　（03）文殊師利現寶藏經　三卷　　　卅三
　　（04）證契大乘經　二卷　　　　　　卅四
　　（05）無極寶②三昧經　一卷　　　　廿
　☆（06）大莊嚴法門經　上卷　　　　　十三
　　（07）浴像功德經　一卷(三藏義浄譯)　四
　☆（08）寶雨經　五卷(一、三、四、六、七)　一百

大乘論

　　（09）顯揚聖教論頌　一卷　　　　　十四

小乘經

　　（10）雜阿含經　一卷　　　　　　　廿二

小乘論

　　（11）阿毗達磨集異門足論　廿卷　　二百八十八
　　（12）阿毗達磨品類足論　十八卷　　二百六十七
　★（13）阿育王經　九卷(欠第七)　　　百十三

賢聖集

　　（14）禪法要解　二卷　　　　　　　卅六
　　（15）勸發諸王要偈　一卷　　　　　九
　★（16）金七十論　二卷(欠第一)　　　卅六
　　（17）勝宗十句義論　一卷　　　　　十三
　★（18）集古今佛道衡　一卷(第一　欠三)廿七
　　（19）甄正論　三卷　　　　　　　　卅七

---

① 此處"十二"，據後文目錄當爲"十三"之誤。
② 原文脫"寶"字，據後述《可請本經目錄》等補。

別生經

　★（20）攝大乘論釋　九卷（欠十、十一）　二百卅七

目録外經

　（21）花嚴十惡經　一卷　　　　　　　八
☆（22）一切經正名　第四卷　　　　　　十八
　（23）集要智因論　一卷（注）　　　　五十一
　（24）攝大乘論釋　十卷（大業譯）　　一百六十二

以前經論，並是舊元來無本，去天平勝寶六年入唐回使所請來。今從内堂請，奉寫加如前。謹解。

　　　　　　天平寶字五年三月廿二日　史生下道朝臣
　　　　　　外從五位下行大外記兼坤宮少疏池原公
造東大寺司主典安都宿禰

　這份天平寶字五年（761）三月二十二日由史生下道朝臣等三人聯署的公文，在書目之後、落款之前有一則日式漢文的尾書，在此略作解讀。

　首先，"以前經論，並是舊元來無本"，此處"以前經論"指該文書所列二十四部一百七卷佛書，"並是舊元來無本"意思說"這些都是此前日本所没有的經論"，換句話說均是從唐傳入的新本。

　其次，"去天平勝寶六年入唐回使所請來"，此處的"入唐回使"指完成朝貢使命歸國的第十二次遣唐使，《續日本紀》天平勝寶六年（754）正月十六日條記載："入唐副使從四位上大伴宿禰古麻呂來歸，唐僧鑒真、法進等八人隨而歸朝。"

　最後，"今從内堂請，奉寫加如前"，遣唐使不論官員還是成員，均肩負收集書籍之使命[①]，留學僧俗回國後遞呈朝廷接受驗收，故此處"内堂"

---

① 參見王勇：《"絲綢之路"與"書籍之路"——試論東亞文化交流的獨特模式》，載《浙江大學學報》，2003年第5期。

代指朝廷,尤其指光明皇后設立的朝政機構"坤宫"①,此機構持續抄寫一切經長達二十餘年,遣唐使帶回的經論如同玄昉那樣,第一時間供坤宫寫經所抄寫,故有"今從内堂請"之説。

這裏需要澄清的是,天平寶字四年(760)光明皇太后去世後,一般認爲坤宫便被廢除了。然這份文書聯署人"外從五位下行大外記兼坤宫少疏池原公",説明坤宫依然存在;同年十二月二十三日《甲斐國司解》②出現"坤宫官廨丁"字樣,證明光明皇太后去世之後"坤宫"依然存在了一段時間。

三、石田茂作的解讀

第十二次遣唐使攜歸的佛書"並是舊元來無本",這句話令人驚訝和好奇。因爲隨同這批遣唐使赴日的唐僧鑒真也攜帶了大量書籍,然而鑒真攜帶的三十五部中有十七部此前已經傳入日本③,遣唐使難道會如此精準?

日本著名佛教史學家石田茂作對此存疑,通過比對奈良時代一切經抄寫目録,指出《大莊嚴法門經》、《寶雨經》、《阿育王經》均非初傳之書:

> 如《大莊嚴法門經》,天平十四年既有書寫記録,不過僅是下卷,此次傳回上卷,於茲兩卷始得合璧。又如《寶雨經》,天平十四年抄寫了第二、第五、第八、第九、第十諸卷,此次由遣唐使傳回欠缺的第一、第三、第四、第六、第七各卷。至於《阿育王經》,以前雖有五卷,

---

① 坤宫:天平元年(729)聖武天皇立藤原光明子爲皇后,設立皇后宫職掌管內務;天平勝寶元年(749)聖武天皇禪讓,皇太后光明子爲扶持孝謙天皇,參照唐玄宗改中書省爲"紫微省"、武則天改尚書省爲"中臺",改皇后宫職爲"紫微中臺",使其成爲令外朝政機構,其長官爲紫微令(後改爲"紫微内相"),擁有不經過太政官、中務省而直接奉敕行事的權限;天平寶字二年(758)淳仁天皇繼位,改紫微中臺爲"坤宫官",職責是"居中奉敕,頒下諸司"。

② [日]東京大學史料編纂所:《大日本古文書(編年之四)》,東京大學出版會1987年覆刻版,第523—524頁。

③ [日]石田茂作:《寫経より見たる奈良朝仏教の研究》,東洋文庫論叢第十一,東洋文庫1930年版,第32—36頁。

此次補其缺卷而成十卷完本。①

　　石田茂作指出《大莊嚴法門經》、《寶雨經》、《阿育王經》三部爲再傳書,再傳的理由是日本原有傳本爲卷帙不全的闕本。按照這一標準繼續追查下去,發現前揭《奉寫一切經所解》所列二十四部中有七部屬於闕本:

☆(06) 大莊嚴法門經　上卷
☆(08) 寶雨經　五卷(一、三、四、六、七)
★(13) 阿育王經　九卷(欠第七)
★(16) 金七十論　二卷(欠第一)
★(18) 集古今佛道(論)衡　一卷(第一　欠三)
★(20) 攝大乘論釋　九卷(欠十、十一)
☆(22) 一切經正名　第四卷

　　石田茂作雖然敏鋭地發現了"闕本"這一盲區,但他的解釋還不足於解釋上述七部"闕本"包涵的所有問題。比如説,石田茂作對《阿育王經》的解釋是"以前雖有五卷,此次補其缺卷而成十卷完本"。倘若此前日本已有五卷闕本,那麼遣唐使帶回"九卷",至少有四卷成爲複本,這與《大莊嚴法門經》、《寶雨經》僅傳回缺卷的情況不同。

　　筆者初步核查奈良時代的寫經記録,發現《阿育王經》的寫經記録有十五次,内中五卷本最多有十次,四卷本次之有二次,其餘二卷本、一卷本、卷數不明者各一次。衆所周知,西晉安法欽譯《阿育王》五卷與梁代僧伽婆羅譯《阿育王經》十卷,屬於同本異譯②。從遣唐使"不攜複本"的求書特徵考量,有一種可能性是此前的既傳書爲安法欽譯本(五卷),而

---

① [日]石田茂作:《寫経より見たる奈良朝仏教の研究》,東洋文庫論叢第十一,東洋文庫1930年版,第40頁。
② 參見王浩壘:《同本異譯〈阿育王伝〉與〈阿育王経〉詞彙比較研究》,浙江大學博士論文,2012年。

遣唐使的新傳書爲僧伽婆羅譯本（十卷）。

即便如此，還有若干問題存在。倘若第十二次遣唐使帶回僧伽婆羅譯十卷本《阿育王經》，爲何單單缺少第七卷，只帶回九卷呢？注目於《阿育王經》後的註文"欠第七"之"欠"字，發現前述七部闕本中有四部註有此字（標★印者），這些卷帙不全之本似非石田茂作所言爲"補其缺卷"而攜歸者。

四、二通"可請"書目

石田茂作以《大莊嚴法門經》《寶雨經》《阿育王經》爲案例，對遣唐使如此精準地帶回日本傳本的缺卷，讚歎之餘又對不明其中機理而甚感遺憾：

> 此次入唐回使帶回的經論，似乎事先應該有所預案，才能有的放矢蒐求書籍。據此推考，國內學匠自然知道哪些經論不足，遣唐使入唐之際或許受其委託，再入唐按圖索驥。至爲遺憾的是，有關這方面的信息我們一無所知。儘管如此，如此大量的未傳經卷，經由入唐回使之手傳入我國，堪稱經典傳來史上值得特筆大書之壯舉。①

石田茂作察知遣唐使出發之前，接受國內學匠之求書委託而"有所預案"，其洞察機理之慧眼值得敬佩。然而他又感歎"有關這方面的信息我們一無所知"，給後學留下一大難題。筆者追蹤這個問題多年，目前稍稍理出些頭緒，茲介紹幾件相關史料。

《大日本古文書（編年之十二）》在"天平勝寶四年正月二十五日類收"條下，輯錄五通缺失年月日的文書，其中以"可請"起頭的二通文書（《可請大乘經本目錄》、《可請本經目錄》），推測與第十二次遣唐使蒐書活動有關。

---

① ［日］石田茂作：《寫経より見たる奈良朝仏教の研究》，東洋文庫論叢第十一，東洋文庫，1930年版，第40頁。

天平勝寶四年(752)正月二十五日的時間節點是個關鍵：二年前的天平勝寶二年(750)九月二十四日，日本朝廷時隔約二十年任命了第十二次遣唐使官員①；僅僅二個月後三月三日，遣唐使舉行拜朝儀式準備離京西行②。

　　如果《大日本古文書》的繫年無誤，那麼在遣唐使時出發之前彙編的《可請大乘經本目錄》，很可能就是石田茂作所言國內學匠爲遣唐使準備的蒐書目錄。證據之一是，《可請大乘經本》收錄的三十五部佛書，下列六部由此次遣唐使帶回(序號係依天平寶字五年三月二十二日《奉寫一切經所解》)：

　　　(01) 方廣大莊嚴經　十二卷
　　　(02) 大乘方廣總持經　一卷
　　　(03) 文殊師利現寶藏經　三卷
　　　(04) 證契大乘經　二卷
　　　(05) 無極寶三昧經　一卷
　　　(07) 浴像功德經　一卷

　　考慮到天平寶字五年(761)三月二十二日《奉寫一切經所解》所列遣唐使攜歸書目，"大乘經"目錄下總共列出八部，其中六部與《可請大乘經本》重疊，如此高的比例當非出自偶然。

　　與這通文書相關的是同一時期的《可請本經目錄》，共列出一百四十九部書目，除了大乘經之外，還包括小乘論、賢聖集等。雖然《大日本古文書》將兩者類收在"天平勝寶四年正月二十五日"條下，但從記載的方式與內容分析，《可請本經目錄》顯然晚於《可請大乘經本》。《可請本經目錄》收錄了《可請大乘經本目錄》所列的三十五部中的三十四部書目，茲列出兩者記載不同者做一比較：

---

① 《續日本紀》卷十八、天平勝寶二年(750)九月二十四日條："任遣唐使，以從四位下藤原朝臣清河爲大使，從五位下大伴宿禰古麻呂爲副使，判官主典各四人。"
② 《續日本紀》卷十八、天平勝寶四年(752)三月三日條："遣唐使等拜朝。"

《可請大乘經本目錄》	《可請本經目錄》
文殊師利所說般若波羅蜜經 一卷	伊吉寺 文殊師利所說般若波羅蜜經一卷
大方廣佛花嚴經不思議佛境界分一卷	大方廣佛花嚴經不思議佛境界分一卷 或二卷
大乘金剛髻珠菩薩修行分一卷	大乘金剛髻珠菩薩修行分一卷 亦名金剛菩薩加行品
菩薩十住行道品一卷	菩薩十住行道品一卷 亦直云菩薩十住
方廣大莊嚴經十二卷	方廣大莊嚴經十二卷 一名神通遊戲,或云大方廣經
薩曇分陀利經一卷	薩曇分陀利經一卷 舊錄云薩曇芬陀利經,亦直云分陀利經
大乘方廣總持經一卷	大乘方廣總持經一卷 或無乘字
文殊師利現寶藏經三卷	文殊師利現寶藏經三卷或二卷,或無現字,或直云寶藏經
證契大乘經二卷	證契大乘經二卷亦名入一切佛境智陪盧遮那藏
無極寶三昧經一卷	無極寶三昧經一卷或無三昧字
藥師如來本願經一卷	藥師如來本願經一卷 隋笈多譯
六度集經八卷	六度集經八卷 亦名六度無極經,亦云廣無極集,亦云新無極經
睒子經一卷	睒子經一卷 一名孝子睒經,一名菩薩睒經,一名佛說睒經,一名睒本經,一名孝子隱經
太子沐魄經一卷	太子沐魄經一卷 或作慕魄
作佛形像經一卷	作佛形像經一卷 亦云優填王作佛形象經,一名作像因緣經
浴像功德經一卷	浴像功德經一卷三藏義淨譯
千手千眼觀世音菩薩姥陀羅尼身經一卷	千手千眼觀世音菩薩姥陀羅尼身經一卷 或云千辟千眼
文殊師利根本一字陀羅尼經一卷	文殊師利根本一字陀羅尼經一卷 題云大方廣菩薩藏中文殊師利根本一字陀羅尼法,亦名一字咒王經

續　表

《可請大乘經本目録》	《可請本經目録》
千轉陀羅尼觀世音菩薩咒經一卷	千囀陀羅尼觀世音菩薩咒經一卷　或無經字
佛頂最勝陀羅尼經一卷	佛頂最勝陀羅尼經一卷　日照三藏譯
持句神咒經一卷	持句神咒經一卷　亦云陀羅尼向

據年代稍後的《東大寺六宗未决義》[1]記載，朝廷任命遣唐使之後，僧綱即向各大寺宗派發牒，征集"未度來書"（未傳到日本的佛書），由僧綱負責甄別匯總編成目録，交給遣唐使入唐蒐集。

筆者揣度，《可請大乘經本目録》大概是某大寺或宗派遞交的"未度來書"，僅列書名卷數而無其他信息，内容也限於大乘經；僧綱所收集各宗各派的"未度來書"後，經過整理歸類并加註相關信息（如作者、譯者、紙數、書籍別名、卷數考證等），方便遣唐使入唐收集。如"般泥洹經二卷"目下註云："或直云《泥洹經》，亦云《大般泥洹經》。諸藏中一卷者，唯是上卷，欠下卷也。"又"釋迦譜十卷"目下註云："别有五卷本，與此廣略異。"顯然是爲蒐書者指定具體目標。

《可請本經目録》較之《可請大乘經本目録》，增加了大量詳細而具體的書籍信息，由此提高了遣唐使蒐書的效率，比對天平寶字五年（761）三月二十二日《奉寫一切經所解》所載書目，下列十三部書籍由遣唐使成功帶回（序號系依天平寶字五年三月二十二日《奉寫一切經所解》）：

　　（01）方廣大莊嚴經　十二卷（大方廣普賢菩薩所説經，一名《神通遊戲》，或曰《大方廣經》）
　　（02）大乘方廣總持經　一卷（或無"乘"字）
　　（03）文殊師利現寶藏經　三卷（或二卷，或無"現"字，或直云

---

[1]　這封牒狀收録在《大日本佛教全書》第三卷《諸宗用義集》，落款寶龜七年（776）二月五日，尾書云："右被去寶龜六年十二月十三日綱所牒稱，了事學頭專爲别當，請率併别知法大法師並聽利僧等，勘出各宗一切經論章疏傳集等所疑文義，寄返學僧等以决所疑者。今依牒旨，注顯别宗未决文義並未度來書等，申上如件，以牒上。"

《寶藏經》）

　　（04）證契大乘經　二卷（亦名《入一切佛境智陪廬遮那藏》）

　　（05）無極寶三昧經　一卷（或無"三昧"字）

　　（07）浴像功德經　一卷（三藏義淨譯）

　　（13）阿育王經　十卷

　　（14）禪法要解　二卷（一名《禪要經》）

　　（15）勸發諸王要偈　一卷

　　（16）金七十論　三卷（亦名《僧法論》，或二卷）

　　（17）勝宗十句義論　一卷

　　（18）集古今佛道論衡　四卷（或三卷）

　　（19）甄正論　三卷

　　第十二次遣唐使帶回的二十四部佛書中，半數以上的十三部與《可請本經目錄》重合，而且書籍的信息（譯者、書名、卷數）高度一致，兩者的承繼關係毋庸置疑。

五、《未寫經律論集目錄》

　　從玄昉735年帶回《開元釋教錄》、736年光明皇后即開始抄寫的速度看，第十二次遣唐使754年帶回的書籍，直到761年才"從內堂請，奉寫加如前"，似乎銜接時間過長。填補這個時間空白的是《未寫經律論集目錄》。

　　這通文書收錄在《大日本古文書（編年之十二）》"天平勝寶五年五月七日類收"條下，日本學者太平聰考定爲委託第十二次遣唐使蒐集"未度來書"目錄①，榎本淳一也支持這個觀點，認爲此書目系天平勝寶四年

---

① ［日］太平聰：《正倉院文書と古寫経の研究による奈良時代政治史の檢討》，1993—1994年度科學研究補助金一般研究（C）研究成果報告書，1995年。

(752)日本所需的寫經底本①。

然而我們應該注意到,《未寫經律論集目錄》被歸爲天平勝寶五年(753)五月七日文書,前一年(752)三月三日"遣唐使等拜朝"而渡海入唐,這份書目如何送到遣唐使之手呢?唯一的可能是《大日本古文書》將其類收於"天平勝寶五年五月七日"時間有誤——或者提前,或者滯後。

我們先來看看《未寫經律論集目錄》的內容。該文書收入佛教經典一百七十六部合六百八十四卷,内中大乘經四十六部一百二十四卷,大乘律一部一卷,大乘論十一部二十三卷,小乘經五十七部八十八卷,小乘論十一部一百九十七卷,賢聖集傳五十部二百五十一卷②,幾乎都是玄昉攜歸經論中所未見的。

這個書目比之前述《可請本經目錄》,與天平寶字五年三月二十二日《奉寫一切經所解》重合度更高,遣唐使攜歸的二十四部書籍中,除"目錄外經"項下四部(《花嚴十惡經》、《一切經正名》、《集要智因論》、《攝大乘論釋》),其餘二十部全部出現在《未寫經律論集目錄》中。

《奉寫一切經所解》	《未寫經律論集目錄》
方廣大莊嚴經十二卷二百六十六紙	方廣大莊嚴經十二卷二百十四紙
大乘方廣總持經一卷十四	大乘方廣總持經一卷十四紙
文殊師利現寶藏經三卷卅三	文殊師利現寶藏經三卷卅二紙
證契大乘經二卷卅四	證契大乘經二卷卅二紙
無極寶三昧經一卷廿	無極寶三昧經一卷　　　卅紙
大莊嚴法門經上卷十三	大莊嚴法門經上卷　　　廿六紙
浴像功德經一卷四	浴像功德經一卷四紙
寶雨經五卷一百	寶雨經五卷一百卅一紙
顯揚聖教論頌一卷十四	顯揚聖教論頌一卷十三紙

---

① [日]榎本淳一:《日本古代における仏典の將來について》,《日本史研究》615號,2013年11月。
② [日]榎本淳一:《日本古代における仏典の將來について》,《日本史研究》615號,2013年11月。

續表

《奉寫一切經所解》	《未寫經律論集目錄》
雜阿含經一卷廿二	雜阿含經一卷　　　　　　廿一紙
阿毗達磨集異門足論廿卷二百八十八	阿毗達磨集異門足論二十卷　二百七十八紙
阿毗達磨品類足論十八卷二百六十七	阿毗達磨品類足論十八卷　三百五十五紙
阿育王經九卷百十三	阿育王經十卷　　　　　　百十一紙
禪法要解二卷　　　　卅六	禪法要解二卷　　　　　　卅四紙
勸發諸王要偈一卷　　九	勸發諸王要偈一卷　　　　六紙
金七十論二卷　　　　卅六	金七十論三卷　　　　　　五十三紙
勝宗十句義論一卷　　十三	勝宗十勾義論一卷　　　　十一紙
集古今佛道衡一卷　　廿七	集古今佛道衡四卷　　　　九十九紙
甄正論三卷　　　　　卅七	甄正論三卷　　　　　　　卅六紙
攝大乘論釋九卷　　　二百卅七	攝大乘論釋十卷　　　　　百七十六紙

　　《未寫經律論集目錄》與《奉寫一切經所解》的另一個相似點，便是每部書後均標明抄寫所需的紙張枚數，雖然每部的紙數多略有出入，但這個共性特點說明一個重要而關鍵的問題——這些書籍均已傳到日本，因此能估算出寫經所需紙張。據此可以斷論，《未寫經律論集目錄》絕非如太平聰、榎本淳一推測是求書目錄。

　　由此推論，《大日本古文書》把《未寫經律論集目錄》類收於"天平勝寶五年五月七日"文書群顯然有誤，因爲第十二次遣唐使天平勝寶六年(754)正月十六日才陸續回到日本，書籍送抵朝廷以及寫經所指定抄寫計劃還需要更多的時間，據《續日本紀》記載"遣使奉唐國信物於山科陵"是天平勝寶六年(754)三月十日，筆者推測《未寫經律論集目錄》的時間應該在此之後至天平寶字五年(761)三月二十二日之前。

　　按照日語的熟語習慣，"可請目錄"指應該入唐求索的書目，"未寫目錄"指已經入掌但尚未抄寫的書目，"奉寫目錄"指抄寫既有書籍的目錄。

以上通過四通正倉院文書——《可請大乘經本目錄》(752)、《可請本經目錄》(752)、《未寫經律論集目錄》(754—761?)、《奉寫一切經所解》(761)，大致勾勒出第十二次遣唐使"書籍之路"的軌跡。舉國體制編制闕本目錄、遣唐使極力蒐集書籍、朝廷直接參與寫經事業、佛教界精心保管珍貴的唐本，這一切使日本的佛教書籍與時俱增，從而催生奈良時代一切經數目巨大的奇觀。

論葉煒與日本文人的交流及其著述

黄仁生(復旦大學)

一、葉煒的生平事跡——以兩度赴日爲中心

葉煒(1839—1903),字松石,號夢鷗、松石道人、鴛湖信緣生等。浙江嘉興人。工詩文,善書畫。曾兩度赴日本從事文化活動。第一次是同治十三年(1874,明治七年)一月至光緒二年(1876,明治九年)八月,由日本駐上海領事館推薦,受聘爲東京外國語學校(今名東京外國語大學)漢文教授,實際任教兩年半。因其屬於中國首屆駐日公使何如璋抵日(1877年12月)前的旅日文人,堪稱近代中日文化交流史上的先驅者之一。在此期間,一方面因其教學成績突出,爲日本明治維新前期培養了一批漢語人才,曾兩次受到東京外國語學校嘉獎;一方面以其詩文書畫之才能而引起日本文人的重視,與明治文壇具有影響力的文人時有唱和,從之學詩者也不少。第二次是光緒六年(1880,明治十三年)夏重遊日本,居住於大阪、京都等地,主要以詩文書畫與日本文化界交流而維持生計,後因病於光緒八年(1882,明治十五年)二月回國。

據《嘉興縣志》卷三十四記載:(葉氏)"先世皆官衛守備。煒獨嗜學,好爲詩。嘗一入淮軍,繼遊東瀛,彼都聘爲漢文教習,從之學詩者甚衆。歸而納粟,需次江南,屢襄各局文案,卒官吳縣主簿。"著有《延青閣詩鈔》《石有華齋詩話》《井窗雜志》《夢鷗囈語》《煮藥漫鈔》,編有《扶桑驪唱集》。但今僅見有後三書傳世,且皆與日本相關。其中《夢鷗囈語》一卷(明治十四年大阪刻本)、《煮藥漫鈔》二卷(光緒十七年金陵刻本)皆撰於第二次寓日期間;而《扶桑驪唱集》一卷(光緒十七年金陵刻本),則

主要收録其在東京教習期滿歸國前日本友人送別時的唱和之作。

葉煒自稱:"余自浮海東遊,詩格爲之一變。前後二度,得詩四卷,力洗浮華。"(《煮藥漫鈔》)此四卷詩作當皆收入《延青閣詩鈔》中,其書雖已佚,但從日本明治年間的漢文雜志《新文詩》《新文詩別集》《新新文詩》和其他著作,以及《扶桑驪唱集》、《煮藥漫鈔》和《申報》等出版物中,還可以輯得其百餘篇詩文。

葉氏兩次寓日的時間加起來不到五年,但他在日本的知名度和影響遠大於其在中國生活的六十年,甚至他逝世後得以入土爲安並立墓志銘,也是他的日本學生促成的。俞樾在《吳縣主簿葉君墓志銘》中對此有生動記載:

有東瀛客村山君曰正隆節南者,踵吾門而問曰:"君知有松石葉君乎?"曰:"不知也!"乃歎息而言曰:"其人死矣!是嘗再遊於吾國。其初至也,膺吾國之聘,爲大學漢文教授者三年。其再至也,賣書畫以自給,吾國名人魁士,皆喜與之遊,如中田君敬義,二口君美九,石原君昌雄,加藤君榎本,皆從之學詩者也。哀其隱於下位,齎志以歿,乞君一言,以志其墓。欲知其詳,則有其友魯君寶清所爲《事略》在。"余受而讀之,歎曰:"余與同爲浙西人而不知焉,余滋愧矣。余不能知而異邦人轉能知之,爲乞銘於余。則君之賢且才,又焉可没哉?……君年逾六十始得一官,光緒二十八年四月受事,二十九年二月丙申以疾卒,年六十有五。貧無以爲斂,時二口君適以領事官駐蘇,乃與吳縣知縣林君丙修謀,各出巨貲以斂之,又爲卜地於胥門外橫塘而葬焉。嗚呼,可謂生死之交矣!村山君之以墓銘請,蓋亦二口君之意也。"

二、從《扶桑驪唱集》看葉煒與日本文人的交流

葉煒在日本文壇一度名聲籍籍,甚至獲得過"詞宗"之美譽,但其最初是經由明治文壇活躍人物森魯直及其主持的媒體(包括選本和雜

志)而走入東京文人圈,進而爲日本文人所接受和熟知的。其《煮藥漫鈔》中曾憶及他是如何與森魯直(號春濤)相識相知的:"余與春濤髯史,初未謀面。門人中田敬義索書扇,錄舊作四絶以應。爲春濤所見,介德山樗堂,訂文字交。徵余近製,又錄數首付之。遽爲其刻入《東京才人絶句選》中。前四絶,係癸酉(1873)《春興》,故《浮海集》不載,茲錄存之。'春衫初試踏青天,正好尋芳樂少年。惱煞東風無意緒,忽飄微雨濕秋千。''芭蕉窗外緑陰稠,簷滴無聲宿雨收。自笑癡情癡不醒,夢中猶替落花愁。''閑情淡盡更如何,遣悶晴窗寫永和。羞聽梁間雙燕説,春原不負負春多。''尋詩彳亍小迴廊,寂寞翻疑漏點長。花影亦如鄰女豔,月斜夜夜上東牆。'自知'豔'字未妥,然終難得一字以易之,春濤亦未有以匡我也。"

明治八年,森魯直創辦了漢文雜志《新文詩》,當年九月出版的第三集發表了葉煒《秋興》詩:"事學淵明亦偶然,古琴掛壁懶張弦。舌屙歷試君臣藥,文債難償子母錢。醉墨留香成畫隱,孤燈耆影悟茶禪。從來不作千秋想,誤被人將斷句傳。"春濤評曰:"全稿足傳,何啻斷句!"第四集(十月出版)又發表葉煒《贈春濤詩壇魯直》詩:"未曾謀面早心傾,辱荷簫韶和缶鳴。一代才人編絶句,四方選政賴先生。只談風月場中樂,每有文章海外驚。魏野林逋千古仰,奚須爵位始傳名?"春濤曰:"'只談風月'四字,係余齋頭扁題,是清國姑蘇人金郔書而贈余者。蓋逸士有所感而入詩耳,余亦有所感而次原韻如左:'未抵相逢肝膽傾,想君曾以所能名。酒違勝侶無聊甚,詩到梅花太瘦生。白馬場中身尚是,紅羊劫後夢還驚。拈來海外文章句,不負寒酸東野名。'"由此可見二人互相欣賞,交誼甚深。此後,葉煒還有多篇作品在森魯直主辦的《新文詩》《新文詩別集》《新新文詩》上發表。由於當時文壇的著名作家都與森魯直關係密切,並不斷在這兩個雜志上發表作品,葉煒也得以結識許多名流,並與之唱酬往來,情誼日篤。

明治九年(1876)夏,葉煒在東京外國語學校任教期滿,准備回國期間,衆文友"祖餞無虛日,席上必賦詩,此唱彼和,或多至數十篇"。回國以後,葉煒將贈別之作編爲《扶桑驪唱集》一書,並撰《自序》曰:"僕受日本大學之聘,設帳東京,凡二年半,一時廊廟山林文學之士多定縞紵。今夏解館言旋,蒙投詩畫者百餘人,歸裝之富,足傲陸賈。時別緒紛如,不遑編次。抵滬後,啟篋示諸友,咸以爲外國翰墨,爭相持去。因亟抄存之,得若干首。其畫數十幅,如三洲、晴湖、環翠、柳圃、冬崖諸君手筆,另裝藏弄。至東洋土物,又得文部省御贈古漆梅鶴篋一,硯紙匣各一,故侯松平氏贈長谷部國重造上杉揮虎所持刀一,大河內氏贈來國俊刀一,有馬氏贈備前匕首一,福岡氏贈正宗刀一,彼國贈刀禮至隆也。所贈並古製名品,僕本菲才,辱斯厚貺,洵爲奇遇。爰以贈言裒付梨棗,以志翰墨之緣遠結海外也。若其品物,當世世寶之。光緒二年(1876)歲在丙子孟冬月嘉興葉煒夢鷗自識。"明治十二年(1879),好友森魯直曾將東京諸彥贈別葉煒諸作,選入《新文詩別集》第五集刊行,"每篇皆有評語,間及軼事",不僅在日本流播甚廣,而且"曾以數十冊遠寄"東海彼岸。但《扶桑驪唱集》編成後並未付梓,以後又有所增補,直到葉煒第二次旅日歸來後再加以整理,纔於光緒十七年(1891)刊於南京。

　　該書正文一卷附錄一卷,正文收錄 43 位日本人的 92 首詩和葉煒的 28 首詩,皆爲送別贈答之作;附錄編入 8 位日本人的書信 10 篇,還有 3 位日本人的續和詩 15 首。如果將正文與附錄合起來計算,實際收錄了 46 位日本文人的 107 首詩和 10 篇書信,其中著名人物有小野長願(詩 2 首)、森魯直(詩 5 首)、大槻清崇(詩 7 首,書信 2 篇)、中村正直(詩 8 首)、成島宏(詩 8 首)、鷲津宣光(詩 5 首,書信 2 篇)、丹羽賢(詩 4 首)、關思敬(詩 4 首)、江馬聖欽(詩 5 首)、穀鐵臣(詩 5 首)、岡本迪(詩 5 首)、水越成章(詩 5 首)、西尾爲忠(詩 3 首)、辻斐(詩 2 首,書信 1 篇)、三島毅(詩 2 首,書信 1 篇)等。

三、從《夢鷗囈語》與《煮藥漫鈔》的撰刊看葉煒與日本文人的情誼

　　葉煒的《夢鷗囈語》與《煮藥漫鈔》皆是重遊日本期間撰於大阪,二書雖然性質不同,其刊行經過也有異,但其中都凝聚了中日文人之間的深情

厚誼。

　　《夢鷗囈語》屬於帶有格言醒世語性質的筆記類著作，正文凡五十四條，葉眉有藤澤恒和土屋弘的評語；此外，福原亮、菊池純、神山述以及葉煒門人周壯皆爲本書的刊行付出過辛勞。甚至可以說，該書實是由中日文人合作完成的，且於明治十四年（1881）五月刊行於大阪，今僅日本有藏本。

　　關於該書的撰刊過程，福原亮於明治十三年（1880）十二月所撰《跋》曰："今兹庚辰暑月，余偶訪松石葉君於其寓自由亭，時滿堂惟聞鼾睡之聲齁齁焉，君憑几著書，如不知炎熱爲何物者。余因問曰：'衆人皆睡，君獨兀兀著書，何勉勉也？'君笑曰：'余亦在於黑甜鄉裏而爲囈語者也。'既而見示此册子，即曩時消夏所著是也。蓋夢鷗者，其別號云。今以囈語爲暑天之事業，其意所在亦可知矣。乃披而讀之，引經證史，頗寓警世之意。視諸世之徒鬥詞華於楮墨者，自有天淵之别。余深服其襟度之瀟灑，識趣之高邁也。其門人周壯十郎將校刻以傳於世，不意中道嬰病以殁。一日，談偶及此，余嘉壯十郎之志而惜其未成，乃與藤澤南嶽胥議付書估而使上梓，壯十郎而在泉下其喜躍何如哉？葉君亦不復拒，使能成其志，可謂師友情誼兩全者矣！此日雨雪紛紛歲將除，俯仰上下，不能無今昨之感，因書其所由以置於卷尾云。"

　　卷首有菊池純撰《夢鷗囈語序》、土屋弘撰《題夢鷗囈語》、藤澤恒撰《小序》，還有穀鐵臣、江馬聖欽的題字以及中國畫家王冶梅所繪《水亭消夏》圖等。其中最值得重視的菊池純《夢鷗囈語序》，從中可以了解葉煒與幾位日本文人交往的細節和情誼，特抄錄如下：

　　　　雨雪霏霏，歲聿雲莫矣。杜門擁爐，兀坐一室，左圖右史，矻矻忘疲。會獲浪華周峰福原氏手書，欣然披緘，中有一册子，題曰"夢鷗囈語"，不知其爲何人著作。既而細讀其手書，始得詳松石葉君所著。書中懇懇介周峰氏徵予弁首。噫，予落托窮措大耳，曷足以塵大方盛業哉？欲辭以不敏，已而以謂：予耳葉君盛名久矣。憶距今五六年前，予父執磐溪大槻翁曾見貽其新著《愛敬唱和詩》一卷，中載葉君和作數首,命意超凡,措詞高雅,具李杜風範,能別出機軸者。回味諷誦,手不能釋卷。其卷現在几上,而海山阻絕,其人卒不可見,惆悵久之。頃者聞君遊於浪華(大阪),乃介友人霽雲藤井氏,呈近藝文二篇,乞其郢斤。君咄嗟批而評之,有"詞源如倒三峽水"之語。過褒溢美,雖不敢當,伯樂一顧老駑,亦安知不增其價哉?抑禮尚往來,往而不來非禮也,來而不往亦非禮也。頃葉君既已評予之文,予安得不序其盛業答禮意哉?於是剪燭讀之,其著率仿語類劄記之體,運以一家見解,首尾條貫,一絲不紊,時有警世脫俗之語,俾讀者犁然而中心,渙然而冰釋,怡然而娛樂,勃然而奮勵,惻然而感悟也。此著雖出於一朝消夏避暑之餘,固平生燈火所蓄積,其學識淵邃,詞筆高華,亦足以窺其豹斑也。嗚呼,向者推獎以爲李杜元白之流亞者,今乃得見發揮孔曾思孟之蘊奧,是猶武庫刀槊森然羅列,無不備具,大家所蘊蓄,豈易測知哉!竊不自揆,淬筆書其卷端,蓋死麕白茅,亦禮之一端。君其幸毋尤其不恭焉。書畢,闚户隙向之霏霏者,悉變成皚皚色,滿園竹柏,皆革其面目。狂喜出門,則雪深三寸矣。

序中提及的"周峰福原"即福原亮,"大槻翁"即大槻清崇,皆與葉煒交情頗深,此次經福原亮介紹,葉煒也與菊池純建立了文字情誼。

從以上引文可知,《夢鷗囈語》是葉煒重遊日本的當年夏天撰於大阪寓所,其時身體尚健,不僅能冒着酷暑揮毫,而且行文中也表現出一種憤世嫉俗的正氣和積極向上的精神。而《煮藥漫鈔》則是翌年病中所撰,其開篇第一條曰:"余以光緒六年(1880)夏重遊日本,滯大阪十閱月。辛巳(1881)暮春,再客西京,忽患咯血疾,就醫葛野郡。既而還大阪,養屙自由亭,凡醫者,咸誠勞心。於是廢棄筆硯,屏絕書卷,日惟兀坐,以養丹元。然無所事事,心猿難馴,倏忽萬里,轉不若以一卷束縛之,而著述考據,並非所宜。偶撿舊稿,寓目一二,時於書眉紙尾,見有曩日論詩之語,雖不中肯綮,要亦一時會心,兼記片羽吉光,詎忍仍令散失,乃就藥爐餘候,拉雜錄之,名之曰《煮藥漫鈔》者,紀實也。"其中雖透露出窮苦書生的悲哀,但仍可見出中國文人的執著。

該書屬於詩話一類性質的著作（儘管所談不限於詩），與中國以往詩話有所不同的是，他的目光已開始關注中日詩壇，是一部不乏獨到見解的著作，並且因其收錄了一些不見於他書的詩詞作品，兼具重要的文獻價值。回國以後，又有所增改，至光緒十七年（1891）付梓時，分爲二卷，更名《煮藥漫鈔》。從明治十四年（1881）在大阪開始寫作，到光緒十七年（1891）刊行於南京，前後歷十年之久。書末有作者自跋曰："余舊有《煮藥閑鈔》之輯，屬稿未竟，爲福原周峰攜去。尋以病歸，漫不省記。甲申（1884）夏服官秣陵，會得周峰書，言將謀付剞劂，可謂嗜痂有癖矣。追維曩作，疵病孔多，亟郵書索原稿卒業，不覺慚汗之涔涔也。卷首辱老友湖山翁弁言，情見乎詞，感深沒齒。思損益一二，以副周峰盛意，迄不得暇。乙酉（1885）春，退居白下，偶抱采薪，閉門謝客，取前稿改竄，爰續若干條，釐爲二卷。將以還寄故人，俾知僕健在，興復不淺，當必色然喜也。若其謬誤，尚乞匡正。"可見當年在大阪時該書尚未完成，手稿交由福原亮保存，福原氏曾擬爲其刊行於世，因而在葉煒回國後不久，就已請當時文壇重鎮小野長願（號湖山）撰寫了序言。序曰：

詩人之窮愁落魄，固爲千古常事，不足深怪也。然至海外零丁、貧病無依如葉君松石可悲者，蓋亦少矣。松石負奇才不得志。往年我文部省延之東渡，爲東京漢學教師，暇則與吾曹相唱酬，吟花嘯月，風流自娛，未爲窮也。厥後再來，流寓平安（京都）、浪華（大阪）間，身外所齎，破硯殘毫耳。余向聞其嬰病，心竊憫之。項者，福原公亮寄示《煮藥閑抄》一册，云："是松石病中所錄，以病不愈去，臨去以屬余者。海濤萬里，其生死未可知，子其序之。"余見書名愴然，讀小引益悲，因思公亮之言，則復不勝潸然也。松石年纔四十餘，著述頗多，而此書論詩、論人皆有特見，非尋常詩話之比。蓋觸感抒懷，深自省悟者。使其病得差，則今日之窮困愁苦，適足以爲異日成名之資。若其不然，使松石所成就終於此，則天之於才人獨何薄耶？此余之所以感愴不能已也。公亮勇於義，有俠氣，必能刻此卷，以謀不朽，故爲題一言還之。吁，才人志士，自不憂其身之死而憂世無一知己，今松石雖貧病幽鬱如此，而得海外知己若公亮，以傳名後世，則可以少有所慰矣乎？日本明治十有五年壬午（1882）夏湖山老人小野願拜序。

如前文所述，《夢鷗囈語》實是在福原亮的斡旋下而刊行於大阪的；而《煮藥閑抄》的篇幅遠遠大於前者，他在葉煒抱病回國生死不明之際，就已開始爲之籌劃刊刻該書，真稱得上是一位"勇於義，有俠氣"的"海外知己"，而小野序言對葉氏貧病交加的困境及其與福原氏關係的描寫，皆深中肯綮，令人感動。因此，劉可毅也爲之作《跋》曰："松石羈日本，凡成《煮藥漫鈔》二卷，中多論詩。其友小野長願、福原公亮者，猶能感其言而思所以永之。嗚呼，松石固蒼奇！松石之爲詩也，有遠致，而其論詩也，亦如其人。宜乎小野、福原詩人之不能忘，而其詩亦能播諸海外也。"

［作者附言］在搜集日本漢文著作與期刊中所載葉煒詩文作品時，奧野新太郎博士、佐藤浩一教授曾提供幫助，特致謝忱！但因時間匆忙，本文實際只完成三分之一的篇幅，稍俟時日，方可竣工。作者電子信箱：hrens2013@163.com，歡迎諸位方家批評。

明代復古派作品在日本的傳播
——以泊園書院爲主

長谷部剛（日本關西大學）

一

泊園書院（Hakuen Shoin）爲日本江户時代的儒學家藤澤東畡所開設的書院。

藤澤東畡（Fujiwara Tōgai，1794—1864），名甫，字元發，號東畡，又號泊園。江户寬政六年出生於高松藩的一户農家。九歲時師從中山城山（1763—1837）。青年時曾遊學長崎學習唐音兩年。文政八（1825）年在大阪創建"泊園書院"開始講學。從學統上來說，東畡承自荻生徂徠的學統。因此東畡及泊園書院的講學與研究繼承的是徂徠學的基本精神，尤其是在中國古代禮樂思想方面。

第二代藤澤南岳（Fujiwara Nangaku，1842—1920）爲東畡的長子，名恒，字君成。有七香齋、醒狂、九九山人等號。東畡死後，南岳繼承了東畡的衣鉢，並列爲高松藩員。明治維新之際（1868年），因篤志勤王，力勸高松藩主歸順天皇，護藩有功，被藩主賜號"南岳"。南岳去世之後，則由其長子

藤澤南岳
(Fujiwara Nangaku, 1842—1920)

藤澤黃鵠(Fujiwara Kōkoku,1874—1924)與次子藤澤黃坡(Fujiwara Kōha,1876—1948)繼任泊園書院主。

泊園書院是江户末期大阪地區最大規模的漢學私塾,堪比懷德堂。明治維新前後,泊園書院雖曾一度中斷,但直至第二次世界大戰結束後方才關閉,可以説,泊園書院是近代日本持續最久的儒教書院之一(1825—1864,1873—1948)。由於第四代藤澤黄坡在關西大學任教的緣故,泊園書院關閉後,所有的藏書及資料均捐贈給了關西大學圖書館,"泊園文庫"在關西大學重要藏書中佔據核心地位。

二

關西大學"泊園文庫"中富有漢籍、漢文學方面資料,尤其是第二代院主藤澤南岳善屬詩文,作爲明治時代大阪詩壇的領袖,與詩人墨客交際非常廣泛,留下了大量的詩文稿,我們通過解讀南岳所留下的詩文稿,可以理解漢籍、漢文學在19—20世紀日本大阪的傳播與接受情況。

剛開始我們應該知道的是:泊園書院繼承了徂徠學的基本精神,就是"古文辭學"。開闢徂徠學的荻生徂徠(Ogyu Sorai,1666—1728)一方面對儒教經典試圖富於獨創性的解讀,在另一方面接受李攀龍、王世貞等"後七子"的復古理論,在日本主張"文必秦漢,詩必盛唐"①。荻生徂徠以及弟子服部南郭(Hattori Nankaku, 1683—1759)以及高野蘭亭(Takano Lantei,1704—1757)積極鼓吹"古文辭",獎勵學詩者模擬唐詩,特別是(傳)李攀龍(編)《唐詩選》所選録的盛唐詩。徂徠、南郭所提倡的模擬文學派風靡一時,18世紀中葉"古文辭"的盛行達到了最高潮。

中國明代末期出現了袁宏道、錢謙益等,反對盲目模擬,批判李攀龍、王世貞等的文學主張,前後七子的復古理論被全面否定了。比中國晚了一百幾十年,山本北山(Yamamoto Hokuzan, 1752—1812)繼承了"性靈派",批判模擬派的文學主張。其後,市河寬齋(Ichikawa Kansai, 1749—

---

① 《明史》卷三百八十八《文苑傳·李夢陽》。

1820）、大窪詩佛（Okubo Shibutu，1767—1837），柏木如亭（1763—1819，Kashiwagi Jotei）等"江湖派"尊重宋詩，也否定了模擬派的文學主張。在這種情況下，19世紀古文辭派失去了以前的影響力，藤澤父子在大阪主辦泊園書院偏偏推崇"徂徠學（古文辭學）"。

在日本發展的"古文辭學"，即"徂徠學"，在文學方面的特徵是什麽？對於這個問題，日野龍夫（1940—2004）的《徂徠學派——從儒學到文學》①進行了多方面的分析，具有極高的學術價值。此書所收録的一篇《〈唐詩選〉的作用》言及古文辭派詩歌創作特徵。這篇文章首先指出《唐詩選》中有如下的三種種類：

（1）描寫城市繁華：《洛陽道》《長安道》《長安古意》《帝京篇》《大道曲》《長安有狹斜行》《少年行》《公子行》《東都四時樂》《墨水詞》等

（2）豔詞：《烏夜啼》《古意》《獨不見》《妾薄命》《有所思》《子夜歌》《古别離》《折楊柳》《閨怨》《宫怨》《宫詞》《竹枝詞》《大堤曲》《長干行》《當爐曲》《采蓮曲》《江南曲》《青樓曲》《章臺柳》等

（3）邊塞詩：《關山月》《從軍行》《出塞行》《入塞行》《塞下曲》《平蕃行》等

日野先生概觀日本江户前中期的漢詩諸作來説："古文辭派盛行以前，在江户文人的詩文集中，屬於（1）（2）（3）類的詩歌很罕見，但在古文辭派的詩文集中却增加很多。"接着，日野先生還説：

樂府詩以及豔詩因爲詩語詩想比較固定，易於寫作，所以專事模擬剽竊的古文辭派留下了大量的這種樂府詩與豔詩。

這種傾向也可以見於泊園書院第二代院主藤澤南岳的詩稿中。他的手澤

---

① 築摩書房，1975年1月。

本《七香齋吟草》收錄了擬古樂府詩十五首：《美人篇》、《落梅花曲》、《采蓮曲》（二首）、《寒夜曲》、《君子行》、《朝雲引》、《雉朝飛操》、《烏棲曲》、《白頭吟》、《長相思》、《海賈曲》、《飲酒樂》、《豔歌》等十五首，可見古文辭派詩歌創作特徵依然留存在南岳的文學活作品中。在此舉一首《美人篇》：

   佳冶絕世姿，窈窕天下美。
   潔如姑射之雪，淨如上池之水。
   明豔人希慕，只有朝日真可比。
（自注：顏延年《秋胡詩》：峻節貫秋霜，明艷侔朝日。）
   簡兮之歌人西望，吾也所望在東方。
   倩兮盼兮人說美，吾也所慕兮德香。
   曷日轉吾身，得致君之傍。
   宿鴉破夢天將曉，相思切兮東方香。

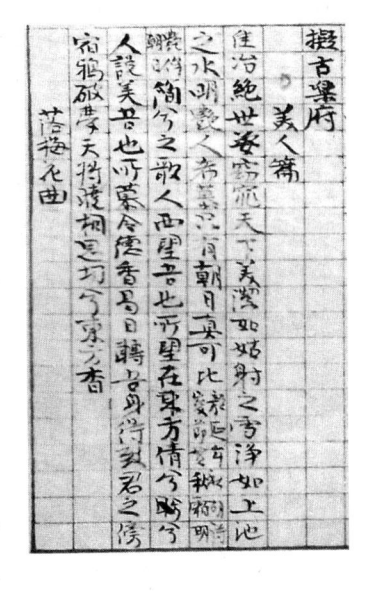

南岳留下了上千的詩篇，我們可以從他的手澤本《七香齋吟稿》全十七冊、《七香齋吟草》全八冊中概觀他生涯的詩作。日本大正七年（1918），他還自己編輯了《七香齋詩抄》。其中，《前七尚并引》《後七尚并引》是值得注目。《前七尚》追慕藤原春津、僧西行、源義經、清悅子、肖柏叟、石川丈山、賣茶翁等南岳所敬仰的歷史人物，《後七尚》追慕貝原益軒、荻生徂徠、伊藤東涯、柴栗山、龜井南溟、佐藤一齋、賴山陽等江戶時期的儒學者。前後《七尚》一目了然是模仿杜甫《八哀》的，復古主義濃厚的作品。而《後七尚》序文（"引"）這樣寫着：

   李滄溟云："不朽者文，不晦者心。"有斯心者，誰不嗜斯文。余托身於藝苑者數十年，翰墨自樂。固非期魏文所謂"經國大業，不朽盛事"也。項日賦《七尚》以頌隱士。或謂余曰:"子嗜文藝以自娛,有似不願人之文繡者,則於藝林,亦必有所尚。"曰:"然。"乃有此頌。

"李滄溟云"的一句爲王世貞《藝苑卮言》(卷一)所收的李攀龍的警句①。如上所述,李攀龍、王世貞等"後七子"的復古理論,在日本江户時代末期以後也受到了全面的批判,失去了以前的影響力,幾乎没有人尊重李、王的詩文了。至於19世紀後半,藤澤南岳還把李攀龍的文章引用到自己的文章裏,這是在近代日本漢文學史上非常罕見的現象。而且南岳把前後《七尚》看作自己的代表作品,明治三十三年(1900)四月十五日,南岳會晤當時著名作家森鷗外(Mori Ogai, 1862—1922)時,把《七尚》奉送給森鷗外。

如此看來,中國明代李攀龍、王世貞二人的復古主義文學到日本二十世紀連綿不斷地繼承下來。

三

上節引用日野龍夫《〈唐詩選〉的作用》中的一句話:古文辭派"專事模擬剽竊"②。但藤澤南岳本人並不是"專事模擬剽竊"的詩人。翻看南岳的《七香齋吟草》等詩集,我們就知道南岳的詩風没有那麽單純,題材比較廣泛,筆法極爲精練。

上節提到的南岳的擬古樂府詩應該是在詩會(詩宴)上創作的。泊園書院第一代院主藤澤東畡在江户文政十二年(1829)組織"先春唫社",

---

① 或見於王世貞《弇州四部稿》卷一百一十七,文部《李于鱗書牘》第四首。
② 日野龍夫《表演的詩人——古文辭派的詩風——》(收録於《徂徠學派——從儒學到文學——》)舉一個例子來介紹日本古文辭派"模擬剽竊"的詩作方法:高野蘭亭(Takano Lantei, 1704—1757)[A]《春日尋隱者》(蘐園録稿上):"西山行不盡,[B]春日獨相尋。[C]谷口鶯何處,[D]雲間路更幽。青蘿垂石壁,[E]茅宇結松林。但有餐霞侣,[F]圍碁坐竹陰。"
[A]: 丘爲《尋西山隱者不遇》(《唐詩品彙》一七)
[B],[D]: 杜甫《題張氏隱居》(《唐詩選》五):春山無伴獨相求,伐木丁丁山更幽。
[C]: 錢起《暮春帰故山草堂》(《唐詩品彙》四九):谷口殘春黄鳥稀。
[E]: 常建《第三峰》(唐詩品彙四九):"西山第三頂,茅宇依雙松。"
[F]: 白居易《池上二絶其一》(明曆版《白氏文集》三十二):"山僧對棋坐,局上竹陰清。"

和詩友競爭創作及唱和很多詩歌。南岳則明治十九年(1886)開始參加"逍遥遊社"。"逍遥遊社"是由左氏球山(Sashi Kyuzan,1828—1896)、近藤元粹(Kondo Gensui,1850—1922)、岡田聿山(Okada Hitsuzan,?—1900)等人所組織的詩社,其中近藤元粹(亦號"南洲")是明治時代最傑出的詩人之一,并善於填詞,他所評訂的《李太白詩醇選本》《杜工部詩醇》《白樂天詩醇》《王陽明詩集選本》等書籍獲得了廣泛的讀者關注。

在此介紹南岳的七絶《晚春郊外有引》。按照"引",我們知道這首詩是在明治三十年(丁酉,1897),逍遥遊社上做的。江户·天保八年(丁酉,1837),藤澤東畡在泊園書院舉辦先春唫社詩會,以《晚春郊外》爲詩題。逍遥遊社爲了紀念丁酉的一個輪回,也出了同一詩題:

黄鶯啼老緑楊林,遊屐何邊試醉吟。日暮江村過雨後,香泥一路落花深。

這首詩描寫出一個平靜的春天、和暖的農村的場景,令人想起楊萬里、陸游、范成大等南宋詩人之作。其實,日本江湖詩派在江户末期推崇南宋詩以後,這種宋詩風格的詩歌在日本詩人中很是盛行①。南岳除了這首詩以外,還寫過《春雨始霽分放翁一聯爲韻》《至日小集步劍南韻》《遣興用陸劍南韻》等詩,我們可以看出南岳對於陸游的詩十分推崇,而且可稱他的文學接受并非片面的。

下面繼續看南岳在"逍遥遊社"的詩會上寫的詩《山寺秋晴》:

秋山晴最好,淨境自無塵。臨澗心偏豁,對楓吟不貧。寺門存古色,靈物愛天真。適意唯斯在,遊情自勝春。

南岳的詩稿(《七香齋吟稿》第六册)書眉上寫着紅色、藍色、淺藍色、黄鶯色、黑色的批語,都是由逍遥遊社員寫的。用紅色的是近藤元粹,藍色是

---

① 合山林太郎《幕末京播的漢詩壇—以廣瀬旭莊、河野鉄兜、柴秋村爲中心—》(見於《幕末、明治期日本漢詩文研究》,和泉書院,2014年2月)。

户谷孝，淺藍色是山本轍，黃鶯色是關永。

近藤元粹試圖對南岳之作進行修改，建議將"臨潤心偏豁，對楓吟不貧"改爲"小飲心偏豁，閑吟字不貧"，而且贊揚第六句"靈物愛天真"爲"天然佳句"。

這部詩稿生動傳神地記錄了一百多年前的日本明治、大正時代以近藤元粹、南岳爲代表的"逍遙遊社"的文學創作實態，是極其寶貴的文獻資料。

四

關西大學圖書館"泊園文庫"所收藏的漢籍也反映明代復古派的特點，集部別集類：

    滄溟先生集三〇卷目一卷附錄一卷　明李攀龍撰　隆慶六年序刊　刊本　一〇冊

    補註李滄溟先生文選四卷　明李攀龍　明宋光庭編　明宋祖駿　宋祖驊補註　日本向榮堂華文軒覆刻宋光庭重鋟補注明刊本　刊本　四冊

    弇州山人四部稿一七四卷目二卷　明王世貞撰　萬曆年間明世經堂刊　刊本　四八冊

    弇州山人續稿二〇七卷目一〇卷　明王世貞撰　萬曆年間明世經堂刊　刊本　四二冊

    弇州堂別集全一〇〇卷　明王世貞撰　萬曆一八年刊（九七卷以下二冊以雨全堂清刊本補全）　刊本　全二一冊

    新刻陳眉公考正國朝七才子詩註解七卷　明陳繼儒撰　明李士安補註　延享四年再刻元祿二年日本宇都宮的（遯菴）　覆刻訓點明刊本　刊本　二冊

這些李攀龍、王世貞等"復古派"詩文集是在19世紀日本由藤澤東畡所收集。那時在日本李攀龍、王世貞等"復古派（古文辭派）"也失去了以前的影響力，很少人看重李攀龍、王世貞的詩文。所以可以說這是極爲特殊的現象。

　　最後，將泊園文庫中的貴重書介紹在這裏。泊園書院收藏有《唐詩紀事》張子立本，是明嘉靖二十四年（1545）刊刻的。此書有"文徵明印"以及"澹生堂經籍記"的藏書印。此書首先由文徵明（1470—1559）所收藏，然後歸於祁承㸁（1563—1628）之手。《澹生堂藏書目》卷十四《集類第八·詩文評·詩式》有記載："唐詩紀事二十册八十一卷計有功輯。"此書終於流傳到日本，歸於藤澤南岳之手。書上還有"七香齋珍賞"之印，"七香齋"爲藤澤南岳的齋號，我們可以看出，文徵明舊藏的《唐詩紀事》張子立本是由藤澤南岳所珍藏。

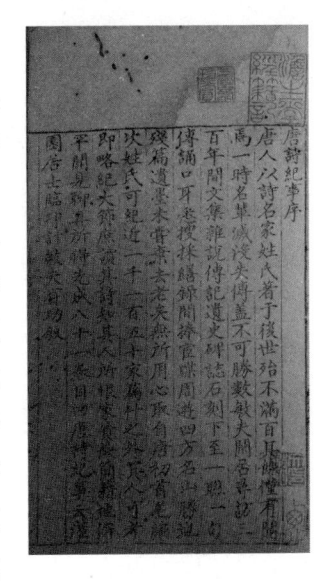

朱舜水"筆談"資料芻議

朱子昊(浙江大學)

朱舜水是明末清初之際流亡日本的大儒者,他赴日後的生活與思想主張均收錄於《朱舜水集》中。《朱舜水集》是一部大異於傳統寫作形式的著作,當中泰半都是他與日本友人門生之間的筆談與書信記錄,而非單純地敘述他的思想。此文旨在梳理其中的筆談文獻,並將之進行分類。此外,以往對朱舜水的研究很少提及其詩文方面的主張,筆者也將根據其筆談記錄就此提出自身的看法。

一、引　言

朱之瑜字楚璵,又字魯璵,號舜水,時人稱其爲朱舜水,浙江餘姚人。明清鼎革之際,朱舜水因不忿滿清入主中原,流亡海外二十一載,輾轉各地,四處乞師以光復明朝,最終留在了日本。

他是當時的飽學之士,與黄梨洲、顧亭林、王船山、顔習齋並稱明末清初五大儒者。然而在明朝之地,他却聲名不顯,也幾乎没有重要著作流傳,直至定居日本,其才學方廣爲人知。他在日本向人傳授儒學、禮制、科技知識等學問,其門下的許多學生日後成了日本的大學者,如當時水户德川家的家主德川光圀也以師禮待之,推動了朱舜水學術思想在日本的傳播。誠如梁啓超所言,"德川兩百年,日本整個變成儒教的國民,最大的動力實在舜水"①。

［基金項目］本文爲浙江省社科規劃重點課題"東亞筆談文獻研究(中日編)"(課題號:14JDDY01Z)階段性成果。

① 梁啓超《中國近三百年學術史》,東方出版社,2004年3月版,第94頁。

在日本正經歷著朱舜水帶來的思想革新之時,中原大地上却鮮有人知道還有這樣一位傑出人物。"直到晚清赴日的留學生相繼將朱舜水在日事蹟與史料回傳之後,相關的研究論文即如雨後春筍,陸續刊行;爾後,朱舜水研究遂廣受重視"①。無怪乎就連梁啓超也稱其爲"兩畸儒"之一,即"南明有兩位大師,在當時,在本地,一點聲光也没有,然而在幾百年後,或在外國,發生絶大影響。其人曰王船山,曰朱舜水"②。

即便是在日本,朱舜水也没將他的思想特别撰寫一本書加以完整闡述,而是由其門生後人將他平時與人往來的相關遺文篇什編輯集結彙編,其後對朱舜水的研究大多依據這些文集。

目前這些文集約有九種之多,歷經删減和增補,收録最全的當推是朱謙之先生所編的《朱舜水集》,其中收録了朱舜水的《中原陽九述略》以及《安南供役紀事》兩文,與他人通信的書簡、教授學問的問答,以及一系列詩賦、論、辯、説、議、序、記、志等各種文體的作品。而由徐興慶先生編著的《新訂朱舜水集補遺》則在一定程度上補全了《朱舜水集》中缺失的章節。本文的研究也正是基於這兩本書。

二、朱舜水研究現狀

目前學界針對朱舜水的研究主要集中在其儒學與史學的貢獻上。從其儒學貢獻上來看,日本學者中村新太郎認爲:"朱舜水所學的是介於朱熹和王陽明之間的一種學問,同時對於實用的學問也有很深的造詣。"③朱舜水有着自己獨特的儒學思路,其與程朱理學以及陸王心學都有所不同,但又有着千絲萬縷的聯繫。朱舜水的儒學思想中與宋儒相類的部份使其學説得以在日本被接受,而與宋儒所不同之處,即對"經世致用、格物致知"的强調却正符合了彼時日本對於儒學的訴求④。此外,朱

---

① 徐興慶編著《新訂朱舜水集補遺》,臺灣大學出版中心,2004年。
② 梁啓超著《中國近三百年學術史》,東方出版社,1996年,第85頁。
③ 中村新太郎《日中兩千年——人物往來與文化交流·舜水與光圀》,吉林人民出版社,1980年。
④ 韓東育《朱舜水在日活動再考》,古代文明,2009,3(3):94–105。

舜水的"古學"又與山鹿素行、伊藤仁齋、荻生徂徠的"古學派"有著類似的主張。因而對朱舜水儒學思想的研究往往透過其與各個流派儒學思想的比較來着手,尋找其儒學思想的定位與因由①。

從朱舜水的史學貢獻上來看,不能不提到其與《大日本史》之間的淵源。負責《大日本史》編撰的彰考館的前六任總裁均爲朱舜水的門生或是友人,從他們之間來往的記録來看,朱舜水極有可能或直接或間接地參與了《大日本史》的修撰工作。此外,朱舜水與水户德川家的德川光圀之間的交往也從思想、教育、技術等方面影響了日本文化,水户學的形成和完善與朱舜水關係密切②。

雖然爲數不多,但有學者注意到朱舜水的文學主張,如李燦朝認爲朱舜水主張文學功用論以及"務爲古學"的作文方法;然而細查之下不難發現,這與他的儒學見解極爲相似③。筆者認爲朱舜水的文學主張與其儒學思想是一脈相承的,他將文學視作儒學的載體,講求"所貴乎儒者,修身之謂也。身既修矣,必博學以實之;學既博矣,必作文以明之。不讀書,則必不能作文;不能作文,雖學富五車,忠如比干,孝如伯奇、曾參,亦冥冥没没而已!故作文爲第二義"④。從這一點上來看,很難將他的文學主張從儒學思想中獨立出來看待,朱舜水的儒與文更像是一體一用的關係。他提倡的是"純然經濟之學問"⑤,也認同"爲學者當有實功,有實用。不獨詩歌辭曲無益於學也,即於字句之間,標新領異者,未知果足爲大儒否? 果有關於國家政治否? 果能變化於民風土俗否?"⑥

然而,朱舜水並未像他所説的那樣"作文以明之",或者説,他並没有作一部傳統意義上的著作。從這一點上或許可以認爲,朱舜水已經"功

---

① 因篇幅所限,朱舜水的儒學研究情況不在此細表,詳見徐興慶《朱舜水與近世日本儒學的發展》一書,及韓東育《朱舜水在日活動新考》一文。
② 因篇幅所限,朱舜水的史學研究情況不在此細表,詳見李甦平《朱舜水》一書,及林俊宏《朱舜水在日活動及其貢獻研究》一書,及李曉航《朱舜水史學思想及其對日本史學發展的影響》一文。
③ 詳見李燦朝《論朱舜水的文學主張及其實踐》,求索,2011,(11):197—199。
④ 朱舜水著;朱謙之整理《朱舜水集》,中華書局,1981年,第394頁。
⑤ 林俊宏著《朱舜水在日本的活動及其貢獻研究》,秀威資訊科技股份有限公司,2004年,第166頁。
⑥ 朱舜水著;朱謙之整理《朱舜水集》,中華書局,1981年,第406頁。

利"至更願意讓自己的所學服務於現世,而非成就一部供後人評說的著作。倘若朱舜水當真參與了《大日本史》的實際修撰工作,那麼這修一國之史的宏大工程無疑是比一部單純的個人著作更稱得上是"作文以明之"。應當說朱舜水將文章視作傳承思想的工具,本身並沒有特別的要求,他所論述的文章之道與作文之法實則是儒學文章的要旨,是其儒學思想的外延與擴展。

總體上說,國內外有關朱舜水的研究,雖可謂汗牛充棟,但運用筆談資料來研究朱舜水者,筆者寡聞尚不多見。

三、《朱舜水集》中的筆語

在研讀《朱舜水集》時,筆者發現其中的問答被分爲兩卷,其中一卷標明"問答",而另一卷則寫着"問答(筆語)"。同樣是問答,爲何要這樣分類?同樣用筆寫就,筆語作何解?爲此,筆者查閱了朱舜水的全集中成書最早的《明朱徵君集》,雖然問答也同樣被分爲兩卷,但並未發現以"筆語"來區分的情況。

當然,筆語一詞並非是後人生造,在朱舜水及其門生友人之間的往來記錄中,筆語不止出現了一次。如《安東省菴寄奧村庸禮書》一文中載:"敝鄉與崎相距三十里許,(安東省菴)每半年兩次省之(朱舜水),言語不通,兼無文采,筆語亦不如意,受業不足,爲東關萬里之別。"[1]又《人見竹洞與朱舜水問答》中也有"桌椅相對,靜話終日,翁欣然筆語作堆"[2]的說法。從這些談話中不難發現,安東省菴在言語不通的情況下,與朱舜水見面時使用筆語交談,而人見竹洞則與朱舜水"桌椅相對……筆語作堆",這正是賓主以筆代舌的特殊交談方式。

在《朱舜水集》中收錄有 13 篇"筆語",交談的對象包括加藤明友、林春信、林春常、野節、木下貞乾、安東守約、中村玄貞、小宅生順、吉弘元常、辻達、藤井德昭及一位未署名人氏共 12 人,內容涉及禮制、經意、爲學、文

---

[1] 徐興慶編著《新訂朱舜水集補遺》,臺灣大學出版中心,2004 年,第 155 頁。
[2] 徐興慶編著《新訂朱舜水集補遺》,臺灣大學出版中心,2004 年,第 230 頁。

章、人物點評、中華國事、地理與風物等等。這些筆語的文法、格式以及用詞與《朱舜水集》中的"問答"有着明顯的差異。從這些差異來看,《朱舜水集》中的問答部分應是朱舜水與他人書信往來的記錄,而筆語部分則是他與人當面筆談的資料。如此推斷的依據如下。

其一,問答部分雖標明問答,但大多(18篇中15篇)只見朱舜水的答而沒有問,這或許正是因爲問與答並非同一時間產物(書信),後人將朱舜水的文字輯成全集時,未將這些並非是朱舜水所提的問題輯錄在內;而筆語中至少有一次互相問答,多則六十一次的輪流問答,且問答之間存在明顯的延續性。

其二,問答中朱舜水所答的篇幅均較長,回答的用詞較爲正式,且多引述他人文字;而在問答(筆語)中則罕見長篇幅,用詞較爲簡單,甚至口語化,引述他人文字較少。

其三,在行文之間,問答中透露出許多並非當面作答的資訊,譬如在"答源光國問飯含"一文中,朱舜水寫道:

> 本月二十一日,恭承明諭,謂威公飯含,以不忍啟視,故使人含,恐爲非禮。之瑜對曰:"大將軍臨小斂大斂,則大將軍親含。上公於左方啟巾。若使大臣含斂,禮亦如之。不然禮宜上公親含。"今考《雜記》一條,注曰……

此一條應是朱舜水對此前就飯含問題的補充回答,"今考《雜記》"四字也表明了朱舜水是在深思熟慮之後對此前的回答加以修正,因而不太可能是當面對談時寫就的;而在筆語中,朱舜水在《答安東守約問三十四條》中則提到:"吾輩今日往還筆札,若他日有重見天日之時,未必不達之當宁,爲名公碩輔之所評駁,不得草草而已。"[1]

從上述材料不難看出,《朱舜水集》中的問答具有明顯的書信特徵,而筆語則具有筆談的特徵。

---

[1] 朱舜水著;朱謙之整理《朱舜水集》,中華書局,1981年,第395頁。此段引文中的"劉"、"宁",俱據原文照錄。

四、《新訂朱舜水集補遺》中的筆語

在《新訂朱舜水集補遺》一書中同樣也存在朱舜水與他人筆語的部分。該書中的筆語却並非是當面筆談的記錄，而是與他人的書信。這部分筆語記錄並非是一問一答的形式，而且筆語中還有書信中才有的落款。而書中的《人見竹洞與朱舜水問答》雖題以問答，但却是筆談無疑①。這似乎與《朱舜水集》對問答與筆語的理解方式完全相反。

其實不然，細觀《新訂朱舜水集補遺》中的筆語不難發現，這些以筆語之名被記錄的書信均是當日即可抵達的書信，如"昨日來取藥，適老親翁遊釣魚"②，"昨暮約今日奉拜加賀公，汝言早出，來人回復所以不行，慾於明日奉拜"③，"四五日來，爲隔江禪友設供招遊，不得奉候。歉歉。此刻纔回，明早面上"④等等，可知這些與朱舜水互相通信的人大多是住在書信一日可達的附近。從書信的內容上看有大半均是約定時間一同出遊或是拜訪，而涉及對某一問題的探討時，朱舜水的信件也極爲簡單，這與其說是書信，反而更像是口信。也就是說，在後人編撰朱舜水的全集時將筆談及口信歸爲一類，冠之以筆語之名。

較之于此，長途的書信均冠以"朱舜水寄某某書"這樣的標題，這類書信篇幅略長，措辭嚴謹，且在多處透漏出長途書信的訊息，如"築後屋長兵衛殿廿四日回，附來書及三禮四封俱收到"⑤，"三月間，有書一封及真紫粗絹壹定，託築後屋長兵衛兄轉寄，曾收到否？近來未安否"⑥，"宗兄初夏一別遂欲往，時每念隆情，眷慕無已"⑦等等。這類朱舜水寄予遠遊友人的書信，均是以"某某寄某某書"爲名的。

至於《人見竹洞與朱舜水問答》實爲筆語的問題，則可能是因爲該則

---

① 書中僅有此一處問答。
② 徐興慶編著《新訂朱舜水集補遺》，臺灣大學出版中心，2004年，第210頁。
③ 徐興慶編著《新訂朱舜水集補遺》，臺灣大學出版中心，2004年，第211頁。
④ 徐興慶編著《新訂朱舜水集補遺》，臺灣大學出版中心，2004年，第217頁。
⑤ 徐興慶編著《新訂朱舜水集補遺》，臺灣大學出版中心，2004年，第84頁。
⑥ 徐興慶編著《新訂朱舜水集補遺》，臺灣大學出版中心，2004年，第86頁。
⑦ 徐興慶編著《新訂朱舜水集補遺》，臺灣大學出版中心，2004年，第98頁。

筆語是從《舜水墨談》中輯出所致,該書記錄了人見竹洞與朱舜水交往情形①。因而可能是《舜水墨談》與《朱舜水集》的體例不同所致。而前文所引的"桌椅相對,靜話終日,翁欣然筆語作堆"之語正是出自文末人見竹洞的附記,可見雖然人見竹洞也認同這實爲一篇筆語。由此,朱舜水對問答、筆語以及書信之間的理解與分類方法應當相當明顯了。

筆者據此將問答、筆語及書加以分類整理,茲列如下:

問答(筆語):筆談記錄及口信

問答:書信問答

書:友人間的長途信件,主要内容爲具體事務而不涉及問答;與政府官員以及長者的問答。

此外,朱舜水的學生寄予朱舜水的信件,無論問答還是長途信件均以書爲題。

從後人研究的角度來看,筆談和口信的重要性實在不可相提並論。筆談是一類重要的歷史資料,而口信的内容則可能只是讓人過來吃飯而已。但在當時看來,將筆談與口信歸爲一類並非没有道理。在朱舜水的門生整理其文字時並不會將朱舜水視爲一個供後人研究的歷史人物,其分類方式很可能是基於文體文風的不同。無法長時間思考,不能查閱典籍文獻的筆談和草草揮就的口信,從文體上來看都是屬於口語化的文字。朱舜水對語言與文字之間的差別有着特殊的見解,其在教授他人時也强調這種差異性,他認爲"言者,心之聲也;文者,言之英也"②。在他看來,文是言的精粹,並非將説的話寫下來就是文了。而他的門生後人繼承了這樣的觀點,將筆談和口信視爲同一類"非文"的文章,並以"筆語"爲之命名,即以"筆"之名,行"語"之實。

---

① 徐興慶編著《新訂朱舜水集補遺》,臺灣大學出版中心,2004 年,第 41 頁。
② 朱舜水著;朱謙之整理《朱舜水集》,中華書局,1981 年,第 408 頁。

五、研究《朱舜水集》中筆談的意義

前文討論了這麼多《朱舜水集》中書信、問答和筆語之間的差別和分類方法,但《朱舜水集》中的文獻資料並不會因爲細化了這樣的分類而變多,無論是否將該書置於筆談分類方法的視野之下,書中的内容也不會因此而產生變化。那麽研究《朱舜水集》中筆談文獻的意義究竟何在呢?

《朱舜水集》與傳統的著作類型有所不同。傳統的著作中作者往往通過構建一個邏輯嚴密而自洽的體系來展示其思想和理論,這是一種理性的敘述,至於我們會看到什麼内容是由作者決定的。而《朱舜水集》中的篇目並非是專爲成書而撰寫,朱舜水本人想必也不會料到自己的筆談會在他生後被輯録和刊行,其中甚至囊括了大量的他與他人筆談以及口信的"口語化"的資料。

朱舜水透過筆談的方式教授學生,向他人闡述自己的思想與觀點,但限於筆談時無法查閲資料以及不能長時間思考的局限性,他的行文之間往往會帶有一定的隨意性。這就造成了筆談文獻在《朱舜水集》中的特殊處境,其中既有闡述其思想與觀點的學術成分,又有一些展示其爲人秉性的成分。

在闡述其學術思想時,朱舜水是認真而理性的;而在述及非學術的話題時,朱舜水又是隨意而情緒化的。口信中的朱舜水則更顯隨意。與傳統著作相比,《朱舜水集》並不是一個邏輯嚴密的體系,其中自然會產生一些矛盾的觀點,有些矛盾來自於他的筆語和其他資料,另一些則存在於不同筆語之間。

在朱舜水的言談之中,他極爲反對作詩,認爲"今詩不比古詩,無根之華藻,無益乎民風世教;而學者汲汲爲之,不過取名干譽而已。即此一念,已不可入於聖賢大學之道"[1]。但是,縱觀朱舜水在其全集中對詩文的言論,很容易發現一些矛盾之處。

---

[1] 朱舜水著;朱謙之整理《朱舜水集》,中華書局,1981年,第395頁。

其一，朱舜水的齋號是溶霜，在其與林春信的筆談記録中，朱舜水答曰："僕幼時於書窗之下得一夢，有'夜暖溶霜月，風清薄露冰'之句，因以爲齋名，亦未知其兆其應何如耳。"①此一句極爲工整，兼又意境圓融，頗見功底，可見朱舜水對詩文的造詣還是很高的。而一個會將夢中所得的詩句作爲齋號的人，應當是對其所作的詩相當滿意的人。從這一點上來看，朱舜水便不似他所説的那樣認爲"詩不可爲也"。

其二，朱舜水對其門人與友人作詩並無抗拒，甚至會參與討論。如在與安東省菴的筆語中有："前日所贈一作甚佳，其詩亦大進。"②在與人見竹洞的筆語中，人見竹洞云："丙辰春暮，夙到翁之三鏡堂（水户相公之別莊在本鄉，相公爲翁築館於森林之間，授園圃數畝，翁裁花竹、種美草以樂之，扁曰三鏡），窗前脩竹森密，多生新筍，節即作詩，翁美之。"③朱舜水樂意與人談論詩詞，也不吝於對詩詞的讚美，他的友人與門生也並不避諱與其討論詩詞。從這一點上看，很難認爲朱舜水是一個抗拒詩詞的人。

其三，同樣是在與安東省菴的筆語中有如下一段：

"漂"、"梗"字串讀，則與上句不貫。重讀"漂"字，綴入"梗"字則似乎做作。凳與砌同。"覺"換一自然字則此句有趣，着一"覺"字便平平，故曰砌如補湊一般。詩韻字或平或上，不妨挪移用，古人多有此。但有必不可移者。更僕即是數，數即是更僕，如何重遝用得，無意致，只是搭色耳。且口氣又懶，此等題怕俗，畫出一箇蚊子來更不好了。要在言外傳神爲妙。咬菜根雖貧士，却不要待他寒酸氣，方有大用。

朱舜水不僅評判詩文，甚至推敲字詞，正是他所批判的"汲汲爲之"的徵兆。而在《文苑遺談》中有：

---

① 朱舜水著；朱謙之整理《朱舜水集》，中華書局，1981年，第384頁。
② 徐興慶編著《新訂朱舜水集補遺》，臺灣大學出版中心，2004年，第183頁。
③ 徐興慶編著《新訂朱舜水集補遺》，臺灣大學出版中心，2004年，第236頁。

先生絕不作詩詞,僅有酒壚小詞,遊後樂園所作也。又有旅寓所賦詩,竹洞野節所傳,云在交趾所作,不知何從傳之《舜水外集》。旅寓七律,世已傳誦,至酒壚小詞少知者,今錄於此:"望處旗亭新構,竹裏茅舍人家,引來曲徑奇葩,鴻池諸白香茶。醉倒渾忘法地,波查辟易歌斜,歲暮冬衣難典,酒錢且自賒賒。"自注云:"翻杜詩'朝回日日典春衣''酒債尋常行處有'二句,以供一笑。"①

那個在《安南供役紀事》中面對奉了安南國王檄要求他作詩時依然直言"作詩無取"的朱舜水②,竟然會興之所至便作詩以供一笑。這無疑與朱舜水言談之中對詩詞的一貫主張有所違背。

通過上述的分析,我們可以看出,在朱舜水的筆語記錄中對作詩的認可,這與他所堅持的"詩文不可爲"大異其趣。當然,我們不能據此歸咎於朱舜水是個言行不一之人。筆者認爲,拒絕詩文是朱舜水的觀點,即從理智上來說,朱舜水認爲作詩不可取,但在從朱舜水的主觀意志出發,他是樂見詩文的。

朱舜水在論及詩文時,強調的是不可"逢迎時俗,用心不肖",是不可"汲汲爲之,取名干譽",而在談及自身不作詩的原因時,他的回答是"無暇及此",是"以其妨工"。簡單說來,朱舜水認爲當時的詩文大多是吟風弄月的靡靡之音,無關民生疾苦,而擅長此道的學者又往往沉浸其間而疏忽學問,因而不可取,這與其崇尚"實學"的儒學主張和認真的治學態度是一脈相承的,是其學術思想的具體表現。然而在論及自身時,他並未否定詩文,只是說自己手不釋卷,根本沒有作詩的時間。事實上,朱舜水的詩文雖然做的不多,但他在閒暇時也不忌諱談論和創作詩詞。從這一點上看,朱舜水本人對詩文并不持否定意見。

如果對《朱舜水集》中的筆談資料沒有清晰的定位,那麼在分析朱舜水對詩文的看法時很容易陷入困境。一邊是否定詩詞的朱舜水,另一邊是私下作詩的朱舜水,他對詩詞左右搖擺的態度本質上是《朱舜水集》中

---

① [日]青山延於著《文苑遺談》,鐵槍齋活版,江户時代。
② 朱舜水著;朱謙之整理《朱舜水集》,中華書局,1981年,第14頁。

筆語和非筆語所代表的不同立場所致。分析其中的筆語文獻，無疑有助於更好地理解朱舜的思想和爲人。

六、結　語

　　《朱舜水集》是朱舜水思想的匯集，也是他一生言談的記録。與傳統的史料形式不同，《朱舜水集》中有着大量與人筆談的記録，這些未經修飾潤色的原始資料，爲我們還原了一個有血有肉、原汁原味的朱舜水，而不僅僅是代表了"舜水學"的朱舜水，或者説是推動了日本文化發展的朱舜水。

　　明清人的文集收入筆談資料，畢竟是鳳毛麟角。因爲筆談是對談雙方（甚至是多方）共同完成的作品，按照傳統觀念無法歸入其中一人的著作中，加之筆談文字未經推敲潤色，當事人也不會主動納入文集。大概是這些理由，所以大多數歷史人物的全集並不會收録筆談記録，這不能不説是一種缺憾。

　　通過文獻資料研究歷史有一個先決條件，在文獻未被證僞的情況下默認記載是可靠而準確的，是可以被用來當成論據支持研究的。然而在許多帶有作者主觀色彩的資料中，歷史也成爲了作者的一家之言，信息也並不都能被很好的傳達。因爲各種各樣的原因，文獻資料中也會存在誤解、矛盾和謊言。筆談文獻作爲一種歷史的記録形式，它的語言是樸素的，它的視角是獨特的，它以一種側寫的形式描繪歷史，通過與一般文獻資料的互相印證有助於釐清史料中的信息，這對研究歷史實情是有利的。

日本內閣文庫藏
《重刻元本題評音釋西廂記》考*

黄冬柏(日本九州産業大學)

一、引　　言

　　日本所藏中國戲曲甚爲繁富，其中也有不少《西廂記》的珍本。例如國立公文書館內閣文庫(通稱內閣文庫)收有明萬曆年間熊龍峰刊《重刻元本題評音釋西廂記》、陳邦泰刊《重校北西廂記》，成簣堂文庫藏有胡氏少山堂刊《新刻考正古本大字出像釋義北西廂》，以及天理大學圖書館所有遊敬泉刊《李卓吾批評合像北西廂記》等，這些刊本皆爲海內孤本或中國本土已佚之本。

　　《重刻元本題評音釋西廂記》除了內閣文庫和東北大學附屬圖書館所藏熊龍峰刊本之外，還有上海圖書館所藏萬曆八年(1580)毗陵徐士範刊本，以及中國國家圖書館(原北京圖書館)所藏萬曆二十九年(1601)劉龍田喬山堂刊本。三種《重刻元本題評音釋西廂記》儘管由於刊行時期和刊刻者的不同而産生了不少差異，但均爲《西廂記》的重要刊本。蔣星煜先生發現的徐士範刊本在明代已被譽爲善本，在《西廂記》版本演變中影響巨大。而劉龍田刊本被鄭振鐸發現並收入《古本戲曲叢刊》，當然也是公認的善本。而在徐士範刊本和劉龍田刊本之間刊刻的熊龍峰刊本，正如蔣星煜先生所指出的：

＊　本文爲2016年度日本學術振興會科學研究費基盤研究(C)"日本所藏《西廂記》孤本の調査と研究"的相關成果之一。

如果我們根本不知道熊龍峰刊本，那末，從徐士範刊本演變到劉龍田刊本的過程就不完整了，不可能像現在這樣清楚了。從"元本題評音釋西廂"這一本刊本系統來説，熊龍峰刊本確是一個承先啟後的版本①。

但是由於當時條件所限，鄭振鐸並不知曉熊龍峰刊本的存在，蔣星煜先生"因爲書藏於日本內閣文庫，國內已無藏本"而沒能目驗熊龍峰刊本，也沒作具體的探討。本文通過具體考察版式、體制、序文、標目、題評、釋義、附錄、插圖等的異同，來闡明熊龍峰刊本的特徵和在《重刻元本題評音釋西廂記》刊本流變中所起的承前啟後的作用。同時從近代日本接受中國古典這一視點，來探尋熊龍峰刊本流入日本的經過和原所藏者林羅山收集漢籍的情況。

二、日本內閣文庫所藏熊龍峰刊本

日本內閣文庫藏本《重刻元本題評音釋西廂記》二卷，明余瀘東校正，萬曆二十年（1592）熊氏忠正堂梓行。綫裝二册，25×14.5 厘米，版框連眉欄 20.5×13 厘米，正文（17 厘米）半葉 10 行、1 行 20 字，科白小字雙行低 1 字格，眉欄（3.5 厘米）鐫評語、小字 6 字，正文界綫上小字評語。各出末尾有"釋義""字音"，沒眉欄 24 字，附錄也是沒眉欄 24 字，四周單邊，有界。白口，單黑魚尾，版心魚尾之下鐫卷次（如"西廂記上卷"）以及葉數。

第 1 册：扉葉（四周二重雙邊，右欄題"重鍥出像音釋"、左欄題"西廂評林大全"、中央小字署"庚寅春旦忠正堂熊龍峰鍥"），"庚寅"爲萬曆十八年（1590）。《崔氏春秋序》第 1—2（表）葉，四周單邊有界 8 行 19 字，末署"萬曆上章執徐之歲如月哉生明泰滄程巨源著"。"上章執徐之歲"即庚辰（萬曆八年，1580）。熊龍峰，明代福建建陽書坊主，以"忠正堂"名刻書甚多，除本書外，還刻有《熊龍峰四種小説》（藏於日本內閣文庫）、《新

---

① 蔣星煜《余瀘東氏生平及其校正本〈西廂記〉》，《西廂記的文獻學研究》所收，上海古籍出版社，1983 年，第 84 頁。

鋟音釋評林演義合相三國史傳》(藏於日本叡山文庫)等書①。程巨源,名涓,安徽休寧人,生平事跡不詳。與著名學者焦竑(1540—1620)有過交

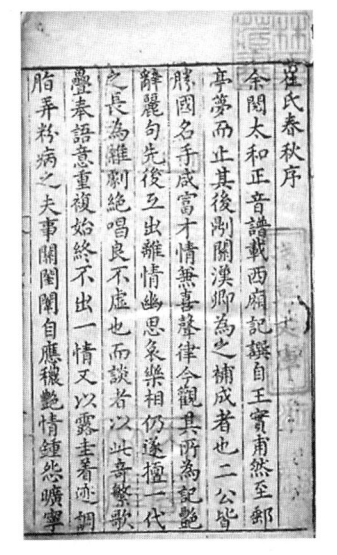

扉葉　　　　　　　　　《崔氏春秋序》第1葉(表)

《崔氏春秋序》第1葉(裏)/第2葉(表)

---

① 詳見拙稿《日本內閣文庫所藏〈熊龍峰四種小說〉考論》,《中正大學中文學術年刊》2011年第1期、《〈熊龍峰四種小說〉再考》,南京大學《域外漢籍研究集刊》第10輯,2014年。

往,曾於萬曆三十二年(1605)爲焦竑所選《四太史雜劇》寫過《四太史雜劇引》①。程氏之序原爲萬曆八年徐士範刊本而作。

《崔鶯鶯待月西廂記總目》第 2(裏)—3(表)葉,《西廂會真記》第 3(裏)—9 葉,《秋波一轉論》第 10—12(表)葉,《鬆金釧減玉肌論》第 12(裏)—15(表)葉,《錢塘夢》第 15(裏)—20 葉。正文上卷(首行題"重刻元本題評音釋西廂記卷上",次行分署"上饒余瀘東校正 書林熊龍峰繡梓","末上首引"以及第一出—第十出)第 1—66 葉,第十出《玉臺窺簡》的插圖中有小蓮牌木記"全像盧玉龍刊"。余瀘東,江西上饒人,生平事跡不詳。蔣星煜考證他可能是江西上饒縣的余桂蕚,萬曆十六年(1588)鄉試舉人,歷任彭澤縣教諭、孝感知縣、巴州知州等職②。

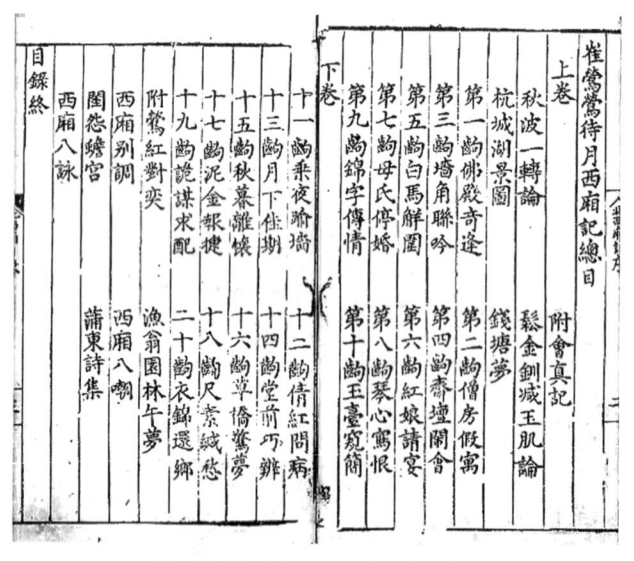

《總目》第 2 葉(裏)/第 3 葉(表)

---

① 詳見黃仕忠《日本大谷大學藏明刊孤本〈四太史雜劇〉考》,《復旦學報(社會科學版)》2004 年第 2 期,第 49 頁。
② 蔣星煜《余瀘東氏生平及其校正本〈西廂記〉》,《西廂記的文獻學研究》所收,第 79 頁。

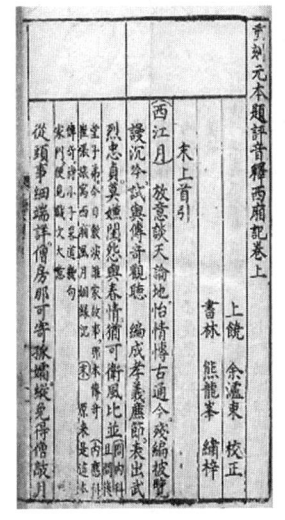

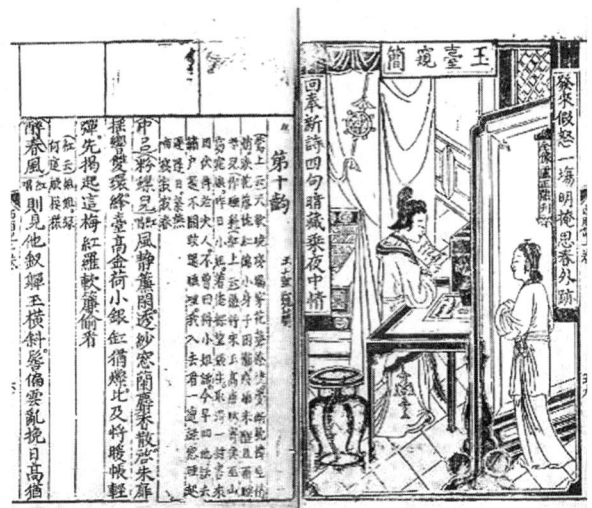

《卷上》第1葉(表)　　　　　第十出插圖刻有"全像盧玉龍刊"

第2册：正文下卷(首行題"重刻元本題評音釋西廂記卷下"，第十一出—第二十出)第1—55(表)葉。《新增鶯紅下棋》第55(裏)—58葉，《附刻園林午夢記》第59—61葉，《北西廂附餘：西廂別調、打破西廂八嘲、閨怨蟾宫》第62—66葉，《蒲東崔張珠玉詩集》第1—22葉，尾題下部2行分蓮牌木記"萬曆壬辰歲孟春月　忠正堂熊龍峰梓行"，"壬辰"爲萬曆二十年(1592)。扉葉鐫署"庚寅春旦"，此處則刻記"萬曆壬辰歲孟春月"，只能理解爲始刻於"庚寅春旦"，而刻完於"萬曆壬辰歲孟春月"，歷時約兩年。

正文二十出各處和《鶯紅下棋》的末尾各有"釋義"和"字音"，插圖每幅占1面，圖題爲上方中央橫批四字(《錢塘夢》三字)，左右兩側各12字的對聯一套，每出一幅，加上《錢塘夢》《鶯紅下棋》《園林午夢》三種附録各一幅，共二十三幅插圖。

蓋有"内閣文庫"、"昌平阪學問所"、"淺草文庫"、"林氏藏書"、"江雲渭樹"、"日本政府圖書"等印章。

"内閣文庫"是明治(1868—1912)以後由内閣保管的古籍藏書機構，現歸屬内閣府所管的獨立行政法人國立公文書館。以江户幕府所傳藏書

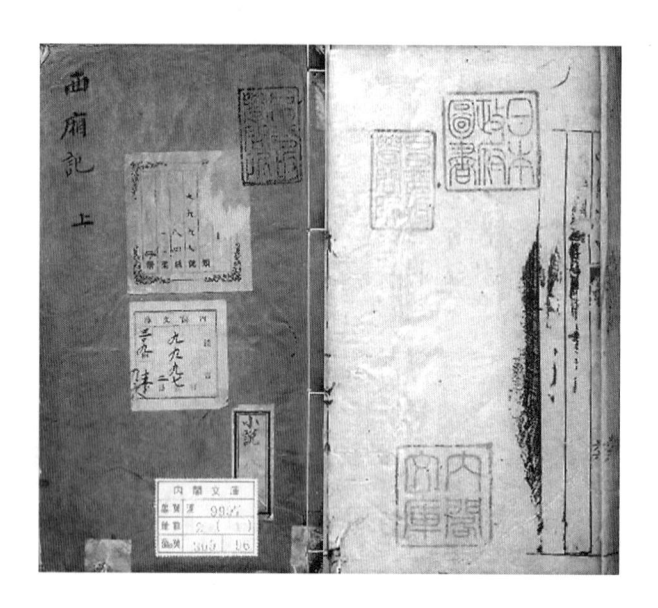

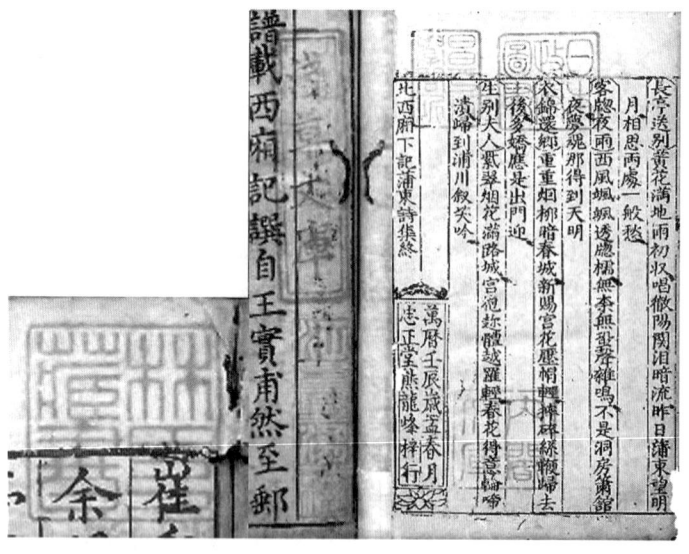

爲主、加上明治政府收集的各種資料,包括許多貴重的日本古書和漢籍,總册數多達 49 萬册,其中漢籍約有 18 萬册。

  作爲日本收儲漢籍最大的藏書機構,內閣文庫由來源遠流長。其所藏漢籍主要源自江户時代幕府將軍家的紅葉山文庫與湯島的昌平阪學問所。紅葉山文庫的前身爲楓山官庫,是幕府大將軍的主要藏書庫,建於慶

林罗山像(京都大學綜合博物館藏)

長二年(1602)。是年,在經歷了近四百年的内戰之後,德川家康以武力控制了政局,迫使天皇任命其爲"征夷大將軍",駐屯江户城(今東京),從而作爲第一代大將軍,開啓了由德川家族統治的江户時代(1603—1868)。德川家康於武功之外,尤喜文翰,並以武功文治爲基本國策,禮遇宋學大師藤原惺窩(1561—1619)及其弟子林羅山等,以日本化的中國宋學作爲官方的意識形態。德川家康在江户的富士見亭所設文庫,稱爲"富士見亭文庫"。1639年,文庫遷往紅葉山,故名"紅葉山文庫"。紅葉山文庫在日本明治初年歷經太學、太史局等機構管轄,明治六年(1873)由太政官接管,明治十七年(1884)定名爲"太政官文庫",並匯集各官廳之舊藏,遂成日本政府之中央圖書館。次年廢太政官而創内閣制度,文庫也改名爲"内閣文庫"。

"昌平阪學問所"是幕府的教育機構,亦稱昌平黌。原是由林羅山於寬永十年(1630)在上野忍岡開辦的書院,元禄三年(1690)移至聖堂(湯島),成爲林家的私塾。寬政九年(1797)改爲幕府官立學校,稱"昌平阪學問所"。林家藏書全部被移交保管於此,學問所同時也大力展開搜集書籍工作。1842年設立新刊書上交制度,獲得許多大名、學者捐獻之書,至天保年間（1830—1844）書庫已達四棟之巨。昌平阪學問所的藏本，源出於林羅山及其後人的舊藏，從所藏戲曲作品中也可窺見林氏數代人的努力。除《重刻元本題評音釋西廂記》之外，明刊程明善編《嘯餘譜》也有"江雲渭樹"印章，系屬林羅山舊藏。明萬曆刊本《雜劇三種》（明王衡撰《新刊鬱輪袍雜劇》《新刊杜祁公看傀儡雜劇》《新刊葫蘆先生雜劇》）、明獨深居刊本《玉茗堂傳奇》等，刻有"弘文學士館"章，則出自林恕的舊藏。林恕（1619—1680），號鵝峰，林羅山第三子，1663年幕府授林氏家塾"弘文學士館"稱號。林恕藏王衡雜劇三種，當出王氏全集之附刻，亦爲孤本。此外還有茂林葉氏重刊本《新刻王狀元荆釵記》、清初竹林堂刊《玉茗堂四種》、康熙刊《笠翁十種曲》、乾隆刊《綴白裘》、明刊清代改板印刷王驥德《新校注古本西廂記》、清文德堂刊《繪像第六才子書》等，均爲昌平阪學問所陸續購藏之書。昌平阪學問所的藏書在明治元年（1867）由大總督府接管，後改由文部省管轄，在明治五年（1872）移入新建於湯島的書籍館，明治八年（1875）全部遷入國立淺草文庫，故鈐有"淺草文庫"藏書章。明治十七年（1884）並入太政官文庫，次年太政官文庫改名爲內閣文庫。

"林氏藏書"和"江雲渭樹"均爲林羅山（1583—1657）所用之印。林羅山名信勝、字子信、號羅山，出家後法號道春，是日本江户時代（1603—1868）著名的漢學家，也是日本漢學史上一位極爲重要的學者。林羅山師從宋學大師藤原惺窩，精於朱子之學，慶長十年（1605）受藤原惺窩舉薦侍從德川家康。此後一直在德川一族的家康・秀忠・家光・家綱四代將軍身邊做官的林羅山，參與了初期的江户幕府各種制度、禮儀等的制定。而在文化領域，將中國儒學文化的作用，從以前漢學家的自身修養，即"修身齊家"，擴展而至"治國平天下"的程度，對朱子學的發展和儒學的官方化作出了巨大的貢獻。林羅山具有很高的中國文化素養，十四歲時便爲《長恨歌》和《琵琶行》作注釋，撰成《歌行露雪》一稿，此手稿現存內閣文庫。林羅山一生整理漢籍文獻，充分體現了他勤奮好學、崇尚儒學的特點，經他校點的漢籍有五十多種。林羅山藏書，常用"江雲渭樹"印記，其三子林鵝峰在"明曆三年（1657）三月二十八日"記載道：

入文庫檢藏書，押先考"江雲渭樹"印蝴蝶洞印，分頒贈士林舊友之人並門生，以爲之證也，凡六十部①。

從林羅山的孫子林鳳岡開始正式被稱爲幕府大學頭，以後林家歷代作爲幕府的教學負責人在教育方面發揮了重要作用。而以林羅山舊藏爲核心，加上由林氏後裔增補的漢籍，構成了"林大學頭"家本，也是現在内閣文庫漢籍的骨幹。

由此可見，熊龍峰刊本《重刻元本題評音釋西廂記》爲林羅山原藏，後經昌平阪學問所、淺草文庫而移入内閣文庫。那麽，林羅山又是從何處得到此書的呢？

日本所藏中國戲曲的來源，據黄仕忠先生考察，大略出於二途②。一是因明末以降，日本結束數百年之戰亂而進入世局穩定、文化繁榮的江户時代，因幕府及各地大名、藩主對小説戲曲之嗜好，而從江南輸入。二是二十世紀前期，日本學者因西方學術觀念的引入，加以王國維等人的影響，開始關注通俗之戲曲小説，不唯盡力收集從日本舊藏家散出之戲曲典籍，而且借赴中國留學、公幹之機會，着意收羅俗曲唱本，於明版清刻之外，亦遍采名家稿鈔及書坊、藝人之舊鈔，雖殘紙剩葉，亦以爲寶。

衆所周知，從十七世紀初期開始，德川幕府爲確保自己的統治勢力，實行全面鎖國政策。慶長十七年（1612）發布禁止天主教的命令，拆毁了京都的教堂。慶長二十一年（1616）又命令所有外國船只准停靠長崎、平户兩港。寬永十三年（1633）終於全面封鎖日本。在這些嚴酷的閉關政令中，唯獨中國與荷蘭的商人得天獨厚，寬永十六年（1636）規定日本在對外貿易中，只允許中國與荷蘭商船進港，指定停泊在九州的長崎。17世紀至19世紀中期，中國與日本的商人便是在這種特殊的條件下，從事漢籍貿易，當時的長崎便成爲漢籍東傳日本的主要基地。德川幕府在長崎港設置了"書物奉行"這一專門官職，從事對中國入港書籍文獻的檢

---

① 林鵞峰《後喪日録》，"國立"公文書館内閣文庫藏，鵞峰稿本。
② 黄仕忠等編《日本所藏稀見中國戲曲文獻叢刊·出版前言》，廣西師範大學出版社，2006年。

查，爲幕府掌握中國刊印出版典籍文獻的最新情報，並爲幕府采購漢籍。通過這一渠道獲得明清的史籍、政書、地志、文集、醫書、隨筆、戲曲、小説等，其中戲曲小説和地方志的典籍極爲豐富，不乏天下孤本。

　　慶長十二年（1607）林羅山赴江户爲第二代將軍德川秀忠（家康的三子）講學並出仕幕府，近侍於隱居在駿府的德川家康，把在長崎購入的《本草綱目》獻給了駿府城的文庫①。

　　明李時珍所撰《本草綱目》初版於萬曆十八年（1596），也就是日本慶長元年，而早在慶長九年（1604）以前就已來到日本。《本草綱目》中動植物形態等的描述比從前的本草書更爲出色，這對日本産生很大的影響，在屢次從中國進口的同時，也陸續出版了和刻本，及至幕府末期被尊爲基本文獻。《本草綱目》初版稱爲"金陵本"，如圖所示，明李時珍撰，李建中圖，金陵胡承龍梓行，萬曆十八年（1590）刊，初版的完整刻本爲稀本，只留存七套，日本國立國會圖書館、東洋文庫、内閣文庫和東北大學狩野文庫各藏一套，另外，内閣文庫還有林羅山舊藏《本草綱目》37 册，萬曆三十一年（1603）刊本。

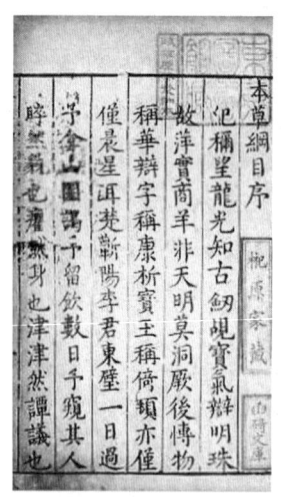

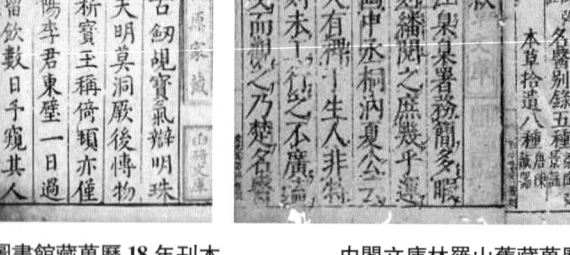

國會圖書館藏萬曆 18 年刊本　　　内閣文庫林羅山舊藏萬曆 31 年刊本

---

①　詳見《德川實紀》（吉川弘文館，1964 年）第一編所收《臺德院殿禦実紀卷五》，以及《羅山林先生集》（内閣文庫所藏）附録卷一所收《年譜》。

由此，我們是否也可以推測，熊本《重刻元本題評音釋西廂記》和《本草綱目》等漢籍一起由福建或者寧波運到長崎而被林羅山所收購的。

內閣文庫所藏熊本《重刻元本題評音釋西廂記》因闕上卷22·42葉和下卷37·48葉，而脫第四·七·十八·二十出的四幅插圖。日本東北大學也藏有熊刊《重刻元本題評音釋西廂記》，但內封·序和附錄都無，并闕上卷2·48·54·55·59·63葉和下卷6·10葉。

熊龍峰刊本《重刻元本題評音釋西廂記》不分本不分折而分出，全劇共分二十齣，每出以四字標目，每四齣又有題目、正名一組，具體所示如下：

　　題目　老夫人閑春院　崔鶯鶯燒夜香
　　正名　小紅娘傳好事　張君瑞鬧道場
　　第一齣　佛殿奇逢　第二齣　僧房假寓
　　第三齣　牆角聯吟　第四齣　齋壇鬧會
　　題目　張君瑞破賊計　莽和尚生殺心
　　正名　小紅娘書請客　崔鶯鶯夜聽琴
　　第五齣　白馬解圍　第六齣　紅娘請宴
　　第七齣　母氏停婚　第八齣　琴心寫懷
　　題目　小紅娘傳書簡　張君瑞害相思
　　正名　老夫人命醫士　崔鶯鶯寄情詩
　　第九齣　錦字傳情　第十齣　玉臺窺簡
　　第十一齣　乘夜逾牆　第十二齣　倩紅問病
　　題目　小紅娘成好事　老夫人問原因
　　正名　長亭上送君瑞　草店裏夢鶯鶯
　　第十三齣　月下佳期　第十四齣　堂前巧辯
　　第十五齣　秋暮離懷　第十六齣　草橋驚夢
　　題目　小琴童傳捷報　崔鶯鶯寄汗衫
　　正名　鄭伯常甘舍命　張君瑞慶團欒
　　第十七齣　泥金捷報　第十八齣　尺素緘愁

第十九齣　詭謀求配　第二十齣　衣錦還鄉

除了正文二十齣之外，還有附錄十一種，題目如下：

《西廂會真記》、《秋波一轉論》、《鬆金釧減玉肌論》、《錢塘夢》、《鶯紅對弈》、《園林午夢記》、《西廂別調》、《西廂八嘲》、《閨怨蟾宮》、《蒲東崔張珠玉詩集》、《西廂八詠》。

全劇標目見於三處，即總目、每出正文和插圖，第八、十四、十七齣的三處標目如下所示，各有不同：

出數	總目	正文	插圖
八	琴心寫**恨**	琴心寫**懷**	琴心寫懷
十四	堂前巧**辨**	堂前巧**辨**	堂前巧辯
十七	泥金**報捷**	泥金**捷報**	泥金捷報

而附錄六種的總目、本文和插圖的題目也各有相異：

總目	本文	插圖
會真記	**西廂**會真記	
鶯紅對弈	鶯紅**下棋**	鶯紅對弈
漁翁園林午夢	園林午夢**記**	園林午夢
西廂八嘲	**打破**西廂八嘲	
蒲東詩集	蒲東**崔張珠玉**詩集	
西廂八詠	八詠**詩**	

另外，第五齣之前的"正名　小紅娘**書**請客　崔鶯鶯夜聽琴"中"畫"誤成"**書**"，少刻了一橫。如下所述，雖然徐士範本和劉龍田本也是如此，但標目上出現這些分歧錯誤，説明校正者和刊刻者的工作還不夠細密，其

中有些標目又未見於其他各本，這就使人難以相信這些異文是出自"元本"或"正本"的。

眾所周知，一本四折，題目、正名各一句或兩句，以其中正名的末句爲劇名，這是元雜劇最基本的體例。由於明萬曆期間傳奇的創作和演出十分繁榮，傳奇的形式和體例不可避免地會影響到雜劇的形式和體例。熊龍峰刊本之所以不分本不分折而分出，也可能就是受了傳奇的影響。但是從每四出又有一組題目、正名來看，則又說明了實際上還是保存了元雜劇一本四折的體例，只不過沒有把"本"和"折"標出來，題目、正名在每四出的前面，而不是在每四折的最後，並且每出又用了《佛殿奇逢》《僧房假寓》之類的標目。

《重刻元本題評音釋西廂記》的正文首葉以南戲傳奇之套式"末上首引"開場，之後是題目"老夫人閑春院　崔鶯鶯燒夜香"、正名"小紅娘傳好事　張君瑞鬧道場"，再後才爲第一出《佛殿奇逢》。全劇也不按元雜劇《西廂記》一本四折、五本二十折的體例，而是以明傳奇的樣式分成二十出。這些都是在明代南戲傳奇日益隆盛、而北曲雜劇逐漸衰微的社會文化環境下，《西廂記》的坊刻本爲適應當時讀者嗜好和市場需要而進行的改變。

《重刻元本題評音釋西廂記》徐士範刊本沒有插圖，而熊龍峰刊本每出一幅、加上《鶯紅下棋》《園林午夢》《錢塘夢》三種附錄各一幅，應共有二十三幅插圖，但如上所述，因闕上卷22．42葉和下卷37．48葉，所以不見第四．七．十八．二十齣的四幅插圖。插圖的形制是單面方式，每幅圖上端有標目四字（《錢塘夢》三字），左右兩側有對聯一套，突出人物形象，背景相對簡單，風格古樸，剛健清新，帶有濃鬱的民間特色，現列舉如下：

第一齣：佛殿奇逢　遊寺遇嬌娥，送目千瞧無限意。
歸庭逢秀士，回頭一顧許多情。
第二齣：僧房假寓　假寓僧房，張珙乘機圖匹配。
來參佛寺，紅娘奉命問修齋。

406　梯航集

第一齣　佛殿奇逢

第二齣　僧房假寓

第三齣　牆角聯吟

第五齣　白馬解圍

第三齣：牆角聯吟　牆角詠新詩,試引佳人興趣。
園中賡舊韻,更添才子情懷。

第四齣：齋壇鬧會　　　　　（缺葉）

第五齣：白馬解圍　晉救賊圍，張學士得婚盟，纔伸簡牘。蒲關兵至，杜將軍爲友誼，始動干戈。

第六齣　紅娘請宴 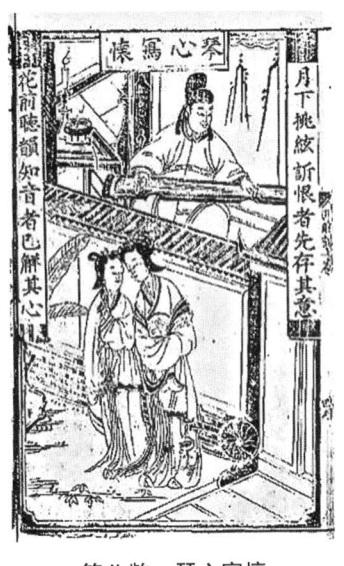　　　　　第八齣　琴心寫懷

第九齣　錦字傳情 　　　　　第十齣　玉臺窺簡

第六齣：紅娘請宴　紅娘奉命來迎,東閣宏開酬采筆。
君瑞聞言請宴,西廂隨步赴藍橋。

第七齣：母氏停婚　（缺葉）

第八齣：琴心寫懷　月下挑弦,訴恨者先存其意。
花前聽韻,知音者已解其心。

第九齣：錦字傳情　意求鸞鳳未能成,虧張珙病纏書舍。
欲寄鱗鴻無自達,托紅娘迎到妝樓。

第十齣：玉臺窺簡　發來假怒一場,明掩思春外跡。
　　　　　　　　回奉新詩四句,暗藏乘夜中情。

第十一齣：乘夜逾牆　漫道文才海洋深,尚難猜四言詩句。
誰知色膽天來大,却易跳百尺垣牆。

第十二齣：倩紅問病　紅送藥方,片紙暗傳雲雨約。
　　　　　　　　生聞信息,數言勝服洞靈丹。

第十三齣：月下佳期　佇立閑階,月下候佳人密約。
　　　　　　　　出離畫閣,花前赴才子幽期。

　　第十一齣　乘夜逾牆 　　　　第十二齣　倩紅問病

第十三齣　月下佳期 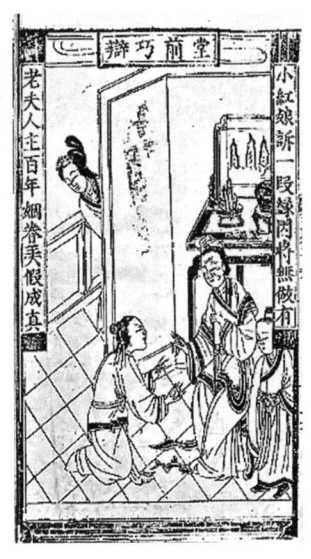　　　　第十四齣　堂前巧辯

第十四齣：堂前巧辯　小紅娘訴一段緣因，將無做有。
　　　　　　　　　　老夫人主百年姻眷，弄假成真。

第十五齣　秋暮離懷 　　　　第十六齣　草橋驚夢

第十七齣　泥金捷報 　　　　　　第十九齣　詭謀求配

第十五齣：秋暮離懷　今朝酒別長亭,繾綣前來把盞。
異日名題金榜,叮嚀早整歸鞭。
第十六齣：草橋驚夢　勞役不堪,投宿休嫌村店少。
　　　　　　　　　別離難舍,夢魂豈憚路途遠。
第十七齣：泥金捷報　才子奪魁書,寄一封歸捷報。
　　　　　　　　　佳人回簡物,緘六事慰相思。
第十八齣：尺素緘愁　　　（缺葉）
第十九齣：詭謀求配　密地見紅娘,爲造崔門修舊好。
　　　　　　　　　當場醉鄭子,已言張氏締新婚。
第二十齣：衣錦還鄉　　　（缺葉）
附　　錄：錢塘夢　石匣葬孤骸,月下遙聞來玉佩。
　　　　　　　　　錢塘懸夜夢,窗前驚醒續瑤篇。
鶯紅對弈　萬花亭上著圍棋,勝負却因頻點指。
　　　　　孤月臺前思竊玉,姻緣不就倍傷心。
園林午夢　困倦一漁翁,熟睡眠成午夢。
　　　　　風流雙士女,齊來講論春情。

| 錢塘夢 |  鶯紅對弈 | 園林午夢 |

以上插圖和所配標題、對聯,雖多工整對偶,但和元雜劇《西廂記》的雅言麗辭相比,還是頗為淺白鄙俚的,且都明顯地帶有招來讀者、擴大銷路的商業氣息,對此蔣星煜認為:

> 其形式宛如古代社會民居大門或廳堂之橫批與聯語,也許這是在古代小城市或村鎮民間喜見樂聞的,與古典名著的文采與意境仍有一種格格不相入的感覺①。

這一評價確實也道出了熊龍峰刊本的坊刻特點與俚俗風格。從畫面本身來看,多以人物為主,人物多占畫面的三分之二強,插圖中人物的動作有濃厚的舞臺演出意味,就像在民居大門、廳堂或舞臺上演一出深受歡迎的才子佳人戲。再附上《會真記》《西廂別調》《蒲東崔張珠玉詩集》等十一種在當時極有人氣的詩文和俗曲。《會真記》(又名《鶯鶯傳》)是《西廂記》的淵源所在,在使讀者了解西廂故事本事的同時,也可讓讀者對比小說和戲曲的不同創作取向和表現特徵。而《西廂別調》《蒲東崔張

---

① 蔣星煜:《明刊〈西廂記〉插圖之體制與方式》,《〈西廂記〉研究與欣賞》所收,上海:上海辭書出版社,2004年,第250頁。

珠玉詩集》等,也主要是爲滿足不同讀者的閱讀興趣。上述這些插圖和附錄,儘管帶有顯著的商業氣息,同時也具有很高的審美價值和深遠的文化意義。

　　熊龍峰刊本《重刻元本題評音釋西廂記》的插圖皆爲吸引讀者、擴大銷路而作。圖文并茂,本身就是中國書籍的優良傳統,小說、戲曲固以情節取胜,然亦重視以圖配文。明刊戲曲插圖的功能主要有導讀功能、促銷功能、裝飾功能、批評功能等。插圖具有直觀性,可以幫助讀者,尤其是文化層次不高的讀者理解劇意、欣賞劇情,這是插圖的最基本的功能。插圖具有促銷功能,在中晚明隨着戲曲活動的興盛,在激烈的出版市場中,插圖成爲書坊營銷的一大法寶。而有明一代是建安書林最爲繁盛之期,這些坊肆在刻書中插入大量的版畫,以吸引讀者。曆來論及建陽刊本,貶多於襃,這主要是指刻印技術和校讎方面,若推及插圖,從總體來看也是較爲粗糙的,紙墨擇選亦未見精良。但建陽刊本畢竟還是優劣並存的,況且建陽刊本之所以能長盛不衰,正是憑藉數量多而價格低的優勢,從而增強了市場競爭能力。而書中插圖,起到了圖文並茂的效果,在當時應該説是很受讀者歡迎的。就插圖版式而言,建陽刊本以上圖下文式爲多,如余象斗刻書的最早刻本、萬曆十六年(1588)刊行的《京本通俗演義按鑒全漢志傳》。此外還有上評中圖下文式,如《新刻按鑒全像批評三國志傳》等。由於受空間布局的限制,這樣的插圖給讀者的感覺是狹小局促、畫面不清,難有愉悦的美感。與此相比,熊龍峰刊《重刻元本題評音釋西廂記》爲單面整版式、共二十三幅插圖,以及熊大木編·嘉靖三十一年(1552)楊氏清白堂刊《新刊大宋中興通俗演義》爲全幅大版、雙面連結式、共二十四幀插圖,畫面大气、布局疏朗、气韵生動、綫條流暢,確實給人以賞心悦目的感覺。尤其是《重刻元本題評音釋西廂記》,標題醒目、情景逼真。而且在上圖下文式的歷史小説大量刊行的晚明建陽中,作爲戀愛題材的《重刻元本題評音釋西廂記》以及其單面整版式的插圖,可以説是非常貴重的存在。鄭振鐸曾盛贊劉龍田《重刻元本題評音釋西廂記》的構圖:

劉龍田刊《西廂記》，其插圖，易狹小之小幅而成全頁之巨制，實爲宋元版畫之革命。①

蔣星煜先生也認爲：

徐士範刊本原有刻工姓名，余瀘東（熊龍峰：筆者注）刊本翻刻之際也刪除了。插圖署名盧玉龍刊，劉龍田則保存了②。

由於當時條件所限，鄭振鐸没能知曉熊龍峰刊本的存在，蔣星煜先生也未能看到熊龍峰刊本。殊不知劉龍田刊本的插圖全依熊龍峰刊本而來。

三、上海圖書館所藏徐士範刊本

弘治十一年（1498）的金臺岳家刊本《新刊奇妙全相注釋西廂記》是現存最早的《西廂記》完整刻本。文中標爲《新刊大字魁本全相參增奇妙注釋西廂記》、學界通稱"弘治本"的這一刊本被收入《古本戲曲叢刊初集》（上海商務印書館，1954）影印出版。萬曆七年（1579）金陵胡氏少山堂刊本、謝世吉訂正的《新刻考正古本大字出像釋義北西廂》則藏於日本成簣堂文庫，爲目前所見萬曆以後《西廂記》刊本中最早的一種。由於此書爲御茶之水圖書館成簣堂文庫所藏孤本、嚴禁複印，故論考甚少③。

而萬曆八年（1580）徐士範刊本《重刻元本題評音釋西廂記》也是現存明刊本中較早的刊本。蔣星煜先生是《西廂記》版本研究的大家，他在"對明刊本《西廂記》在國内外收藏情況作較全面的了解時，在上海圖書館發現了此書"，並認爲：

---

① 鄭振鐸《西諦書話·中國版畫史序》，三聯書店，1983 年版。
② 蔣星煜《余瀘東氏生平及其校正本〈西廂記〉》，《西廂記的文獻學研究》所收，第 84 頁。
③ 黄霖先生有《最早的中國戲曲評點本》（《復旦學報（社會科學版）》2004 年第 2 期）一文專論此書。

在現存明刊本《西廂記》中，徐士範刊本是最早以不分本不分折而全劇分成二十出，每出以四字句標目的一個本子①。

弘治嶽刻本雖然收錄了大量附錄，……但是此書刊印時，《園林午夢》尚未問世，所以就未收錄。以《園林午夢》作爲附錄，是從徐士範刊本開始②。

蔣星煜先生發現徐士範刊本並澄清了其與同稱爲《重刻元本題評音釋西廂記》的熊龍峰刊本和劉龍田刊本的先後承襲關系，功不可沒，儘管之後在中國國家圖書館也發現了徐士範刊本③。但是由於蔣先生未見少山堂刊本，導致上述論點的錯訛。因爲在早於徐士範刊本問世的少山堂刊本《新刻考正古本大字出像釋義北西廂》中全劇已分成二十出、每出以四字句標目，並以《園林午夢》作爲附錄。傅田章《增訂明刊元雜劇西廂記目錄》記載有：

少山堂刊本
新刻考正古本大字出像釋義北西廂　2卷
明謝世吉訂
明萬曆7年（己卯，1579）　金陵少山堂胡少山堂刊本
御茶之水圖書館藏（未見）

　　德富豬一郎（蘇峰）舊藏，成簀堂文庫本。……以上卷卷首是序幕《副末開場》的南戲形式2卷20出構成，序幕之【西江月】詞雖與余瀘東本相同，但說白和開場詩則又有不同。首爲《刻出像釋義西廂記引》（末署"萬曆己卯春月江左鄙人謝氏世吉甫識之於少山書堂"）。附錄《新刻出像釋義大字北西廂總覽首卷》《錢塘夢》《蒲東珠玉詩》《秋波一轉論》《閨怨蟾宮》《新增園林午夢》，卷末有"萬曆

---

① 蔣星煜《論徐士範本〈西廂記〉》，《西廂記的文獻學研究》所收，第65頁。
② 蔣星煜《論徐士範本〈西廂記〉》，《西廂記的文獻學研究》，第71頁。
③ 詳見張人和《徐士範本〈西廂記〉並非"孤本"》，《文獻》1986年第4期。

己卯秋月/金陵胡少山梓"的木記①。

現以少山堂刊本、徐士範刊本以及上述熊龍峰刊本的出目(各本出目均見於三處,以正文處爲主,異文處括號標出),具體比較如下:

出數	少山堂刊本	徐士範刊本	熊龍峰刊本
一	佛殿奇逢	佛殿奇逢	佛殿奇逢
二	僧房假寓	僧房假寓	僧房假寓
三	牆角聯吟	牆角聯吟	牆角聯吟
四	齋壇鬧會	齋壇鬧會	齋壇鬧會
五	白馬解圍	白馬解圍	白馬解圍
六	紅娘請宴	紅娘請宴	紅娘請宴
七	**夫人停婚**	母氏停婚(**夫人停婚**)	母氏停婚
八	**月下聽琴**	琴心寫懷(**鶯鶯聽琴**)	琴心寫懷
九	錦字傳情	錦字傳情	錦字傳情
十	**妝臺窺簡**	玉臺窺簡(**妝臺窺簡**)	玉臺窺簡
十一	乘夜逾牆	乘夜逾牆	乘夜逾牆
十二	倩紅問病	倩紅問病	倩紅問病
十三	月下佳期	月下佳期	月下佳期
十四	堂前巧辯	堂前巧辯	堂前巧辯
十五	**送別長亭**	秋暮離懷(**長亭送別**)	秋暮離懷
十六	草橋驚夢	草橋驚夢	草橋驚夢
十七	捷報**及第**	泥金捷報(捷報**及第**)	泥金捷報
十八	尺素緘愁	尺素緘愁	尺素緘愁
十九	**鄭恒**求配	詭謀求配(**鄭恒**求配)	詭謀求配

---

① 傅田章《增訂明刊元雜劇西廂記目錄》,汲古書院,1979年,第21頁。另外,曾任東京大學教授的傅田章也"未見"少山堂刊本,那時由於此書藏於當初僅供二十歲以上女性閱讀的御茶之水圖書館。2013年4月御茶之水圖書館改名爲石川武美紀念圖書館,購入漢學家德富蘇峰全部藏書而建立成簣堂文庫的正是石川武美。

二十　　衣錦還鄉　　　衣錦還鄉　　　　　衣錦還鄉

除了正文二十齣之外，少山堂刊本、徐士範刊本以及熊龍峰刊本的附錄題目羅列如下：

少山堂刊本	徐士範刊本	熊龍峰刊本
西廂會真記	西廂會真記	
錢塘夢	錢塘夢	錢塘夢
蒲東珠玉詩		蒲東崔張珠玉詩集
秋波一轉論	秋波一轉論	秋波一轉論
閨怨蟾宮	閨怨蟾宮	閨怨蟾宮
新增園林午夢	園林午夢記	園林午夢記
鬆金釧減玉肌論	鬆金釧減玉肌論	
鶯紅對弈		
西廂別調		
西廂八嘲		
西廂八詠		

由上可見，三刊本出目和附錄相同的很多，而徐士範刊本出目的異文（括號內《北西廂記釋義大全》的出目）又大致同於少山堂刊本的。少山堂刊本先出，一般認爲當然是徐本參考了少本。但是這種可能性較小，反而是少山堂刊本借鑒徐士範刊本的祖本的可能性較大。這是因爲少本明言"考證"多種刊本"新刻"而成，徐本則自言根據"元本"而"重刻"，並不強調以他本校改。再加上在時間（前後僅差一年）和空間（不同刊刻地）上的因素，兩刊本直接有因襲承傳關系的可能性極小。

距弘治本八十二年後、少山堂本一年後問世的徐士範刊本，將不少新信息傳達給讀者。全劇分上、下兩卷，各卷十齣，每出四字標目，已經不再像弘治本分成二十一折；完整的"題目"、"正名"，即第一齣、第五齣、第九齣、第十三齣、第十七齣前各有兩句"題目"、"正名"；在第四、八、十二、十六齣末尾各有一支【絡絲娘煞尾】；最後，每套曲均標有宮調。全劇次序井然、完整無缺，充分顯示了校訂的嚴謹性。學界向來認爲，【絡絲娘煞尾】是《西廂記》的有機組成部分，它們表明《西廂記》是五本前後相連的長篇雜劇。但在弘治本卷一第四折末尾沒有【絡絲娘煞尾】，並且不少後出的版本，如起鳳館刊本、容與堂刊本、批點畫意本等均爲如此，直到天啟年間（1621—1627）凌濛初校刻《西廂記》，纔在《西廂記》文本中安定下來。這表明當時大多數《西廂記》的傳播刊刻者並未認可這支【絡絲娘煞尾】。

在內容上，徐士範本一開始就比弘治本多出了一篇《末上首引》。開頭一首【西江月】詞爲少山堂本和徐士範本相同：

放意談天論地，怡情博古通今。殘編披覽謾沉吟，試與傳奇觀聽。編成孝義廉節，表出武烈忠貞。莫嫌閨怨與春情，猶可衛風比並。

接着的一段對白和開場詩，少山堂本與徐士範本則大不相同。少山堂本是：

〔問内科〕且問後房子弟，如今知音君子群聚於斯，以觀般（搬）演，敢問是何題目？〔内應云〕崔張旅寓西廂記。〔云〕看官聽道：
詩　純仁純義張君瑞　克嚴克謹老夫人
曰　全貞全烈崔氏女　能文能武杜將軍

徐士範本則爲：

〔問内科〕且問後堂弟子，今日敷衍誰家故事？那本傳奇？〔内應科〕崔張旅寓西廂風月姻緣記。〔末〕原來是這本傳奇，待小子略道幾句家門，便見戲文大意。

　　　　從頭事,細端詳,僧房那可寄孤孀?縱免得僧敲月下,終須個禍起蕭牆。若非張杜作商量,一齊僧俗遭磨瘴。雖則是恩深義重,終難泯夫婦綱常。重酬金帛亦相當,鄭家的婦,豈堪作賞?翻雲覆雨,忒煞無常,種成禍孽不關防,空使得蜂喧蝶攘,全不怪妖紅快赴,憎嫌是士女輕狂,不思祖父尚書望,暮雨朝雲只恁忙。没疤鼻的鄭恒,他是枉死;無志氣的張珙你也何強?看官若是無懲創,重教話欄笑崔張。
　　詩　張君瑞蒲東假寓　崔鶯鶯月底佳期
　　曰　老夫人忘恩負約　小紅娘寄簡傳書

　　兩相對照,表面上看來很不同,但實際上少山堂本很可能是據徐士範本的祖本簡約而成,最後的"詩曰"則又將其改寫,因此相互之間還是有一定聯系的。
　　黄霖先生在具體地比較了少山堂本與余瀘東本(熊龍峰刊本)插圖的對聯以及批語的異同之後,得出了"當爲少本參考了徐士範本、余瀘東本的祖本的可能性極大"的結論,並進一步地指出:

　　　　那麽,這種有批語的、被少山堂本及徐本、余本共同借鑒過的祖本刊於何時呢?從現知的早於少山堂本的六種《西廂記》刊本中……碧筠齋本有可能就是少山堂本、徐士範本、余瀘東本所共同利用過的一種祖本,是評點的筆始。此本刊於嘉靖22年(1543)。①

　　這一推斷是極有道理的。少山堂本的正文曲白大致與碧筠齋本相同,也没有【絡絲娘煞尾】。而徐士範刊本在内容上另一特征是,與弘治本相比增加了不少韻文説白。比如:

　　　　〔紅云〕姐姐,今日天氣晴明,咱兩個就往那壁廂去罷。你看:棋聲花院靜,幡影石壇幽。〔鶯云〕小院回廊春寂寂,落花飛絮兩悠悠。

---

① 黄霖《最早的中國戲曲評點本》(《復旦學報(社會科學版)》2004年第2期),第44頁。

〔並下〕

(第一齣《佛殿奇逢》【賞花時】【麼】後)

〔生云〕簾下三間出寺牆,滿階垂柳綠陰長,嫩紅輕翠閒濃妝。瞥地見來猶可可,却來閑處暗思量。如今情事隔仙鄉。〔並下〕

(第一齣【賺煞】後)

這些韻文說白大多見於後來的《重刻訂正元本批點畫意北西廂》,而此本參照的正是碧筠齋本。徐渭在《重刻訂正元本批點畫意北西廂·序》中指出:

> 余所改抹,悉依碧筠齋真正古本,亦微有記憶不明處,然真者十之九矣。白亦差訛,甚不通者,却都碧筠齋本之白矣,因而改正也。
>
> 余於是帙諸解,並從碧筠齋本,非杜撰也。齋本所未備,余補釋之,不過十之一二耳。①

徐士範本的版式與熊龍峰本基本相同,只是在書口葉數之下鐫有刻工姓名。正文前有程巨源著《崔氏春秋序》、徐士範題《重刻西廂序》(熊本無),附錄《西廂會真記》、《錢塘夢》、《秋波一轉論》、《閨怨蟾宮》、《附刻園林午夢記》,正文上卷《末上首引》以及第一出至第十出(第1—48葉)。正文下卷卷首有附錄《松金釧減玉肌論》,署"國學生撰"。第十一出至第二十出(第1—42葉),正文內有題評。卷末附有《北西廂記釋義大全》一卷、《北西廂記字音大全》一卷,其中《北西廂記釋義大全》每出都有四字標目。

徐士範,毗陵(今江蘇常州市)人,生平事跡無考。此書爲安徽歙縣虯村多名黃氏刻工合作刻成。據劉尚恒先生考證,黃鋒、黃鋟、黃鍇爲虯村黃氏二十五世,黃鋒(1543—1606),字子光,號龍橋,此書之外,還刻過《承庵先生集》《壇經》《漢魏叢書三十八種》等。黃鋟(1545—1594),另

---

① 徐文長《重刻訂正元本批點畫意北西廂·序》,《中國古典戲曲序跋匯編》卷六,齊魯書社,1989年,第648頁。

外還刻過《周禮述注》、《壇經》等。黄鍇(1554—?),字子魁,一字心宇,還刻過《壇經》、《青陽縣志》等。黄德時(1559—1605),字汝中,爲虯村黄氏二十六世,除此書之外,還刻過《壇經》、《杜律七言注解》、《孔子家語》等。黄汝清,生卒年不詳,估計亦爲虯村黄氏二十六世,除此之外,還刻過《金華府志》、《壇經》、《説頤》、《仁獄類編》等多種圖書①。

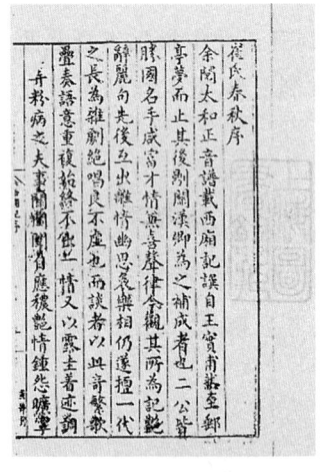

《崔氏春秋序》第 1 葉(表) 　　《重刻西廂記序》第 3 葉(表)

《重刻元本題評音釋西廂記卷上》第 1 葉

---

① 詳見劉尚恒《徽州刻書與藏書》,廣陵書社,2003 年。

程巨源著《崔氏春秋序》和徐士範題《重刻西廂記序》就《西廂記》的作者以及對《西廂記》的評價等問題作了重要的闡述,對後世影響很大。關於《西廂記》的作者,明清以來衆説紛紜,基本上有以下六種説法,即王實甫單獨説、關漢卿單獨説、王實甫作關漢卿續説、關漢卿作王實甫續説、關漢卿作王實甫補《圍棋闖局》説、關漢卿作董珏續説。其中"王作關續説"(即《西廂記》從第一本至第四本的十六折爲王實甫原作、第五本的四折則爲關漢卿續作的説法),由於王世貞、王驥德、凌濛初的認同而盛行於時,以致此後著名學者王國維、吳梅、王季烈、劉世珩、魯迅和蔣星煜、蔡運長等《西廂記》研究專家也都贊同此説。而王驥德、凌濛初之所以會形成這樣的觀點,蔣星煜先生認爲是由於他們"基本上接受了徐士範爲《重刻元本題評音釋西廂記》所寫的序文中的提法。"①

程巨源《崔氏春秋序》的開首便指出:

> 余閲《太和正音譜》,載《西廂記》撰自王實甫,然至郵亭夢止,其後則關漢卿爲之補成者也。

表示同意《太和正音譜》的"王作關續"之説。徐士範在《重刻西廂記序》中也寫道:

> 金有董解元者,演爲傳奇,然不甚著。至元王實甫,始以繡腸創爲豔詞,而《西廂記》始膾炙人口,然皆以爲關漢卿,而不知有實甫。關漢卿仕於金,金亡不肯仕元,其節甚高。蓋《西廂記》自《草橋驚夢》以前作於實甫,而其後則漢卿續成之者也。

這一"蓋《西廂記》自《草橋驚夢》以前作於實甫,而其後則漢卿續成之者也"的提法對學界流行的"王作關續説"持肯定的態度。

關於對《西廂記》的分析和評價,二序中精辟的論述俯拾皆是。比如《重刻西廂記序》一開始就寫道:

---

① 蔣星煜《論徐士範本〈西廂記〉》,《西廂記的文獻學研究》所收,第53頁。

古今之聲容色澤以姝麗稱者,豈特一崔氏哉。而崔張之事盛傳於世,得非以爲之記者,其詞豔而富也。

古今愛情故事舉不勝舉,而崔鶯鶯和張生的故事盛傳不衰,得歸功於《西廂記》華麗的文采和豐富的詞藻。與徐序相呼應,程巨源《崔氏春秋序》更進一步地指出:

二公皆勝國名手,咸富才情,兼喜聲律,今觀其所爲記,豔詞麗句,先後互出,離情幽思,哀樂相仍,遂擅一代之長,爲雜劇絕唱,良不虛也。而談者以此奇繁歌疊奏,語意重複,始終不出一情,又以露圭著跡、調脂弄粉病之。夫事關閨閫,自應穠豔,情鍾怨曠,寧廢三思,大雅之罪人,新聲之吉士也。遂使終場歌演,魂絕色飛,奏諸索弦,療饑忘倦,可謂辭曲之《關雎》,梨園之虞夏矣。以微瑕而類全璧,寧不冤也。

昔人評"王實甫如花間美人","關漢卿如瓊筵醉客",今覽之信然。然語有之:"情辭易工。"蓋人生於情,所謂愚夫愚婦可以與知者。今元之詞人無慮數百十,而二公爲最。二公填詞,無慮數十種,而此記爲最。奏演既多,世皆快睹,豈非以其"情"哉。《西廂》之美則愛,愛則傳也,有以夫!

程巨源的這一看法顯然要比徐士範高出一籌,《西廂記》之所以能"遂擅一代之長,爲雜劇絕唱",不但有"豔詞麗句",更富"離情幽思",而《西廂記》的廣泛流傳,"豈非以其'情'哉",是形式和內容完美結合的結果。

衆所周知,戲曲作品和小說一樣在中國古典文學史上的學術地位是很低的,歷來被認爲"不登大雅之堂"。清金聖歎爲了強調小說戲曲中也有像《水滸傳》《西廂記》這樣能夠和《莊子》《離騷》《史記》《杜工部詩集》相提並論的具有高度文學價值的作品,而標名爲"才子書"的。爲了維護象《西廂記》這樣以愛情爲題材作品的合法地位,金聖歎把《西廂記》

和《詩經‧國風》相提並論，《西廂記》既然已經與儒家經典並列，那是不能看作"淫書"橫加非難的。而程巨源則在早於金聖歎約七十年左右，就已把《詩經》比作《西廂記》，並針對"導淫縱欲"的西廂誨淫之論進行了反駁：

> 近有嫌其導淫縱欲，而別爲《反西廂記》者，雖逃掩鼻，不免嘔喉。夫三百篇之中，不廢鄭衛，桑間濮上，往往而是。阿谷援琴，東山攜壘，流暎史册，以爲美談，惡謂非風教裨哉？曲士之拘拘，祇增達生一鼓掌耳。

程巨源認爲《詩經》中也不排斥描寫愛情的《鄭風》《衛風》，而《西廂記》是有益風教、"流暎史册"的傑作。因此用"春秋"這一儒家經典之名冠於《西廂記》，所寫序文題爲《崔氏春秋序》，這是極有魄力和遠見的。

徐士範刊本在正文和附錄之後爲《北西廂記釋義大全》（第 1—20 葉）以及《北西廂記字音大全》（第 21—26 葉），在《西廂記》的釋義注音本中，徐本是目前爲止現存最早的兼有釋義注音和題評的刊本。徐本二十齣的釋義和字音是全部集中在一起的，《釋義大全》注明第幾處和出目，《字音大全》則只注明第幾出而沒注出目。

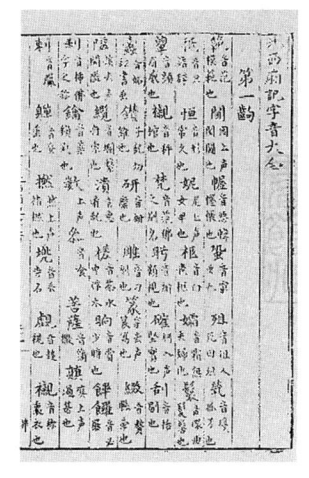

《北西廂記釋義大全》第 1 葉（表）　《北西廂記字音大全》第 21 葉（表）

與弘治本相比，徐本的釋義條目有所減少，但是增加了幾百條字音，同時把題評引入正文，使釋義、字音、題評三種俱全，而弘治本沒有字音，這應該算是徐士範所作的貢獻吧。

徐士範刊本是現存較早的《西廂記》評點本，不過刊本中未署題評者的姓名。而程巨源《崔氏春秋序》則有"余宗仲仁，習歌詞曲，謂余金元人之詞信多名家，然不易斯記也。乃搜諸家題詞，刻諸簡端以示余"，這表明"題詞"（即題評）乃程仲仁搜集刊刻而成。

題評的內容大致可以分成三大類。第一類是對作品結構、人物性格、語言風格等的評論和分析，不少評語獨具慧眼。如對第一齣《佛殿奇逢》鶯唱【麼】中"可真是人值殘春蒲郡東，門掩重關蕭寺中。花落水流紅閑愁，萬種無語怨東風"，題評道："開卷便見情語。"又如【後庭花】中有生唱"若不是襯殘紅芳徑軟，怎顯得步香塵底樣兒淺。且休題眼角兒留情處，則這腳蹤兒將心事傳"，評點說："惟回頭一顧，則腳蹤微旋，故知其傳情。"還有【賺煞】中生唱"餓眼望將穿，饞口涎空咽，空著我透骨髓相思病染，怎當他臨去秋波那一轉"，對此題評曰："秋波一句是一部西廂關竅。"第三齣《牆角聯吟》生唱【么】"我忽聽、一聲、猛驚"上有題評"忽聽一聲猛驚，所謂六聲三韻，詞家以此見奇"。第五齣《白馬解圍》惠明所唱【叨叨令】處有題評"僧家豪俠之狀形容都盡"。第十四齣《堂前巧辯》【聖藥王】曲之後有一段紅娘和老夫人的對話，"拷紅"成了紅娘巧辯和反駁老夫人的良機，題評也因此寫道："此段白以學究之談逞嬌娃之辯，亦自快人。"第十六齣《草橋驚夢》【雁兒落】中有"綠依依牆高柳半遮，靜悄悄門掩清秋夜，疏刺刺林梢落葉風，昏慘慘雲際穿窗月"，題評道："疊字對詞奏之令人淒絶。"第十七齣《泥金捷報》前"題目""正名"和開首有兩處題評："關漢卿續《西廂記》，極力模擬，然比之王本，終自鈞銖。""元人樂府稱四大家，而漢卿與焉。獨以激厲勝，少遜實甫耳，故自不失爲兄弟也"。上述這些題評對《西廂記》的主旨和作者的意圖以及語言表達等具有充分的理解並作了精確的評析。

題評的第二類則是釋義，主要針對一些典故、俗語、方言所做的解釋和提示。如第一齣生唱【元和令】中有"顛不剌的見了萬千，似這般可喜娘的龐兒罕曾見"，題評釋"顛不剌"爲"外方所貢美女名。又，元人以不花爲牛,不敕爲犬,於此義不相涉,亦可以備考。"今天看來所釋未必得當,然亦可聊備一説。第二齣《僧房假寓》生唱【耍孩兒】"當初那巫山遠隔如天樣,聽説罷又在巫山那廂"上的題評曰:"歐陽公詞平蕪盡處是春山,行人更在春山外。"生唱【三煞】"你撇下半天風韻,我拾得萬種思量"的題評道:"撇拾二字描寫撇者丟情拾者落得。"第四齣《齋壇鬧會》生唱【鴛鴦煞】"有心爭似無心好,多情却被無情惱",題評指出原句搬用"東坡詞多情却被無情惱"。第五齣《白馬解圍》鶯唱【仙呂】【八聲甘州】"風嫋篆煙不卷簾,雨打梨花深閉門",題評指出原句襲用"秦少遊雨打梨花深閉門"。第十一齣《乘夜逾牆》紅唱【得勝令】"你本是個折桂客,做了偸花漢。不想去跳龍門,學騙馬"的題評解釋道:"北人謂哄婦人爲騙馬。"還有,第十三齣《月下佳期》中生唱【混江龍】"越越的青鸞信杳,黃犬音乖",題評指出此處借用"青鸞武帝事,黃犬陸機事"。同樣,第十五齣《秋暮離懷》中鶯唱【滿庭芳】"若不是酒席間子母每當回避,有心待與他舉案齊眉",題評認爲此處是"舉案齊眉用梁鴻故事"。而第九齣《錦字傳情》紅唱【仙呂】【賞花時】"春恨壓眉尖,若得靈犀一點,敢醫可了病懨懨"的題評寫道:"古曲云身無彩鳳雙飛翼,心有靈犀一點通",這兩句顯然是出自李商隱的《無題》詩,却作"古曲云",令人費解。同樣第十齣《玉臺窺簡》紅唱【二煞】"望穿他盈盈秋水,蹙損了淡淡春山"的題評寫道"秦少遊詞也應似舊盈盈秋水淡淡春山","也應似舊,盈盈秋水,淡淡春山"是南宋左譽《眼兒媚》的詞句,却誤作了"秦少遊詞"。另外,題評還有多處指出某些詞語是"方言""鄉語""元時鄉語""北方方言""中原諺語""教坊中語""釋家言""喝采語"等。

第三類是針對曲牌、格律方面的批評。如對第十二齣《倩紅問病》【綿搭絮】之曲批評道:"此折越調用侵尋韻,本閉口而此間誤入真文,乃知全璧之難也。"第十五出《秋暮離懷》【四煞】上的題評曰"此下多可入唐律"等。

凌濛初校刻的《西廂記》眉批以及近人劉世珩在《暖紅室匯刻傳劇》本《西廂記》中都采錄了一些徐本的題評。徐士範刊本在明代已被譽爲善本,例如龍洞山農《刻重校北西廂記序》稱:

　　詞曲盛於金元,而北之《西廂》、南之《琵琶》尤擅場絕代。……

北詞轉相摹梓，踳駁尤繁，唯顧玄緯、徐士範、金在衡三刻，庶幾善本，而詞句增損，互有得失①。

王驥德在《新校注古本西廂記自序》中也指出：

> 餘刻紛紛，殆數十種，僅毗陵徐士範、秣陵金在衡、錫山顧玄緯三本稍稱彼善。徐本間詮數語，偶窺一斑。②

從這兩篇序文中也可窺見當時對徐士範刊本好評的一斑。當然徐本的特點、價值以及對以後的影響，還遠不止上述這些，以下的版本比較中還將加以論述。

四、中國國家圖書館所藏劉龍田刊本

中國國家圖書館所藏萬曆二十九年（1601）劉龍田喬山堂刊本，以《元本題評西廂記》之題名收入《古本戲曲叢刊初集》（上海商務印書館，1954）分兩冊影印出版。第1冊：扉葉正面"元本題評西廂記，古本戲曲叢刊初集"、背面"古本戲曲叢刊編刊委員會景影北京圖書館藏明劉龍田刊本，原書版匡高二十一公分寬十三公分"，正文上卷（首行題"重刻元本題評音釋西廂記卷上"，次行分署"上饒余瀘東校正　書林劉龍田繡梓"，"末上首引"以及第一齣—第十齣）第1—66葉。

第2冊：正文下卷（首行題"重刻元本題評音釋西廂記"（缺"卷下"）），第十一齣—第二十齣）第1—55（表）葉。《附錄新增鶯紅下棋》第56—58葉，《附刻園林午夢記》第59—61葉，《北西廂附餘：西廂別調、打破西廂八嘲、閨怨蟾宮》第62—66葉，《秋波一轉論》，《鬆金釧減玉肌論／國學生撰》，《錢塘夢》，《蒲東崔張珠玉詩集》第1—22葉，尾題下部2行分蓮牌木記"喬山堂劉龍田梓"。

---

① 龍洞山農《刻重校北西廂·序》繼志齋刊本《重校北西廂》（日本內閣文庫所藏）卷首。
② 王驥德《新校注古本西廂記·自序》（《中國古典戲曲序跋匯編》卷六），第648頁。

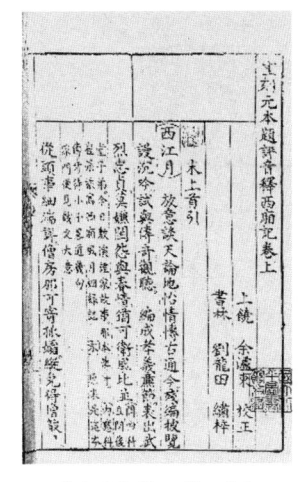

《卷上》第 1 葉 (表)　　《卷下》第 1 葉 (表)　　《卷下》第 22 葉 (裏)

　　正文二十齣各處和《鶯紅下棋》的末尾有"釋義"和"字音",插圖每幅佔 1 面,圖題爲上方中央橫批四字(《錢塘夢》三字),左右兩側各 12 字的對聯一套,每出一幅、加上《錢塘夢》《鶯紅下棋》《園林午夢》三種附錄各一幅、以及二幅《西湖景》,共二十五幅插圖。蓋有"國立北平圖書館收藏"之印。

　　熊龍峰刊本《重刻元本題評音釋西廂記》所闕的第四、七、十八、二十齣的四幅插圖,劉龍田刊本齊全。

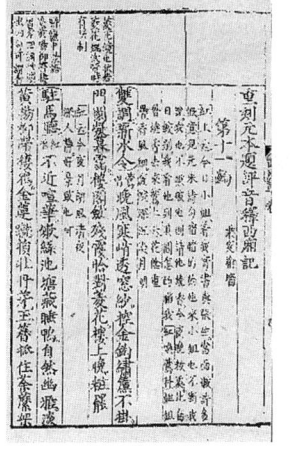

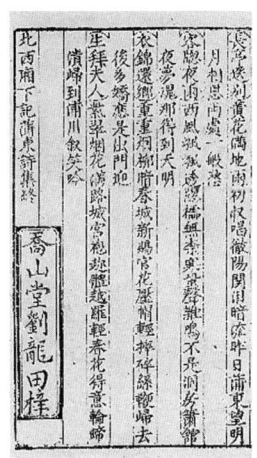

第四齣　齋壇鬧會 　　　　第七齣　母氏停婚

第十八齣　尺素成愁　　　　　第二十齣　衣錦還鄉

　　第四齣：齋壇鬧會　崔小姐薦相國父孤魂,虔誠設醮。
張君瑞禮佛法僧三寶,密約焚香。
　　第七齣：母氏停婚　張君瑞尋盟赴宴,圖夫妻好合。
崔夫人背德停婚,改兄妹稱呼。
　　第十八齣：尺素成愁　逐一觀詳複轉書,如逢對語寬前病。
從頭整點將來物,方見相思別後心。
　　第二十齣：衣錦還鄉　金榜掛名時,比闈初歸榮畫錦。
洞房花燭夜,西廂重整舊風流。

　　熊龍峰刊本《崔鶯鶯待月西廂記總目》中所列而正文中沒有的《杭城湖景圖》,在劉龍田刊本中能看到二幅(2葉、雙面連式)《西湖景》,並且24葉(裏)《西湖景》下小字刻有"盧玉龍刊":
　　上文已指出,熊刊第十齣《玉臺窺簡》插圖中有小蓮牌木記"全像盧玉龍刊",而劉本此處則無,儘管標處不同,但兩本的插圖均為盧玉龍所刊是毫無疑問的。

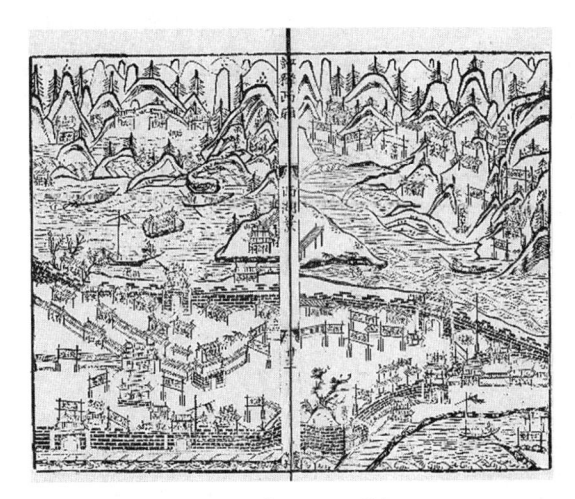

西湖景(《卷下 23 葉》)

西湖景(《卷下 24 葉》)

除此之外,劉龍田刊本的附錄和熊龍峰刊本的基本相同(劉本刪除了《西廂會真記》),加上徐士範刊本的附錄題目比較如下:

徐士範刊本	熊龍峰刊本	劉龍田刊本
西廂會真記	西廂會真記	
錢塘夢	錢塘夢	錢塘夢

	蒲東崔張珠玉詩集	蒲東崔張珠玉詩集
秋波一轉論	秋波一轉論	秋波一轉論
閨怨蟾宮	閨怨蟾宮	閨怨蟾宮
園林午夢記	園林午夢記	園林午夢記
鬆金釧減玉肌論	鬆金釧減玉肌論	鬆金釧減玉肌論
鶯紅對弈	鶯紅對弈	
西廂別調	西廂別調	
西廂八嘲	西廂八嘲	
西廂八詠	西廂八詠	

劉龍田刊本　　　　　熊龍峰刊本(刻有"全像盧玉龍刊")

　　"釋義"和"注音"的部分，從內容、形式到文本中所處的位置，劉龍田刊本和熊龍峰刊本完全一致，而題評的內容和錯訛也基本相同，再加上插圖、板式、正文以及刊刻的時間(相隔九年)、地點(同爲建陽)、校正者(同爲余瀘東)等情況來來看，可以斷定劉龍田刊本與熊龍峰刊本具有直接的傳承關系。然而，仔細比較可以發現，兩本之間字體、插圖以及附錄位置、順序均有差別，可知劉龍田並非套用熊龍峰舊版重印，而是重新雕版而成。

　　另外，據方彥壽先生考證，劉龍田(1560—1625)，名大易，字龍田，號爌文,福建建陽人。萬曆年間,以喬山堂、喬山書舍、喬木山房、龍田劉氏忠賢堂、譚陽書林劉大易、喬山堂劉少崗等名號刻書甚多。除《重刻元本題評音釋西廂記》之外,還刻有《書法叢珠》《新鍥全像大字通俗演義三國志傳》《新鍥類解官樣日記故事大全》等書。他與建陽另一刻書家余象斗有姻親關係。①

五、三種《重刻元本題評音釋西廂記》之關係

《西廂記》刊本除了照元本原樣翻刻的以外,幾乎沒有兩種刊本是完全相同的,這裏有的是刊刻者的粗疏所致,也有的是校注者的不同見解而造成。就三種《重刻元本題評音釋西廂記》而言,儘管版式、體制以及正文基本相同,但序文的有無、題評的異文、音釋的位置和詳略、附錄的增減、以及插圖和刻工等方面都有相異之處,尤其是徐士範刊本與熊龍峰刊本、劉龍田刊本有顯著的差異。

徐士範刊本有程巨源著《崔氏春秋序》和徐士範題《重刻西廂記序》。這兩篇序文對《西廂記》的作者以及評價等問題都作了重要的闡述。熊龍峰刊本保留了《崔氏春秋序》,而刪除了徐士範的自序,劉龍田刊本在翻刻之際又把《崔氏春秋序》也刪除了。

徐士範刊本沒有插圖,而熊龍峰刊本有二十三幅插圖,劉龍田刊本在熊本的基礎上又增加了二幅,共二十五幅插圖。徐本原有黃鏳、黃鍨、黃鋒、黃汝清等著名刻工的姓名,而熊本和劉本的書口則都沒標刻工姓名,但插圖均署"盧玉龍刊"。

如上所述,熊龍峰刊本標目見於三處,即總目、每出正文和插圖,第八、十四、十七齣的三處標目各有不同。而附錄六種的總目、本文和插圖的題目也各有相異。另外,第五出之前的"正名　小紅娘**書**請客　崔鶯鶯夜聽琴"中"晝"誤成"書",少刻了一橫。熊龍峰刊本和劉龍田刊本的校正者同為余瀘東,因此二本的分歧和錯訛也基本一致,只是熊本所缺的第

① 詳見方彥壽《建陽劉氏刻書考(下)》,《文獻》1988年第3期。

十八出插圖，劉本把標目《尺素緘愁》誤爲《尺素成愁》。

而徐士範刊本中的這種分歧和錯訛更多，齣目有以下六處相異：

齣數	總目	正文	釋義大全
七	母氏停婚	母氏停婚	**夫人**停婚
八	琴心寫**恨**	琴心寫懷	**鶯鶯聽琴**
十	玉臺窺簡	玉臺窺簡	**妝**臺窺簡
十五	秋暮離懷	秋暮離懷	**長亭送別**
十七	泥金捷報	泥金捷報	捷報**及第**
十九	詭謀求配	詭謀求配	**鄭恒**求配

另外，正文第三出《牆角聯吟》誤刻成第**四**齣，第五齣"畫"也錯成"**書**"，書口或標"西廂記卷上"，或標"西廂記上卷"，或稱《北西廂記卷下》等，稱呼存在着混亂。標目上出現這些分歧錯誤，說明刊刻者和校正者的工作還不夠細密。總目與正文不同之處是第八齣，而《釋義大全》與正文相異之處竟有六齣，這種情況也表明總目、正文與《釋義大全》的齣目可能有不同的來源。就題名而言，《釋義大全》全稱《北西廂記釋義大全》，而卷首標名、徐士範的序文以及總目等都稱爲《西廂記》。如前所述，《北西廂記釋義大全》的齣目基本同於明萬曆七年（1579）的少山堂刊本《新刻考正古本大字出像釋義北西廂》，而詞目和注文又與弘治十一年（1498）金臺嶽家刊本《新刊奇妙全相注釋西廂記》的"釋義"大體相同，因此，張人和先生認爲：

> 《釋義大全》並非徐士範本所原有，它形成的時間比題評和行批要早，很可能是從其它刊本移植來的，《釋義大全》的出目也當另有所本，但至今不得而知，有待進一步查考。①

---

① 張人和《徐士範本〈西廂記〉的出目》，《〈西廂記〉論證》，東北師範大學出版社，1995年，第189頁。

這一推斷是不無道理的。徐士範刊本的所謂重刻元本，正文和《釋義大全》極有可能依據兩種不同的《西廂記》底本而成。

《重刻元本題評音釋西廂記》所收附錄也多有不同。從內容上來看，《西廂會真記》（即元稹小説《鶯鶯傳》）是《西廂記》故事的淵源所在，徐士範本和熊龍峰本均收入，主要是表示《西廂記》自有文人傳統，可以讓讀者了解《西廂記》的本事，也能使對比小説和戲曲的不同創作取向和結局形態。而《錢塘夢》《園林午夢記》以及《鬆金釧減玉肌論》之類的附錄，多爲書坊出於射利之目的，以此引起人們的閱讀興趣，而實際上《錢塘夢》與《西廂記》故事沒有什麼聯繫。熊龍峰本和劉龍田本還比徐士範本多收了《蒲東崔張珠玉詩集》《鶯紅對弈》《西廂別調》等五種，這也是爲了滿足不同讀者的需求。

熊龍峰刊本的附錄在卷首、卷尾都有。卷首有《西廂會真記》《秋波一轉論》《鬆金釧減玉肌論》《錢塘夢》。卷尾有《新增鶯紅下棋》《園林午夢記》《西廂別調》《打破西廂八嘲》《閨怨蟾宮》《蒲東崔張珠玉詩集》《八詠詩》，並且所收附錄最多。徐士範刊本的附錄《鬆金釧減玉肌論》在上卷卷首，其它的都在下卷卷首，而劉龍田刊本的附錄均在卷末。

關於釋義和注音的內容和所在位置，徐士範刊本以《北西廂記釋義大全》爲題放在下卷最後，熊龍峰刊本和劉龍田刊本則以《釋義》爲名附在每齣正文之後，內容三刊本完全相同。繼《北西廂記釋義大全》之後，徐士範刊本以《北西廂記字音大全》彙成一集，而熊、劉兩本則以《字音》放在《釋義》之後，並且內容也刪除了很多。比如，第一出"嬬"字，徐士範本作"嬬，音霜，無夫婦也"，而熊、劉兩本只有"嬬，音霜"而已。另外，校正者和刊刻者爲了正好刻滿一版面，就把超出的內容全部刪除了。比如卷上第九葉（表）只剩六行，"字音"部分就縮爲六行的內容，而卷下第五十五葉（表）只有一行，第二十齣的"字音"則變成了一行。因此，熊龍峰本和劉龍田本對注音是並不重視的。

徐士範刊本是現存較早的《西廂記》評點本，熊龍峰刊本和劉龍田刊本也都基本保存了徐士範刊本的評點內容，但與徐本也有異文之處。現比勘三種《重刻元本題評音釋西廂記》刊本題評的異同而整理成下表，以此來探尋三者的因承關係。

《重刻元本題評音釋西廂記》題評對照表

	徐士範刊本 （萬曆八年）	熊龍峰刊本 （萬曆二十年）	劉龍田刊本 （萬曆二十九年）
第二齣	七青八黃，掂斤播兩，俱鄉語，今**南**中亦有之	七青八黃，掂斤播兩，俱鄉語，今**吳**中亦有之	七青八黃，掂斤播兩，俱鄉語，今**吳**中亦有之
第四齣		三寶：佛也、法也、僧也	三寶：佛也、法也、僧也
第五齣(1)	西廂詞多用兒字於**情**近、於事諧，故是當家	西廂詞多用兒字於**指**近、於事諧，故是當家	西廂詞多用兒字於**指**近、於事諧，故是當家
(2)	此鶯鶯自怨自艾之辭，可入神品評者	此鶯鶯自怨自艾之辭，可入神品評者	此鶯鶯自怨自□之辭，可入神□□者
(3)	**彫**音丟，或音准	□音丟，或音准	風音丟，或音准
第六齣(1)	此草木出羅浮山，乃男寵所致祥異，世人多不識之	此草木出羅浮山，乃男寵所致祥異，世人多不識之	此□□出羅浮山，乃男寵所致祥異，世人多不識之
(2)	你明博得二句□□□反承，妙□	你明博得二句對而意反承，妙甚	你明博得二句對而意反承，妙甚
第七齣(1)	□□□人停婚，自是聰□女子，□□□憂離之思轉逼迫甚矣	此忖夫人停婚，自是聰慧女子，然望合憂離之思轉逼迫甚矣	此忖夫人停婚，自是聰慧女子，然望合憂離之思轉逼迫甚矣
(2)	□本作"我却待□轉秋波"	趙本作"我却待目轉秋波"	趙本作"我却待目轉秋波"
(3)	江州司馬，白樂天	江州司馬，白樂天**事**	江州司馬，白樂天**事**
(4)	□□信然，豈有□多之病歟	寬之信然，豈有務多之病歟	寬之信然，豈有務多之病歟
第九齣	**史**記刺繡文不如倚市門	**文**記刺繡文不如倚市門	**文**記刺繡文不如倚市門
第十一齣		菱花，鏡也。狀若菱花。魏武帝時有此製	菱花，鏡也。狀若菱花。魏武帝時有此製

續　表

	徐士範刊本 （萬曆八年）	熊龍峰刊本 （萬曆二十年）	劉龍田刊本 （萬曆二十九年）
第十四齣	淫妬、怛忕、咎悔之情三者備矣	淫妬、怛忕、咎悔之情三者備矣	□□、□侻、咎悔□□三者備矣
第十五齣（1）	此折叙離合情緒，客路景物，可稱詞曲中賦	□□□離合情□，□□景物，可□□曲中賦	此折叙誰合情緒，客路景物，可稱詞曲中賦
（2）	舉案齊眉乃梁鴻故事	舉案齊眉乃梁雞故事	舉案齊眉乃梁雞故事
（3）	眼中流血心水成灰，□商人□□	眼中流血心水成灰，亦商人故事	眼中流血心水成灰，亦商人故事
第十七齣	此意本鄒長倩遺公孫賢良書來	此意本鄒長猜遺公孫賢良書來	此意本鄒長猜遺公孫賢良書來
第十九齣	三學究語一段天成	□□□語一段天成	□□究語一段天成
第二十齣	收煞一篇意思在此兩句	收煞一篇關鑰在此兩句	收煞一篇關鑰在此兩句

上表列出了三種刊本題評的主要異同，從這些例文中能窺見三者的差異。首先，是徐士範本中無、而熊龍峰本和劉龍田本有的題評。如第四齣和第十一齣。這兩條解釋性的題評是元本有而徐本漏刻了、還是熊本新增加的不得而知。

其次，是徐士範本與熊龍峰本、劉龍田本有異的題評。如第二齣，第五齣（1），第九齣，第十五齣（2），第十七齣，第二十齣（1）、（2）。第二齣的"南中""吴中"字相異，但義還是相同的。第五齣（1）是對鶯鶯唱【寄生草】"他臉兒清秀身兒俊，性兒溫克情兒順，不由人口兒裏作念心兒裏印"的評語，這裏"兒"字多用表達了鶯鶯對張生親近愛慕的情感，因此徐士範本的"於情近、於事諧，故是當家"比"於指近、於事諧，故是當家"似乎更爲貼切。同樣，第九齣也是徐士範本"史記刺繡文不如倚市門"的題評准確，因爲《史記》卷一百二十九《貨殖列傳》有"刺繡文不如倚市門"。第十五齣（2）和第十七齣的兩處則明顯是熊龍峰本和劉龍田本的誤刻。

第二十齣熊龍峰本和劉龍田本的題評"關鑰"即"關鍵""重要"之意,比"意思"兩字用得更爲妥當。

　　第三,是徐士範本缺脱,而熊龍峰本、劉龍田本完整的題評。如第六齣(2),第七齣(1)、(2)、(3)、(4),第十五齣(3)。徐士範本所脱落的第六齣(2)四字、第七齣(1)七字、第七齣(2)二字、第七齣(4)四字、第十五齣(3)三字,用熊龍峰本校勘一下就能補上。而第七齣(3)徐士範本作"江州司馬,白樂天",熊龍峰本和劉龍田本均爲"江州司馬,白樂天**事**",再看下一條題評,三刊本都是"白頭吟,卓文君事",因此可以斷定是徐士範本漏刻"事"字。

　　最後,是熊龍峰本、劉龍田本缺脱,而徐士範本完整的題評。如第五齣(2)、(3),第六齣(1),第十四齣,第十五齣(1),第十九齣。劉龍田本所缺的第五齣(2)三字、第六齣(1)二字和第十四齣五字,用徐士範本和熊龍峰本都能補上。第十九齣熊龍峰本脱三字、劉龍田本脱二字,以徐士範本比勘一下即明了。第五齣(3)的注音徐士範本爲"颩音丢,或音准",熊龍峰本"颩"字模糊不清,而劉龍田本作"風音丢,或音准",從正文惠明唱【正宮】【端正好】的曲詞"不念法華經,不禮梁皇懺,颩了僧伽帽,袒下偏紅衫"以及熊龍峰本和劉龍田本第五齣《白馬解圍》後所附《字音》"颩音丢"也可知,劉龍田本把"颩"誤刻成"風"。

　　根據上述題評的異同,應該如何判斷三種《重刻元本題評音釋西廂記》的版本性格和因襲承傳關係呢？蔣星煜先生在《論徐士範本〈西廂記〉》一文中指出:

　　　　應該承認劉龍田刊本確是善本。但是這個刊本的訛錯缺脱是比較多的,對於正文或其他附錄,我們可以用其他現存明刊本《西廂記》來校勘,至於《題評》,其他明刊本没有,熊龍峰刊本既遠在日本,而且也是根據徐士範刊本翻刻的,當然没有用徐士範刊本校勘那麼可靠。①

----

① 蔣星煜《論徐士範本〈西廂記〉》,《西廂記的文獻學研究》所收,第73頁。

但是，從上述題評的異同比較，尤其是第一種情況（徐士範本中無，而熊龍峰本、劉龍田本有的題評）和第三種情況（徐士範本缺脱，而熊龍峰本、劉龍田本完整的題評）、再加上正文的版式、注音的詳略和位置、釋義的樣式和位置、附録的增減、以及插圖的有無等因素綜合來看，斷定熊龍峰刊本"也是根據徐士範刊本翻刻的"是有失偏頗的。筆者認爲，熊龍峰刊本恐怕主要並不是根據徐士範刊本、而是徐士範刊本的元本刊刻的，也就是説熊龍峰刊本和徐士範刊本是根據同一元本（祖本）重刻的，只不過熊本在刊刻時有可能參照了徐本而已。而劉龍田刊本則完全是根據熊龍峰刊本翻刻的。

六、結　語

現存明刊《西廂記》從早期的弘治本開始，其文本從内容到體制形式一直都處在演變之中，至萬曆期間基本定形，形成了四大版本系統。即《題評音釋》系統、《重校北西廂記》系統、碧筠齋古本系統，萬曆間"時本"系統。而徐士範刊本《重刻元本題評音釋西廂記》、繼志齋刊本《重校北西廂記》、《重刻訂正元本批點畫意北西廂》及客與堂刊本《李卓吾先生批評北西廂》，歷來被認爲是四大版本系統的代表。

綜上所述，蔣星煜先生發現的徐士範刊本在明代已被譽爲善本，在《西廂記》版本演變中影響巨大。凌濛初校刻的《西廂記》眉批以及近人劉世珩在《暖紅室匯刻傳劇》本《西廂記》中都采録了一些徐本的題評。《題評音釋》系統中，由於徐士範本刊刻時期最早，因此一直被認爲是熊龍峰刊本和劉龍田刊本的祖本。而劉龍田刊本被鄭振鐸發現並收入《古本戲曲叢刊》，當然也是公認的善本。本文通過具體考察版式、體制、序文、標目、題評、釋義、附録以及插圖等的異同，闡明了日本内閣文庫所藏的熊龍峰刊本的特徵和在《重刻元本題評音釋西廂記》刊本系統流變中所起的承前啟後的作用。由於當時條件所限，鄭振鐸没能知曉熊龍峰刊本的存在，蔣星煜先生也未能看到熊龍峰刊本。而通過具體的目驗比勘，筆者認爲，熊龍峰刊本恐怕並不是根據徐士範刊本翻刻的，而是依據徐士範刊本的元本刊刻的，也就是説熊龍峰刊本和徐士範刊本是根據同一元本（祖本）重刻的，只不過在重刻過程中有可能參照了徐士範刊本。而劉龍田刊本則完全是根據熊龍峰刊本翻刻的。因此從版本演變的過程來看，位於兩種善本之間刊刻的熊龍峰本《重刻元本題評音釋西廂記》的價值也應該是不容置疑的。

另外，通過考察我們還可以推測到，熊龍峰刊《重刻元本題評音釋西廂記》是在17世紀初期與《本草綱目》等漢籍一起由福建或者寧波運到長崎而被當時著名漢學家林羅山所收購，並後經昌平阪學問所、淺草文庫而移入內閣文庫的。明末以後，日本進入文化繁榮的江戶時代，因幕府及各地大名、藩主對小説戲曲的愛好而從江南輸入。熊龍峰刊本對《西廂記》在日本的傳播起到了積極的推動作用。

從上述考論中可以看出，由於《西廂記》元代寫本的失傳，明代書坊主又多喜聲言悉依元本，而在翻刻時爲照顧時好，常依傳奇體制對元本《西廂記》進行改動。爲擴大影響及追求商業利益，又於正文外附上各種與《西廂記》相關文獻或有趣詩文，正文中再加上題評釋義注音等，《重刻元本題評音釋西廂記》系列正反映了當時這種出版狀況和讀者的欣賞趣味。其中，熊龍峰刊本的二十三幅插圖以及《西廂會真記》《錢塘夢》《西廂別調》《蒲東崔張珠玉詩集》等十一種在當時極有人氣的詩文和俗曲的附錄，都是爲滿足不同讀者的興趣和需求而作，儘管帶有顯著的商業氣息，同時也具有很高的審美價值和深遠的文化意義，在徐士範刊本和劉龍田刊本之間起到了承先啓後的作用。

學者入谷仙介與他的藏書
——以唐代詩人資料爲例

高倩藝(東華大學)

一

入谷仙介(1933—2003)先生是日本京都大學文學博士,漢學家;曾任教于島根大學、山口大學,爲島根大學名譽教授。入谷先生晚年將藏書贈給了島根縣立圖書館。

入谷先生從唐詩宋詞到日本漢詩,從中國神話到比較文學,均有涉獵。《入谷仙介先生著作目錄》中所列入谷先生的成果,自1951年至2004年共302條,大致可分爲三個方面:一是對中國古典詩歌及其作者的研究。其著作有《高啟》《古詩選》《王維研究》《漢詩入門》《唐詩名作選》《唐詩的世界》等,其中《王維研究》成就突出,成爲研究王維的必讀書;二是有關《西遊記》的研究,著有《西遊記的神話學》等;三是對日本人所作漢詩文的研究,著有《作爲近代文學的明治漢詩》《賴山陽·梁川星岩》《柏木如亭》《中島棕隱》等。

支持這些成果的背後是書籍。自稱"鉛字中毒"的入谷先生嗜書如命,常對夫人順子説:"讀書使人生快樂數倍。"他的同學、朋友都回憶説他是一個"書蟲"。當然,書籍是愛好,更是研究的基礎。

入谷先生晚年把畢生的藏書贈給了工作了二十多年的島根縣。現在,縣立圖書館内有被稱爲"入谷文庫"的藏書。這份藏書的漢籍部分,由京都大學的道坂昭廣教授做了目錄。

這個目錄是筆者撰寫此文的重要依據。但需要指出的是,這個目錄不能代表入谷仙介先生的所有藏書,更不能代表入谷先生所見書。這份目錄只包括入谷先生所藏漢籍及中國書籍,並未收入許多日本國內的中國學研究。如王維詩的索引,據孫猛《日本國見在書目錄詳考》,有京都大學中國語學中國文學研究室編《王維詩索引》(1978),而道坂教授編《島根縣立圖書館藏入谷文庫漢籍目錄》記錄的只有陳杭等人所編的《全唐詩索引·王維卷》。

二

　　從道坂教授編《島根縣立圖書館藏入谷文庫漢籍目錄》(以下簡稱"道坂目錄")可以看出,入谷文庫的藏書,首先包括作爲學者所必備的、通用的經史子集以及各種字典、詞典、百科事典等裝備書籍。
　　京都大學人文科學研究所漢籍分類如下:經部、史部、子部、集部、叢書部、新學部。讀相關的科目的研究生,不論研究現代中國還是古代中國,都按這個分類尋找書籍,完成課業。
　　入谷先生受業于京都大學,長期耳濡目染,自然會遵循傳統。入谷的漢籍,若不計多寡,經、史、子、集四部均有收藏。入谷先生的興趣點是文學,博士論文課題是王維研究,按照中國的大學專業方向的分類,屬於"魏晉南北朝隋唐五代"。然而入谷先生不但備有自己研究對象的"集",且備有其他三部。他的藏書并不限定於"魏晉南北朝隋唐五代"。
　　經、史對於中國研究的重要性不言而喻。被譽爲天下文宗的王維,是"通經史"的全才;對於以王維這位唐代詩人爲研究對象的研究生來說,讀古人念過的書才是接近古人的捷徑,這是入谷先生除了"集",且備有其他三部、收藏了四部的理由。
　　我們看他2000年在《村山吉廣教授古稀紀念中國古典學論集》中發表的論文《關於王維的應制詩》。這篇論文選取了兩首作品,對每個作品的用詞都做了細緻入微的考察。比如"閣道"一詞,列了三條注釋,兩條來自《史記》,一條來自于《文選》,"上苑"一詞,列了四條注釋,兩條來自《漢書》，一條來自《史記》，一條來自庾信的文。"宇宙"一詞，列了五條，分別來自《莊子》《淮南子》《文選》及陳子昂文。"九服"一詞，列了三條，第一條爲《周禮》中的"夏官大司馬職方氏辨九服之邦國……"第二條爲陸雲的賦，第三條爲《隋書·薛道衡傳》。爲了讓讀者讀明白這兩首詩，文中一共列了58條語彙注釋。而論文未付梓之前，作者查閱的經、史、子、集文獻當然不止這些。

這套治學方法，來源於傳統中國，却也適合語言不同、而用漢字作爲書寫工具的日本。不過，入谷先生涉獵典籍，並非只爲了弄明白詞彙的意義。比如"宇宙"一詞，在中國、日本都不生僻，較難成爲關注的對象；細心一些的研究者，知道最早出自《莊子》也就罷休了。然而，入谷先生不僅列出了諸子典籍如《莊子》《淮南子》中的用例，還列出了集部的《文選》、詩人別集中的用例。這樣一來，讀者不但能知道這個常用詞最早出現時的情況，而且還能瞭解"宇宙"一詞作爲文學語彙的接受史。

事實上，入谷先生自幼身患耳疾、需要靠助聽器才能辨別出外界聲音，生活、學習的不便是常人難以想像的。2000年的日本已經普及互聯網，但典故、出處的搜索仍然需要翻閱紙媒書本才能完成。那時的入谷先生在學術上已有大成，却仍然"錙銖必較"，孜孜不倦地治學。

三

盛唐詩人王維研究是入谷先生博士論文的課題。唐詩及其相關文獻自然是入谷研究最重要的部分，所涉書目必然提高研究人員看待入谷文庫的價值。部分書目與上述有重複，因而不重複的部分已經不是"基本裝備"，而是在他的時代的"最高級裝備"。入谷藏唐詩集及詩文評、詩話、詞選的作者如下：初唐四傑、孟浩然、王昌齡、高適、王維、李白、杜甫、岑參、元結、劉長卿、錢起、韓翃、韋應物、盧綸、孟郊、王建、韓愈、張籍、劉禹錫、白居易、柳宗元、元稹、寒山、薛濤、賈島、李賀、杜牧、李商隱、溫庭筠、韋莊、聶夷中、韓偓、鄭谷。

以李白的資料爲例。李白不是入谷先生的主攻方向，但他所藏李白的資料却是有些特徵的。這些特徵表現在,不但包括改革開放後出版的書籍,還有較早的五六十年代的中國方面的成果,不但有大陸出版的,還有港、臺出版的。

建國後出版的書,以《李白詩選》爲題的,入谷先生就藏有兩種,一種是1954年人民文學出版社出版的舒蕪的《李白詩選》,另一種是1961年出版的,年代都較早。這個的年代研究類書籍,入谷先生也有收藏,如王瑤的《李白》(1954),王運熙的《李白研究》(1961)等。

改革開放後,大陸出版界迎來了出版事業的春天,作爲中國學學者的入谷先生也是緊密追蹤,收入了《李白十論》(1981),《李白叢考》(1982),《李白和他的詩歌》(1984),《李白詩論叢》(1984年),《李白文選》(1989)等。入谷藏書中,甚至有《太白樓與李白》(1991),《李白在山東詩文集》(1991),《李白與四川》(1992)這樣的極具地方色彩的小衆書。

除了以上所列大陸出版物,入谷先生還不忘搜集港、臺等地區的書籍。1997年出版的《天上謫仙人的秘密:李白考論集》,就出版自臺北商務印書館。

以上出版物在中國不一定算是珍稀書籍,入谷先生却也勤於收集。這體現了他對待學術的態度:對資料不抱陳見,不希望遺漏任何資訊。我們再看入谷先生所藏王維相關的漢籍,將會進一步認可這一點。

四

入谷先生藏王維集的文本,和他的其他藏書一樣,分綫裝本和"洋裝本"。"道坂目録"記綫裝本七條,洋裝本九條。綫裝本的七條中,一種爲1982年景印的北圖藏宋刊本,一種爲1977年靜嘉堂文庫藏宋刊本的景印本,一種爲趙殿成箋注清刊本,一種爲1926年景印的仿宋版石印本,一種爲日本1590年刊刻的明刊本。還有兩種明刊本。綫裝本詳見"道坂目録"第二頁和第三頁。洋裝本詳見第四十九頁。

入谷先生的例子可以讓我們感受到文獻對研究的重大意義。以下是入谷先生在1973年爲築摩書房中國詩文選13《王維》撰稿所列參考書目：

　　　麻沙宋本王右丞集.十卷.靜嘉堂文庫
　　　清.趙殿成.王右丞集箋注.二十八卷
　　　元.劉辰翁.王右丞集.(四部叢刊所收)
　　　明.顧元緯.王右丞詩集.明刊本
　　　明.顧可久.王維詩集.日本正德刊本
　　　陳貽焮.王維詩選.人民文學出版社.1959.著者署名本
　　　傅東華.王維詩選.香港.大光出版社.1959
　　　小林市太郎.王維的生涯與藝術.全國書房
　　　都留春雄.王維.中國詩人選集第六集.岩波書店
　　　陳貽焮.王維生平事蹟初探.文學遺產增刊六輯
　　　陳貽焮.王維的政治生活和他的思想.文學遺產選集二輯
　　　橋本循.王維之研究.中國文學思想論考.大阪屋書店
　　　入谷仙介.王維的前半生
　　　入谷仙介.中年期的王維
　　　入谷仙介.晚年的王維(上)
　　　入谷仙介.晚年的王維(下)
　　　小林市太郎.原田憲雄.王維.漢詩大系第十卷.集英社
　　　小川環樹.都留春雄.入谷仙介.王維詩集.岩波文庫
　　　莊申.王維研究.香港.萬有圖書公司.1971
　　　劉維崇.王維評傳.臺北.正中書局.1972

　　以上所列文獻可分為文本五條；中國學者選詩兩條，研究四條；日本學者選詩三條，研究六條(其中四條為他本人所撰)。現將文本部分，比照道坂目錄，可知當時入谷先生可能擁有以下兩本書："清.趙殿成.王右丞集箋注.二十八卷"，先生看的可能是1961年中華書局排印本。"明.顧元緯.王右丞詩集"，看的可能是臺北1970年學生書局出版的明刊本。

其他文本，包括靜嘉堂文庫藏宋本《王右丞文集》，先生當時還不擁有。可能是去圖書館等藏書單位看的。

入谷先生提倡研究王維首推靜嘉堂宋本。而對這個本子的進一步瞭解，他也是等待了很久。27年後的2000年，入谷先生在上述《關於王維的應制詩》一文的文末列注，第一條説，"靜嘉堂本過去被認爲是南宋麻沙本，……但近年傅熹年指出……是南宋初期的江西刊本"。如果我們回頭再看一下本稿（四）中所抄1973年入谷仙介《王維》所列參考書目文字，就可以發現果然寫着"麻沙宋本王右丞集"。

兩年後，入谷先生帶着數名年輕學者一起去東京靜嘉堂，讓他們親眼見識了這部傳世孤本。

一起去了靜嘉堂的内田誠一隨後對傅熹年的發現進行了深入研究，於2003年，在《日本中國學會報》發表了題爲《靜嘉堂本〈王右丞文集〉刊刻年代考》的論文。這篇論文也成爲孫猛在其《日本國見在書目録詳考》1428條中的重要參考文獻。

五

日本自古以來，努力從西邊獲取自己所欠缺的物質及精神産品，且吸收的速度十分驚人；按照時代的尺度，可以説幾乎是同步的。藤原佐世撰《日本國見在書目録》就是一個典型的物證。這部在唐代成書的目録中有王維的集子。入谷的藏書中當然不會没有這麽重要文獻的影印本。事實上，從入谷先生的漢籍藏書，可以感覺到日本人對學問汲汲以求的傳統在現代的表現。

孫猛在《日本國見在書目録詳考》1428條列出了王維相關的重要書籍。比照孫猛的"詳考"，現把孫猛未列書，從"道坂目録"中補充録下備考。

首先是綫裝本。

王摩詰集十卷.2册.明刊本.10行18字（綫裝）

王摩詰集六卷.2冊.1926.上海會文書局影印仿宋版石印（綫裝）

　　其次,洋裝本。以下摘自道坂目録"洋裝本—新學部—9文學—中國文學—文學史"：

　　王維評傳.1冊.劉維崇撰.1972.臺北.正中書局
　　王維和孟浩然.1冊.王從仁撰.1983.上海.上海古籍出版社.中國古典文學基本知識叢書
　　王維傳.1冊.盧渝撰.1989.太原.山西人民出版社.三晉古代名人評傳叢書
　　王維傳.1冊.畢寶魁撰.1998.瀋陽.遼海出版社.中國古代著名文學家傳記叢書
　　王維研究第一輯.1冊.中國唐代文學學會王維研究會《王維研究》編委會編.1992.北京.中國工人出版社
　　王維研究第二輯.1冊.師長泰主編.1996.西安.三秦出版社
　　王維研究第三輯.1冊.師長泰主編.2001.西安.陝西人民教育出版社

　　以下摘自道坂目録"洋裝本—新學部—9文學—中國文學—詩賦樂府詞寶卷鼓詞彈詞—論文集詩話詩集"：

　　王維詩選.1冊.傅東華選注.1959.香港.大光出版社
　　王維詩選.1冊.陳貽焮選注1959.北京.人民文學出版社
　　王維詩選注.1冊.張清華選注.徐宗濤校閱.1985.鄭州.中州古籍出版社
　　王維詩百首.1冊.張風波選注.1985.石家莊.花山文藝出版社
　　王維詩選.1冊.王福耀選注.1986.廣州.廣東人民出版社.中國歷代詩人選集

王維詩研究.1冊.[韓]柳晟俊撰.1987.臺灣.黎明文化事業

　　王維詩選譯.1冊.鄧安生.劉暢、楊永明譯註.1990.成都.巴蜀書社.古代文史名著選譯叢書

　　王維詩歌賞析.1冊.陶文鵬選析.1991.南寧.廣西教育出版社.中國古典文學作品選析叢書

　　大唐詩佛王維詩選.1冊.張健編選.1997.臺北.五南圖書出版

　　王維詩比較研究.1冊.[韓]柳晟俊撰.1999.北京.京華出版社.中華傳統文化精品叢書

　　王維詩歌論叢.1冊.金五德撰.2000.長沙電力學院

　　王維孟浩然選集.1冊.王達津選注.1990.上海.上海古籍出版社.古典文學名家選集

　　入谷先生對以上出版物的收藏，間接地支援着他的治學流程：研究國内海外的文本、研究國内海外的注釋、研讀國内海外相關研究成果。前面已經說到，一些藏書在中國不一定算是珍稀書籍，却反映出入谷先生對待學問的態度。另外，對於一海之隔的其他日本學者來說，這些書也未必是唾手可得之物。他的藏書，必將惠及後人。

結　語

　　由於筆者學識不足，加上資料方面的條件限制，現階段無法對入谷文庫進行進一步分析，勾勒出一張完整的"成果—藏書"關係圖。然而，就像道坂昭廣教授所說，入谷先生的漢籍"涉及領域廣"是毫無疑問的。"涉及領域廣"也是入谷先生學識的特點，因而不能遺漏的是，入谷先生對母國日本的文學，特別是日本漢詩相關的研究以及文獻的搜集情況。目前這部分藏書，只能去日本島根縣立圖書館閱讀。即便如此，僅從道坂目錄也能看出，研究對象不論是中國文學還是日本文學，入谷先生的收藏都包括這兩國出版的中、日文書籍。

入谷文庫的漢籍是一個典型個案，反映了日本漢學界的文獻視野，學者對專攻領域的嚴謹態度，對本民族文化的反思。而最終折射出的，是學者對自身生命的觀照、對其他治學者熱情的提攜和深情的守望。

圖書在版編目(CIP)數据

梯航集：日藏漢籍中日學術對話錄/查屏球編.——上海：上海古籍出版社,2018.11
（復旦大學古代文學研究書系）
ISBN 978-7-5325-9011-7

Ⅰ.①梯… Ⅱ.①查… Ⅲ.①經籍—研究—中國—文集 Ⅳ.①Z126-53

中國版本圖書館CIP數據核字(2018)第241429號

復旦大學古代文學研究書系
梯航集
——日藏漢籍中日學術對話錄
查屏球　編
上海古籍出版社出版發行
（上海瑞金二路272號　郵政編碼200020）
（1）網址：www.guji.com.cn
（2）E-mail：guji1@guji.com.cn
（3）易文網網址：www.ewen.co
蘇州越洋印刷有限公司印刷
開本635×965　1/16　印張28.25　插頁5　字數406,000
2018年11月第1版　2018年11月第1次印刷
印數：1—1,300
ISBN 978-7-5325-9011-7
Ⅰ·3321　定價：118.00元
如有質量問題，請與承印公司聯繫